KB112586

하늘의 금고

베딕 점성학 지침서

하늘의 금괴 Vault of the Heavens

발행일	2016년 10월 14일

지은이	언스트 윌헴		
엮은이	베스 림		
펴낸이	손 형 국		
펴낸곳	(주)북랩		
편집인	선일영	편집	이종무, 권유선, 안은찬, 김송이
디자인	이현수, 이정아, 김민하, 한수희	제작	박기성, 황동현, 구성우
마케팅	김회란, 박진관		
출판등록	2004. 12. 1(제2012-000051호)		
주소	서울시 금천구 가산디지털 1로 168, 우림라이온스밸리 B동 B113, 114호		
홈페이지	www.book.co.kr		
전화번호	(02)2026-5777	팩스	(02)2026-5747

ISBN	979-11-5987-147-4 03180 (종이책) 979-11-5987-148-1 05180 (전자책)

이 도서의 국립중앙도서관 출판예정도서목록(CIP)은 서지정보유통지원시스템 홈페이지(http://seoji.
nl.go.kr)와 국가자료공동목록시스템(http://www.nl.go.kr/kolisnet)에서 이용하실 수 있습니다.
(CIP제어번호 : CIP2016024239)

(주)북랩 성공출판의 파트너

북랩 홈페이지와 패밀리 사이트에서 다양한 출판 솔루션을 만나 보세요!

홈페이지 book.co.kr　　　1인출판 플랫폼 해피소드 happisode.co.kr

블로그 blog.naver.com/essaybook　원고모집 book@book.co.kr

Vault of the Heavens

하늘의 금괴

베딕 점성학 지침서
Treatise on Vedic Astrology

언스트 윌헴 지음 · **베스 림** 옮김

북랩 book Lab

To My

Dear friend Getano,

Without whom

My early career as an astrologer

would not have been possible.

소중한 친구 게타노에게

이 책을 바칩니다.

그가 아니었다면 초창기 점성학 커리어에

성공하지 못했을 겁니다.

로드 가네샤

·

점성학의 주재신

CONTENTS

다음 분들께 감사 드립니다.

교정을 도와주신

마티 러셀(Marty Russell)

리자 레이나(Lisa Reina)

밍쓰(Mynx)

그리고 아내 쉬리스티(Srishti),

특히 아름다운 그림 작업을 해준 그녀에게는 두 배로 감사 드립니다.

이 책을 레이아웃하는데 필요한 컴퓨터 자료들을 빌려준

폴 브링클리 로저스(Paul Brinkley Rodgers)도 감사 드립니다.

이 책을 처음 출판하는데 필요한 비용을 대출해주신

애스트로젬(Astrogems)의 호지선(Nick Hodgson)에게

특히 감사 드립니다.

열두 개 라시들과 아홉 그라하들

·

수리야(태양)는 중앙에서 그라하(행성)들과 라시들에게 둘러싸여 있다.

PREFACE

인도의 한두문화는 베다(Vedas)들에 뿌리를 두고 있다. 베다는 창조주 브라마(Brahma)에서 나온 신성한 지식으로 지구가 창조되기 이전부터 이미 전해져 내려온 것으로 여겨지고 있다. 베다의 뜻은 말 그대로 "진정한 지식"이다. 베다는 특히 신(God)의 다양한 형상을 찬양하는 리듬들로 이루어져 있다. 점성학(Astrology)은 베당가(Vedanga)로 알려져 있다. 여섯 부서로 이루어진 베당가는 베다의 수족手足에 해당한다. 그중에 점성학은 죠티쉬(Jyotish)라고 하여 "베다의 눈"에 해당한다. 베다의 "눈"으로서 점성학이 가진 목적은 진리를 밝히는 데 도움이 되고자 하는 것이다. 그리하여 우리가 점성학을 통해 어떤 식으로든 의식전환을 이루어 일상생활에서 신의 존재를 볼 수 있게 하기 위함이다.

이지적인 경향을 가진 사람들에게는 점성학의 공부가 세상에 작용하고 있는 어떤 분명한 진리에 대한 인식을 할 수 있게 해줌으로서 의식의 전환을 가져올 수 있다. 이처럼 점성학을 공부하게 되면 삶에 대한 시야를 확장시키는 데 많은 도움이 될 수 있다.

이 책은 다섯 가지 독특한 점들을 가지고 있다. 첫째 행성들, 라시들, 낙샤트라들 혹은 별들이 가진 중요한 특성에 대한 참고서라는 점이다. 특히 낙샤트라 장章에 있는 열 개의 도표들은 기존의 다른 점성학 책에서는 전혀 찾아볼 수 없는 정보들이다. 둘째, 어떤 시스템의 점성학을 공부하든지 필수적으로 알아야 하는 점성학 자체의 모든 기본원리에 대해 아주 깊고 상세하게 설명하였기 때문에, 점성학에 숙련된 사람들은 이미 가진 지식에 새로운 깊이를 더하게 해줄 것이며, 초보자들은 점성학을 일부 부분적으로만 이해하는 데서 오는 혼란이나 모순들을 회피하게 해 줄 것이다.

셋째, 토성과 달의 노드(Nodes, 일식과 월식점)들에 대한 장章들은 베딕 점성학을 카운셀링 도구로 사용할 수 있는 잠재성을 보여주고 있다. 특히 달의 노드들인 라후와 케투(Rahu, Ketu)에 대한 장章들은 그림자처럼 모호한 이들의 성향들을 자세히 이해할 수 있게 해준다. 넷째, 차트(Horoscope)를 판단하는 데 필요한 모든 기본적 원리들을 어떻게 적용하는가, 그리고 행성들이 다스리는 다샤(Dadas, 기간)들을 이용해 어떻게 사건의 시기를 예측할 수 있을지에 대해 분명하면서도 정확하게 차근차근 설명하였다. 다섯 째, 원거리 행성들인 천왕성, 해왕성, 명왕성과 타지카(Tajika) 어스펙트에 대한 장章들은 서양 점성학자들이 사용하고 있는 방식들과 유사하기 때문에, 서양 점성학에서 베딕 점성학으로 옮겨가고 있는 사람들에게 많은 도움이 될 것이다. 이러한 장章들은 베딕 점성학이 가진 효율성을 저하시키지 않고서도 베딕 점성학의 구조 내에서 원거리 행성들을 응용할 수 있는 방식들을 제시해 준다. 간단히 말하자면, 점성학이 가진 모든 근본원리를 분명하면서도 정확하게 한 권의 책 안에 나타내기 위해 할 수 있는 모든 최선을 다하였다.

베딕 점성학을 새로이 접하는 사람들은 서양 점성학에서 사용되고 있는 많은 원리원칙이 인도 고서에 언급되어 있다는 사실을 주목할 수 있을 것이다. 이것은 서양과 동양 점성학 사이에 상응하는 점들이 많다는 것을 보여준다.

언스트 윌헴(Ernst Wilhelm)
2001년 6월

1. 행성과 그들에 얽힌 신화

브리할 파라샤라 호라 샤스트라(Brihat Parashara Hora Sastra)에 따르면, 지바(Jeeva, 개체 생명)들이 가진 각자 카르마에 상응하는 열매를 거두게 하기 위해 대大영혼이 행성들로 환생하였다고 한다. 베딕 점성학에서는 이러한 행성들이 아홉 개가 사용되고 있다. 하늘에 실체를 가진 일곱 개 행성들과 달의 노드(Node) 두 개가 바로 그것이다. 실체를 가진 행성들이란 태양, 달, 화성, 수성, 목성, 금성 그리고 토성이다. 인도 고서들은 행성들의 순서를 보통 그들이 각자 다스리고 있는 요일 순으로 나열하고 있다. 일요일을 다스리는 태양, 월요일을 다스리는 달, 화성은 화요일, 수성은 수요일, 목성은 목요일, 금성은 금요일, 그리고 토성은 토요일이다.

달의 두 노드(Nodes)는 다른 행성들처럼 실체를 가지고 있지 않다. 그러나 베딕 점성학에서는 행성의 지위가 주어졌으며 아주 중대한 비중을 차지하고 있다. 두 노드는 지구 주변을 도는 달의 길이 태양 주변을 도는 지구의 길과 서로 교차하는 점이다. 이러한 교차점에는 두 개가 있는데 하나는 북쪽에서 교차가 일어나는 점, 다른 하나는 남쪽에서 일어나는 점이다. 북쪽 교차점은 **라후**(Rahu), 그리고 남쪽 교차점은 **케투**(Ketu)로 알려져 있다. 그러므로 라후와 케투는, 태양 주변을 도는 지구와 지구 주변을 도는 달, 두 개의 막강한 우주적 힘의 작용에 의해 생성 되는 것이다. 이러한 교차로 의해 일식이나 월식도 일어나고 있다. 그런 사실들을 고려해볼 때, 점성학에서 노드가 차지하고 있는 비중이 얼마나 중요한지를 분명히 알 수 있다. 노드가 가진 또 다른 특성은, 눈에는 보이지 않지만 마음(the mind)을 상징하는 달의 노드라는 점에서, 우리의 마음이 가진 무의식적 면들을 이들이 상징한다는 것이다.

행성들은 주재신(deity)들로 여겨지고 있으며, 이들을 둘러싼 많은 신화들이 전해져 내려오고 있다. 이러한 신화들에 대해 어느정도 알고 있으면, 보다 총체적으로 행성들을 이해하는 데 도움이 된다. 이어지는 스토리들에 나오는 아바타(Avatar, 화신)들은 각 행성의 화신으로서 이들의 주재신(deity)들이기도 하다.

▩ 아바타

태양으로부터 로드 라마(Lord Rama), 달로부터 바가완 크리슈나(Bhagavan Krishna), 화성으로부터 나라심하(Narasimha), 수성으로부터 붓다(Buddha), 목성으로부터 바마나(Vamana), 금성으로부터 파라수라마(Parasurama), 토성으로부터 쿠르마(Kurma), 라후로부터 바라하(Varaha), 그리고 케투로부터 맡시야(Matsya)의 화신이 환생하였다.

▩ 로드 라마(Lord Rama)

아주 오래전 **트레트라 유가**(Tretra Yuga)때 **라바나**(Ravana)라는 이름을 가진 아수라(Asura, 괴물)왕이 있었다. 그는 성격이 아주 이기적이고 교만할 뿐 아니라 **다르마**(Dhama, 정도, 正道)에 어긋나는 온갖 악행들을 일삼고 있었다. 그런데 라바나는 이전에 아주 엄한 수행들을 하였는지라 신들로부터 많은 **분**(Boon, 은총, 恩寵)들을 얻고 있었다. 그러한 분들은 라바나를 아주 막강하게 만들었기 때문에 어느 누구도 라바나가 펼치는 불의들을 장악할 수가 없었다. 그리하여 세상에는 **아다르마**(Adharma, 부정도, 不正道)들이 판을 치게 되었다.

브라마(Brahma, 창조주)와 **데바**(Deva, 천상의 신)들은 전지전능한 **비슈누**(Vishnu, 유지주)에게로 찾아가 라바나의 세상을 제거하는 데 도움을 주십사 간청하였다. 그들 중 아무도 라바나를 감당할 수 없었기 때문이었다. 비슈누는 태양의 황실(The Solar

Dynasty)에 환생하여 라바나와 그가 저지르는 불의에 종지부를 찍겠노라고 약속하였다.

그리하여 비슈누는 **로드 라마**로 환생하게 되었다. 라마는 전 생애를 통해 가장 이상적인 다르마의 화신으로서 모든 것에 본보기가 되었다. 왕족으로 태어난 라마는 **아요디야**(Ayodhya)왕국의 황태자로 책봉되었다. 그러나 부황의 왕비들 중 한 명의 계략으로 왕위계승권을 부당하게 뺏긴 채 십사 년 동안 숲에서 유배생활을 하도록 쫓겨나게 되었다. 라마는 부황의 훌륭한 이름 앞에 어떤 흠도 남기지 않기 위해 평정심과 초연한 자세로 유배형을 기꺼이 받아들였다. 자신의 실수로 라마를 귀향 보내게 된 부황은 깊은 슬픔에 빠져 앓다가 세상을 떠나게 되었다. 라마의 아내, 싯타(Sita)와 동생 락쉬만(Lakshman)은 라마와 떨어지기를 거부하였다. 그리하여 두 사람은 라마를 따라 같이 숲으로 떠나게 되었다. 귀향생활을 하는 동안 라마에게는 수많은 고난과 시험들이 닥쳤지만 단 한번도 엄격한 다르마正道의 길에서 벗어나 본 적이 없었다.

그렇게 수년 동안 유배생활을 하며 숲에서 지내는 동안, 싯타의 아름다움에 대한 소문이 자자하게 퍼져 라바나의 귀에까지 들어가게 되었다. 라바나는 싯타를 납치하여 자신의 왕비로 삼고자 하였다. 그리하여 라바나는 라마와 락샤만이 사냥을 나간 사이에 오두막에 혼자 남아있던 싯타를 속임수를 써서 납치한 뒤 그녀를 대양 한가운데 있는 섬의 왕국에 가두었다. 한편 싯타를 잃고 극도로 상심한 라마는 그녀를 찾아서 라바나로부터 구출하기 위해 백방의 노력을 기울이게 되었다. 아주 오랜 시간과 갖은 노력 끝에 마침내 라마는 라바나를 처치하고 싯타는 라마에게 돌아올 수 있었다. 그리하여 비슈누가 라마로 환생한 목적을 완성할 수 있었다. 라바나를 처치하고 또 다르마의 본보기를 세우기 위해 라마가 감내한 희생의 정도가 얼마나 엄청났던지 그저 상상만으로도 평범한 사람들은 눈물을 흘리게 된다. 오늘날까지도 라마의 스토리는 듣는 많은 이들에게 감명을 주며 그의 발자취를 따라 살고자 하는 영감을 불어넣고 있다.

하지만 다르마적 삶을 살 때 따르게 되는 시험들이란 견디기가 쉽지 않다. 라마에게는 라바나를 퇴치하고 난 후에도 아직 남아있는 다르마에 대한 의무가 하나 있었다. 승리하고 돌아온 라마는 왕위에 오르게 되었다. 그런데 어떤 신하가 싯타에 대한 흠을 보는 것을 듣게 되었다. 어떤 여자든 일단 다른 남자 수하에 있게 되면 다시 남편에게 되돌아오는 게 불허(不許)되어야 한다는 것이었다. 그런데 라마는 싯타에게 눈이 멀어있어 그녀를 다시 받아들일지 몰라도 자기 같으면 어림도 없을 거라고 하였다.

비록 싯타가 강제로 납치를 당했고, 잡혀있는 동안에도 라바나의 궁전 밖에서 지냈으며, 남편 라마가 숲에서 먹는 식으로 그녀도 나무뿌리와 과일만으로 내내 연명하면서 오직 라마가 자신을 구출해 주기를 기다리고 있었다는 사실이, 험담을 하던 신하에게는 아무런 의미도 없었다. 라마는 일국의 왕으로서 신하들을 기쁘게 하는 것이 가장 이상적 다르마라고 여겼다. 그래서 싯타를 **리쉬 발미키**(Rishi Valmiki)의 아쉬람으로 보냈다. 임신 중이었던 싯타는 라마의 쌍둥이 아들들을 출산한 후 죽게 되었다. 싯타의 주검소식을 들은 라마는 슬픔으로 가슴이 미어졌다. 그러나 왕은 자기감정에 대한 자격이 없다고 일축하고 죽는 날까지 나라를 잘 통치하는 데만 집중하였다.

한 인간으로서 그처럼 엄격하게 다르마를 따르며 살 수 있기 위해선, 내면에 있는 진정한 대자아(Self)에 대해 항상 의식을 하고 있어야 한다. 그래야만 초연한 자세로 충분히 떨어진 채 주어진 임무에 충실할 수가 있다. **태양이 이러한 대자아를 상징**하고 있으며 **로드 라마**는 그러한 대자아적 태양이 표출되는 가장 적절한 본보기가 되고 있다.

▧ 바가완 크리슈나(Bhagavan Krishna)

크리슈나는 인도인들에게 가장 사랑받고 있는 **아바타**(Avatar)이다. 크리슈나에게 연관된 무수히 많은 스토리는 아무리 들어도 추종자들이 절대 질리지 않는다. 크리슈나는 삼촌인 폭군 왕 **캄샤**(Kamsa)에게 수감된 두 성인 같은 부부 사이에서 태어났다. 캄샤가 크리슈나 부모를 감금한 이유는 어느 날 하늘에서 들려온 목소리 때문이었는데 동생 부부 사이에서 태어난 여덟 번째 아이에 의해 그가 죽게 될 것이라는 예언을 하였다. 그리하여 크리슈나의 여섯 형제들은 태어나자마자 모두 캄사에게 죽임을 당했다. 그런데 일곱 번째 아이는 고쿨라(Gokula)에 사는 여자 소지기였던 **로히니**(Rohini)의 자궁 속으로 옮겨지게 되었다. 그렇게 태어난 일곱 번째 아이가 **발라라마**(Balarama)였다. 그는 비슈누의 수호뱀으로 천개의 머리를 가진 **아디세샤**(Adishesha)의 화신이었는데,

크리슈나와 평생을 함께하는 지기였다.

크리슈나가 태어났을 때 그의 부모가 갇혀있던 감옥 문이 기적처럼 열렸다. 크리슈나의 아버지는 아기를 안고 고쿨라로 가서 잠들어 있던 야쇼다(Yashoda)의 갓난아기 딸과 바꿔치기를 하여 감옥으로 돌아왔다.

여덟 번째 아이가 태어났다는 소식을 들은 캄샤는 죽이기 위해 감옥으로 달려갔다. 사실은 야소다의 자식이었던 아기를 위로 들어 올려 막 팽개쳐 죽이려고 하던 차에, 아기는 갑자기 손가락 사이로 빠져나가 기적처럼 공중으로 사라지면서 캄샤에게 말했다. 여덟 번째 아이는 지금 어딘가에 안전하게 숨겨져 있다는 것이었다.

크리슈나는 많은 여자 소 지기들에게 둘러싸여 그들의 달콤한 보살핌을 받으며 어린 시절을 보냈다. 캄샤는 크리슈나를 죽이기 위해 수많은 아수라를 보냈다. 하지만 크리슈나는 아직 어린아이였음에도 불구하고 번번히 그들을 모두 처치해버렸다. 크리슈나는 모두에게 즐거움 자체였다. 플루트를 불어 듣는 사람들 모두를 음악에 심취시키는가 하면 끊임없는 장난으로 놀려먹기 일쑤였다.

열다섯 살이 되자 크리슈나는 폭군왕 캄샤를 죽이고 부모님을 풀어주기 위해 여자 소 지기들 곁을 떠났다. 크리슈나는 수많은 아수라를 처치하는데 보여준 놀라운 기량 때문에 영웅으로 알려지게 되었다. 그래서 사람들은 어떤 도움이나 지원, 위로를 받고자 할 때 항상 크리슈나를 찾아갔다.

크리슈나는 마하바라트의 영웅인 아르쥬나와 형제들의 친구이자 조언자, 그리고 위로를 해주는 이로써 가장 잘 알려져 있다. 마하바라트는 쿠루크셰트라(Kurukshetra)라는 전쟁터에서 판두스(Pandus)와 쿠루스(Kurus)라는 두 친척 왕족 간에 벌어진 전쟁을 기록한 대서사시다. 바가바드기타는 마하바타나 스토리 중의 일부분으로서 전쟁터에서 벌어진 크리슈나와 아르쥬나의 대화를 기록하고 있다. 전쟁을 통해 악하고 교만한 본성을 가진 이들은 모두 멸종되게 되었다. 그리하여 크리슈나가 여자 소 지기들 틈에서 풍만한 사랑을 받고 자라났던 세상을 깨끗하게 정화시킬 수 있었다. 달은 감성적 안녕 상태의 기반을 형성하는데 가장 중요한 어린 시절의 환경을 의미하고 있다. 또한 달은 소를 다스리며, 크리슈나가 제일 좋아하던 버터나 유제품 등을 관장하고 있다.

크리슈나는 신을 언제나 마음에 두고 사는 **박티**(Bhakti)의 중요성을 항상 강조했다. 그는 자신을 추종하는 박티스(Bhaktis, 헌신하는 이들)들을 창조주 브라마나 다른 어느 신들보다도 더욱 더 아끼고 사랑했다. 우리가 마음(달)을 항상 가슴 한 가운데에 두고 지킬 수 있을 때 박티는 계발될 수 있다.

아바타 중에서도 크리슈나가 남긴 행적들은 미심스러운 점들을 많이 가지고 있다. 그러나 그의 마음은 언제나 신과 합치되어 있었기 때문에 크리슈나가 한 어떤 행위도 영혼의 순수함에서 벗어나는 적이 없었다. 달은 마음을 의미한다. 마음이 가는 곳이면 뭐든지 아주 중요하게 된다.

▨ 나라심하(Narasimha)

아주 오랜 옛날에 히란야카쉬푸(Hiranyakashipu)라는 이름을 가진 아수라가 있었다. 그는 많은 분(Boon)을 얻었기 때문에 아주 막강한 파워를 지니고 있었다. 삼세(三世)를 정복하여 강제로 데바(Deva)들을 부하들로 만들었다. 데바들이 전능하신 로드에게 가서 어려움을 호소하자 비슈누는 약속했다. 히란야카쉬푸에게는 성자 같은 아들이 하나 있었는데, 아들에게 잘못 처신하는 대로 로드가 나타나서 바로 그를 응징하겠다는 것이었다.

히란야카쉬푸의 막내아들 프라할다(Prahlada)는 성자와 같은 자질들을 모두 가지고 있었다. 진실하고 절제되었으며 살아있는 모든 생명들을 사랑하였다. 감각기관들은 모두 통제하였으며 행동거지(行動擧止)에는 어떠한 결점도 없었다. 아버지가 오늘은 무엇을 배웠느냐고 물을 때마다 프라할다는 오로지 **로드**(Lord, 비슈누)의 위대함에 대해서만 말하였다. 그럴 때마다 히란야카쉬푸의 속은 편치 않았다. 그래서 프라할다의 선생들에게 아들이 제대로 세상을 살 수 있는 법을 가르치고 또한 절대로 비슈누 추종자들과 만나는 일이 없도록 하라고 명하였다.

프라할다의 선생들은 도대체 누가 그러한 생각들을 전수시켰냐고 제자에게 물었다. 프라할다는 대답하였다. 마치 쇠가 자석에 끌리듯이 자신의 마음은 언제나 **로드**를 향해서만 끌리고 있다는 것이었다. 하지만 행여 선생들이 그렇게 가르친 것이라고 잘못 생각하여 아버지에게 벌을 받게 될까봐 그동안 배우는 척 하고 있었지만 속으로는 언제나 로드만을 생각하고 있었다고 했다. 선생들은 아들의 공부 진도를 궁금해 하는 아버지에게 프라할다를 데리고 갔다. 그는 다시, 로드에 대한 찬양만을 늘어놓았다. 분노에 치민 아버지는 아들에게 고문을 치라고 부하 아수라들에게 명하였다. 그러나 프라할다가 눈도 꿈쩍하지 않자 히란야카쉬푸는 당장 죽이라고 명을 내렸다. 아수라들은 온갖 방법을 다 동원하였지만 어찌 된 영문인지 다섯 살짜리 아이 하나를 죽일 수가 없었다. 마침내 프라할다의 선생들은 왕에게 말했다. 어차피 죽이지 못할 바에야 다시 데리고 가서 잘 달래보면 나중에라도 변하지 않겠냐는 것이었다. 그리하여 프라할다는 다시 선생들과 공부를 하러 돌아가게 되었다.

어느 날 선생들이 출마를 나간 사이 프라할다는 같이 공부하던 학생들을 전도하기 시작했다. 돌아와서 이를 알게 된 선생들은 분노했다. 다른 학생들마저 자기들의 가르침에 더 이상 귀 기울이지 않았기 때문이었다. 선생들이 히란야카쉬푸에게 달려가서 고하자, 화가 치민 그는 자기 손으로 직접 아들을 죽이겠다고 결심했다.

히란야카쉬푸가 프라할다를 데리고 오라고 명하자 그는 공손한 자세로 아버지의 부름에 응하였다. 아버지는 프라할다를 마구 야단쳤지만 그는 한치의 흔들림도 없이 공손한 태도로 아버지에게 로드에 대한 말만 계속하였다. 그리고 오히려 아버지 히란야카쉬푸를 설득하려 들었다. 아버지가 자신보다 더 위대하신 로드에게 귀의한다면 지금보다도 더욱 많은 복을 누리게 될 것이라고 했다. 아버지는 아들이 말하는 자신보다 더 위대한 '로드'라는 존재가 도대체 어디에 있는 누구냐고 물었다. 프라할다는 지금 여기 언제 어디에서건 없는 곳이 없는 존재라고 답하였다. 히란야카쉬푸는 옆에 있는 기둥을 가르치며 네가 말하는 로드가 저기에도 있느냐고 물었다. 프라할다는 그렇다고 답하였다. 그러자 히란야카쉬푸는 지금 자기가 프라할다를 죽이려 할 것이니 만약 로드가 정말로 기둥 안에 있다면 지금 나와서 죽음으로부터 구해 주어야 할 것이라고 말했다.

그렇게 말한 히란야카쉬푸는 엄청난 주먹의 힘으로 기둥을 쳤다. 그러자 어마한 굉음과 함께 기둥은 반으로 갈라졌다. 그리고는 무시무시한 모습을 한 **로드**가 앞에 나타났다. 그는 마치 용해시킨 금덩어리처럼 번쩍거렸다. 머리와 얼굴은 마치 사자와 같았으며 가슴까지도 그러했다. 하반신은 사람의 모습이었다. 히란야카쉬푸를 제외한 다른 모두는 두려움에 떨고 있었다. 사람도 아니고 짐승도 아닌 정말 이상한 괴물도 다 있다고 그는 생각했다. 그러다가 문득 기억해냈다. 이전에 창조주 브라마에게 분(Boon)을 얻게 되었을 때, 그는 영원히 죽지 않을 수 있는 영생을 원했다. 하지만 브라마 자신조차 영생을 살지 못하므로 들어 줄 수가 없었다. 대신 브라마는 약속하였다. 히란야카쉬푸는 브라마의 창조물에게 죽임을 당하지 않을 것이며, 어떤 사람이나 짐승도 죽일 수가 없으며, 낮도 밤도 아니고, 안도 바깥도 아니고, 땅도 하늘도 아닌 곳에서는 죽임을 당하지 않을 거라고 하였다. 지금 기둥에서 나온 괴물은 분명히 브라마의 창조물이 아니었다. 그렇다면 지금이 바로 자기가 죽임을 당한 때인가?

히란야카쉬푸는 괴물의 모습을 한 로드를 철퇴로 쳤다. 그들은 서로 치열하게 오랫동안 싸웠다. 마침내 로드는 히란야카쉬푸를 번쩍 들어 신전(伸展) 가장자리로 갔다. 그곳은 안도 바깥도 아니었다. 하늘은 막 어두워지고 있었다. 낮도 밤도 아니었다. 로드는 그를 무릎에 놓았다. 땅도 하늘도 아닌 곳이었다. 그래도 히란야카쉬푸는 두려워하지 않았다. 그는 프라할라를 쳐다보았다. 아마도 자신보다 더 위대한 존재가 로드라고 한 아들의 말이 맞는지도 모른다는 표정을 하고 있었다. 로드는 그의 오장육부를 끄집어내 죽여 버렸다.

그렇게 그를 죽인 후 로드는 히란야카쉬푸의 자리였던 왕좌로 가서 앉았는데, 아직까지도 얼마나 화가 나 있던지 감히 아무도 접근할 엄두를 못 내었다. 대지 전체가 지진이 난 것처럼 흔들리고 있었다. 로드에게서 쏟아져 나오는 분노의 열기에 하늘도 타들어 갔다. 데바(Deva)들은 **마더 락씨미**(Mother Lakshmi)에게 가서 부군인 로드를 진정시켜 줄 것을 간청하였다. 하지만 **마더**조차 **로드**에게 가까이 갈 엄두를 못 내었다. 그처럼 로드가 분노한 모습을 그녀는 이제껏 본 적이 없었다. 마침내 프라할라가 로드에게 다가가 무릎을 꿇고 경배를 올렸다. 그러자 프라할라를 세워 일으킨 **로드**에게선 분노가 사라졌다.

신께 헌신하는 이들을 보호하기 위해 나라심하(Narasimha)가 보여준 정의의 분노는 **화성**의 뜨거운 에너지가 가장 최상의 방식으로 표현되었던 예이다.

▨ 붓다(Buddha)

"붓다"라는 말은 "깨우친 이"라는 뜻이다. 이름 자체로서 "붓다"는 불교의 창시자 **가우타마 싯다르타**(Gautama Siddhartha)를 지칭하고 있다.

싯다르타는 오늘날 네팔 - 인도 간 국경 사이에 존재하였던 **삭키야스**(Sakyas) 왕국의 왕자로 태어났다. 태어난 아기의 손금과 관상을 읽은 브라민 학자들은 예언하였다. 아기가 자라서 만약 출가를 하지 않는다면 전 세상을 다스리는 황제가 될 것이고, 출가를 한다면 "위대한 붓다"가 된다는 것이었다. 하지만 그중에 한 브라민은 싯다르타는 분명히 출가를 해서 붓다가 될 것이라고 확신하였다.

예언을 들은 싯다르타의 아버지는 싯다르타가 자라는 동안 그가 언제고 집을 떠나 사문이 되고 싶어 할까 봐 노심초사하였다. 그래서 세속적 삶에 대한 싯다르타의 욕망을 부추기기 위해 최대한의 노력을 기울였다. 항상 행복할 수 있도록 만들어 주었으며 갖은 편리와 향락을 누리며 살 수 있게 해주었다.

그런데 싯다르타가 29세가 되는 해 그의 삶은 갑작스러운 전향을 하게 되었다. 전차를 타고 왕국 밖을 순회 중이던 싯다르타는 노쇠한 늙은이를 목격하게 되었다. 싯다르타는 마부에게 왜 저 사람이 저렇게 되었는지를 물었다. 그는 늙어서 그런 것이며 사람은 누구나 늙게 되어 있다고 마부는 설명하였다. 이를 들은 싯다르타는 마음이 무척이나 어지러웠다. 다음 날에는 자신의 배설물을 뒤집어쓰고 누워있는 병자를 목격하게 되었다. 그는 병이 들어서 그런 것이며 사람은 누구나 병에 걸리게 된다고 마부는 싯다르타에게 설명하였다. 또 다음 날에는 시체를 보게 되었다. 다시 마부는, 그 사람은 죽은 것이며, 사람은 누구나 죽게 된다고 설명하였다. 다음으로 싯다르타는 머리를 깎고 노란색 승복을 두르고 있는 사문을 보게 되었다. 그에게서 풍겨 나오는 고요하고도 평정스런 기운에 싯다르타는 깊은 감명을 받게 되었다. 바로 그날, 싯다르타는 머리를 깎고 돌아다니는 사문이 되기로 결심하였다. 그날 밤 싯다르타는 잠든 아내와 갓 태어난 아들을 뒤로 하고 조용히 왕국을 **빠져나왔다**.

싯다르타는 진리를 찾아 헤맸다. 그가 스승으로 모시게 된 두 명의 성자가 있었다. 두 스승의 가르침을 통해 싯다르타는 아주 높은 영적 경지에 이르렀다. 하지만 여기에

만족을 하지 못한 그는, 진리를 찾아 방황을 계속 하였다. 녹야원에서 다섯 명의 다른 사문들과 함께 육 년 동안 극심한 고행을 하던 싯다르타는 거의 죽음의 지경까지 이르게 되었다. 문득 그는 이런 식의 육체적인 학대가 자신이 원하는 깨달음을 가져다 주지 않는다는 걸 알게 되었다. 그래서 수행방식을 바꾸어 조금씩 음식을 취하면서 그는 좀 더 균형 잡힌 방식으로 스스로를 돌보기 시작했다. 수행을 함께하던 다른 다섯 명의 사문들은 싯다르타에게 실망하여 그의 곁을 떠났다.

그때부터 싯다르타는 자신만의 방식으로 깨달음의 길을 걷게 되었다. 보디 나무 아래에 앉아 깨달음을 얻기 전까지는 자리에서 일어나지 않겠노라고 결심을 한 뒤 얼마 지나지 않아, 싯다르타는 마침내 깨달음을 성취하게 되었다. 일련의 시험들을 거쳐 목표를 성취한 싯다르타는 "붓다"가 되었다.

붓다에게는 이내 제자들이 몰려들기 시작했다. 첫 제자들은 이전에 함께 고행을 하다가 떠나버린 다섯 명의 사문들이었다. 붓다는 지나친 자기방탕이나 자기학대를 피하고 균형 있게 수행을 하는 중도의 길을 가르쳤다. 이러한 가르침은 팔정도로 알려졌다. 팔정도란 정견(바르게 보기), 정사유(바르게 생각하기), 정어(바르게 말하기), 정업(바르게 행동하기), 정명(바르게 생활하기), 정정진(바르게 정진하기), 정념(바르게 깨어있기), 정정(바르게 삼매하기)을 말한다. 이러한 붓다의 가르침은 붓다와 많은 깨달은 제자들에 의해 빠르게 번져나갔다.

붓다는 죽음과 삶에 존재하고 있는 고통, 그리고 승려의 평화스런 모습을 본 후에 세속적 삶과 영성적 삶 사이에서 선택을 했다. 같은 방식으로 수성은 다양한 가능성들을 재어 본 후에, 가장 안전한 결과를 가져다 주는 선택을 내릴 수 있는 능력을 가지고 있다.

싯다르타는 황실에서 갖은 사치를 누리고 살다가 고난도의 고행을 하는 극단으로 갔다. 하지만 나중에 보다 균형적인 자세로 임하였을 때 비로소 깨달음을 얻을 수 있었다. 수성은 중성(neuter)인 행성으로서 양극단 사이에서 실리적인 균형을 유지할 수 있는 힘을 준다.

팔정도는 항상 바른 것을 선택하게 하는 길이다. 분별력을 요하는 길인 것이다. **이러한 분별력을 제공하는 것이 바로 수성이다.**

⊠ 바마나(Vamana)

아주 오랜 옛날에 발리(Bali)라는 이름을 가진 파워풀한 아수라가 있었다. 발리의 힘이 얼마나 강했던지 데바들의 왕 인드라(Indra)를 천국에서 쫓아낼 정도였다. 그리고는 인드라의 도시였던 천국과 세상을 장악하여 다스리게 되었다. 발리의 명성은 전 세상으로 번져나갔다. 비록 아수라였지만 유명해진 이유는 힘이 강해서뿐 아니라 특히 그의 훌륭한 인격과 관대함 때문이었다.

한편 인드라의 모친은 발리에 의해 쫓겨난 아들 생각에 속이 상했다. 그녀는 진언을 외우며 기도를 올렸다. 그녀의 앞에 나타난 로드(비슈누)는 걱정하지 말라고 했다. 데바들을 도와주기 위해 곧 자신이 그녀의 아들로 태어날 것이라고 약속하였다.

그녀에게 아들이 태어났는데 이름은 바마나(Vamana)였다. 소년 바마나는 신께 바치는 제사 의식을 치르고 있던 발리를 향해 다가갔다. 그런데 바마나의 광채가 얼마나 밝았던지 마치 눈부신 빛이 지평선 너머에서 발리와 다른 구경꾼들을 향해 다가오고 있는 것처럼 보였다. 발리는 눈앞에 서 있는 어린 소년이 보통으로 범상한 브라민이 아님을 알고 몸을 숙여 발을 터치하는 존중심을 표했다.

"잘 왔구나!"

발리가 말했다.

"네가 내 왕국에 와주어서 나는 더할 나위 없는 축복을 입었다. 소원이 있으면 말해보라. 뭐든지 들어주겠다."

바마나가 대답했다.

"제 발걸음으로 세 발자국에 해당하는 땅을 당신에게 얻고 싶습니다."

의외로 작은 요구에 발리는 깜짝 놀라 다시 물었다.

"너는 정말로 네게 좋은 것이 무엇인지 잘 모르는구나. 아직 어려서 그런 것 같다. 몇 개의 섬을 달라고 하는 대신 겨우 너의 작은 발로 세 걸음에 해당하는 땅만 달라고 하느냐. 다시 묻겠다. 네가 평생 동안 편하게 지낼 수 있을 만큼 땅을 달라고 하라."

바마나는 답하였다.

"자신의 욕망을 정복하지 못한 사람은 세상 전부를 다 가진다 하더라도 만족할 수 없습니다. 세 발걸음 만큼의 땅에 만족하지 못하는 사람은 설사 일곱 개 대륙과 세상의 모든 부를 다 가진다 하더라도 절대 만족 할 수 없습니다."

이를 들은 발리는 바마나의 청을 들어주기 위해 준비를 하였다.

그러나 이때 발리의 스승인 **수크라**(Sukra, 금성)가 끼어들어 말했다.

"청을 들어주지 말아라. 그 아이는 지금 데바들을 도와주기 위해 네게 속임수를 쓰고 있는 것이다. 그는 바로 전능하신 로드(Lord)이다. 그가 떼는 한 발걸음은 세상 전체를 덮을 것이며 두 번째 발걸음은 하늘을 다 덮을 것이다. 세 번째 발걸음은 네 머리에 놓을 것이다. 네가 선물을 주기로 한 약속을 지킬 필요가 없다. 왜냐하면 네가 가진 모든 걸 빼앗으려고 처음부터 너를 속인 것이기 때문이다."

그러나 발리는 스승의 조언을 따르는 대신에 이렇게 대답 했다.

"스승님께서 하신 말씀을 믿습니다. 제가 가진 모든 재물과 권력을 빼앗길 위험에 처해 있으니 저는 제가 한 말을 지키지 않아도 됩니다. 하지만 저는 제가 가진 모든 걸 잃는 것은 두렵지 않습니다. 거짓을 말함으로써 얻게 될 불명예만이 두려울 뿐입니다. "

발리에게 화가 난 수크라는 커스(curse, 저주)를 내리며 그가 가진 모든 은총과 재산, 영광을 잃게 될 것이라고 했다. 스승이 저주를 내렸음에도 흔들리지 않고 그는 바마나의 요구를 들어주기로 했다.

그러자 바마나는 엄청난 크기로 자라기 시작하더니 **로드**의 본모습을 드러냈다. 한 발자국을 옮겨서 전 세상을 커버하고 다른 한 발자국은 하늘 전체를 커버했다. 그리고는 바마나의 모습으로 되돌아 왔다. 발리는 이미 묶여 있었지만 미소를 지으며 말했다. 로드께서 왜 자신에게 이런 일을 하셨는지 알고 있다고 했다. 자기가 지은 "나"와 "내 것"이라 여긴 두 죄를 씻어 주시기 위함이었다. 자신이 가진 모든 것을 빼앗음으로 "내 것"이라고 여긴 죄를 지워 주셨다. 이제 로드께선 신의 의지 앞에 우리 자신을 내려놓을 수 있어야만 "나"라고 생각한 죄를 씻을 수 있다는 것을 세상에다 보여주려 하신다고 했다.

바마나는 발리를 쳐다보며 물었다. "너는 내게 세 발걸음에 해당하는 땅을 약속했다. 그러나 겨우 두 걸음만을 옮겼을 뿐인데 더 이상 아무 것도 남아있지 않다. 내가 세 번째 발걸음을 어디에 옮겨야 할지 말해 보라. 너는 약속을 지키지 않았다."

발리는 두려워하지 않고 대답하였다.

"제가 한 약속은 거짓이 아닙니다. 세 번째 발걸음을 옮길 자리가 아직 남아 있습니다. 제 머리에 당신의 발걸음을 놓으십시오."

그러자 창조주 브라마가 나타나서 바마나에게 말했다.

"발리를 풀어주십시오. 그는 가진 모든 것을 내주고 당신 앞에 자신도 완전히 내려놓았습니다. 오히려 상을 받아야만 마땅합니다."

로드께서 답하셨다.

"내가 어떤 이를 멸망시키고자 할 때는 그 사람에게 세상의 온갖 부귀영화와 권위를 내려준다. 그러면 그는 향락에 빠져서 자신의 참 본성을 잊어버리게 된다. 내가 어떤 이를 세상의 마야로부터 구하고자 할 때는 그가 가진 모든 것을 빼앗아 간다. 가진 모든 잘못을 없애 줌으로써 그는 진정으로 내게 와서 하나가 될 수 있다. 발리는 진리의 길에서 한 치도 어긋난 적이 없었다. 내가 내리는 축복으로 그는 **사바니만반타**(Savarni Manvantar, 차후 창조세계)시대에 인드라가 될 것이다. 그때까지는 **수탈라**(Sutala, 천국의 영지)에 머무르면서 언제나 나와 함께 하게 될 것이다."

바마나는 발리가 가진 모든 것을 빼앗았다. 그러나 발리가 로드에게 귀의한 이후, 다음 세상에서 인드라가 되도록 축복을 내렸다. 마찬가지로 목성은 우리가 가진 것들을 빼앗아 감으로써 더 큰 축복이 이어지도록 해준다.

발리는 진리에서 한 치도 벗어나 본 적이 없었다. 그리고 그가 성장할 준비가 되었을 때 바마나는 먼저, 발리가 가진 모든 걸 빼앗았다. 그리하여 발리가 가진 마지막 집착으로부터 자유로워져서 더 크게 성장할 수 있게 하였다. 마찬가지로 목성은 우리가 성장할 수 있는 준비가 되었을 때, 그동안 우리의 성장을 막고 있던 것들로부터 우리를 자유롭게 한다.

바마나는 일개 아수라였던 발리에게 은총을 내려 다음 세상에서 인드라, 데바들의 다음 왕이 되도록 했다. 마찬가지로 목성은, 모든 미흡한 것들을 가장 완벽한 것들로 바꾸어놓는다.

▧ 파라수라마(Parasurama)

파라수라마는 자마다그니(Jamadagni)의 아들이었다. 그런데 할머니에게 저지른 어떤 잘못으로 인해 브라민(Brahmin, 승직계층) 집안에 태어났지만 크샤트리야(Kshatriya, 왕족무사계층) 자질들을 가지고 있었다. 한번은 파워풀하고 교만한 왕, 카타비르야(Kartavirya)가 자마다그니 아쉬람에 다녀가게 되었다. 자마다그니에게는 원하는 모든 소원을 다 들어주는 디바인(Divine) 소가 한마리 있었는데 욕심이 난 카타비르야는 소를 훔쳐 달아났다. 이를 알게 된 파라수라마는 카타비르야를 쫓아가서 그와 전 군대를 순전히 맨손으로 모두 죽인 뒤 다시 소를 찾아 아버지 자마다그니에게 돌려주었다.

그에게 실망한 아버지는, 왕을 죽이는 죄를 저지른 아들의 성급함을 나무랐다. 아버지는 파라수라마가 지은 죄를 정화시키기 위해 일 년 동안 신성한 강들을 따라 성지순례를 돌 것을 명했다.

일 년이 지난 후 파라수라마는 집으로 돌아왔다. 얼마 지나지 않아, 강둑에서 물을 기르던 파라수라마의 어머니는 물 안에서 놀고 있는 반신(demigod)을 보게 되었는데 잘 생긴 그의 외모에 내심 감탄을 했다. 그녀가 집으로 돌아왔을 때, 자마다그니는 마음의 눈을 통해 아내가 가졌던 생각을 보게 되었다. 남편 이외에 다른 남자를 생각했다는 자체가 아주 큰 죄를 저지른 것이었다. 자마다그니는 아들들을 불러서 그녀를 죽일 것을 명령했다. 그들은 아버지의 불 같은 명을 받고도 어머니를 죽이는 것을 망설였다. 그러자 자마다그니는 막내아들 파라수라마를 불렀다. 그리고는 어머니와 형들을 모두 죽일 것을 명했다. 한 치의 망설임도 없이 파라수라마는 아버지의 명을 이행했다. 만족한 자마다그니는 아들에게 어떤 소원이든 들어 주겠으니 말해보라고 했다. 파라수라마는 어머니와 형들이 아무것도 기억하지 못한 채로 다시 모두 소생될 것을 원했다. 자마다그니는 기꺼이 소원을 들어 주었으며 모든 게 잘 마무리될 수 있었다.

한편 카타비르야의 아들들은 아버지를 죽인 파라수라마에 대한 복수심을 품고 있었다. 어느 날 파라수라마가 사냥을 나간 틈을 타서 그들은 그의 아버지를 죽이기 위해 아쉬람으로 쳐들어왔다. 어머니의 비명 소리를 듣고 달려온 파라수라마는 죽은 아버지의 모습을 보게 되었다. 뒷마무리는 형들에게 맡긴 채 그는 도끼를 들고 아쉬람 밖으로 달려 나갔다. 그때 파라수라마는 모든 크샤트리야들을 다 죽이기로 결심했다.

만 명이나 되는 카타비르야의 아들들을 모두 죽이고도 파라수라마의 분노는 사그라지지 않았다. 자존심이 뭉개진 그는, 어떤 모욕도 참을 수가 없었기에, 자기를 건드린 자들의 뿌리까지 죄다 뽑아버리기로 작정을 했다. 자신의 자존심을 걸고 파라수라마는 세상을 스물한 바퀴나 돌면서 보이는 크샤트리야마다 모두 죽였다. 그리고는 수많은 왕을 죽이는 죄를 저지른 자신을 정화시키기 위한 기도제들을 올렸다. 파라수라마 생애의 목적은 타락한 크샤트리야들을 세상에서 제거하는 것이었다. 그는 브라민 계층으로 태어나서, 브라민들을 불경不敬하는 크샤트리야들을 처단했던 것이다.

파라수라마는 아버지에게 아주 충직하고 헌신적이었다. 금성 역시 그러한 충직성과 헌신의 자질들을 보여준다. 정말로 바른 것이 어떤 것인가를 아는 현명함을 가지고 있기 때문이다.

파라수라마는 자신의 자존심 때문에 많은 싸움을 치르곤 했다. 이러한 자존심은 금성이 가진 특성으로 모든 행성들 중에서 가장 자존심이 강하다.

파라수라마는 크샤트리야들을 죽이는 것에 중독되었다. 마찬가지로 금성은 자기가 좋아하는 것에 대한 열정으로 중독이 된다.

금성은 **사움야**(Saumya, 길성) 행성들 중 하나로 간주한다. 그러나 아바타로서는 파라수라마에게 주어진 피범벅의 역할을 새기고 있어야 한다. 처음부터 금성을 완전한 길성으로만 여기고 안심을 하기엔 섣부른 발상이기 때문이다. **우파데샤**(Upadesa)라고 하는 또 다른 중요한 점성학 고전에 따르면, 금성이 형제들한테서 떨어지게 하고 아이를 잃게 하는 요인이 되기도 한다. 그래서 금성은 눈에 보이는 것보다 훨씬 더 많은 것을 함축하고 있다.

▧ 쿠르마(Kurma)

아주 오래전에 천상에서 데바들과 아수라들 사이에서 전쟁이 일어났다. 데바들은 아수라들의 표혹함을 감당하기가 힘들었다. 그래서 많은 데바들이 죽게 되었다. 인드라와 다른 신들은 브라마에게 가서 도움을 요청했다. 브라마는 전능하신 로드에게 함께 기도를 올릴 것을 조언했다. 브라마와 데바들은 로드에게 기도를 올리며 데바들을 도와주십사 기원했다.

그들 앞에 나타난 로드는 우선 아수라들과 평화협정을 맺어 시간을 벌 것을 조언했다. 그리고는 암리타(Amrita)라고 하는 영생불멸 수를 얻으라고 제시했다. 암리타 넥타를 얻기 위해선 만다라(Mandara, 오늘날의 북극성)산으로 은하를 휘저어야만 했는데, 아수라들의 도움이 없이는 불가능한 일이었다. 로드 자신도 같이 도울 것이며, 그리고 나중에 아수라들이 암리타를 갖는 일이 일절 없도록 분명히 다짐했다. 그런데 은하를 휘젓는 동안 많은 보물이 나올 것인데 아수라들이 원하는 것이면 뭐든지 다 양보해주고 데바들은 오로지 암리타만 얻는데 집중하라고 주의를 주었다.

그리하여 데바들은 아수라들에게 평화협정을 제의하여 암리타를 공평하게 나눠 가지겠다는 약속하에 도움을 동의받을 수 있었다. 이들은 맨 먼저 만다라산을 은하로 같이 옮기기 시작했다. 하지만 너무 무거워서 많은 데바들과 아수라들이 깔려 죽게 되었다. 그때 전능하신 로드가 나타나서 산을 번쩍 들어 올려 은하로 운반했다. 바수키(Vasuki, 뱀들의 위대한 왕)가 로프처럼 산 주변을 감았다. 로드와 데바들은 뱀의 머리 쪽으로 가서 손으로 잡았다. 그러자 아수라들은 화를 내며 뱀의 꼬리 쪽을 잡는 것은 자기들 위신에 떨어진다며 꼬리 쪽으로 가기를 거부했다. 그래서 로드는 아수라들이 머리 부분을 잡도록 허락해 주었다. 그리하여 데바와 아수라들은 은하를 같이 휘젓기 시작했다. 하지만 산이 너무 무거워서 은하수 밑으로 가라앉기 시작했다. 로드는 진작부터 이런 일이 생겨날 줄 알고 있었다. 왜냐하면 은하를 휘젓는 대사를 시작하기 전에 먼저 로드 가네샤(Lord Ganesha)에게 경배를 올려야 한다는 사실을 잊고 있었기 때문이다. 로드는 은하수 밑바닥으로 내려가서 거대한 거북이, 쿠루마(Kurma)로 모습을 바꾸었다. 그리고는 산밑으로 가서 등 위에 받친 뒤 은하수 위로 떠올랐는데, 그들 중 일부만이 이처럼 산이 가라앉고 또 다시 떠오른 사실에 대해 알고 있었다. 은하를 휘젓는 작업이 다시 계속 되었다. 그런데 뱀 바수키는 몸이 계속 당겨지다 보니 지치기 시작했다. 지친 뱀의 입에서는 엄청난 불과 독가스가 뿜어져 나와 머리 부분에 있던 많은 아수라가 죽어 갔다.

이렇게 은하를 휘젓는 어려운 작업이 계속되는 동안 귀하고 아름다운 보물들이 바다에서 많이 쏟아져 나왔다. 데바들은 오로지 아수라들이 원하지 않은 것들만 가져갔다. 마침내 디바인 모습을 한 신인이 암리타 넥타가 담긴 금 호리병을 들고 은하수 위로 떠올랐다. 아수라들은 재빨리 암리타를 낚아채고선 달아났다. 그리고는 서로 먼저 마시려고 자기네들끼리 싸우기 시작했다. 데바들은 로드에게 하소연하였다. 로드는 데바들에게 걱정하지 말라고 했다. 그들이 암리타를 얻게 될 것이라고 이미 약속을 받았기 때문이다.

그런 아수라들에게 모히니(Mohini)라는 이름의 여자가 홀연히 나타났는데 얼마나 아름다운지 아수라들은 싸움을 멈추고 넋이 빠져라 그녀를 쳐다보고 있었다. 아수라들은 암리타를 그녀에게 건네주면서 자기 중 누가 제일 먼저 암리타를 마셔야 할지 결정해 달라고 말했다. 그녀는 자신이 어떻게 분배를 하던지 순순히 응하겠다고 약속을 하면 그러마 하고 말했다. 그녀의 아름다움에 홀린 아수라들은 선뜻 동의를 했다.

사실 여인은 로드께서 위장한 모습이었다. 로드께선 아수라들이 잔인한 본성을 가지고 있어 암리타를 가져서는 안 된다는 걸 알고 있었다. 여인의 모습을 한 로드는 데바들과 아수라들을 각자 다른 두 그룹으로 나눠 앉혔다. 그녀는 아름다운 미소와 사랑스런 눈길을 모두 아수라들에게 던지며 현혹하는 동안, 한편으로는, 데바들에게 몰래 암리타를 죄다 나눠주고 있었다. 그녀가 아수라들에게 씌운 주문은 지금 일어나고 있는 상황을 그들이 제대로 파악하지 못하게 막고 있었다. 그들은 여인의 아름다움에 완전히 빠져서, 암리타에만 혈안이 되어 저렇게 아름다운 여자도 안중에 없는 데바들이 너무나 딱하기만 했다. 그들은 데바들이 먼저 암리타를 마셔도 괜찮다고 생각하며 저리 아름다운 여자가 자신들을 속일 리는 없다고 확신하고 있었다.

그러나 그들 중 **스바바누**(Svarbhanu)라고 하는 아수라는 다른 아수라들처럼 속임수에 넘어가지 않았다. 그래서 데바의 모습으로 위장을 하고선 태양과 달 사이에 끼어 앉아 분배되고 있던 암리타 넥타를 한 모금 받아마셨다. 그런 스바바누의 진짜 정체를 알아챈 태양과 달은 로드에게 보고를 했다. 로드는 챠크라(Charkra, 비슈누 신의 무기)로 아수라의 머리를 즉각 자르고 몸을 두 동강 냈다. 하지만 스바바누는 이미 암리타를 마셨는지라 영생불멸이 되어 있었다. 사실 스바바누는 오래전에 브라마로부터 행성이 되게 해주겠다는 분(Boon)을 받았었다. 그래서 로드는 고의로 스바바누가 암리타를 마실 수 있도록 한 것이었다. 그렇게 잘려진 스바바누의 머리는 라후(Rahu)가 되고 몸은 케투(Ketu)가 되었다. 그때부터 라후와 케투는 자기를 고자질한 태양과 달에 대한 복수심을 계속해서 갈고 있다. 일식과 월식이 일어나는 동안 정기적으로 태양과 달을 "삼키게" 된 연유이다.

데바들이 모두 암리타를 마신 것을 확인한 로드는 본래의 모습으로 돌아갔다. 비록 아수라들이 데바들 만큼 열심히 은하를 휘젓는 일을 했지만 그들에겐 암리타가 돌아가지 않았다.

쿠르마는 은하를 휘젓는 어려운 작업을 가능하게 만들었다. 무거운 산을 들어 올리고 또 더 이상 가라앉지 않도록 작업이 진행되는 내내 자기의 등 위에 받치고 있었다. 이렇게 어려운 일들을 인내할 수 있는 능력을 제공하는 행성이 바로 토성이다. 또한 토성은 거북이처럼 느리며, 강한 인내력과 지구력을 가지고 있다.

아수라들은 은하에서 나오게 될 각종 보물에 대한 집착과 욕심을 가지고 은하 휘젓는 작업에 임하였다. 반면 데바들은 오로지 암리타만 원하였다. 아수라들이 암리타를 낚아채어 달아났을 때에도 오직 로드에게만 의탁하였다. 로드께서 찾아서 돌려 줄 것을 믿고 기다렸다. 토성은 우리가 하는 일들의 결과에 연연하거나 집착하게 되면, 오히려 장애를 만들어 내거나, 두려움 때문에 움츠리게 하거나, 아니면 정작 원하는 것들을 밀어내게 만든다. 모든 원하는 것을 오히려 잃게 만드는 결과를 가져오게 된다. 토성은 집착하지 않고 의탁하는 자세로 매사에 임할 때 자신의 노력들이 행복을 가져다주는 것을 알게 된다.

⊠ 바라하(Varaha)

지금의 칼파(Kalpa, 시간의 사이클) 시대가 막 열렸을 때, 브라마는 아들에게 창조를 시작하라는 명령을 내렸다. 그러자 아들은 아버지에게 말했다. "제 창조물들이 어디에서 살아야 하는지를 먼저 알려 주십시오. 지금 지구는 대홍수로 인해 물에 잠겼습니다. 네드랜드(netherlands, 낮은 지역의 땅)에 가라앉아 있습니다. 다시 지구를 물 위로 올려 주실 수 있으면 아버지의 명대로 하겠습니다."

브라마는 혼자 속으로 말했다.

"로드시여! 당신은 제게 창조할 것을 명하셨습니다. 그러니 이 문제는 당신께서 해결해 주셔야 합니다."

그리고는 브라마는 전능하신 로드를 생각하며 깊은 명상에 빠졌다. 갑자기 작은 멧돼지 한 마리가 브라마의 콧구멍에서 뛰어나왔다. 나오자마자 점점 커지더니 순식간에 엄청난 사이즈의 멧돼지로 변했다. 이 광경을 지켜보고 있던 이들은 모두 전능하신 로드께서 홍수로 물 밑에 잠긴 지구를 끌어올리기 위해 멧돼지의 모습을 하고 나타나신 것임을 알아챘다.

멧돼지의 모습을 한 로드는 물속으로 뛰어들어 바닥끝까지 내려가서 그 곳에 잠겨있는 지구를 찾아냈다. 로드는 두 송곳니 위에 지구를 얹은 채 위로 올라가기 시작했다. 그런데 올라가는 도중에 어디선가 흉악한 아수라가 나타나 공격을 가했다. 한참을 치열하게 싸우다가 마침내 괴물을 죽인 바라하(Varaha)는 앞다리 사이에 끼워 두었던 지구와 함께 물 위로 올라올 수 있었다. 브라마와 지켜보던 다른 모든 이들은 로드와 그의 눈부신 활약에 함께 탄성을 질렀다.

"당신과 당신의 위대한 아내인 대모大母 지구에게 경배를 드립니다!"

말을 들은 바라하는 그들의 시야로부터 사라졌다. 그러나 사라지기 전에 야기야(yag-yas)의 본질적 요소들에 대한 가르침을 전수해 주었다. 야기야란 원하는 바를 성취하고자 할 때, 변화를 추구할 때, 혹은 남은 카르마를 조화시키고자 할 때 치러지는 제사 의식을 말한다.

바라하는 라후와 연관된 아바타로서, 코잘(causal)계와 아스트랄(astral)계를 창조한 다음, 물질(physical)계인 지구에 생명을 창조하기 위해서 필요했던 아바타였다. 라후는 깊은 무의식 속에 자리하고 있는, 우리가 이 생에서 배워야 할 레슨들이나 욕망의 실체들을 나타낸다. 우리는 아직 깨치지 못한 영역에서 카르마적 균형을 이루어야 할 필요가 있기 때문에 이 물질계에 다시 윤회하게 되는 것이다. 이는 또한 지구가 바라하의 아내로 비유되는 연유이기도 하다.

바라하가 지구를 들어 올릴 때, 아수라가 그를 공격했었다. 많은 "아수라"들은 각종의 공황장애, 환상, 긴장감, 충동성 등의 양상으로 라후의 영향이 미치는 영역들에서 나타난다.

▩ 맡시야(Matsya)

이전의 칼파 유가(Kalpa Yuga)가 끝날 무렵, 창조주 브라마가 수면 상태로 들어가자 온 세상은 물속으로 잠기게 되었다. 브라마가 잠들어 있는 동안 어떤 아수라가 베다 경전들을 훔쳐 물속으로 잠적해 버렸다.

이러한 일이 있기 전에 샅티야브라타(Satyavrata)라는 성자 같은 왕이 세상을 다스리고 있었다. 어느 날, 샅티야브라타는 크리타말라(Kritamala) 강둑에서 세정식을 치르고 있을 때였다. 두 손을 모아 강물을 퍼 올리니 작은 물고기 한 마리가 손바닥 안에 있었다. 그는 얼른 물고기를 강물에 떨어뜨렸다. 그러자 물고기가 말했다.

"오, 왕이시여, 저를 가엾이 여겨 주세요. 저는 너무 작아서 언제든 큰 물고기들에게 잡아먹힐까 봐 두려워하고 있어요. 제발 저를 데려가서 보호해 주세요."

안쓰럽게 여긴 왕은 물고기를 왕국으로 데려갔다. 다음 날 아침 물고기가 말했다.

"제가 있는 어항이 너무 좁아서 움직이기도 불편해요. 제발 좀 더 큰 곳으로 옮겨 주세요."

샅티야브라타는 물고기를 더 넓은 수족관으로 옮겼다. 그러나 한 시간도 지나지 않아 물고기는 새 수족관보다 더 커져 버렸다. 그는 다시 큰 곳으로 물고기를 옮겼는데 또 같은 일이 반복되었다. 샅티야브라타는 연못에다 옮겼지만 그래도 같은 일이 반복되었다. 계속해서 좀 더 물이 많은 곳으로 옮기곤 했지만 그럴 때마다 물고기는 자꾸만 커져 가면서 공간이 좁다고 불평했다. 마침내 샅티야브라타는 물고기를 바다로 가지고 가서 그곳에다 풀어주려 하였다.

물고기가 말했다.

"바다에는 무서운 상어와 고래들로 가득합니다. 분명히 제가 잡아먹히고 말 것인데 어찌 저를 이곳에다 풀어놓으려 하십니까?"

샅티야브라타는 웃으며 말했다.

"너는 범상한 물고기가 아니다. 나는 네가 누군지 알고 있다. 너는 전능하신 로드의 화신이며, 분명히 어떤 다른 좋은 목적이 있어 이런 모습을 취하신 것이다."

그러자 물고기의 모습을 한 로드께서 대답하셨다.

"네 말이 맞다. 오늘로부터 칠일 안에 삼세三世 전체가 물속으로 가라앉을 것이다. 대홍수가 다가오고 있다. 세상이 물속으로 완전히 잠기게 되면 한 척의 배가 떠 있는 걸 보게 될 것이다. 그러면 너는 일곱 리쉬(The Seven Rishi, 힌두신화에서 중요한 일곱 명의 위대한 성자)들을 데리고 함께 배를 타거라. 나는 물속에 있을 것이다. 나를 발견하는 대로 내 이마의 뿔에다 배를 단단히 매도록 하라. 브라마의 밤(브라마가 잠을 자고 창조세계가 물에 잠긴 시간) 동안 나는 물속에 있을 것이다. 너도 역시 나와 함께 있을 것이다."

모든 것이 로드께서 말씀하신 대로 일어났다. 물고기 모습의 로드는 샅티야브라타가 깨달음을 얻을 수 있도록 가르쳤다. 로드께선 또한, 베다를 훔친 아수라들과 싸워, 대홍수가 끝날 시점에 브라마에게 베다 경전들을 되돌려 주었다.

맡시야는 모든 작은 어항이나 연못들에는 만족하지 못하다가 대영혼의 원천인 대양에서만 비로소 만족할 수 있었다. 마찬가지로 케투(Ketu)는 세속의 어떤 것에도 절대 만족하지 못하고 오로지 대영혼과 합치할 때 비로소 만족할 수 있다.

맡시야는 샅티야브라타에게 깨달음을 얻을 수 있는 지식을 가르쳤으며 베다경전이 가진 지혜도 되돌려 놓았다. 케투는 깨달음을 얻는데 필요한 기야나(Jnana, 지식)들을 제공해준다.

맡시야는 샅티야브라타를 세상의 종말이 가져오는 두려움으로부터 해방시켰다. 케투

역시, 종내에는, 우리들에게 영적인 자유를 제공해준다. 그래서 케투는 기야나와 목샤(Moksha, 깨달음)를 가져다 주는 행성으로 알려져 있다.

▨ 각 행성을 관장하는 신

태양을 관장하는 신은 아그니이다. 달은 바루나이다. 화성은 카르티케야이다. 수성은 비슈누이다. 목성은 인드라이다. 금성는 락씨미와 싸치 데비이다. 토성은 브라마와 야마이다. 라후는 아디세샤이다. 케투는 브라만이다.

▨ 아그니(Agni)

아그니는 불의 신이다. 나무 안에 숨겨져 있는 불처럼, 아그니는 물질 속에 숨겨진 개체 혼(spirit)을 말한다. 스스로 인지하고 있지는 않으나, 내부에 존재하면서 모든 것을 하나로 연결하는 의식적 에너지 또는 생명의 힘을 의미한다. 아그니는 또한 "신들의 운반자"이기도 하다. 제사 의식을 할 때 불에다 바치는 기(ghee, 정제 시킨 버터) 등, 기타 제물을 신들에게 가져다주기 때문이다. 태양을 관장하는 신으로서의 아그니는, 자기계발의 목적을 위해 삶에서 희생해야 하는 것들을 태양을 통해 태우게 만든다.

▨ 바루나(Varuna)

바루나는 모든 신을 포괄하는 대양, 우주의식 대양의 신이다. 그는 우주의식의 대양에서 쏟아져 나오는 모든 창조적 힘들의 로드이다. 베다에 따르면, 바루나는 모든 신 중에서도 가장 월등하고 뛰어난 인물이다. 우주를 만들고 또 지탱하고 있는 주도主導신이기 때문이다. 바루나는 달을 관장하는 신으로서 자신의 운명을 만들어 나갈 때 우리가 가져야 할 중요한 마음의 자세를 반영하고 있다.

⬚ 카르티케야(Kartikeya)

카르티케야는 전쟁과 힘을 관장하는 신으로 **로드 쉬바**(Lord Shiva, 파괴의 신)의 둘째 아들이다. 데바와 아수라 군대들 사이에 벌어진 전투에서 총지휘를 맡아 데바들의 승리로 이끈 위대한 무사이자 대장군이었다. 카르티케야는 순수하고 청렴한 마음에서 발산되는 예지적 힘을 상징하며, 열정을 다스리는 분별력을 영성계발에 필요한 집중력으로 전환 시켜준다. 우리가 행복과 안전을 지키기 위해 싸우거나 쥐고 있는 어떤 고정 관념이나 발상들로부터 자유롭게 함으로서 이러한 일들을 달성한다. 카르티케야는 수브라만야(Subramanya) 또는 스칸다(Skanda)로도 알려져 있다.

⬚ 비슈누(Vishnu)

비슈누는 유지주 겸 보호주로 알려져 있다. 매번 창조계 사이클이 끝날 때마다 전 우주는 본래의 무 생성상태로 되돌아가게 된다. 아주 미세한 영혼조차도 이러한 비영속성과 해제의 속성을 보여주고 있다. 비슈누는 전 세상과 무명의 생명들을 다음 창조계 사이클이 시작될 때까지 무생성 상태로 보존하고 있는 신이다. 비슈누는 우주가 해제되는 긴 밤 동안 잠들어 있다. 그러나 자신은 해제되지 않도록 보호를 받고 있다. 비슈누는 창조세계에 발현된 우주적 절대성 중에서 해제를 당하지 않는 유일한 존재이다. 그래서 비슈누는 우주적 절대성이 지성적으로 발현된 창조물 중 가장 으뜸가는 창조물로 간주되고 있다. 비슈누는 내재되어 있는 우주의 지성이다. 매번 사이클이 바뀔 때마다 우주의 질서와 리듬이 그대로 유지될 수 있도록, 창조되었던 모든 것들에 대한 기억을 그대로 제공해주기 때문이다. 비슈누가 아끼는 이들에게는 지성과 분별력을 내려주어 그들을 보호해 준다고 알려져 있다.

⬚ 인드라(Indra)

인드라는 신들의 왕으로서 신성(divinity)을 대변하고 있다. 또한 인드라는 "모든 것의 정복자"로도 알려져 있다. "인드라"는 "감각 기관들을 정복한 자"라는 뜻을 가지고 있다. 인드라에 관련된 많은 이야기에서도 그가 자신의 직위를 우쭐거리는 경우도 자주 찾아볼 수 있다. 자부심에 넘쳐서 한번은 크리슈나를 시험한 적도 있었다. 비록 신이지만 여전히 인드라는 창조물 중의 한 부분이기 때문에 자부심으로 인해 무너질 수도 있다.

⊠ 싸치데비(Sachi Devi)

싸치데비는 인드라의 아내로서 신성(divinity)의 수동성, 여성적 힘을 상징하고 있다. 이름이 내포하고 있는 것처럼 싸치데비는 내면에 파워를 가지고 있다. 감각 기관들을 사용하는 와중에도 신성을 유지할 수 있게 해주는 힘, 파워이다. 남성적 힘을 가진 인드라는 감각 기관을 정복하는 반면 여성적 힘을 가진 싸치는 감각 대상을 즐기면서도 감각 기관의 영향을 받지 않는다.

⊠ 락씨미(Lakshmi)

락씨미는 비슈누의 아내로서 풍요로움과 부의 여신이다. 헌신자들에게 온갖 부와 기쁨을 부여할 수 있는 능력을 가지고 있지만 정작 그녀 자신은 비슈누 가슴에 매달려 있다.

⊠ 브라마(Brahma)

브라마는 절대 영혼(Spirit)이 가진 창조적 면을 말한다. 창조계가 생성되기 위해선, 절대 존재는 반드시 무명의 베일 뒤에 숨어야 한다. 그래야만 창조물들이 절대 존재와 자신들은 다르다는 무명을 유지할 수 있기 때문이다. 이러한 베일은 **마야**(Maya)라고 부르는데, 각 개체가 가진 **아비드야**(Avidya, 자기 본질에 대한 무지)에 의해 비롯되었다. 토성이 바로 이러한 아비드야에 대한 책임을 가지고 있다. 신경계를 관장하고 있는 토성이 이러한 무지를 만들어 내는 행성인 것이다. 의식이 신경계를 타고 내려옴으로 인해 우리가 부드러움, 단단함, 밝음, 어둠, 어머니, 아버지 등등을 인지할 수 있게 된다. 그리하여 우리가 신과 분리된 별개의 존재라는 무명을 가지게 되는 것이다.

▨ 야마(Yama)

야마는 죽음을 관장하는 신이다. 육체를 떠난 영혼들을 안내하여 각자 메리트(Merit)에 따라 어두운 혹은 밝은 아스트랄계 지역으로 보내는 역할을 담당하고 있다. "야마"의 뜻은 "콘트롤"인데 좀 더 분명하게 하자면 "자기 콘트롤"이라는 뜻이다. 자기 콘트롤이 가능한 모든 것 중에서 생명의 힘을 콘트롤 할 수 있는 능력이 가장 우수하다. 야마를 통해 죽은 육체에서 빠져나오는 생명의 힘이 강력하게 콘트롤 될 수 있다.

▨ 아디세샤(Adishesha)

아디세샤는 천 개의 머리를 가진 위대한 뱀이다. 비슈누가 창조계 생성과 해제 사이 클 사이에 잠이 들어 있는 동안 그를 받쳐주고 보호해 주는 캐노피이다. "세샤"라는 단어는 "그대로 남아있는"이라는 뜻이다. 다음 창조계 사이클이 시작될 때까지, 정지된 상태로, 창조의 잠재력을 그대로 유지하고 있는 것을 의미한다. 반면 창조계가 활발한 동안에는 우주적 무지라는 기능을 통하여 아디세샤는 생성된 모든 영역을 받쳐주고 보호해 준다.

라후는 우리가 생전에 미처 채우지 못하여 죽은 후에 보존 상태로 있게 되는 욕망들을 나타낸다. 그처럼 불충족된 욕망들을 채우거나 변환시키고자 속히 물질계로 되돌아가고 싶게 만든다. 또한 라후는 욕망의 충족이 가능해 보이는 환영을 씌워 우리의 의식을 물질적 세상에 머무르게 만든다.

▧ 브라만(Brahman)

브라만은 절대성, 창조계 너머에 있는 미생성된 신(God)의 존재를 의미한다. "모든 지식과 사랑의 근원, 모든 파워와 기쁨이 솟아나는 뿌리"이다. 브라만은 케투를 관장하는 신이다. 케투는 깨달음을 가져다주는 행성으로서, 창조계에서 찾을 수 있는 어떤 사랑, 지식, 정보, 혹은 행복에도 절대 만족하지 못하는 유일한 행성이다.

• 행성들에 관한 천문학적 데이터

	태양	달	화성	수성	목성	금성	토성	지구
태양으로 부터 평균거리	N/A	App. same as Earth	227,941,040 km	57,910,000 km	778,330,000 km	108,200,000 km	1,426,940,000 km	1,496,000,000 km
회전의 항성 주기	N/A	3217days (from Earth)	686.980 Days	87.9694 Days	11.86 yrs	224.7 Days	29.46 yrs	365.256 Days
회전의 음력 주기	N/A	29.531 Days	779.94 Days	116 Days	>1 year	584 Days	>1 year	N/A
황도대를 향한 궤도의 경사	N/A	N/A	1.850Deg	7.004Deg.	1.3 Deg	3.4 Deg	2.5 Deg	0 Deg. (Cause of Ecliptic)
평균 궤도의 속도	N/A	N/A	24.1km/s	48km/s	13.06km/s	35km/s	9.67 km/s	29.79km/s
이심율의 궤도	N/A	0.055	0.093	0.206	0.048	0.007	0.056	0.0167
중심축의 기울이			24.936Deg	0Deg.	3.12 Deg	177.36 Degs	25.33 Deg.	23.45 Deg.
회전 기간	25days at equator, 35 at pole	27.322 Days	24h 37m 23s	58.6461 Days	9hrs 50 min at equator.	243Days (reverse)	10h 39.4 min	23h 56m 4s
직경	1,390,000 km	3,476 km	6,793.8 km	4,878 km ± 2km	142,984 km	12,102.5 km	120,536 km	12,756.28 km
질량	1.989e 30kg	7.353e 22kg	6.418e 23kg	3.30e 26kg	18.99e 26kg	4.87e24kg	5.685e 26kg	5.976e 24kg
비중	1.41 g/cm^3	3.34 g/cm^3	3.9 g/cm^3	5.44 g/cm^3	1.33 g/cm^3	5.24 g/cm^3	0.69 g/cm^3	5.52 g/cm^3
표면중력		162 cm/s^2	372 cm/s^2	370 cm/s^2	2.2888 cm/s^2	860 cm/s^2	896 – 1,214 cm/s^2	980 cm/s^2
주요 물질	Hydrogen	Silicates	Silicates Iron Sulphur	Iron Nickel Silicates	Hydrogen Helium	Silicates Iron Nickel	Hydrogen Helium	Silicates Iron Nickel
위성			2	none	16	none	>20	1

2. 행성들이 가진 특성과 자질들

다음은 행성들이 가진 특성과 자질들에 대한 설명이다. 베딕 점성학 고서들에서 기술하고 있는 내용을 이해하는 데 도움이 되고, 또, 현시대에 맞게 적용할 수 있도록 상세한 해석을 덧붙였다.

▧ 주요 상징

태양은 아트만(Atman, 본질적 영혼)이다. 달은 마나스(Manas, 본질적 마음)이다. 화성은 저력이다. 수성은 화술을 부여한다. 목성은 지혜와 행복을 내려준다. 금성은 열정이다. 토성은 괴로움과 슬픔을 겪게 한다.

태양은 존재하는 모든 것들에 내재하고 있는 **아트만**, 우주적 영혼, 신성의 자아를 나타낸다. 아트만은 진정한 자존감, 자신감, 겸허함이 우러나오는 근원이다.

달은 **마나스**라고 불리는 수용적 마음, 감각적 마음을 나타낸다. 마나스 안에는 **지바**(Jeeva, 개체적 자아)가 **아함카라**(Ahamkara, 개체적 에고)라는 분리된 존재의식으로 살고 있다. 분리된 존재의식이란 개체적 의식이 대영혼과의 합일의식에서 분리된 상태로 있는 것을 말한다. 그리하여 개체적 의식 속에 깊이 배인 어떤 습관적 방식으로 세상과 교류하고 경험을 하도록 유도하고 있다. 그래서 달은 우리가 세상을 어떻게 경험하는가를 나타내고 있다. 특히, 세상에 대한 우리의 관점이 개체적 의식에 어떤 영향을 미치는가를 나타내고 있다. 간단히 말해서, 달은 우리가 가진 마음의 자세를 반영하고 있다.

화성은 우리가 가진 육체적, 정신적 저력을 나타낸다. 육체적으로, 화성은 강인하고 도전하기를 즐긴다. 이러한 기질은 그를 경쟁적으로 만든다. 화성은 육체가 통상적으로 감당할 수 있는 한계를 이미 넘을 정도로 지쳤거나, 아프거나, 굶주렸더라도 계속 버티며 가게 만드는 능력을 제공한다. 힘이 상징하는 것은 바로 의지력이다. 화성에게 넉넉한 자질로서 그가 사용하기를 무척 즐긴다. 화성은 자신의 힘을 과시하거나 인정받는 것을 좋아한다. 그러나 이러한 힘은 그를 어느 정도 교만하게도 만든다.

화술을 제공하는 수성은 세상의 모든 일을 다루는 데 중요한 행성이다. 스피치와 소통은 우리가 공평하고 실질적으로 행동할 수 있도록 해준다. 어떤 주제를 둘러싼 모든 관점을 이해할 수 있게 하며, 합리적인 충족을 추구하기 위해 서로가 필요한 것들이나 가진 욕망들에 대해 교류하게 만든다. 자기가 원하는 것을 공평하고 실용적인 방식으로 얻지 못하게 되면, 불공평한 방법들을 동원해서라도 채우고 싶은 충동이 커질 것이다. 수성은 공평하고 실질적이며 치우치지 않는 자세로 중재에 임할 수 있는 능력을 나타낸다.

목성은 지혜와 행복을 나타낸다. 목성의 지혜는 직관에서 나오는 기능이며, 행복은 보다 더 큰 힘에 대한 어떤 신념에서 나오는 것이다. 그리하여 낙천적으로 만들어 준다. 목성에게는 우리의 모든 경험이 내포하고 있는 깊은 의미를 헤아리게 하는 능력이 있다. 모든 것에는 신성이 있음을 보며, 매 순간이 가진 기쁨을 느끼게 하는 지혜를 가지고 있다.

금성은 열정을 나타낸다. 어떤 것들에 대한 결정을 내리게 만드는 가슴속의 동기를 말한다. 우리를 행복하게 해주고 우리가 단지 좋아서 하는 일들을 나타낸다. 이러한 열정은 이성(理性)을 사귀고자 하는 욕망에만 제한되지 않는다. 금성이 순수한 상태에 있게 되면, 세상의 기쁨들을 감각적 동요 없이 건강하고 조화로운 자세로 즐길 수 있다. 그리하여 최상이며 균형적이고 정말로 원하는 결정들을 내릴 수 있게 된다.

토성은 무지의 결과로 빚어지는 괴로움과 슬픔을 대변한다. 뿐만 아니라 토성은 우리가 계속해서 괴로움을 만들어 내는 방식으로 행동하도록 부추긴다. 토성은 심리적 콤플렉스를 자극시키는 기능을 통해 이러한 일을 하고 있다. 예를 들면, 어떤 사람이 전생에 무지로 인해 이기적인 행동들을 많이 한 경우를 들 수 있다. 이번 생에서 그는 많은 부족한 것들 때문에 심리적 열등감을 만들어 내는 어려운 환경에서 자라게 된다. 이러한 열등감은 다시 그가 이기적인 방식으로 행동하게끔 부추기게 된다. 그가 가진 카르마의 결과들이 모두 소멸되었을 때, 비로소, 토성은 그동안 고통의 주범이었던 무지의 베일을 심리적 각성이라는 형태를 통해 벗겨 준다. 이런 방식으로 토성은 그의 영향 아래 있는 영역에서 우리가 성공적인 충족을 얻는 것을 지연시킨다.

▧ 행성들의 관료직

태양과 달은 왕족 행성으로서, 태양이 왕이고 달은 왕비이다. 화성은 군총지휘관이다. 수성은 황태자이다. 목성과 금성은 대전각료들이다. 토성은 하인이다. 라후와 케투는 군대를 형성한다.

왕으로서 태양은 한결같고 안정된 자세로 어떠한 결정을 내리고 진행시킬 수 있는 자신감을 제공한다. 그는 고귀한 혈통을 가진 귀족이다.

왕비인 달은 사교적인 우아함과 다정함으로 가득하다.

화성은, 군총지휘관으로서, 목표하는 것을 의지와 힘을 이용하여 달성시키고자 한다. 그는 목표를 달성하는 것이 최우선이다. 자잘한 인사치레나 시간 낭비 시키는 소소한 것들은 그의 영역에 해당하지 않는다. 화성은 정확한 것을 좋아하며, 바로 핵심으로 들어가며, 다음 안건으로 바로 넘어간다. 화성은 강력한 의지로 군대를 통솔한다. 그리고 일단 파워를 쥐게 되면 독재자가 된다. 마치 수술을 하는 의사처럼 정확한 메스질로 어떤 장애물이든 제거한다. 그렇다고 자기 속만을 채우려 하거나 나쁘다는 의미가 아니다. 단지 화성은 불필요한 것들은 잘라 버리기를 선호한다는 뜻이다.

대부분의 왕자가 그렇듯이, 수성은 마냥 놀아도 되는 특혜가 주어졌다. 이지적 마음을 나타내는 수성은 물질적 세상에서 진보하는 데 필요한 것들을 다루는 데 능숙하다. 수성은 비지니스, 카드게임, 마케팅 전략 등을 펼칠 때 정확하게 성사시킨다. 그리고 그러한 자신의 능력을 자랑스러워한다. 이러한 일들을 할 때 수성은 놀이처럼 즐기고 있다. 그러나 황태자의 신분이기에 언젠가는 왕국을 다스려야 한다. 그럴 수 있기 위해선 수성은 영성적으로 진화되어야 한다. 이지가 **붓디**(Buddhi)라는 **분별심 있는 이지**로 성숙되어야 하는 것이다. **붓디**는 **샅**(Sat, 순수본질)과 **아샅**(Asat, 비순수본질)을 인식하여 진리가 무엇인지 결정할 수 있는 능력을 가지고 있다. 수성이 **붓디**가 될 때 왕국을 가장 적절하게 잘 다스릴 수 있게 된다.

목성은 풍부한 지식과 지혜로서 각료의 임무를 수행한다. 목성은 데바(천상의 신들, divine beings)들의 스승으로 알려져 있다. 목성은 자신의 시간과 관심을 받을 만큼 덕을 지은 이들에게 스승, 점성학자, 선생, 혹은 상담자의 모습으로 다가온다. 목성은 영적이고 법적인 지식으로 가득하다. 그는 또한 법무관을 관장하는 데 자신이 가진 지혜를 사용하여 공정성과 질서를 세우게 한다.

금성은 수상으로서 세상사에 대한 지혜와 국정운영 기술이 풍부하다. 금성은 어떤 상황에서건 어느 누구보다도 가장 바르게 가치를 판단하거나 적절한 행동을 할 수 있다. 금성은 아수라들의 스승으로 알려져 있다. 그는 쾌락과 화려함을 즐긴다. 베딕 신화에 나오는 금성은 데바들과 싸우다가 죽은 아수라들을 계속해서 다시 살려낸다. 이것은 쾌락에 대한 욕망을 계속해서 일깨우고 세상을 즐길 수 있는 방법을 가르쳐 주는 금성의 능력을 나타내고 있다.

토성은 하인으로서, 다른 이들이 하기를 거부하는 일들을 모두 도맡아 하고 있다. 토성은 자기가치나 자존감, 빈약한 카르마의 결과로 인해, 자신이 가진 이상보다 훨씬 낮게 행동하도록 부추긴다. 그래서 자신이 가진 역량을 충분히 발휘하지 못한 채 삶을 힘들게 살도록 만든다. 좀 더 좋은 측면에서 보면, 토성은 결국에는 이득이 될 것을 알지만 그래도 하기 싫어하는 일들을 절제력, 초연함, 지구력을 가지고 해내도록 도와준다.

군대가 가진 목적은 두 가지가 있다. 안전지역을 지키고 보호하는 일, 그리고 새로운 영역을 확장하고 정복하는 일이다. 행성들의 군대로서 라후와 케투가 하는 역할이다. 케투는 안전하고, 잘 정리되고, 안정 잡힌 영역들을 나타낸다. 또한 관할 국가를 유지하고 보호하기 위해 필요할 때면 언제든 안심하고 기대며 활력을 회복해주는 대기군대와도 같다. 하지만 안정된 지역들에선 더 이상 확장할 수 있는 공간이나 자원, 새로운 모험 등이 부족한 상태가 결국 오기 마련이다. 이러한 부족함은 미계발 영역으로 나가고 싶은 욕망이나 필요를 일으키게 된다. 그러한 작업은 라후에게 주어졌다. 라후는 낯설고, 아직 탐사나 발견이 안 된, 알려지지 않은 영역들을 나타낸다. 라후는 새로운 지역을 정복하기 위해 나서는 군대의 선두에 선 선봉장처럼, 개입의 의미가 무언지 아무런 선지식도 없으면서 일단 덤비고 본다. 라후가 나타내는 미 탐험 영역은 험하고 예측불허여서, 보호되어 있고 이미 안정된 케투의 영역과는 아주 다르다.

▨ 구나(Gunas)들

태양, 달, 목성은 사트빅(Sattvic) 행성이다. 금성과 수성은 라자식(Rajasic)하다. 화성, 토성, 라후 그리고 케투는 타마식(Tamasic)하다.

사트바(Sattva)는 우리를 보다 높은 수준의 본성과 교류하게 하고 지혜롭게 하는 고양적 특성들을 가지고 있다. 사트바적인 모습은 자기단련, 이웃과 동물들에 대한 사랑, 좋은 자질들에 대한 사랑, 행복과 고요함에 대한 사랑, 위대한 인물들에 대한 사랑, 실용적인 동정심, 어려운 이들을 향한 관대함, 자동적이고 습관적인 진실성, 사랑과 존경심에서 비롯되는 의무감, 발전적인 영혼, 도덕적 정당성, 자기존중, 조용함, 드러내지 않는 성향, 부드러움, 한결같은 믿음, 양보하는 성향, 인내성, 용서하는 성향, 더 현명한 이들의 조언대로 행동하는 성향, 속의 말을 밖으로 표현할 수 있는 성향, 올바른 것에 대한 센스, 온순함, 단순함, 솔직함, 균형성, 침착함, 헌신적 성향, 만족함, 정신적, 육체적 청결함에 대한 사랑, 겸손함, 기부적 성향, 치우치지 않음, 감사하는 마음, 공경하는 마음 등이다.

라자스(Rajas)는 우리가 원하는 것과 목표를 향해 열정적으로 추구하게 만드는 역동적인 특성들을 가지고 있다. 라자스가 가져다주는 최종결과는 슬픔이다. 라자식 특성들은 이기적인 동기 때문에 가끔씩 진실한 것, 변덕스러움, 교묘함, 지나치게 심각함, 똑똑함, 충동성, 과시성, 참견성, 다혈성, 까다로움, 활발함, 주변에 대한 정보수집으로 무장하는 경향 등이다.

타마스(Tamas)는 영적으로든 물질적으로든 우리가 행복해지는 것을 막는 장애적 특성들을 가지고 있다. 타마스는 무지의 결과를 낳는다. 타마식 특성들은 감각 대상에 대한 집착, 위선, 동정심, 규율에 대한 서툰 센스, 존경받기를 원함, 비활동적, 어리석음, 둔함, 부끄러워함, 논리에 맞지 않음, 냉담함, 원하는 것만 하는 성향, 미루는 성향, 퉁명스러움, 속임, 조심성 없음, 태만함, 매사에 아집이 강함, 잘못을 지적당하면 화를 내고 조심하라는 충고만 받게 되면 건성으로 듣는 경향, 비뚤어짐, 이중적 성향, 머리는 좋지만 가슴이 차가움, 탐욕스러움, 인색함, 훔치는 기질, 구걸적 성향, 미신적, 배신적 기질, 습관적 거짓성, 움츠리는 태도, 혹은, 자신감 결여 등이 있다.

태양은 영혼을 대변하기 때문에 사트빅하다. 달은 마음의 순수성을 대변하기 때문에 사트빅하다. 목성은 지혜를 대변하고, 사트바의 결실, 믿음의 숭고한 자질, 영성, 용서함, 기부적 성향 등의 자질들을 나타내기에 사트빅하다. 금성은 쾌락적인 것을 쫓기 때문에 라자식하다. 수성은 세상에 대한 관심과 정보에 대한 욕심을 내기에 라자식하다. 화성은 사고, 적, 싸움 등을 대변하기에 타마식하다. 토성은 게으르고, 생기가 없고, 우울하기 때문에 타마식하다. 라후는 사전고려가 부족한데도 움직이는 경향, 충동적으로 집착하며 공포심, 비현실적인 인지하에 움직이기 때문에 타마식하다. 케투는 부끄러워하고, 감추며, 고집이 세고, 어떤 행동이든 취하지 않으려는 경향이 있기에 타마식하다. 하지만 케투는 영성을 추구하는 데는 좋다. 지혜, 통찰력, 깨달음을 줄 수 있는 능력이 있기 때문이다.

▨ 카스트

목성과 금성은 브라민이다. 태양과 화성은 크샤트리야다. 달과 수성은 바이시야다. 토성은 수드라이다. 라후는 아웃카스트다. 케투는 혼합된 카스트다.

카스트는 개인의 성향에 따라 결정된다. 성향은 세 개의 구나스에 의해 결정된다. 브라민은 사트바를 활성화시키고 라자스와 타마스는 통제하고 있다. 크샤트리야는 라자스를 주로 활성화 시키며 약간의 사트바가 있으며, 타마스는 없다. 바이시야는 라자스를 주로 활성화시키며, 약간의 타마스가 있고, 사트바는 거의 가려져 있다. 수드라는 타마스를 주로 활성화하며 약간의 라자스, 그리고 사트바는 없다.

· 마음의 통제, 감각의 통제, 자기 단련, 순수함, 용서, 정직, 지혜, 깨달음, 믿음 등이 브라민들이 갖춰야하는 의무들로서 그들의 본성에서 우러나온다(바가바드 기타 18장 42절).

　브라민들의 주 목표는 목샤(Moksha, 영적 깨달음)를 얻는것이다. 그들은 지혜와 숙고를 통해 사회에 봉사한다. 영성적으로 브라민들은 **브라만**(Brahman, 신의 절대적인 면)을 아는 사람들이다. 그들에게 최악의 적은 자부심이다. 많이 알고 있고 또 아는 만큼 좋은 일에 사용할 능력이 있기 때문에 그만큼 자부심에 넘칠 가능성도 커지게 되는 것이다.

· 용감함, 빛남, 확고한 인내심, 다재다능, 전투에서 달아나지 않음, 관대함, 그리고 리더쉽이 크샤트리야들이 타고난 의무들이다(바가바드 기타 18장 43절).

　크샤트리야의 주 목표는 다르마(Dharma), 자기단련을 하며 사는 삶, 책임감, 그리고 바른 행동이다. 그들은 의지의 힘을 이용하여 행정관이나 수호인들로 사회에 봉사하게 된다. 영성적으로 크샤트리야는 감각기능과 싸우는 이들이다. 크샤트리야들, 특히 화성은, 성급함과 화를 콘트롤하는 법을 배워야만 한다. 그들이 화를 내는 이유는 파워풀한 라자식(rajasic) 성향 때문이다. 마치 나중에 책임 전가하게 될 어떤 대단한 일이라도 있는 것처럼 스스로 믿고 있다.

· 고랑을 갈고, 소들을 키우며, 사업를 하는 것이 바이시야들이 타고난 의무이다(바가바드 기타 18장 44절).

　바이시야들의 주 목표는 아타(Artha)이다. 보통, "이득"으로 번역을 하거나, 욕망에 휩쓸림 없이 원하는 것을 충족시킨다는 개념을 가지고 있다. 그들은 비상한 두뇌, 재능, 교역을 통해 사회에 봉사한다. 영성적으로 준비되기 위해 바이시야들은 배움과 지혜의 계발을 통해 보다 열심히 영적인 노력을 기울이고 있다.

· 다른 이들을 위해 봉사하는 일은 수드라들의 타고난 의무이다(바가바드 기타 18장 44 - 45절).

　수드라들의 주 목표는 카마(Kama), "감각기능이 원하는 대로 사는 삶에 대한 욕망"을 의미한다. 그들은 육체적 노동으로 사회에 봉사한다. 영성적으로 수드라들은 육체에 제한되어 있다. 수드라들은 잠을 지나치게 많이 잠으로서 삶을 낭비하거나, 어떻게든 진보하려 노력을 하기 보다는 마약에 빠진 듯 멍청하게 인생을 허송세월하지 않도록 조심해야 한다. 지나치게 높은 타마스는 다른 도움이 없는 한 수드라들이 진보하는 것을 거의 불가능하게 만든다. 따라서 사트빅 자질이 높은 마스터를 섬기는 게 큰 행운으로 간주된다. 좋은 사람들과의 교류를 통해 성장이 가능해지기 때문이다.

옛날에는 심한 병에 걸려서 사회에 보탬이 되지 않는 이들이 아웃카스트(Outcastes)로 간주되었다. 라후가 지배하는 카스트이다. 그들이 사회생활에 참여하게 되면 방해가 되거나 사회적인 힘을 약화시킬 위험이 더 크다. 라후는 심각한 도덕성 결여나 다른 사람들의 안위 따위는 상관하지 않게끔 강요한다. 또한 라후는 "블랙매직" 성향을 다스리는데, 어두운 사이킥 현상들은 정상적인 사회 속에 쉽게 적응하는 것을 막고 있다.

케투는 혼합된 카스트(Mixed caste)이다. 기본적 성향이 기이하거나 사회적으로 어떤 그룹에든 잘 맞추지 못하는 사람들을 가리킨다. 혼합된 카스트를 가진 사람들은 불운을 가져온다고 여겼기 때문에 회피를 당했다. 그리고 혼합된 카스트는 기존 카스트제도에서도 제외되어 있기 때문에 사람들은 도대체 그들을 어떻게 대해야 할지 잘 몰랐다. 그래서 그들이 주변에 있는 걸 불편해했다. 본인들도 어디에 속하는지 알지 못했기 때문에 다른 사람들과 같이 있는 것을 불편하게 느꼈다. 그리하여 이들은 세상에서 성공을 거두고자 할 때 자주 방해를 받았다.

▨ 행성들의 성별

태양, 화성, 목성은 남성적이다. 달과 금성은 여성적이다. 수성과 토성은 중성적이다.

남성적 행성들은 "자신들이 하고 있는 일"에 의해 영향을 받고 있다. 좋은 일을 할 때 그들은 기쁨을 느낀다. 여성적 행성들은 "자신에게 일어난 일에서 받은 느낌"에 의해 영향을 받고 있다. 그들은 기분이 좋을 때 좋은 일을 한다. 중성적 행성들은 균형을 이루어주는 능력이 있다. 수성은 분별심을 통해 균형을 이루게 해준다. 토성은 단련과 비 집착으로 균형을 이루게 해준다.

▨ 행성들의 색깔

태양은 적갈(Brown red)**색이다. 달은 투명하게 하얗다. 그다지 크지 않은 몸을 가진 화성은 붉은색이다. 브라운그라스**(brown grass)**가 수성이며, 투명하게 하얀 행성은 목성으로 알려져 있다. 금성은 갈색**(Brown)**이며, 어두운색 몸을 가진 행성은 토성으로 알려져 있다.**

태양은 적갈색의 행성으로, 행동과 선두적 자질을 나타낸다. 태양의 적갈색은 노력을 통해서 어떤 고귀한 일을 하고자 하는 성향을 부여한다.

투명하게 하얀 달은 순수하고 수용적이며 섬세한 본성을 가졌다. 그리고 깨끗하고 흠집이 없는 것들을 좋아한다.

붉은색의 화성은 행동이나 선두적인 일에 집중하며, 맹렬적으로 하는 것을 좋아한다. 또한 화성은 순전히 재미로 에너지를 확산시키려는 경향이 있다. 빨간색을 보고 느끼는 것을 좋아하며 속도 내기를 하거나, 위험하고, 사고를 잘 치는 기질이 있다.

수성은 브라운 녹색처럼 신선하고, 젊으며, 경험이 부족하고, 궁금한 게 많으며, 뭐든지 빠르게 배운다.

투명하게 하얀 목성은 자체적으로 항상 행복하고 즐거우며 낙천적이다. 투명하게 흰색처럼 맑은 캐릭터를 가졌다.

갈색의 금성은 타고난 배우이자 연출자다. 사랑, 찬미, 만족, 쾌락 등을 표현하거나 받기 위해서 애니메이션, 위로, 활성화, 응원 혹은 다른 어떤 것도 할 수 있는 행성이다.

어두운 몸을 가진 토성은 무지를 통해 의식을 어둡게 한다. 이러한 토성의 영향이 두드러진 사람은 온몸에 어두운 그림자가 깔려있을 수도 있다. 또한 어두운색은 죽음을 상징하는데 바로 토성이 관장하고 있다.

▨ 도샤(Dosha)

태양은 피타다. 달은 카파와 바타다. 화성은 피타다. 수성은 세 도샤가 모두 혼합되었다. 목성은 카파다. 금성은 카파와 바타다. 토성은 바타이다. 라후와 케투는 바타다.

도샤(Dosha)는 타고난 체질로서 의학 점성학과 아유르베다(Ayurveda, 인도 전통의학) 에서 유용하게 사용되고 있다. 또한 각 행성의 도샤는 행성이 가진 캐릭터를 많이 반영 하고 있다. 피타(Pitta)는 불(火)과 같은 체질, 카파(Kapha)는 물(水)처럼 촉촉하며, 바타 (Vata)는 바람(風)처럼 건조하다.

고전서에선 케투를 바타(Vata)로 나타내고 있지만, 실제로는 자주 피타로 나타나고 있다. 달은 밝을수록 카파를 더 많이 가지고 있으며 바타를 적게 가지고 있다. 달이 태 양으로부터 백팔십도 거리에 있는 보름달일 때는 백 퍼센트 카파다. 태양과 완전히 결 합한 초생달이거나 그믐달일 때는 백 퍼센트 바타다. 중간 어디 쯤에 있을 때는 카파와 바타를 같이 가졌다.

피타(Pitta)는 힘, 공격성, 의지력을 대변하는 도샤다. 피타는 충동적이고, 강제적이며 또 정열적이다. 명령이나 지시를 받는 것을 좋아하지 않으며 반항적인 본성을 가졌다. 피타는 직선적이며, 목표 지향적이며, 반대편을 재빠르게 제압하며, 독립적이다. 그러면 서도 공통적인 목표를 위해 다른 이들과 연맹을 맺고 같이 일하는 것을 좋아한다.

카파(Kapha)는 감성적 성향을 주로 가졌다. 카파는 사랑스러우며, 헌신적이고, 감상 적이고, 로맨틱하며 충성적이다. 카파는 만족을 잘하며 행동이나 믿음이 보수적이다.

바타(Vata)는 이지와 머리 쓰는 것을 좋아하는 캐릭터다. 바타는 사회 지향적이며, 우유부단하며, 쉽게 영향을 받거나 두려워하고, 인내가 부족하다.

▨ 맛(Taste)

태양은 톡 쏘듯 자극적인 맛, 달은 짠맛, 화성은 떫은맛, 수성은 섞인 맛, 목성은 단맛, 금성은 신맛, 그리고 토성은 떫은맛을 가졌다.

▨ 시선을 두는 방향

태양과 화성은 시선을 위로 향해 둔다. 금성과 수성은 양옆으로 시선을 둔다. 달과 목성은 모든 방향으로 두루두루 시선을 둔다. 토성과 라후는 시선을 아래로 두고 있다.

태양과 화성처럼 시선을 위로 향해 두고 있는 행성들을 야심적이며, 항상 다음에 하고 싶은 어떤 멋진 일들에 대해서 생각하고 있다.

금성과 수성처럼 시선을 양옆으로 두고 있는 행성들은 뭔가 새로운 것을 받기 위해 기다리고 있다. 금성은 다음에 받을 쾌락이나 소중한 것들을 위해 기다리고 있으며, 수성은 다음 정보를 받기 위해 기다리고 있다.

달과 목성처럼 모든 방향으로 두루두루 시선을 두고 있는 행성들은 현재에서 만족스럽다. 달은 자신에 대해 좋게 느끼기 때문에 만족스러우며, 목성은 기쁨으로 가득 채워져 있어 만족스럽다.

토성이나 라후처럼 아래로 쳐다보고 있는 행성들은 자신들이 가진 욕구나 이상을 실현하는데 어려움을 겪는다. 토성은 우울하다 보니 앞으로 한발자국을 떼는 것조차 어렵게 느껴져 시선을 아래로 두고 있다.

라후는 무의식 속으로 마음을 끌고 간다. 의식이 무의식 속으로 집중하고 있기 때문에 시선이 자연적으로 아래로 향하게 한다. 몽상에 빠졌거나, 환상 속에 더듬거리거나, 마약을 먹었거나, 혹은 혼이 나갔을 때, 나타나는 시선이다. 모두 라후가 지배하는 영역들이다.

케투는 아수라의 꼬리 부분으로서, 눈을 가지고 있지 않다. 그래서 단지 안으로만 보려고 할 수밖에 없다. 이러한 특성이 자연적으로 케투를 내성적이게 만든다.

▨ 행성들이 두는 시선을 사용하는 법

행성들이 두는 시선은 각 행성이 다스리는 시간들, 주 다샤(main dasha)나 부속 다샤(antar dasha) 동안 집중적으로 가지게 되는 정신적 자세를 나타낸다. 하지만 주 행성에게 영향을 미치고 있는 다른 행성들도 같이 고려해야 한다. 주변 영향에 따라 결과는 조정되어 나타나기 때문이다.

▩ 거주지

태양은 템플 같은 곳에서 살고 있다. 달은 촉촉하게 물기가 있는 곳에 살고 있다. 화성은 불과 가까운 곳에, 수성은 게임장이나 스포츠를 하는 곳에, 목성은 재물이 쌓여 있는 곳에, 금성은 침실에, 토성은 더럽고 오염된 곳에, 라후는 어두운 장소에, 케투는 집의 구석 같은 곳에 살고 있다.

태양은 교회나 절처럼 대大자아가 가장 두드러지는 신성한 장소들에 살고 있다. 달은 물을 다루는 모든 장소에 살고 있다. 화장실, 수영장, 세탁소, 대양 등 물을 사용하여 다시 신선하고 새롭게 될 수 있는 모든 장소를 포함한다. 화성은 불을 다루는 장소에 살고 있다. 부엌, 불가마, 용광로, 화학 연구실 등을 포함한다. 수성은 오락성을 띤 모든 장소들, 흥미롭고 궁금증을 도발시키는 장소 같은 곳에 살고 있다. 목성은 금괴나 보물창고처럼 돈과 보석, 재물이 많이 쌓인 장소에 살고 있다. 금성은 호텔이나 레스토랑, 호화롭고 고풍스런 별장들 같은, 쾌락을 느낄 수 있는 모든 장소에 살고 있다. 토성은 지저분하고 더러우며 허름한 모든 장소에 살고 있다. 라후는 한 치 앞의 비전도 분명하지 않은 어두운 장소들에 살고 있다. 케투는 집의 구석에 숨을 수 있는 장소, 남의 시선를 받지 않아도 되는 곳에 살고 있다.

▩ 행성들의 나이

태양은 오십 살, 달은 칠십 살, 화성은 어린아이, 수성은 젊은이, 목성은 서른 살, 금성은 열여섯 살, 토성과 라후, 케투는 각각 백 살이다.

▩ 행성들이 숙성하는 나이

태양은 스물두 살 때 숙성한다. 달은 스물네 살에, 화성은 스물여덟 살에, 수성은 서른두 살에, 목성은 열여섯 살에, 금성은 스물다섯 살에, 토성은 서른여섯 살에, 그리고 라후는 마흔두 살, 케투는 마흔여덟 살에 숙성한다.

행성이 숙성하는 나이들은 각 행성이 가진 개성들이 숙성하는 시점을 의미한다. 숙성하는 나이에 이르렀다고 해서 행성에 어떤 대단한 변화들이 일어난다는 뜻은 아니다. 단지, 그 시점에 이르면, 행성이 가진 역량을 온전히 사용할 수 있는 능력을 가지게 된다는 뜻일 뿐이다.

열여섯 살이 되면 도덕적 판단력이나 철학적 개념이 성숙하게 된다. 그전에는 이러한 개념들에 대해 개인이 가진 가치 기준이 아직 채 발달하지 않았다. 여자가 열여섯 살 때 아이를 낳게 되면(아이는 목성이 다스리는 영역), 출산에 따르는 부작용이 가장 적게 나타난다.

스물두 살에 이르면 우리는 독립적인 한 개체적 인간으로서 성숙하게 된다.

스물네 살에 이르면 우리는 감정적으로 성숙하여, 스스로 태도나 삶에 대해 가지고 있는 자세들에 대해 각성할 수 있게 된다.

스물다섯 살이면 개인의 욕망을 성취하기 위해서는, 특히 성적 관심의 대상을 두고, 정확하게 어떻게 해야 하는지 알 수 있는 능력이 성숙하게 된다. 그렇다고 이때가 되면 꼭 이러한 것들을 충족시킬 수 있다는 건 아니다. 단지 이러한 이슈를 두고 처음으로 뚜렷하게 생각을 할 수 있게 된다는 것이다.

스물여덟 살이 되면 신체적으로나 내면적인 힘이 숙성하게 된다. 숙성하였음을 나타내는 가장 분명한 지표는 언제 힘을 사용해야 하고 언제 싸워야 하는지를 알게 된다는 것이다.

서른두 살이 되면 논리적으로 추론할 수 있는 능력이 숙성하게 된다.

서른여섯 살이 되면 자기단련이나 무언가에 집중할 수 있는 능력이 숙성하게 된다. 이때가 되면 개인적 삶의 방향이나 의무에 대해 분명한 이해를 하게 되고, 또, 열매를 거두기 위해선 무엇을 해야 하는지 알게 된다.

마흔두 살과 마흔여덟 살이 되면 라후와 케투가 숙성하게 된다. 두 행성은 언제나 정확하게 반대로 마주하고 있다. 라후와 케투는 각자 위치한 반대편 두 하우스에서 서로 올라갔다 내려갔다 하면서 마치 시소(seasaw) 같은 효과를 삶에서 내고 있다. 이들

이 숙성하는 나이가 되면 두 노드(Nodes)에 의해 지배적 영향을 받는 영역들을 조절할
수 있는 능력이 자라게 된다.

▨ 행성들이 숙성하는 나이를 이용하는 법

행성들이 숙성하게 되는 나이는 아주 중요한 의미를 가지고 있다. 어떤 행성이 숙
성하는 해가 되면 개인은 자신의 차트에서 그 행성이 나타내는 특정한 영역들이 많은
열매를 거둘 수 있게 된다. 행성이 지배하는 하우스(House), 행성이 위치하고 있는 하
우스, 또 행성 자체가 자연적으로 가진 의미들 등의 영역에서 모두 어느 정도 결과를
거둘 수 있게 된다. 이러한 결과들이 좋게 나타날 수도 있고, 안 좋게 나타날 수도 있다.
만약 차트에서 행성이 손상되어 있으면, 그 행성이 가진 의미들을 완전히 익히는데 심
각한 어려움을 만나거나 방해를 받을 수도 있다. 만약 행성이 좋게 자리를 잡고 있다면
숙성하는 해에 승진이나 성공을 할 수 있고, 또 행성이 가진 의미들이 완전하게 잘 풀릴
수도 있다.

어떤 행성이 숙성하는 해에, 그 사람의 삶에서 그동안 잠재하고 있던 어떤 어려움이
나 성공 등이 분명히 나타나게 된다. 예를 들면, 태양은 스물두 해 때 숙성하므로 스물
한 살부터 스물두 살까지가 태양이 나타내고 있는 영역들이 숙성하게 되는 때다.

숙성한 다음 해도 또한 중요하다. 왜냐하면 행성이 숙성함으로써 배우고 얻어진 결과
들을 가지고 앞으로 나아가는 데 활용하게 만들기 때문이다.

자기계발을 하는데 가장 중요한 해는 라그나 로드(Lagna Lord)가 숙성하는 해이다.

▨ 행성들에 대한 묘사

**태양은 꿀 색깔의 눈을 가졌다. 네모지고 외모가 출중하며 머리에는 약간의 머리카락
이 있다. 그는 순수하고, 총명하며 용맹하다.**

태양의 네모진 몸은 그를 안정된 캐릭터로 만든다.

달은 둥글면서도 날씬한 몸을 가졌으며, 복스러운 외모와 달콤한 스피치를 가졌다. 그는 직관적이며 분별력 있고, 친절하고, 변덕스러운 마음을 가졌다.

달은 이지보다는 느낌을 통해 분별한다. 그는 느낌이 좋은 것을 선택함으로써 자신이 가진 분별력을 이용한다.

화성은 젊음이 넘친다. 날씬한 허리와 중간 정도 몸을 가졌으며 피처럼 빨간 눈을 가졌다. 잔인하고 좋지 못한 매너, 변덕스런 마음을 가졌으며 용감하고 자유분방하고 화를 잘 낸다.

화성은 행동하는 방식에 있어 상처를 주거나 잘 부수는 경향이 있기 때문에 잔인하다고 표현한다. 보통은 다른 흉성들이 좋지 못한 영향을 미치고 있지 않는 한 사디스틱하게 나쁜 행성이 아니다.

수성은 매력적이며 균형 잡힌 몸매가 주어졌으며, 어떤 옷도 잘 맞으며 모두의 말에 동의한다. 재능이 뛰어나며 유머가 있고 농담을 좋아한다.

목성은 큰 사이즈의 몸을 가졌으며, 황갈색 머리와 크고 황금색 나는 눈을 가졌다. 미덕의 가치를 항상 중요시하며, 용서를 잘하는 성격과 겸허하고 똑똑하며 모든 고전을 습득했다.

금성은 매력적이며 아름다운 몸매, 사랑스런 눈, 그리고 곱슬머리를 가졌다. 그녀는 즐거움이 넘치며 매혹적이고 시적이며 늘 행운이 따르며 감각적이다.

토성은 마르고 긴 몸을 가졌다. 거친 머리카락, 드러난 핏줄, 큰 이빨, 그리고 누렇고 우울한 눈을 가졌다. 그는 나태하고 절름발이에다 냉혹한 심장을 가졌다.

토성은 냉혹한 심장을 가졌는지라 하는 행동들이 차갑게 보일 수 있다. 그는 자주 자신을 부인하는 상태에 있으며, 때로는 지나치게 꽉 막혀서 자신이 얼마나 차가운지 전혀 감을 잡지 못 하는 경우도 있다.

라후는 연기를 내고 있다. 푸른색이 도는 몸과 피부 질환을 가지고 있어 무시무시하다. 그는 비종교적이며, 간사하고 거짓말을 한다.

라후가 뿌려내는 연기는 앞을 분명히 보지 못하게 가리기 때문에 혼돈스럽거나 망상 등에 빠지게 한다.

케투는 연기에 가린 채 날카로운 모습을 하고 있으며, 붉은색이 도는 눈과 멍이 많이 든 길쭉한 몸을 가지고 있다. 본성적으로 잔인하며 항상 연기를 들이마시고 있다.

케투가 가리는 연기는 분간을 어렵게 한다. 뭐든 감추고, 기대하지 않았던 사건들을 일으킨다. 또한 케투는 날카로우면서도 살벌한 분위기를 조장한다.

▨ 길성과 흉성

토성, 화성, 태양, 하현달, 라후 그리고 케투는 흉성이다. 목성, 금성, 수성 그리고 상현달은 길성이다. 그런데 수성은 흉성과 같이 있으면 자신도 흉성이 된다.

행성들은 자신이 지니고 있는 본성에 따라 자연적 길성 혹은 자연적 흉성으로 행동을 한다. 어떤 행성들은 타고난 본성 자체로 인해 관장하는 영역들에 해를 가하기 때문에 흉성으로 간주한다. 관장하는 영역들을 북돋워 주는 다른 행성들은 길성으로 간주한다.

토성은 자신이 영향을 미치는 영역에서 지연과 분리를 초래하기 때문에 흉성으로 간주된다. 토성이 이러한 어려움을 만들어 내는 이유는, 우리가 지었던 빈약한 카르마에 대한 결과를 받아야 하기 때문이다. 인과법에 따르는 카르마를 충분히 치러내지 않는 한 토성이 영향을 미치는 영역에서 덕을 받을 수 없게 한다. 토성은 우리가 생에서 짊어져야 하는 십자가를 나타낸다.

화성은 잘 부수고, 사고를 내며, 다른 이들과 불화를 일으키는 경향이 있기 때문에 흉성으로 간주된다.

태양은 그가 영향을 미치고 있는 영역에서 분리를 시키기 때문에 흉성으로 간주된다. 태양이 영향을 미치는 영역에서 영성적 성장과 개인성을 성숙시키기 위해 불가피한 희생들을 하게 만든다.

라후는 그가 영향을 미치고 있는 영역에서 지연과 분리를 초래하기 때문에 흉성으로 간주된다. 라후가 지연을 초래하는 이유는, 라후의 영역에 대해 우리가 가진 지식이나 정보가 너무 적어서 먼저 배우는 과정을 거치지 않고는 일을 해낼 수 없기 때문이다. 라후가 분리를 시키는 이유는, 미래에 분명히 좋지 않은 결과를 가져오고 결국엔 포기하게 될 것도 모른 채, 우리는 한 치 앞도 내다보지 못하면서 무작정 덤벼들고 보기 때문이다. 그는 또한 우리의 가슴속에 간절히 원하는 마음을 만들어냄으로써 분리를 초래하기도 한다. 원하는 것을 가지게 된 후에도, 채워지지 않는 간절함 때문에 떨구고 또 다른 어떤 것을 간절히 원하게 만든다.

케투가 흉성으로 간주되는 이유는, 자신이 관장하는 영역에 있는 것들을 감출 뿐만 아니라 파괴시키기 때문이다. 그리하여 우리가 집착하는 것으로부터 자유롭게 하기 위해서이다. 케투는 의혹의 감정을 일으켜서 그가 관장하는 영역을 감추는가 하면, 불만족스런 감정을 일으켜서 필요한 노력을 쏟지 않도록 막고 있다. 케투는 지독한 불만족이나 골수에서부터 솟아나는 불충족된 감정으로 인해 자기 파괴적인 행동을 하도록 유도함으로써 자신이 관장하는 영역들을 파괴시킨다.

목성은 길성으로 행운과 은혜, 풍요로움을 제공한다. 목성이 관장하는 영역들은 뭐든지 확장시키며, 현재보다 더 좋은 결과를 누릴 수 있도록 도와준다. 목성이 관장하는 영역은 그동안 우리가 덕을 쌓고, 용서하며, 친절하였기 때문에 좋은 카르마의 결과를 거둘 수 있었음을 나타낸다. 가장 중요한 점은 목성은 우리를 다른 여러 악영향들로부터 보호하고 있는 유익한 공덕이라는 사실이다.

금성은 온갖 편안함과 기쁨, 화려함을 제공하는 길성이다. 그는 고상함과 사회적 품위를 갖춰준다. 더 중요한 점은, 다른 사람들과 교류하는데 아주 필요한 대인관계술을 부여한다는 것이다.

수성은 분명하고 치우치지 않는 자세로, 자신이 관장하는 영역에 대해 잘 이해할 수 있는 능력을 제공하기 때문에 길성으로 간주된다. 이러한 자질은 우리가 균형 있고 편견 없는 자세로 임할 수 있게 해준다. 수성은 변하기 쉬운 행성으로서, 같이 있는 다른 행성들의 영향을 잘 받는다. 흉성과 같이 있으면 흉성의 본성을 따르게 되는데, 그가 가진 평상시 공평성을 잊고 같이 있는 흉성의 관점이나 욕구를 따라 맞추게 된다. 그러나 라후나 케투와 같이 있으면 수성은 흉성이 되지 않고 본래 가진 길성의 성향을 유지하게 된다. 왜냐하면 라후나 케투는 본성적으로 그림자 같은 성향을 가졌기에 그들 자신이 같이 있는 행성들의 성향을 따르는 경향이 있기 때문이다.

초승달에서 보름달까지 달은 점점 커지면서 빛의 강도도 더욱 밝아진다. 보름달에서 그믐달까지 달은 점점 작아지면서 빛의 강도는 점차 줄어든다. 가진 빛의 강도가 달의 유익함 정도를 결정한다. 빛의 강도가 늘어나면서 달은 길성으로서의 능력도 늘어난다. 빛의 강도가 줄어들면서 그가 가진 유익성도 줄어든다. 태양으로부터 구십도 간격에 있는 반달과 이백칠십도 간격에 있는 반달은 길성이다. 태양으로부터 이백칠십도에서 구십도 간격까지는 달은 흉성으로 간주된다.

달은 스스로 가진 빛은 없으며, 단지 태양으로부터 받는 빛을 반사하고 있을 뿐이다. 영양을 공급해주고 성장을 도와주는 달의 능력은 단지 태양으로 받은 창조적 에너지의 반영에 지나지 않는다. 초승달에서 반달까지, 달은 창조적 동기와 욕구는 있으나, 원하는 것을 실현하는 데 필요한 에너지를 충분히 집중하는데 어려움을 겪는다. 그러한 달이 관장하는 영역에서는 좌절감을 겪게 된다. 뜨는 반달에서 지는 반달까지, 달은 영양을 공급하고 성장을 도모하는 데 필요한 에너지가 넘치게 되며 자신이 관장하는 영역들을 활성화시킨다. 지는 반달에서 그믐달까지, 달은 빛을 점점 잃으면서 자신이 관장하는 영역에서도 힘을 잘 쓰지 못하게 된다. 흉성인 달이 관장하는 영역은 필요한 도움을 충분히 받지 못 한다.

브리핱 파라샤라 호라 샤스트라(Brihat Parashara Hora Sastra)에 따르면, 달은 **아야나 발라**(Ayana Bala)가 적어도 비중이 40점(Virupa)은 되어야 강하다고 할 수 있다. 그러므로 달이 길성이 되는 때는 태양으로부터 120도 - 240도 사이에 있을 때, 아야나 발라가 40점 혹은 그 이상일 때이다. 40점의 반은 20점이다. 달은 태양으로부터 300도 - 60도 사이에 있을 때 아야나 발라 20점 혹은 그 이하로 되게 된다. 그러한 달은 흉성으로 간주된다(역자 주: 최고비중은 60점이다).

행성들은 이렇게 타고난 본성적 기질 외에, 또 출생도에서 위치한 장소에 따라 임시적으로 길성이나 흉성이라는 구분을 갖게 되는데, 각자의 출생도에서 어느 하우스를 관장하느냐에 따라 전체적으로 나타나는 결과는 달라진다. 이렇게 타고난 본성과 임시적으로 가지게 되는 성향을 합해서 행성들의 전체적 효과를 예측할 수 있는데, 초보 점성학자들이 가장 혼란스러움을 겪고 있는 부분이기도 하다. 한마디로 정리하자면, 길성이냐 흉성이냐 하는 행성의 타고난 본성적 기질은 출생도에서 관장하고 있는 어떤 영역들에서 지배적으로 나타난다는 것이다. 임시적으로 길성인가 흉성인가 하는 기질은 출생도에서 행성이 가진 동기나 목표를 나타내고 있다.

▨ 관할하는 신체 부분들

태양은 뼈를 다스린다. 달은 피를, 화성은 골수를, 수성은 피부를, 목성은 지방과 뇌, 금성은 정액, 토성은 신경계를 다스린다.

뼈는 몸에 단단한 기본구조를 제공해준다. 마찬가지로 태양은 안정적이고 지속적인 성격을 제공한다.

피는 몸이 필요한 영양분을 공급하고 세포에 쌓인 불순물을 제거함으로서 항상 몸을 재생시키고 있다. 달이 이러한 모든 재생능력을 다스리고 있다. 특히 달이 가진 감정적 재생능력이 중요한데, 정신적으로 건강하고 균형을 유지할 수 있게 하기 때문이다.

골수는, 적혈구가 생성되는 곳, 에너지 축적창고와 같은 곳이다. 적혈구가 운반하는 에너지를 제공하는 적색골수는, 나이가 들어갈수록, 누렇고 기름이 낀 황색 골수로 대체되게 된다. 마찬가지로, 화성은 나이가 들수록 약해지는 에너지를 나타낸다.

피부는 몸을 둘러싸고 있는 가장 첫 번째 경계로서, 육체가 환경적으로 노출되는 각종 위험에 대항하고 지킬 수 있는 보호막이 되어주고 있다. 마찬가지로 수성은 커뮤니케이션이라는 매체를 통하여 어떤 경계선을 지킬 수 있는 능력을 제공해 준다.

목성은 지방을 다스린다. 지방이 몸이 축적하고 있는 비상용 에너지인 것처럼, 목성은 또한 은행을 다스린다. 그리고 지방은 뇌가 가지고 있는 기초적 티슈로서 목성이 지배하고 있다. 뇌는 높은 수준의 영적 에너지센터들을 담고 있는데, 사람이 가진 지혜, 지식, 직관들이 모두 들어 앉아 있는 곳이다. 뇌는 무한하게 확장하고 성장할 수 있는 능력을 가지고 있다. 사람의 의식이 뇌에 있는 영적 센터들로 융합이 이루게 되면 가장 절대적 기쁨을 누릴 수 있게 된다. 그래서 뇌를 다스리는 목성은 행성 중에서도 가장 높고 순수한 행성으로 간주되고 있다.

우파니샤드(Upanishad)에 따르면, 정액은, 생명을 만들어 내는 기관으로 여겨지고 있다. 정액을 다스리는 금성은 욕망을 통해 생명을 만들어 낸다. 이러한 예로서 성적관계를 들 수 있다. 보통, 욕망 때문에 성관계를 맺게 되지만, 그러한 행위 자체 내에 생명이 창조될 잠재성이 들어 있다. 금성은 세속적 쾌락을 제공함으로써, 생명에 대한 욕망도 같이 만들어 낸다.

신경계는 의식이 갖는 자극반응이 뇌와 척추 사이에 존재하는 일곱 개 에너지센터 (Chakras)들을 통해 타고 내려가서 감각 기관으로 전달되게 하는 채널들이다. 의식이 가진 감각기능은 주변 자극들에 대해 인지되는 것에만 반응하게 된다. 그리하여 의식 안에 들어있는 본질적 절대 자아에 대해서는 전혀 장님이 된다. 이러한 무지가 낳는 괴로움을 토성이 가리키고 있다. 사람의 의식이 본래 근원인 영적 의식으로부터 분리되어 있는 것만큼 더 큰 괴로움은 없다.

▨ 행성들의 5가지 요소들

화성은 불, 수성은 흙土, 목성은 에테르, 금성은 물, 토성은 공기를 다스린다.

에너지가 넘치는 화성은 "불"을 다스린다. 분명한 이지를 가진 수성은 "흙"을 다스린다. 본성적으로 직관과 믿음이 깊은 목성은 비물질적 원소인 "에테르"를 다스린다. 열정적인 감정을 가진 금성은 "물"를 다스린다. 집착함이 없는 토성은 "공기"를 다스린다.

일반적으로 "불"은 태양의 상징이다. 그러나 "불"은 화성을 통해 "에너지"로 전향된다.

"물"은 보통, 달에 의해 상징되지만, 그러나 "물"은 금성을 통해 가슴으로 느껴진다.

우리는 목성이 다스리는 "에테르"에 신념, 희망, 기쁨 등으로 반응을 하지만 감각

기관을 통해 직접 만지거나 느낄 수는 없다.

수성이 다스리는 "흙"은 교역이나 사업, 프로젝트 예측이나 계획 등, 일상생활 중 내려야 하는 선택, 결정들의 형태로 나타난다.

우리는 토성이 다스리는 "공기"에 초연함이나 비 집착 등의 형태로 반응한다.

▨ 행성이 다스리는 나무들

태양은 강한 나무들을 다스린다. 토성은 쓸모없는 나무들을 다스린다. 달은 우유 같은 수액을 가진 나무들, 화성은 가시가 돋은 나무들, 금성은 꽃나무들, 목성은 열매가 맺히는 나무들, 수성은 열매는 나지 않지만 유용한 나무들, 라후와 케투는 수풀 덤불을 다스린다.

힘과 강한 캐릭터의 상징인 태양은, 떡갈나무처럼 강한 나무들을 다스린다.

토성은 쓸모없는 나무들을 다스린다. 낡고 오래되어 더 이상 아무런 용도가 없는 것들을 계속 지키려는 토성의 기질을 나타낸다. 외적으로 보수적인 성향을 지키고 내적으로 심리적 방어의식을 고수함으로써 토성은 자신이 가진 기질을 보수하고자 한다. 이렇게 행동함으로써 안정된 감정을 지키고자 노력하는 경향이 있다.

나무의 밀크, 혹은 수액은 나무가 가진 생명력이다. 우유빛 나는 수액을 가진 나무들을 다스리는 달이, 생명력을 북돋우거나 다스리는 역할을 하는 행성이라는 특성을 나타낸다. 달이 나타내는 마음이 건강할 때 생명력은 잘 유지 될 수 있다. 어떤 정신적, 감정적 방해도 생명력에 부정적인 영향을 끼치게 되며 질병을 초래한다.

화성은 날카로운 본성에 기인하여 가시가 돋은 나무들이나 쓴맛이 나는 나무들을 다스린다.

금성은 가장 아름다운 행성인지라 보기에도 좋고 향기를 내는 꽃나무들을 다스린다.

열매가 나는 나무들을 다스리는 목성은, 어떤 일이든 최상의 결과를 가져다주는 행성임을 나타내고 있다.

수성은 혁신적이거나 상업 기질적 본성을 지닌 행성이기 때문에 열매는 나지 않지만 다른 가치가 있는, 특히 상업적 유용성을 가진 나무들을 다스린다.

수풀 덤불들은 나무과에 속한다고 분류된 적이 없다. 만약 어떤 사람이 실수로 수풀 덤불을 죽게 만들었다면, 한낱 수풀 덤불에 지나지 않는다고 대수롭게 여기지 않을지도 모른다. 그러나 나무를 죽게 만들었다면, 그가 느끼는 죄책감은 훨씬 더 클 것이다. 나무를 심는 행위는 오랜 옛날 인도에서뿐 아니라 오늘날에도 고귀한 행위로 여겨지고 있다. 하지만 수풀 덤불을 심는 행위는 동등한 기준으로 재지 않는다. 마찬가지로 라후와 케투도 다른 행성들과 같은 지위가 주어지지 않았다. 그럼에도 그들이 행성으로 간주될 수 있었던 이유는 브라마(Brahma)로부터 받은 분(Boon)때문이었다.

수풀 덤불들은 나무가 자랄 수 없는 곳에서도 자랄 수 있다. 아주 짧은 시간 안에 완전히 제거될 수도 있으며, 그만큼 빠르게 다시 자랄 수도 있다. 마치 잡초처럼, 그들은 자라는 지역을 완전히 압도하려는 경향이 있으며 그래서 골칫덩어리가 될 수도 있다. 잘 다듬어 주고 모양 유지를 해주어야만 수풀 덤불들은 아름답다고 할 수 있다. 이러한 수풀 덤불처럼, 라후와 케투는 다른 행성들이 영향을 주고 있는 영역들을 "압도"하려는 경향이 있다. 충동적, 불만족, 모순적, 불균형적 등의 감정을 일으킴으로서 행성들이 가진 순수한 성향들을 가리려 한다. 자기성찰이나 영적으로 단련된 생활을 통해 주의 깊은 "다듬질"을 할 수 있을 때만, 비로소 라후나 케투가 미치는 악영향들을 이겨낼 수 있다.

비록 나무들이 좀 더 실질적이고 식용으로서도 가치를 가지고 있지만, 상당수의 약초나 유독물이 수풀 덤불에서 나온다. 라후나 케투는 우리의 기호를 만족시킬 수 있는 영양분을 많이 가지고 있지 않다. 하지만 그들은 바깥세상의 질병들을 모두 치유해 줄 수 있는 영적인 "약"을 우리에게 취하도록 가르친다. 바깥세상의 삶에서 결코 채워지지 않는 불만족감을 부채질함으로서, 그리고, 우리가 집착하는 영역에서 분리를 시킴으로서, 라후와 케투는 우리에게 이러한 레슨들을 가르친다. 그래서 그들은 영적인 동기를 부추기는 촉진제로서의 능력을 가지고 있다. 하지만 개인의 차트에 어떤 영적인 자질들이 있을 때만 가능하며, 그렇지 않으면, 파괴를 시키는 독소가 된다.

▧ 행성이 나타내는 사람들

태양은 아버지를 나타낸다. 달은 어머니를, 화성은 형제들을, 수성은 친구들과 친척들을 나타낸다. 목성은 스승(선생님), 자녀들, 그리고 남편이다. 금성은 아내, 토성은 보통 사람, 라후는 외할머니와 친할아버지, 그리고 케투는 외할아버지와 친할머니를 나타낸다.

아버지는 남성상을 나타내며, 가족 내에 있는 태양의 힘이다. 가족의 상태와 지위를 세워야 하는 책임을 가지고 있다. 그리하여 가족의 각 일원들이 주체성을 가지고 세상으로 나아갈 수 있도록 해준다.

달은 여성상을 나타내며, 가족 내에 있는 달의 힘이다. 편안하고 수용적인 환경을 만들어 주어야 하는 책임을 가지고 있다. 그리하여 건강한 감정적 표현을 할 수 있게 하고 건강한 정신 자세를 가질 수 있게 한다.

형제들은 우리에게 최초의 동반자들로서, 공통적인 목표를 향해 이기심을 자제하고 함께 노력하여 같이 성과를 거둘 수 있도록 가르쳐 주는 책임을 가지고 있다. 이러한 노력은 각자 서로 다른 장점들을 가진 것을 알고 또 거기에 맞게 잘 사용하는 것을 포함한다. 마치 화성이, 군총지휘관으로서, 각 개인의 힘을 잘 활용하여 주어진 목표를 달성시키는 것과 같다. 좀 더 심오하게 표현한다면, 형제들이란 같은 뿌리에서 나왔지만 다를 수밖에 없다. 서로 다른 생각을 가졌고 또 서로 다른 기대를 받으며 자랐기 때문이다. 화성은 자신이 다른 사람들과는 다르다는 강한 생각을 가지게 하는 우리의 내면적 관념이나 의견들을 다스린다.

친구는 우리가 같이 어울리고 또 비슷한 취향을 서로 나누는 사람들이다. 수성은 우리가 얘기하거나 공유하기를 좋아하는 것들을 다스린다.

목성은 지혜, 바른 도덕, 적절한 행동 등, 자신이 대변하고 있는 가치들을 가르치는 책임을 가지고 있다. 목성은 또한 남편을 나타낸다. 칼 융에 의하면 "흔히 자주 일어나는 일로서, 여자는 남편의 영성 안에 완전히 들어가 있고 싶어 한다…"고 했다. 남자가 가진 영적 책임들 중 하나는 조상에 대한 것인데 자손을 가짐으로써 이러한 책임을 완성하게 된다. 영적인 책임이나 자녀들은 목성이 관할하고 있는 분야이다.

금성은 모든 로맨틱한 사랑을 나타내며, 남자나 여자에게 로맨틱한 파트너를 제공하는 행성이다. 그런데 금성은 좀 더 구체적으로 남자의 출생도에서 아내를 나타내는데, 그가 지은 좋은 행위에 주어지는 보상과도 같다.

토성은 모든 인류가 공통적으로 씨름하고 있는 대소사大小事들을 대변한다. 이러한 기질이 토성을 보통사람, 민주당원으로 만든다.

라후와 케투가 어느 쪽 조부모를 상징하느냐 하는 데는 좀 다른 의견들이 분분하다. 그러나 케투가 외조부와 친조모를 상징하고, 라후가 친조부와 외조모를 상징한다고 저자가 생각하는 데는 다음과 같은 이유가 있다. 현재의 우리는, 우리의 과거로 인한 총체적 결과이다. 생리적으로 우리는 양쪽 부모로부터 나온 생산물이다. 그러므로 우리와 부모 사이에는 과거에 어떤 뚜렷한 연관이 있었던 것이다. 케투는 우리의 과거를 대변한다. 달(마음)의 노드(Node)인 케투는 부모라는 매체를 통해 생리적으로 표출되는 우리의 어떤 특이한 성격들을 나타낸다. 케투에 의해 상징되는 외조부는 어머니의 성격에 더욱 강력한 영향을 끼치는 존재이다. 여자는 보통, 아버지의 특이한 성격을 더 많이 닮기 때문이다. 친조모 또한 케투에 의해 상징된다. 아버지는 자신의 어머니가 가진 특이한 성격에 더 영향을 받는데, 남자는, 보통, 어머니의 성격을 더 많이 닮게 되기 때문이다. 그러므로 케투가 외조부와 친조모, 그리고 라후가 나머지 조부모들을 다스리는 게 분명할 수밖에 없다.

▨ 행성이 나타내는 사람들을 사용하는 법

우리가 어떤 주어진 시점에 행성들이 나타내는 사람들과 교류할 때 어떤 심리를 가지고 행동할 것인가 하는 예측을 행성들이 가리키고 있다. 태양의 다샤(Dasa) 동안에 가장 중요하게 다루어질 주제는 아버지와 연관된 이슈들이다. 달의 다샤 동안에는 어머니와 연관된 이슈들이다. 다른 행성들의 다샤들도 이와 같은 방식으로 예측할 수 있다.

▨ 행성이 관장하는 베다들(Vedas)

목성을 리그베다를 다스린다. 금성은 야주르 베다, 화성은 싸마 베다, 그리고 수성은 아타르바 베다를 다스린다.

리그베다(Rig-Veda)는 영성 고서 중에서 가장 오래된 것으로 신의 다양한 환생들에 대한 찬송들을 담고 있다. 야주르 베다(Yajur-Veda)는 숭직자들이 종교의식을 치르는 데 필요한 규율들을 담고 있다. 싸마 베다(Sama-Veda)는 찬송가를 부를 때 적절한 리듬의 높낮이들에 대한 내용을 담고 있다. 아타르바 베다(Atharva-Veda)는, 아유르베다 치유술의 원조가 된 처방들을 담고 있을 뿐 아니라, 부정한 것들을 털어내고 복을 얻기 위한 주술과 방식들을 담고 있다.

▨ 행성이 다스리는 기간들

아야나는 태양에 의해 다스려진다. 무후르타는 달에 의해, 하루H는 화성에, 리투는 수성에, 한 달은 목성에, 팍샤는 금성에, 일 년은 토성에 의해 다스려진다. 라후와 케투는 팔 개월과 삼 개월을 각자 다스린다.

아야나(Ayana)는 겨울이 시작되는(동지) 첫날부터 여름이 시작되는(하지) 첫날까지 태양이 북쪽으로 움직이는 코스, 그리고 여름이 시작되는(하지) 첫날부터 겨울이 시작되는(동지) 첫날까지 태양이 남쪽으로 움직이는 코스에 해당하는 기간이다. 그러므로 일 년에는 각 육 개월씩 두 아야나가 있다. 한 개의 무후르타(Muhurta)는 두 개의 가티(ghatis), 혹은 48분에 해당하는 시간이다. 한 개의 리투(Ritu)는 한 계절을 나타내는데, 힌두의 일 년에는 여섯 계절이 있다. 그러므로 한 개의 리투는 2개월의 기간이다. 팍샤는 초승달에서 보름달, 혹은 보름달에서 초승달에 해당하는 기간이다. 그러므로 한 개의 팍샤는 15티티스(tithis, 음력 날짜 수), 혹은 대략 2주에 해당하는 기간이다.

⊠ 행성들이 지배하는 기간들

달은 태어나서 만 4세까지 지배한다. 수성은 5세부터 14세까지, 금성은 15세부터 22세까지, 태양은 23세부터 41세까지, 화성은 42세부터 56세까지, 목성은 57세부터 68세까지, 토성, 라후, 그리고 케투는 69세부터 108세까지 지배한다.

달이 지배하는 기간은 어린 아기 때이며 어머니가 아이의 생에서 앞을 밝혀주는 빛과 같은 기간이다. 이 기간 동안 가장 중요한 것은 건강하게 감정적으로 성장하는 것이다.

수성이 지배하는 기간은, 생을 살아가는 데 중요한 기초가 되는 기술들을 배우는 기간이다. 이 기간은 또한 훈련생의 기간이기도 하다.

금성이 지배하는 기간은, 사춘기에 접어들면서 사랑과 열정의 감정들이 따라오는 기간, 그리고 결혼에 대해서도 최초로 갈망하게 되는 기간이다.

태양이 지배하는 기간은, 커리어에 집중하거나 사회에서 지위나 존경을 얻으려는 기간이다.

화성이 지배하는 기간은, 단련된 의지를 가지고, 이상적으로는 영적인 성장을 목표로 가지고 행동하는 기간이다. 또한 자유를 얻기 위해선 중요하다고 여겨지는 행위들을 추진하는 기간이기도 하다.

목성이 지배하는 기간은, 지혜와 영성의 기간이다. 또한 부, 행복, 풍부함 등을 즐기게 되는 기간이기도 하다.

토성, 라후, 케투가 지배하는 기간은 이 생에서 할당된 카르마를 완성하고 서서히 약해져서 종래에는 죽음을 맞이하는 기간이지만, 또 다르게 보면, 마침내 삶에 대한 초연함이나 깨달음을 얻게 되는 기간일 수도 있다.

⊠ 행성이 지배하는 기간들을 이용하는 법

주어진 어떤 나이에 지배하고 있는 행성의 상태를 분석함으로써 현재 시점에서의, 특히 행성이 가지고 있는 개발 필요성에 대해, 전체적 평가를 할 수 있게 된다.

✖ 행성들이 지배하는 계절들

금성은 바산타, 화성은 그리쉬마, 달은 바르샤, 수성은 싸라드, 목성은 헤만타, 토성은 씨시라 계절을 다스린다.

인도에서는 대충 **여섯 계절**이 있는데 다음과 같다.

- 금성이 다스리는 **바산타**(Vasanta) : 3월 22일~5월 21일, 봄에 꽃이 피는 계절
- 화성이 다스리는 **그리쉬마**(Greeshma) : 5월 22일~7월 21일, 뜨거운 계절
- 달이 다스리는 **바르샤**(Varsha) : 7월 22일~9월 21일, 비가 많이 내리는 장마철
- 수성이 지배하는 **싸라드**(Sarad) : 9월 22일~11월 21일, 가을
- 목성이 지배하는 **헤만타**(Hemanta) : 11월 22일~1월 21일, 초겨울
- 토성이 지배하는 **씨시라**(Sisira) : 1월 22일~3월 22일, 늦겨울

태양은 계절이 생기는 원인이므로 단독으로 지배하는 계절이 없다. 하지만 화성과 함께 그리쉬마 계절을 같이 지배한다고 전해지기도 한다.

✖ 다투, 물라, 지바

라후, 화성, 토성 그리고 달은 다투를 지배한다. 태양과 금성은 물라를 지배한다. 수성, 목성, 케투는 지바를 지배한다.

다투(Dhatus)는 미네랄들처럼 생명이 없는 것들의 왕국이다.
물라(Moolas)는 뿌리가 있는 식물들의 왕국이다.
지바(Jeevas)는 동물이나 사람처럼 생명이 있는 것들의 왕국이다.

▨ 감각기관들

태양과 달, 화성은 시력을 다스린다. 금성은 미각, 수성은 후각, 목성은 청각, 토성과 라후는 촉각을 다스린다.

태양은 특히 오른쪽 눈에 영향을 끼치며, 달은 특히 왼쪽 눈에 영향을 끼친다. 또한 라후는 초능력적 감각에 영향을 끼치며, 케투는 직관적 감각에 영향을 끼친다.

▨ 기본물질

태양은 구리(copper)를 다스린다. 달은 보석을, 화성은 금을, 수성은 합금(alloys), 목성은 은, 금성은 진주, 토성은 쇠, 라후는 납(lead), 케투는 터키옥(turquoise)을 다스린다.

수성이 다스리는 합금은 여러 금속을 섞어놓은 물질을 말하는데, 수성 자체가 여러 가지 섞인 것들을 관장하기 때문이다.

라후는 아주 무겁고 둔하고 독이 있는 납을 다스리는데, 이는 라후의 본성을 가리킨다.

목성은 은을 다스린다. 그러나 다른 어떤 고서에 따르면, 목성이 오운라시들(인마좌, 물고기좌)들에 있게 되면 **금을 다스린다고도 한다.**

▨ 옷감들

태양은 거칠고 두꺼운 옷감, 달은 새로운 옷감들, 화성은 태운 옷감들, 수성은 깨끗하게 씻은 옷감들, 목성은 새것도 낡은 것도 아닌 옷감들, 금성은 강한 옷감들, 토성은 누더기 옷감들, 라후는 다색 옷감들, 그리고 케투는 누더기 옷감들을 다스린다.

▨ 다스리는 방향들

태양은 동쪽에서 다스린다. 금성은 남동쪽, 화성은 남쪽, 라후는 남서쪽, 토성은 서쪽, 달은 북서쪽, 수성은 북쪽, 목성은 북동쪽을 다스린다.

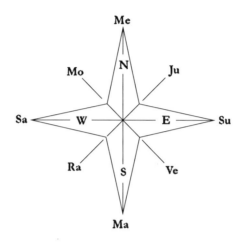

▨ 보석들

태양의 보석은 루비(Ruby)이다, 달은 티없는 진주, 화성은 빨간 산호, 수성은 에메랄드, 목성은 노란색 사파이어, 금성은 다이아몬드, 토성은 파란색 사파이어, 라후는 고멧(Gomedha, hessonite garnet)을 다스리며, 케투는 묘안석(cat's-eye)를 다스린다.

▨ 산스크리트어 알파벳들

Letters
Sun- Vowels: अ *a,* आ *aa,* इ *i,* ई *ii,* उ *u,* ऊ *uu,* ऋ *ri,*
        ॠ *rri,* ऌ *lri,* ए *e,* ऐ *ai,* ओ *o,* औ *au.*
Moon- य *Y,* र *R,* ल *L,* व *V,* श *Sh,* ष *Sh,* स *S,* ह *H.*
Mars- Guttural: क *K,* ख *Kh,* ग *G,* घ *Gh,* ङ *Ng.*
Mercury- Retroflex: ट *T,* ठ *Th,* ड *D,* ढ *Dh,* ण *N.*
Jupiter- Dental: त *T,* थ *Th,* द *D,* ध *Dh,* न *N.*
Venus- Palatal: च *C,* छ *Ch,* ज *J,* झ *Jh,* ञ *Nj.*

행성들이 다스리는 산스트리트어 알파벳들은 여러 용도로 사용할 수 있다. 간단한 예로 정확한 출생시간을 찾기 위해 사용하는 경우이다. 자주 일어나는 예로서, 어떤 이의 이름 첫 자가 라시 차트나 나밤샤 차트의 로드, 혹은 달이 있는 라시를 다스리는 행성이 대변하는 글자와 일치한다는 사실이다.

▨ 행성이 다스리는 라시(Rasi, 자리)들

달은 게자리를 다스린다. 태양은 사자자리, 수성은 쌍둥이와 처녀자리, 금성은 황소와 천칭자리, 화성은 산양과 전갈자리, 목성은 인마와 물고기자리, 토성은 악어와 물병자리를 다스린다.

• 고양과 취약의 자리

행성	고양의 자리	가장 고양되는 포인트	취약의 자리	가장 취약해지는 포인트
태양	산양자리	10도 산양자리	천칭자리	10도 천칭자리
달	황소자리 0-3도	3도 황소자리	전갈자리 0-3도	3도 전갈자리
화성	악어자리	28도 악어자리	게자리	28도 게자리
수성	처녀자리 0-15도	15도 처녀자리	물고기자리 0-15도	15도 물고기자리
목성	게자리	5도 게자리	악어자리	5도 악어자리
금성	물고기자리	27도 물고기자리	처녀자리	27도 처녀자리
토성	천칭자리	20도 천칭자리	산양자리	20도 산양자리

모든 행성들은 각자 가장 고양의 품위를 얻는 자리들이 있다. 그런데 가장 고양되는 자리 내에서도 정확한 고양 포인트에 행성이 있게 되면, 자신의 저력을 최대한으로 발휘할 수가 있다. 고양되는 자리에 있는 행성은 엄청 강한 본성을 지니게 된다. 또한 한결 완벽하고, 순수하고 생산적인 상태에 있게 된다.

반대로 고양되는 자리의 맞은편, 즉 일곱 번째 자리는 취약의 자리이다. 그리고 가장 고양되는 포인트에서 백팔십도 떨어진 포인트는 행성이 가장 취약해지는 자리가 된다. 취약의 자리에 있는 행성은 본성이 아주 나약해지며, 타고난 유익성이나 쓸모 있는 캐릭터를 제대로 발휘할 수가 없다. 취약의 자리에 있는 행성이 대변하는 신체 부위는 유전적으로 허약하고 병에 걸리기도 쉽다. 그런데 취약한 자리에 있는 행성이 오히려 큰 출세와 성공, 부를 가져다주는 예도 자주 보게 된다. 그러므로 취약한 자리에 있는 행성은 처음에 어느 정도 극복해야 할 어려움을 주지만, 나중에는 오히려 더 이롭게 해 줄 수도 있는 것이다.

▨ 사람들을 행성 타입으로 판단하는 법

사람들을 어떤 특정한 행성 타입으로 판단할 수도 있다. 아주 일반적으로 말하자면, 어떤 사람이 가진 개성은 출생도에서 가장 강력한 영향을 미치고 있는 행성들의 특성을 아무래도 많이 반영하게 된다.

행성이 개성에 강력한 영향을 미치게 되는 경우는

1. 행성이 오너, 물라트리고나 혹은 고양의 자리에 있을 때

2. 행성이 라그나(첫째 하우스)에 있을 때

3. 행성이 라그나 로드와 같이 있을 때

만약에 한 개 이상의 행성이 오너, 물라, 혹은 고양의 자리에 있고, 이들 중에 어느 행성이든 앵글 하우스에 있게 되면, 앵글 하우스에 있는 행성의 특성이 가장 두드러지게 될 것이다.

출생도의 행성조합에 어떤 취약함이 있는 경우에도 그 사람이 풍기는 전체적 인상에 많이 두드러지게 나타난다. 또한 출생도에 상대적으로 약한 행성이 있게 되면, 차트 주인이 가진 개성에 영향을 미치게 된다. 이런 경우에는 행성의 장점보다는 취약함이나

비균형적 면이 더 표현될 것이다. 특히 행성이 취약의 자리에 있게 되면 힘이 많이 약해지게 된다. 어떤 특정한 조건에서는 이처럼 취약한 행성들이 차트 주인을 유명하거나 인정을 받게 해주는 핵심적 행성이 될 수도 있다. 어느 경우에 이렇게 되는 지에 대해서는 "행성들의 품위" 장을 참조하기 바란다.

▨ 원거리 행성들

천왕성, 해왕성, 명왕성은 지구궤도 바깥에 있는 원거리 행성들로서 전통적으로 베딕 점성학에서 사용되지 않는다. 원거리 행성들은 지구에서 목격되기에는 너무나 먼 거리에 있다. 그래서 다른 행성들처럼 그들의 "빛"이 지구상에 존재하는 생명에게 영향이 닿을 수 있기엔 역부족이다. 그러므로 여느 행성들과는 다르게 다루어지고 있다.

원거리 행성들은 개인의 내면 안에서 작용하고 있는 진보적 힘들을 나타내고 있다. 이러한 진보적 힘을 개인이 어떻게 다룰 것인가 하는 것은 출생도에 있는 일곱 개 행성들에 달려있다. 원거리 행성들은 눈에 보이지 않는 행성들이기 때문에 무의식 세계에 비유한다. 그래서 라후와 케투라는 매체를 통해서만 작용할 수 있다. 그리하여 무엇보다도 먼저 일곱 행성과 라후, 케투에 대해 완전히 이해하고 이들을 사용하는 법을 우선적으로 터득할 수 있어야 한다. 베딕 점성학자들은 일곱 행성과 더불어 라후, 케투, 그리고 낙샤트라들(27개 별자리) 같이 사용하여 차트가 가진 특질들을 상세하게 읽을 수 있다.

서양 점성학자들은 일곱 행성과 원거리 행성들을 함께 사용하고 있다. 그런데 이렇게 원거리 행성들만을 추가적으로 이용하여 차트 리딩을 하는 경우, 차트에 어떤 어려움이나 부정적 영향이 함축되어 있을 때 그것들을 극복할 수 있는 행성치유방식에 대한 정보는 얻을 수 없었다. 반면 전통적인 베딕 점성학은 다양하면서도 실질적인 행성치유방식을 차트 리딩과 함께 제공해줄 수 있다. 원거리 행성들이 고려가치를 가지고 있지 않다는 뜻은 결코 아니다. 오히려 원거리 행성들을 이용하게 되면 차트가 가진 어떤 중요하고 흥미로운 사실들을 더 쉽게 읽을 수 있는 경우도 있다. 하지만 어떻게 실질적인 가이드 라인을 제공할 것인지에 대해선 그다지 쉽거나 효과적일 수가 없다. 또한 서양 점성학자들은 어떤 사건들이 일어날 수 있는 타이밍(Timing)예측을 하는데 원거리 행성들의 운행(運行, Transits)을 광범위하게 사용하고 있다. 그러나 베딕 점성학에서 사용하고 있는 다샤 시스템들을 자세히 들여다보면 원거리 행성들의 운행이 나타내고 있는 지표들이 쉽게 드러나는 것을 알 수 있다.

베딕 점성학을 공부하는 사람의 기호나 진보 여부에 따라 원거리 행성들을 차트 리딩 하는 데 포함시키거나 시키지 않을 수도 있다. 원거리 행성들은 차트 주인에 대한 좀 더 깊은 이해, 삶에서 배워야 할 레슨들, 성장의 시기들 등에 대한 추가정보를 줄 수도 있다. 하지만 분명한 예측을 해야 할 경우에는 절대 사용할 수가 없다.

☉	☽	♂	☿	♃	♀	♄	☊	☋
Sun	Moon	Mars	Mercury	Jupiter	Venus	Saturn	N. Node	S. Node
Surya	Chandra	Kuja	Budha	Guru	Sukra	Sani	Rahu	Ketu

3. 라시(The Rasis)들

조디액(Zodiac)은 행성들이 태양의 외경 상 경로인 황도를 중심으로 회전하고 있는 일정한 넓이의 벨트를 말한다. 이러한 천체 원형 벨트는 열두 개 구간으로 동일하게 나누어져 있는데 각 구간은 삼십도 씩이다. 이러한 구간을 산스크리트어로는 **라시**(Rasi)라고 한다. 열두 개 라시는 조디액의 처음부터 시작하여 산양 라시, 황소 라시, 쌍둥이 라시, 게 라시, 사자 라시, 처녀 라시, 천칭 라시, 전갈 라시, 인마 라시, 악어 라시, 물병 라시, 물고기 라시 등의 이름을 가지고 있다.

▨ 조디액과 차크라(Chakra)의 상응성

조디액은 대우주적 시스템으로서 사실상 우리 몸의 척추 경로에 일렬 된 영적인 에너지 센터(차크라들)와 상응한다. 만약 두 개의 다른 것들이 서로 비슷하게 보인다면 분명히 상호 작용을 하고 있다는 상응원리(The Law of Correspondence)에 기인한다. 이 원리는 리플렉살러지(reflexology)와 같은 자연 힐링 아트들이 토대를 이루고 있는 근본적 원리이기 하다. 점성학적 표현으로 말하자면 조디액이 차크라들과 비슷하므로, 조디액에서 일어나고 있는 일들이 챠크라 에너지센터에서 일어나는 일들과 상응하고 있다는 것이다. 차트라에서 일어나고 있는 일들이 조디액에서도 일어나고 있다는 말과도 동일하다. 같은 맥락으로, 한 개인이 영적 기도나 수행 등을 통해 자신의 챠크라 에너지들을 증진시키고 있다면, 조디액에도 상응하는 영향을 미치고 있다는 말이 된다. 아래의 도표는 라시와 챠크라의 이러한 상응을 나타내고 있다.

Cancer ♋	Medullar Plexus	♌ Leo
Gemini ♊	Cervical Plexus	♍ Virgo
Taurus ♉	Dorsal Plexus	♎ Liber
Aries ♈	Lumbar Plexus	♏ Scorpio
Pisces ♓	Sacral Plexus	♐ Sagittarius
Aquarius ♒	Coccyges Plexus	♑ Capricorn

도표에서 알 수 있듯이, 천 개의 꽃잎을 가진 연꽃, 신적인 깨달음을 주는 에너지 센터로 알려진 크라운 챠크라에 상응하는 라시는 없다. 점성학이 나타내는 운명의 영향을 유일하게 벗어나 있는 최고의 챠크라이기 때문이다.

그렇다면 행성들은 어떠한가? 위에서도 설명했듯이, 라시들은 챠크라들에 상응한다. 행성들은 챠크라에 어떤 일들이 일어나고 있는가를 나타내고 있다. 각 행성들은 한 개 혹은 두 개 라시들의 오너(owner)로서 관장하는 로드(lord, 주인)이다. 행성들은 챠크라들의 에너지에 상응하며, 그들이 차트에서 위치하고 있는 라시는 이에 상응하는 챠크라 내 에너지들의 흐름이나 분배된 양상을 나타내고 있다.

행성을 향진시키는 목적으로 사용하는 보석이나 만트라 진언 등 레머디(Remedies) 기법에 대해서도 주목할 만한 사실이 있다. 레머디 기법들을 사용하는 목적은 챠크라 내에서 생성되는 에너지들을 잘 조정해서 조화를 이루어, 차트가 나타내고 있는 운명의 영향을 바꾸고자 하는 데 있다.

▨ 라시들의 로드십(Lordship, 오너십)

행성들은 조디액의 열두 개 라시들 중에서 각자 두 개씩 다스리도록 분당되었다. 이들을 하우스(House, 집), 라시들의 오너 또는 "로드(Lord)"라고 부른다. 그런데 태양과 달은 각자 한 개의 라시만 로드십(Lordship)이 주어졌다. 각자 행성들은 한 개의 양성, 남성적 에너지를 가진 라시, 그리고, 다른 한 개의 음성, 여성적 에너지를 가진 라시, 이렇게 두 개의 라시들을 다스린다. 태양과 달은 서로의 양극을 이루고 있다. 태양이 한 개만의 남성적 라시를 다스리고, 달이 다른 한 개만의 여성적 라시를 다스린다.

태양은 사자 라시를 남성적 라시로 관장하고 있다. 달은 게 라시를 여성적 라시로 관장하고 있다. 수성은 쌍둥이 라시를 남성적 라시, 처녀 라시를 여성적 라시로 관장하고 있다. 금성은 천칭 라시를 남성적 라시로, 황소 라시를 여성적 라시로 관장하고 있다. 화성은 산양 라시를 남성적 라시로, 전갈 라시를 여성적 라시로 관장하고 있다. 목성은 인마 라시를 남성적 라시로, 물고기 라시를 여성적 라시로 관장하고 있다. 토성은 물병 라시를 남성적 라시로, 악어 라시를 여성적 라시로 관장하고 있다.

도표로 요약해보면 다음과 같다.

게 라시	−	달/태양	+	사자 라시
쌍둥이 라시	+	수성	−	처녀 라시
황소 라시	−	금성	+	천칭 라시
산양 라시	+	화성	−	전갈 라시
물고기 라시	−	목성	+	인마 라시
물병 라시	+	토성	−	악어 라시

양성 에너지를 가진 라시는 행성의 에너지를 남성적이고 직관적인 방식으로 표출한다. 음성 에너지를 가진 라시는 행성의 에너지를 여성적이고 수용적인 방식으로 표출한다.

▨ 라시들이 가진 형상적 심볼

라시의 이름들은 일반적으로 잘 알려져 있다. 그러나 라시가 가진 심볼들은 잘 알려져 있지 않다.

다음은 점성학 고서인 **브리핱 자타카**(Brihat Jataka)에서 주어진 라시들의 형상적 심볼들이다.

산양 라시는 산양에 의해 대변되고 있다.

황소 라시는 소에 의해 대변되고 있다.

쌍둥이 라시는 곤봉을 든 남자와 루트(lute, 기타 비슷한 악기)를 든 여자가 서로 껴안고 있는 모습을 하고 있다.

게 라시는 게에 의해 대변되고 있다.

사자 라시는 사자에 의해 대변되고 있다.

처녀 라시는 한 손에는 곡식을 들고 다른 한 손에는 빛을 들고선 보트 안에 앉아 있는 처녀의 모습을 하고 있다.

천칭 라시는 저울을 손에 들고 시장에 서 있는 남자의 모습을 하고 있다.

전갈 라시는 전갈에 의해 대변되고 있다.

인마 라시는 몸의 뒷부분은 말의 모습을 하고 앞부분은 화살을 든 궁수의 모습을 한 센토(Centaur)이다.

악어 라시는 몸의 뒷부분은 악어의 모습을 하고 얼굴은 사슴의 모습을 하고 있다(일부에서는 염소 모습이라고도 알려져 있다).

물병 라시는 빈 물병을 든 사람의 모습으로 대변되고 있다.

물고기 라시는 서로의 머리를 반대방향으로 둔 채 가까이 누워 있는 두 마리 물고기의 모습으로 대변되고 있다.

▨ 라시들이 가진 특성들

고서들은 라시에 관하여 많은 사실을 상세하게 기술하고 있다. 아래에 표기한 도표들은 점성학 고서들에 있는 대로 라시가 가진 다양한 사실들을 자세하게 정리한 것이다. 모든 고서들은 서로 약간 상반되거나 차이가 나는 점들도 같이 포함하고 있다. 라시들이 가진 심볼들의 의미나 내용은 하나의 과학으로서 아주 깊고 심오하다. 이러한 심볼리즘이 내포하고 있는 뜻은 끝이 없고 아름다울 만큼 신비롭다. 도표들을 만들면서 라시들에 관해 저자가 이해하고 있는 만큼 최대한으로 유용하고 분명한 정보들을 독자들에게 제공하려 노력하였다. 독자들이 심볼리즘을 이해하는 데 도움이 되고자 고서들의 작가인 리쉬(Rishi, 깨달은 성인)들이 밝히고 있는 다양한 특징들에다 저자 나름대로의 부차적인 설명도 덧붙였다. 베딕 점성학을 배우고자 하는 사람들은 먼저 이러한 심볼리즘을 이해하고자 항상 노력할 것을 권하는 바이다.

원소들

원소들은 라시들이 가진 에너지 유형을 나타낸다.

1. "불"은 직관적이고 자아를 말한다.

2. "흙"은 합리적이고 물질적이다.

3. "공기"는 이지적이고 사회적이다.

4. "물"은 느낌이고 묵상적이거나 감정적이다.

· 원소들을 사용하는 방법

원소들을 행성들은 불, 물, 흙, 공기 등 어떤 원소이던 위치하고 있는 라시에서 가장 두드러지는 효과를 내게 되며, 차트 주인이 가진 캐릭터에 압도적으로 영향을 끼치게 된다.

1. 라그나(상승 라시)

2. 라그나 로드(상승 라시의 오너행성)

3. 달

4. 태양

위의 4 포인트에 가장 많은 수의 행성들이 가지는 원소가 차트 주인의 보편적 성향에 상당한 영향을 끼치게 된다.

▨ 에너지의 양식

에너지의 양식은 라시가 자체적으로 가지고 있는 에너지 타입을 가리키는데 창조적, 보수적, 파괴적으로 구분한다.

창조적 에너지는 활동적 라시들에게 내재되어 있다. 활동적 라시들은 행동이나 변화가 빠르다. 에너지가 가진 초창기적 의식을 나타낸다. 또한 기본적인 라시들로 알려져 있다. 원어로는 챠라(Chara)라시 라고 부른다.

보수적 에너지는 고정적 라시들에게 내재되어 있다. 고정적 라시들은 안전하고 안정적인 에너지를 나타낸다. 고정적 라시들은 창조적으로 활동적인 라시들의 반영이다. 원어로는 쓰티라(Sthira)라시 라고 부른다.

파괴적 에너지는 변통적 라시들에게 내재되어 있는데, 분산시키는 에너지라고 하는 것이 더 적합한 표현이다. 변통적 라시들은 재주가 많으며, 배우고 지식을 얻거나 활용하는 게 빠르다. 변통적 라시들은 활동적 라시들과 고정적 라시들 사이에서 유동적이다. 원어로는 드비스바 바바(Dvisvabhava)라고 부른다.

· 에너지의 양식을 이용하는 법

라후와 케투를 포함하여 가장 많은 수의 행성을 가지고 있는 라시 타입이 차트 주인의 삶에서 두드러지는 영향을 끼치게 될 것이다.

▨ 원소+에너지 양식

원소와 에너지의 양식은 라시들이 가진 아주 중요한 특성들이다. 두 가지 분류를 조합하면 다음과 같은 종합적 특성들이 나온다.

산양 라시　　: 행위에 몰입해있는 자아, 창조적인 자아, 자아의식

황소 라시　　: 물질적 안정성, 물질적 세상에서 안전함을 느낀다.

쌍둥이 라시　: 이지적 지식과 배움, 사회적 배움, 지식을 활용함, 정보를 배분함

게 라시	: 감정적 혹은 영적인 동기로 인해 하게 되는 행위나 창조성
사자 라시	: 안전한 자아, 안정적인 자아
처녀 라시	: 실질적이고 신체적인 지식, 합리적 배움, 물질적(신체적)으로 필요한 것들을 배분
천칭 라시	: 사회적 의식, 사회적 행동, 이지적인 창조성
전갈 라시	: 감정적 혹은 영적인 안전성, 감정적 안정성
인마 라시	: 자아의 지식, 직관적 지식과 배움, 자아의 지식을 배분함
악어 라시	: 물질적으로 적극적임, 물질적으로 필요한 것들과 합리적인 행동에 관한 의식
물병 라시	: 사회내에서의 안전성(안정적인 개성이 요구됨), 사회적 안정성
물고기 라시	: 영적인 지식과 배움, 영성 혹은 감정의 배분(자애심)

▨ 구나(Gunas)들과 카스트(Caste)

구나는 라시 각자가 자체적으로 가지고 있는 활성화 자질을 나타낸다. 타마스는 장애를 만드는 자질이다. 라자스는 활동적 자질이다. 사트바는 고양시키는 자질이다. 더 자세한 것은 "제2장 행성들이 가진 특성과 자질들"에 기술된 "구나스" 부분을 참조하기 바란다. 구나스와 카스트의 조합은 라시들이 가진 성격을 이해하는데 아주 중요하다.

산양 라시	: 라자식 크샤트리야. 열정적이고 활동적인 무사, 리더, 주최자. 좋은 의도를 가졌으나, 라자식 성향 때문에 하는 일들의 끝이 괴로운 결과를 낳은 경향이 있다. 라사스 구나의 특성이다.
황소 라시	: 라자식 수드라. 쉬운 성향. 삶을 좋게 하고, 편안하고, 호화스럽고, 쾌락을 가져다주는 것들에 대한 바람을 가지고 있다.
쌍둥이 라시	: 라자식 바이시야. 아는 게 많은 상업자, 내면에 있는 라자스 자질이 자신의 물건과 제품에 대해 잘 알고자 하는 성향을 가져다준다. 최

근 유행하는 것들에 대해 알고 있고자 애를 쓴다.

게 라시 : 사트빅 브라민. 내면의 숙고에서 비롯되는 순수함과 평화로움을 가
지고 있다.

사자 라시 : 사트빅 크샤트리야. 고귀한 신분의 주최자, 리더, 무사이다

처녀 라시 : 타마식 수드라. 주변적 여건으로 인해 어쩔 수 없이 일을 하는 사람.
다른 방도가 없는 걸 알기 때문에 행동을 하는 카르마 요기(Karma
yogi)이다.

천칭 라시 : 라자식 바이시야. 공평한 상업자. 내면에 있는 라자스 자질들이 흥
정가치가 있는 것들을 보면 잘 알아차릴 수 있도록 가르쳤다. 자신
이 가진 욕망들을 침착하고도 공평하게, 평정심을 잃지 않은 채 충
족을 시키는 능력이 아주 뛰어나다.

전갈 라시 : 타마식 브라민. 영적인 수행을 통해 반드시 변환시켜야 하는 무지.
어둠을 가진 성직자, 어컬트(occult)술의 마스터, 영적 정화에 따르
는 심한 고통 등을 나타낸다.

인마 라시 : 사트빅 크샤트리야. 고귀한 신분의 각료, 주 정부와 모임행사들의
대변인, 높은 지식과 배움을 겸비한 마스터 무사이다.

악어 라시 : 타마식 수드라. 물질적인 것에 전전하며, 두려움과 무지 때문에 일
을 한다. 열정이 가는 일을 하기보다는 먼저 눈앞에 닥친 일부터 해
야 한다는 것을 잘 알고 있다.

물병 라시 : 타마식 바이시야. 세상에서 얻을 수 있는 어떤 화려함도 다 즐겼지
만 그래도 절대적인 만족을 주는 건 없다는 것을 알고 술병에 의존
하게 되는 상업자, 절망스러움에 그가 가진 모든 것, 자신에겐 아무
런 소용도 없어진 것들을 모두 나눠주는 상업자, 그리하여 참 자신
을 찾게 될지도 모르는 사람이다.

물고기 라시 : 사트빅 브라민. 묵상에 빠져서 현실적 감각을 잃어버린 신비주의자
이다.

▨ 머리, 혹은 꼬리 부터 올라오는 라시들 분류

라시들이 하늘을 가로지르며 동쪽 지평선에서 올라올 때, 머리부터 먼저 올라오거나 (sirshodaya, 시르쇼다야), 혹은 꼬리부터 먼저 올라오거나(prishtodaya, 프리스토다야) 하게 된다. 머리부터 먼저 올라오는 라시들은 무슨 일이던 빨리 성취한다. 반면 꼬리부터 올라오는 라시들은 무슨 일이든 늦게 성취한다. 고서들에 따르면, 머리부터 올라오는 라시에 있는 행성들은 차트 주인 생의 초반에 그가 가진 약속들을 발현시킨다. 꼬리부터 올라오는 라시에 있는 행성들은 후반에 발현시킨다. 머리와 꼬리가 같이 올라오는 라시에 있는 행성들을 생의 중반부에 발현시킨다. 또한 머리부터 올라오는 라시들은 더 유익하며 적은 난관을 거치고 성취할 수 있게 도와준다. 프라즈나(Prasna) 혹은, 호래리(Horary) 점성학에서 라시가 머리부터 올라오는 경우엔, 질문하는 사람이 원하는 바를 성취할 수 있음을 나타낸다.

▨ 낮이나 밤에 강한 라시들

고전서 자타카 파리자타(Jataka Parijata)에 따르면, 낮에 강한 라시들이 우월하다.

▨ 라시들의 몸 사이즈

몸집이 두드러지는 라시들은 무언가 일을 할 때 눈에 띄게, 그리고 보통 큰 규모로 한다. 큰 사이즈의 몸을 가진 라시들은 일을 할 때 크게, 그리고 큰일들을 하기 좋아한다. 중간 사이즈 몸을 가진 라시들은 어떤 일들을 좀 더 평균적인 속도나 매너로 한다. 고른 몸을 가진 라시들은 행동들을 보다 조화롭게 한다. 황소 라시처럼 긴 몸을 가진 라시는, 무언가 길게 남을 일들을 하기 좋아한다. 게 라시처럼 맷집이 있는 라시는 더 이상 소용이 없어진 것도 계속해서 쥐고 있기를 좋아한다. 그래서 몸 사이즈가 지나치게 커지는 경향이 있다.

전갈 라시처럼 날씬한 라시는 외부적인 것들을 거부하는 경향이 있다. 그래서 가능성을 가진 어떤 것들로부터 스스로 굶주리게 만든다. 또한 전갈 라시는 유일하게 털이 많은 라시이다. 벌레들 몸에 난 작은 털들은 그들을 진동이나 변화에 더욱 민감하게 만든다. 마찬가지로 벌레 라시에 속하는 전갈 라시도 외부환경에 민감하다.

▨ 라시들의 다리

네 발을 가진 라시들이 가장 파워풀한 라시들이다. 사람 라시처럼 두 개의 발을 가진 라시는 다른 라시들 보다 본성적으로 적응력이 더 뛰어나다. 다리를 많이 가지고 있는 벌레 라시들은 파워풀 하지는 않지만 집착하고 또 집요하다. 물 라시들은 감정적 기폭이 심하다. 물고기 라시는 유일하게 다리가 없는 라시인데 좀 더 떠돌거나 삶의 조류에 휘말리는 경향이 있다.

▨ 라시들의 길이

라시들은 올라오는데 걸리는 시간들이 각자 다르다. 지구의 축이 약간 기울어져 있기 때문이다. 그래서 라시들은 길거나 중간 정도 혹은 짧다고 분류가 된다. 라시들이 가진 길이는, 행성들과 더불어 어떤 것들의 길이를 판단하고자 할 때, 특히 몸의 다른 부분들 길이를 가늠할 때 유용하게 적용된다.

▨ 신체 부분들

조디액은 **칼라푸루샤(Kalapurusha), 시간(Time)을 신체화** 시켜 놓은 것으로 알려져 있다. 라시들은 칼라푸루샤 몸의 각자 다른 부분들이다. 이러한 분류는 의학 점성학 분야에서 아주 중요한 역할을 하고 있다.

◼ 양성/음성 라시들

양성 라시들은 남성적이며, 진취적인 본성을 가지고 있다. 이러한 자질들은 그들은 어느 정도 "잔인"하게 만든다. 그들은 무언가 되고자 하는 것과 어떻게든 일을 완성하는 데만 주로 관심을 모은다.

음성 라시들은 여성적이며, 부드럽고, 수동적인 본성을 가지고 있다. 그들은 조화를 잘 이루고, 받으며, 행동을 했다는 사실 자체보다는 행동이 낳는 결과들에 더 연연한다.

◼ 라시들의 양극성 분류를 사용하는 법

남성적이든 여성적이든, 라시들의 양극성(양성 혹은 음성) 분류는, 차트 주인이 스스로를 좀 더 남성적으로 표출하느냐 여성적으로 표출하느냐를 결정하는 데 많은 도움이 된다. 라그나, 태양, 달의 라시 위치가 이러한 결정을 내리는 데 가장 중요하다. 그리고 라후와 케투를 제외한 다른 행성들은 양성 라시 혹은 음성 라시, 어디에 더 많이 모여 있느냐 하는 사실도 같이 고려해야 한다.

◼ 도샤(Dosha)

흙 라시들은 비록 모든 도샤가 섞인 체질을 갖고 있긴 하지만, 그래도 라시의 로드가 가진 도샤에 더 기우는 경향이 있다. 금성이 다스리는 황소라시는 흙 라시이지만 좀더 카파(Kapha)에 속하며, 수성이 다스리는 처녀 라시는 세도샤가 골고루 섞여져 있지만, 그래도, 좀더 바타(Vata)쪽으로 기우는 경향이 있다. 토성이 다스리는 악어 라시는 좀더 바타(Vata)를 가지고 있다. 좀 더 상세한 정보는 '제2장 행성들의 의미와 특성들' 중에서 "도샤" 파트에서 기술하였다.

▨ 중요한 라시들을 결정하는 방법

캐릭터를 결정하는 데 중요한 라시들을 나열해보면 다음과 같다.

1. 태양이 위치하고 있는 라시 : 차트 주인은 태양이 자리하고 있는 라시의 특성들을 많이 가지게 될 것이다. 태양은 그가 위치하고 있는 라시의 특성들이 빛을 발하게 한다. 그래서 아주 중요한 라시다.

2. 잔마(Janma)라시(달의 라시) : 차트 주인이 가진 정신적 자세나 일반적인 성향은 달이 위치하고 있는 라시의 영향을 받을 것이다. 달은 그가 위치하고 있는 라시의 특성들을 반영한다.

3. 라그나(Lagna) : 차트 주인은 라그나 라시의 특성들을 많이 가지게 될 것이다.

4. 라그나 라시의 로드 : 차트 주인은 라그나의 라시 로드가 위치한 라시의 특성들도 많이 가지게 될 것이다.

5. 풀(Full)하우스 : 만약 한 개의 라시에 많은 행성들이 모여 있으면, 그러한 라시는 차트 주인의 캐릭터에 강력한 영향을 미치게 될 것이다. 특히 태양, 달, 혹은 라그나 로드가 같이 있는 경우에는 더욱 그러하다.

라시 Rasi*	카스트 원소 방향	에너지 양식	구나스	올라오는 쪽	낮/ 밤에 강함	색깔
1. 산양 메샤(Mesha)	크샤트리야 불 동쪽	활동적	라자스	꼬리	밤	적색
2. 황소 브리샤바(Vrishabha)	수드라 흙 남쪽	고정적	라자스	꼬리	밤	흰색
3. 쌍둥이 미투나(Mithuna)	바이시야 공기 서쪽	변통적	라자스	머리	밤	풀 초록색
4. 게 카타카(Kataka)	브라민 물 북쪽	활동적	사트바	꼬리	밤	핑크색
5. 사자 심하(Simha)	크샤트리야 불 동쪽	고정적	사트바	머리	낮	바이올렛색
6. 처녀 칸야(Kanya)	수드라 흙 남쪽	변통적	타마스	머리	낮	투명한/ 비치는 색
7. 천칭 툴라(Thula)	바이시야 공기 서쪽	활동적	라자스	머리	낮	푸른색
8. 전갈 브리쉬치카 (Vrischika)	브라민 물 북쪽	고정적	타마스	머리	낮	오렌지색
9. 인마 다누(Dhanus)	크샤트리야 불 동쪽	변통적	사트바	꼬리	밤	골드색
10. 악어 마카라(Makara)	수드라 흙 남쪽	활동적	타마스	꼬리	밤	점이 있는/ 다채색
11. 물병 쿰바(Kumbha)	바이시야 공기 서쪽	고정적	타마스	머리	낮	짙은 갈색
12. 물고기 미나(Meena)	브라민 물 북쪽	변통적	사트바	머리와 꼬리	낮	검정색

*양/음: 양성 라시들은 남성적이고 진인한 본성을 가졌다. 음성 라시들은 여성적이고 부드러운 본성을 가졌다.

**도샤(체질): 불 라시들은 피타, 공기 라시들은 바타, 불 라시들은 카파. 흙 라시들은 세도사가 골고루 섞인 체질

**레벨(Level): 불 라시들은 중간 레벨, 흙 라시들은 평민 레벨, 공기 라시들은 높은 레벨, 불 라시들은 낮은 레벨들을
다스린다.

신체 타입	다리 수	거주지	칼라푸루샤 해당 부위	길이	기타
1. 산양: 눈에 띨 정도로 드러진다	네 개	숲, 언덕, 바위가 많은 곳	머리	짧음	용기/ 왕에게 관련된 것들
2. 황소: 길다	네 개	마을	얼굴, 목	짧음	비즈니스 그룹이나 단체
3. 쌍둥이: 평균적이다	두 개	마을, 곤봉과 루트가 있는 곳(스포츠나 오락장소)	어깨, 가슴의 윗부분, 팔	중간	
4. 게: 우직하다	물기를 가지고 있는 곤충	물기로 갈라진 틈새	젖가슴, 심장	중간	
5. 사자: 크다	네 개	산	배	길다	충직함
6. 처녀: 중간크기	두 개	산/곡식과 불이 있는 장소	허리, 대소장	길다	숫처녀, 폭풍에 연관되었음
7. 천칭: 중간크기	두 개	대지, 땅, 시장	아래쪽 허리, 신장, 성기의 내부	길다	
8. 전갈: 작음/ 날씬함/털이 많음	곤충	구멍이나 굴 같은 곳	성기의 외부	길다	예리함, 열정적임
9. 인마: 평균크기	처음 절반은 두 개/나중 절반은 네 개	활/낮은 장소	허벅지	중간	충직함, 찬란함, 아치형으로 장식함
10. 악어: 크다	처음 절반은 네 개/나중 절반은 발이 없음	물기가 있는 땅	무릎	중간	
11. 물병: 중간크기	두 개	물병/물속	종아리, 발목	짧음	
12. 물고기: 중간크기	발이 없음	물속, 바다	발	짧음	결말이나 결실을 거두는 것을 나타냄

♓︎ **물고기** 미나 (Meena)	♈︎ **산양** 메샤 (Mesha)	♉︎ **황소** 브리샤바 (vrishabha)	♊︎ **쌍둥이** 미투나 (Mithuna)
♒︎ **물병** 쿰바 (Kumbha)			♋︎ **게** 카타카 (Kataka)
♑︎ **악어** 마카라 (Makara)			♌︎ **사자** 심하 (Simha)
♐︎ **인마** 다누스 (Dhanus)	♏︎ **전갈** 브리시지카 (Vrischiak)	♎︎ **천칭** 툴라 (Tula)	♍︎ **처녀** 칸야 (Kanya)

남인도 스타일 차트와 라시들에 대한 심볼과 산스크리트 이름들

4. 라그나

　라그나(Lagna)는 한 개인이 출생하는 순간, 동쪽 지평선에서 올라오고 있는 라시 포인트이다. 라그나는 동쪽 지평선과 조디액이 교차하는 포인트로서, 조디액 내를 돌고 있는 행성들과 함께 전체 조디액을 지구에게 접합시키는 포인트이기도 하다. "라그나"라는 단어는 "접합, 고정된"이라는 뜻을 가지고 있다. 라그나는 차트(Horoscope)에서 가장 중요한 포인트이다. 조디액 내에 분포되어 있는 행성들의 잠재력을 결정하는데 가장 기초가 되는 포인트일 뿐만 아니라, 차트 주인의 삶에서 구체적으로 무엇이 형상화될 수 있을지를 결정하기 때문이다.

　라그나는 차트 주인에게 선천적으로 타고난 흔적을 남긴다. 이는 마치, 차트 주인이 가진 성격이나 개성에다 라시가 가진 진화적 레슨들과 일치하는 도장을 찍는 것과도 같다. 라그나가 가진 매너리즘이나 레슨들은 차트 주인의 성격이나 개성들과 연관을 가지고 있다. 그러나 그가 가진 영혼적 본성을 나타내지는 않는다. 이것을 알기 위해서는 다른 고려해야 할 점들이 있다. 건강한 수준의 개성을 계발하기 위해선 먼저 영적으로 치러야 하는 진짜 싸움이 있다. 이러한 싸움은 일부 심리적인 면도 있기 때문에 제대로 분석을 하는 것이 중요하다.

　라그나 라시의 맞은 편에는 일곱 번째 하우스인 하향점이 있다. 라그나가 가진 진화적 목적을 알기 위해선, 라그나의 반대 편에 있는 라시도 같이 고려해야 한다. "정반대가 되는 어떤 것들은 사실상 똑같다"라는 반대의 법칙에 기인하고 있는 사실이다. 예를 들면, 추운 것 중에서도 가장 추운 것은, 뜨거운 것 중에서도 가장 뜨거운 것과 마찬가지로 아주 뜨겁다. 밝은 빛 중에서도 가장 밝은 빛은, 어두운 것 중에서도 가장 어두운 것과 마찬가지로 눈을 멀게 한다. 이러한 예들은, 사실상 서로 반대편에 있는 라시들은 아주 극한 상황에서 보면 서로가 같은 뜻을 가지고 있다는 것을 말해준다. 다르게 말해서 어떤 라시가 아주 형편없는 모습으로 역량을 발휘하고 있다면, 반대편에 있는 라시가 아주 형편없이 역량을 발휘하여 빚어진 결과와도 비슷할 것이라는 의미가 된다. 반대로, 어떤 라시가 가장 진화된 매너로 역량을 발휘할 수 있기 위해서는 맞은 편에 있는 라시 역시 가장 진화된 특질들을 발휘해야만 하는 것이다. 그렇지 못할 경우에는 라시가 가진 진화적 목표를 완성할 수가 없다. 사람들은 일반적으로 자신의 라그나 반대편에 있는 라시의 특질들을 가진 사람들에게 끌리게 된다.

▨ 산양 라시 라그나

산양 라시를 라그나로 가진 사람들은 자아실현을 위한 새로운 사이클을 시작하는 사람들이다. 그래서 아주 충동적이며, 강한 힘을 가졌고, 또 뭐든지 앞장서서 하려는 의지를 가지고 있다. 산양 인들은 어떤 개인적이며 뚜렷한 목표가 있는 행동을 위해서 필요한 에너지를 키우고 있다. 삶에서 자신만의 뚜렷한 니치(niche)를 찾기 위해 엄청난 에너지를 쏟는다. 그러나 이러한 노력들이 오히려 불안정하고 감당하기 힘든 상황들을 가져오기가 쉽다. 자신의 행동에 따르는 결과들을 미리 생각해보는 경우가 극히 드물기 때문이다. 그들이 가진 본성은 용감하고 열정적이다. 무엇이든지 의지력으로 하려는 성향이 강하며 또한 직선적 성격이 주목할 만한 자질이다. 그들은 매사를 아주 개인적 관점에서 고려한다.

산양 라시인들이 가진 진화적 목적은, 맞은편에 있는 천칭 라시의 자질들을 계발하는 것이다. 자신들이 하는 행동에서 균형성을 계발할 수 있어야 한다. 어떤 행동이나 노력에는, 반드시 치러야 하는 가격이 있다는 사실을 배워야 하며, 매사에 좀 더 실용적일 수도 있어야 한다.

▨ 황소 라시 라그나

황소 라시를 라그나로 가진 사람들은 삶을 형성하는 것들에 대한 가치를 고려하는 과정에 있다. 스스로를 들여다보면서 무엇을 성취하였는지, 그러한 것들이 자신의 삶에 과연 충분한 가치를 가지고 있는지, 진정으로 가치가 있으려면 무엇을 더 필요로 하는지 등을 재고 있다. 그들은 가치 있을 만한 것들을 계발하는데 주로 많은 신경을 쓰고 있다. 하지만 일반적으로 물질적인 안정이나 흡족함, 만족감 등을 우선시하게 된다. 선천적으로 실리적인 기질을 가지고 있다. 그러나 삶에서 겪는 어려움들을 통해, 정말로 중요한 것이 무엇인지, 어떻게 하면 주어진 상황에서 최상의 결과를 얻을 수 있을지 그리고 과연 어떠한 것들과 동일의식을 느끼고 싶은지 등을 터득하게 된다.

황소 라시인들의 진화적 목적은 맞은편에 있는 전갈 라시의 자질들을 계발하는 것이다. 그들은 감정적으로나 내면적으로 필요한 것들 역시 소중한 가치를 가지고 있음을 깨달아야 한다. 단순한 물질적 안정감보다는, 내적인 안정감을 주는 것들이 가치가 있음을 알게 되는 것이다. 보통 이러한 사실을 깨닫기 위해선, 어떤 실패나 위기를 겪어야만 한다. 어디에서 필요한 것들이 충족되지 못하고 있는지 들여다볼 수 있어야 하는 것이다. 이처럼 그들에게 필요한 내면적 안정성을 깨닫기 위해서는, 흔히 어떤 식으로든 자신의 인생에 위기를 가져오는 파트너를 만나거나, 아니면 그러한 위기들을 겪는 파트너를 만나게 되면서 일어나게 된다.

▨ 쌍둥이 라시 라그나

쌍둥이 라시를 라그나로 가진 사람들은 궁금증이 많고 삶을 실험적인 기질로 접근하는 태도를 가지고 있다. 쌍둥이 라시인들은 재주가 많으며, 그중 어떤 재주에 집중을 하고 또 계발할 것인지 결정하는 상태에 있다. 그리고 활발한 이지를 바탕으로 삶에서 시도해본 실험, 실수, 경험들을 통해 자신들의 인생을 만들어 나간다. 그들은 선천적으로 친절하고 소통적이며 또 공정하다. 그들이 가진 가장 중요한 성향은 이지와 지식을 주도로 하여 삶을 이끌어 간다는 것이다.

쌍둥이 라시인들이 가진 진화적 목적은 바로 맞은편에 있는 인마 라시의 자질들을 계발하는 것이다. 자신들이 이해하지 못하는 것들, 자신들의 이지로 가늠될 수 없는 것들에 대한 믿음과 신념을 계발하는 것이다. 또한 그들은 단순히 흥미로운 것들만 하기보다는 뭔가 의미 있는 목표를 달성하기 위해 주의를 집중해서 배워야만 한다. 그래서 흔히 철학적이고 이상적인 기질을 가진 파트너를 만나게 된다. 또는, 살면서 그들에게 신념을 가르치는 파트너를 만나거나, 아니면 그들이 바라는 만큼 합리적이지도 충분한 설명도 해주지 않는 파트너를 만나게 되면서 그들이 처한 상황 자체가 신념을 계발하게끔 한다.

▨ 게 라시 라그나

게 라시를 라그나로 가진 사람들은 삶의 안녕을 느끼는데 그들이 가진 정신적 자세가 많은 비중을 차지하고 있다. 그들은 살아가면서 생겨나는 여러 정황에 따라 내적으로 맞추는 식으로 적응하며 그러한 그들의 능력이 자신들 삶의 질을 결정하게 된다. 그들은 모든 것을 느끼며 또 예민하다. 행복의 정도는 그들이 이해하는 만큼 모두 느낄 수 있느냐 없느냐에 달려있다. 하지만, 느낌이란 객관적인 사실이라기보다는 감정의 반영에 불과하다는 사실을 깨달아야 한다. 그래서 어떤 감정이든 너무 지나치게 우선시키지 말아야 한다. 이러한 구별을 하지 못하면, 그들이 가진 감정적 느낌은 스스로의 삶에 고통을 만들어 내는 원인이 된다. 그들이 하게 되는 행동들은 자신들이 느끼는 필요에 의해 유발된 경우가 상당히 많이 있다. 자신에게 필요한 것들이 외부적인 요소로 충족시킬 수 있는지 아닌지의 여부가 그들이 행복한지 아닌지 하는 사실들을 결정하게 된다. 그들은 자신이 느끼는 필요 자체에 행복과 불행의 책임이 있다는 사실을 이해하지 못한다. 대신에 자신들이 느끼는 필요가 외적으로 충족이 되느냐 아니냐 하는 사실이 그들이 느끼는 행복과 만족감의 수준을 결정하게 될 정도이다.

게 라시 라그나가 가진 진화적 목적은 맞은편에 있는 악어 라시의 자질들을 계발하는 것이다. 게 라시인들은 스스로 모든 필요를 충족시킬 수 있는 능력을 내면에 가지고 있다. 그러나 내면에서 일어나는 필요를 충족시키고자 할 때, 그에 상응하는 외부적 활동을 해야 한다는 사실을 알아야 한다. 그렇게 펼치는 행동들은 그들의 성장 여부에 중요한 역할을 하게 된다. 그리고 그들의 필요가 외적인 요소에 의해 좌절되더라도, 그러한 필요를 스스로 충족시키는 능력을 지키기 위해서는 여전히 외적으로 어떤 일이든 해야 한다는 사실을 익혀야 한다. 그리하여 그들은 종종, 어떤 필요를 충족시키는 능력이 자신보다 뛰어난 사람들과 파트너십을 맺게 된다. 혹은 자신의 필요를 충족시키는 데 필요한 외적인 능력을 강제적으로라도 키우게 하는 사람들과 파트너십을 가지는 경향이 있다.

▨ 사자 라시 라그나

라그나가 사자 라시인 사람들은 든든하고 자신감 있는 성격을 가졌다. 원하는 것이나 되고 싶은 어떤 것이든 의지적 힘으로 이루어 낼 수 있다. 그들은 자신의 영감을 따라가면서 스스로의 운명을 창조해낸다. 그리하여 뭐든지 필요한 것들을 자신에게 끌어당기는 마력을 가지고 있다.

사자 라시인들의 진화적 목적은 반대편에 있는 물병 라시의 초연한 자질들을 자신이 가진 개성 안에서 계발하는 것이다. 자신만 충족시키기 위해서가 아니라, 다른 사람들에게도 유익할 수 있도록 창조해야 한다는 사실도 알아야 한다. 어떤 식으로든 다른 사람들에게 도움이 되거나 영감이 되지 못한다면, 그들이 무엇을 창조하던지 결코 오래가지 못한다는 사실도 기억해야 한다. 또한 일곱 번째 하우스에 있는 물병 라시는 자신들이 다른 사람들 앞에서 불안해지는 모습을 마주하도록 만들기도 한다. 그리하여 나아지기 위해 더 열심히 노력하거나 초연할 수 있는 자질들을 계발하게 만든다. 일곱 번째 하우스에 있는 물병자리가 가진 진화적 필요성은, 사자 라시인들이 가지고 있는 불안정한 자질들을 드러내거나 또는 그들을 휴머니스트적으로 만드는 파트너들을 주는 경향이 있다.

▩ 처녀 라시 라그나

라그나가 처녀 라시인 사람들은 그들이 어떠한 인물이 되는가, 또는 그들이 삶에서 경험하는 안녕 상태 여부에 대해 전적으로 본인들이 책임을 가지고 있다. 그들이 가지고 태어난 의식은, 좋고, 바르고, 유용한 일들을 하고 싶게 만드는 경향이 있다. 가끔씩 그들은 해야 하는 일들의 무게에 짓눌러서, 상황이 나아질 수 있는 어떠한 희망도 없는 것 같은 절망 속에서 헤매게 될 수도 있다.

그들이 가진 진화적 목적은, 맞은편에 있는 물고기 라시의 자질들을 계발하는 것이다. 무슨 일이든지 세속적이거나 실질적인 가치뿐만 아니라 영적 가치도 가지고 있는 사실을 깨닫고, 그래서 어떤 일을 한다는 자체에 의미가 있지, 그 이상도 이하도 아니라는 사실을 반드시 익혀야 한다. 처녀 라시는 카르마 요기가 그들 성향에 가장 잘 맞는 라그나다. 파트너십은 헌신적이던지 무심하던지, 아무래도 상관이 없던지, 혹은 이러한 자질들을 가르치는 사람들과 맺어지는 경향이 있다.

▩ 천칭 라시 라그나

천칭 라시를 라그나로 가진 사람들은 삶에서 주고받는 것의 함수관계, 모든 것에는 지불해야 할 가격이 있다는 사실을 인식하고 있다. 이러한 인식은 삶에서 그들이 지불할 능력이 되는 것만 원하거나, 하고 싶은 것만 하는 실용적인 능력을 부여하게 된다. 가격을 지불한다는 의미는 자신의 욕망이나 포부, 필요를 채우기 위해선 무엇을 해야 하는지, 무엇을 포기해야 하는지 등을 잘 안다는 뜻이다. 그래서 천칭 라시는 가장 균형 잡힌 라그나로 꼽히고 있다. 흔히 삶의 균형이 무너지는 연유는 우리가 감당할 수 있는 것보다 더 많이 원하거나 지불하려 할 때 흔히 발생하기 때문이다.

천칭 라시인들의 진화목적은 맞은편에 있는 산양 라시의 자질들을 계발하는 것이다. 산양 라시인들은 생각과 행동이 우선하며, 결과에 대한 걱정은 나중에 한다. 이러한 자질들은 천칭 라시인들이 계발해야 한다. 균형이란 항상 현재의 순간에서만 이루어지는 것이 아니기 때문이다. 만약 현재에 어떤 것들이 균형을 잃은 듯 혹은 불공평한 듯 보인다면,

단지 과거의 어떤 것에 대한 균형을 바로 잡기 위해서 혹은 미래에 창조될 어떤 것에 대한 균형을 잡기 위해서 지금 현재에 공간을 마련해 주고 있는 것임을 알아야 한다. 천칭 라시인들은 필요하다면 진취적이고, 의지적이고 충동적인 자질들을 계발할 필요가 있다. 파트너십은 독립적이고 강한 의지력을 가진 타입이든지, 아니면 어떤 식으로든 그들이 가진 개성이나 개인적인 충동성을 표현하게끔 도와주는 사람들과 맺어지는 경향이 있다.

▧ 전갈 라시 라그나

전갈 라시를 라그나로 가진 사람들은 과거에 충분히 계발하지 못하여 생기게 된 어떤 성격적 약점 또는, 카르마의 결과로 인해 생겨난 많은 제약을 현재에 강화시키고 있는 사람들이다. 그래서 자신들이 가진 온갖 약점들을 너무 의식하는, 아주 상처받기 쉬운 성격을 가지고 있다. 이처럼 미계발된 영역을 계발해야 할 필요성 때문에 흔히 성격이 불안정하거나 위기 촉발적이거나 때로는 심하게 고통스러운 성격을 만들기도 한다. 전갈 라시인들은, 내향적이거나 자기몰입을 하는 경향이 있으며, 그들이 가진 격동적인 자의식에 힘이 되거나 안정성을 느끼게 해주는 어떤 것을 찾고 있다. 그리고 자신들이 가진 개성에 어떤 식으로든 집착하고 있는 한, 그들은 아주 예민하다. 한편으로는 이러한 취약점들을 극복하는 데 필요한 엄청난 힘과 에너지가 그들에게 있기 때문에, 잘 활용하게 되면 믿기 어려울 만큼 자신들의 인생에 큰 성장을 이루어낼 수도 있다.

이들이 가진 진화적 목적은 맞은편에 있는 황소 라시의 자질들을 계발하는 것이다. 전갈 라시인들은 어떤 가치가 있다고 판단되는 것들을 안정적이고 꾸준하게 해 나가는 자세를 계발할 필요가 있다. 그들이 계발하고 유지하도록 배우는 어떤 분명한 것들은, 사실상, 그들 내면에 있는 안정성이나 스스로 느끼는 가치성을 반영하고 있기 때문이다.

파트너십은 보다 실질적이거나 현실적, 안정적인 사람들과 맺어지는 경향이 있다. 혹은, 이러한 자질들을 가르치는 사람들이나, 전갈 라시 본인들이 가치 있다고 판단되는 행동들을 하는 사람들과 자청하여 관계가 이루어진다. 전갈 라시인들은 파트너에게 자신을 인정받아야 할 필요성을 느끼고 있다. 하지만 먼저 자신의 가치를 스스로 인식할 수 있어야 파트너들 역시 그들을 인정할 수 있을 것이다. 만약 타고난 자신의 가치를 스스로 인식하지 못한다면, 그들의 파트너 역시 그들을 우습게 여기게 될 것이다. 그렇지만 이러한 과정 역시, 전갈 라시인들에게 스스로를 인정할 수 있는 기회를 마련해 주는 것이 된다.

▨ 인마 라시 라그나

인마 라시를 라그나로 가진 사람들은 어떤 믿음, 철학, 종교 혹은 규율 등을 기준으로 삼아 삶을 살아간다. 그들은 자칫 자신들의 믿음에 희생양이 되기 쉽다. 이상적으로 여기고 있는 모형들이 전체적인 정체성을 완전히 둘러싸고 있기 때문이다. 그들은 삶에 어떤 목적과 의미를 부여하며 살기 위해 갈망한다.

그들이 가진 진화적 목적은 맞은편에 있는 쌍둥이 라시의 자질을 계발하려는 것이다. 인마 라시인들은 자신들이 가진 이상, 믿음 등을 테스트하는 것을 배워야 하고, 또 필요한 경우에는 유동적일 수도 있어야 한다. 그들이 믿고 있는 것을 테스트하여, 정말로 믿을만한 가치가 있는지, 그리고 현실적으로도 맞는지 등 자세한 연구를 통해 알아볼 수 있어야 한다. 또한 그들은 적당히 즐기고 노는 법도 배울 수 있어야 한다. 모든 것들이 꼭 어떤 거창한 목적을 가지고 있어야 하는 건 아니기 때문이다. 파트너십은 그들보다 더 호기심이 많고, 경험이나 놀기를 좋아하는 타입과 맺어진다. 아니면 그들에게서 이러한 자질들을 끌어낼 수 있는 사람들과 맺어지는 경향이 있다.

▨ 악어 라시 라그나

악어 라시를 라그나로 가진 사람들은 과거 생에 지은 카르마의 보상을 누리거나, 카르마에 의해 결정된 대로 행동하면서 살게 된다. 악어 라시는 조디액의 오리지널 열 번째 하우스로서 행동이 가장 활발하게 이루어지는 파워풀한 하우스이다. 하지만 악어 라시는 음성 라시이기 때문에 그들의 본성은 진취적이 아니라 수용적이다. 왜냐하면,

그들은 과거 생에 한 행동들이 가져온 효과들에 대해 수용적이며, 그리고 과거의 행동들로 인해 축적된 영향이 그들을 가장 파워풀하게 작용시키는 힘이기 때문이다. 그래서 악어 라시인들은, 자신의 행동들에 대해 어떤 책임감을 잘 느끼며, 공연히 걱정을 많이 하거나 집착하거나 괴로움을 겪는 경향이 있다. 우리가 임시적으로 사용하는 작은 개인의 의지보다 훨씬 더 파워풀하게 작용하는 어떤 큰 힘에 대한 책임감을 바로 느끼기 때문이다.

한편으로는 만약 자신들이 잘하고 있다 싶으면, 그러한 일의 결과에 대해 집착하거나, 결과와 자신을 동일시하여 자부심에 차서 으쓱거릴 수도 있다. 그러나 악어 라시의 로드인 토성은 그들에게 겸손히 무릎을 꿇도록 강요할 것이다. 행동의 결과에 대해 초연해지는 것만이 그들의 행복을 쥐고 있는 열쇠이기 때문이다. 카르마의 열매들은 물질적 형태의 보상으로만 오는 것이 아니다. 자신들이 한 행동으로 인해 다른 사람들이 그들을 어떻게 생각하느냐, 그리고 자신들의 행동으로 스스로를 어떻게 생각하느냐 하는 것도 보상에 포함한다는 사실을 잘 알아야 한다.

그들이 가진 진화적 목적은 맞은편에 있는 게 라시의 자질들을 계발하는 것이다. 악어 라시인들은 집착을 놓아버리는 동안, 감정상으로 느낄 수 있어야 하고, 민감해질 수도 있어야 한다. 단순히 의무감만으로 바뀌는 것이 아니라, 자신들의 필요나 느낌을 따라 바뀌어야 한다는 사실을 배우는 것이다. 그러나 가장 중요한 사실은, 내적인 필요를 외적으로 채우려는 기대가 어떻게 불행을 초래하는지를 반드시 알아야 한다는 것이다. 그리고 어떻게 자신들 내면에서 이러한 필요를 충족시킬 수 있을지도 알아야 한다.

파트너십은 자신들보다 훨씬 지나치게 예민하고 감정적인 사람들과 맺어지거나, 그들에게 그러한 감정상 주의를 요하는 사람들과 맺어지는 경향이 있다. 그들의 이성 관계들은 자신들이 갖춰야 할 감수성이나 필요로 하는 것들에 대해 상당한 의식을 하도록 만든다.

▨ 물병 라시 라그나

물병 라시를 라그나로 가진 사람들은 의식이 개인화가 된 사람들이다. 혼이 돌, 나무, 동물 등의 형태를 거쳐 마침내 사람의 몸을 가지고 세상에 나왔지만 그러나 아직까지 근원적 대영혼과 합치를 이룰 수 있는 준비는 되지 않았다. 의식이 개인화될 수 있을 때까지는 본래의 집으로 돌아갈 준비가 아직 되지 않은 것이다. 의식이 개인화된다는 뜻은, 각자가 가진 서로 다른 점들이나 비슷한 점들, 좋은 점이나 나쁜 점 등을 알고, 그러한 다양함을 완전히 받아들임을 말한다. 그럴 수 있으려면 먼저 정신적으로 건강해야 한다. 토성이 관장하는 물병 라시는 이러한 갈등들이 일어나고 있는 곳이다. 자신에 대한 완전한 이해를 하고 자신을 완전히 수용하게 만드는 라시다. 물병 라시인들은 대체로, 혼자서만 동떨어진 것 같은 불안감이나 남과 다른 것 같은 이질감 때문에 개인적인 불안정성에 시달리게 된다. 자신의 본 모습 이상인 척하거나 혹은 다른 척 행동하면서 남몰래 불안에 시달리기도 한다. 그런 식으로 정말로 하고 싶은 일들을 못 하도록 자신 스스로 제약을 가하기보다는, 차라리 집착하지 않는 초연함을 배우게 되면 어떤 미흡한 느낌도 수월하게 떨쳐 버릴 수 있게 된다. 자신의 있는 모습 그대로 받아들이는 것이 그들의 안녕과 행복을 결정하는 중요한 과제인 것이다.

물병 라시인들의 진화적 목적은 맞은편에 있는 사자 라시의 자질들을 계발하는 것이다. 물병 라시인들은 자신이 가진 개성의 독특함을 볼 수 있어야 한다. 그들은 한 개인으로 서있는 현재의 바로 그 자리에서 현생에 주어진 역할을 수행하고 있는 것이다. 이러한 역할을 집착하는 마음 없이 행하게 되면, 자신들의 인생을 완전히 즐길 수 있게 된다. 그리고 라그나 로드인 토성이 주고 있는 어떤 정신적 고통으로부터도 자유로울 수 있게 된다. 파트너십은 물병 라시인들의 개인성을 지지해주는 사람들이나, 혹은 자신들보다 더 다이내믹하고 매혹적이고 자기중심적인 사람들과 맺어지는 경향이 있다. 이렇게 자신과 대립하는 파트너들을 통해 그들은 스스로의 개인성을 인식할 수 있게 되는 것이다.

▨ 물고기 라시 라그나

물고기 라시는 조디액의 마지막 라시이다. BPHS(브리핱 파라샤라 호라 샤스트라)에 따르면, 물고기 라시는 완성을 나타낸다. 물고기 라시를 라그나로 가진 사람들은 지금의 생에서 완성을 하는 단계에 있다. 이 말은 영혼이 더 이상 환생하지 않는 의미의 완성을 뜻하는 것이 아니라, 지금 생에서의 정체성이나 삶에서 성취해야 할 어떤 것이 완성적 단계에 있다는 뜻이다. 그리하여 그들에겐 앞을 향하는 의지나 뭔가 삶에서 이루고자 하는 목적의식이 결여되어 있다. 그들의 삶에 나타나는 것들은 대부분 카르마를 완성시키려는 목적으로 오기 때문이다. 그래서 그들에겐 "주어진 것을 가지고 최선을 다해 볼 수 있는" 기회가 적다. 물고기 라시의 이러한 특성을 "두 마리 물고기가 서로 반대로 헤엄치고 있는" 심볼이 잘 대변해주고 있다. 물고기 라시는 변환할 수 있으며, 유동적이고, 수용적이며, 보다 큰 힘에 의탁을 할 수 있는 라시이다.

이들이 가진 진화적 목적은 맞은편에 있는 처녀 라시의 자질들을 계발하는 것이다. 물고기 라시인들은 노동의 중요함을 배워야 하며, 다음 생의 성장에 이득이 될 수 있도록 증진을 해야 한다. 지금 생은 거의 완성단계에 있지만 현생에서 한 일들이 다음의 생 혹은 죽은 후에 영향을 미칠 것이기 때문이다. 그러므로 그들은 현재의 삶에 나타나는 것들이 자신이 해야 할 의무임을 알고 최선을 다할 수 있어야 한다. 비록 지금 생에서 어떤 것들이 바뀌거나, 완성해야 하는 것들과의 카르마가 연장되는 건 아니지만, 그러나 그렇게 함으로써 자신들의 재능, 카르마, 자질 등이 연마될 수 있고, 또 다음 생에 좀 더 유용하게 사용할 수도 있을 것이다. 파트너십은 자신들보다 더욱 일이나 행동지향적인 사람들과 맺어지는 경향이 있다. 혹은 그들이 의무를 좀 더 잘 수행하고자 배려하는 마음을 내도록 동기를 부여하는 사람들과 맺어지기도 한다.

참고 위에서 간략하게 설명한 라그나들에 대한 이해를 좀 더 완전히 하기 위해선 제9장에 나오는 "하우스 로드들" 대한 공부기 필수식이다.

이러한 효과들은 비록 위에서 라그나의 관점으로 설명하긴 했지만, 차트의 어떤 하우스를 분석하고자 할 때도 같은 방식으로 적용할 수 있다.

1. 차트 주인은 분석 대상인 하우스가 담당하고 있는 삶의 영역을, 해당 라시의 자질들을 통해 표현하게 될 것이다.
2. 또한 차트 주인은 분석 대상이 되는 하우스의 반대편에 있는 라시의 자질들 역시 계발하게 될 것이다.

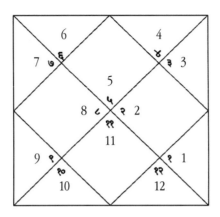

북인도식의 차트 양식은 첫 번째 하우스가 다이아몬드 모양으로 항상 위쪽 중앙에
자리하고 있다. 그리고는 시계 반대방향으로 다음의 하우스들이 연이어진다. 라시들은
숫자로 나타낸다. 1은 산양 라시, 2는 황소 라시 등이다.

남인도식의 차트 양식은 첫 번째 하우스가 선으로 그어져 있다. 그리고는 시계방향
으로 다음의 하우스들이 이어진다. 라시들은 항상 고정되어있다. 그래서 보통 표기를
하지 않는다. 두 개의 차트 모두가 사자 라시를 첫 번째 하우스로 하고 있다. 북인도식
차트 양식과 비슷한 스타일이 최근까지 서양에서 사용되고 있었다. 두 개의 차트 양식
모두가 각자 사용의 이점들을 가지고 있다.

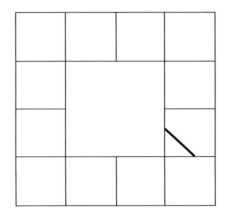

5. 행성 간의 상호관계

행성들은 각자가 지닌 다양한 캐릭터와 특질들에 기준하여 상호 간에 독특한 호불호 관계를 맺게 된다. 각 행성은 다른 행성들과 친구, 적, 중립 등의 관계를 맺는다. 이러한 관계들이 형성되는 방식은 두 가지가 있다. 첫 번째, 행성들은 각자가 가지고 있는 본성에 따라 형성되는 자연적 관계가 있다. 두 번째, 차트(Horoscope)에 있는 위치에 의해서 형성되는 임시적 관계가 있다. 이렇게 두 가지 형태의 관계를 합해서 결정되는 복합적 관계가 있다. 행성 간에 이루어지는 상호 관계는 차트에서 행성들이 어떤 식으로 교류를 할지 이해를 하는데 아주 중요하다.

▧ 행성들의 자연적 관계

어떤 특정한 행성의 물라트리코나 라시에서 두 번째, 열두 번째, 다섯 번째, 아홉 번째, 네 번째, 그리고 여덟 번째 있는 행성은 적 관계이다. 만약 어떤 행성이 두 개의 라시를 다스리고 있는데, 한 개는 친구 관계이고 다른 한 개는 적 관계가 되면, 그 행성에게 중립 관계이다. 하지만 달은 아무런 적을 가지고 있지 않다.

아래의 테이블은 행성 간의 자연적 관계를 요약한 것이다.

	친구	중립	적
태양	달, 화성, 목성	수성	금성, 토성
달	태양, 수성	화성, 목성, 금성, 토성	없음
화성	태양, 달, 목성	금성, 토성	수성
수성	태양, 금성	화성, 목성, 토성	달
목성	태양, 달, 화성	토성	수성, 금성
금성	수성, 화성	화성, 목성	태양, 달
토성	수성, 금성	목성	태양, 달, 화성

테이블에서도 나와 있듯이, 행성 간에 서로 친구나 적이라는 관계는 항상 똑같지만은 않다. 사람들 관계에서도 마찬가지인 것처럼, 한 행성은 다른 어떤 행성 도와주려고 하며 자신의 친구로 여기는데, 그렇다고 다른 행성에게 언제나 똑같은 감정을 돌려받는 것은 아니다.

어떤 행성에 대해 친구인 행성은 친구의 캐릭터를 증진시키며, 도와주고, 강화시키는 본성을 가지고 있다. 어떤 행성에 대해 적인 행성은 적이 가진 캐릭터를 약화시키며, 좌절시키고, 해를 끼친다. 하지만 만약에 어떤 행성이 친구 관계를 형성하고 있더라도 자신의 캐릭터와 상반되는 캐릭터를 가졌을 경우에는 친구의 캐릭터를 강화시키지 않는다. 예를 들면, 토성은 금성의 친구이다. 토성이 금성에게 영향을 미치는 경우에 금성이 가진 욕구적 성질이 강화될 것이다. 하지만 금성이 가진 사교적 즐거움의 성질은 토성이 가진 고립의 성질에 의해 위축된다.

이런 식으로, 각 행성이 가진 특질들을 생각해 보고, 그가 어떤 식으로 친구가 가진 특질들을 증진시켜줄 것인지, 어떤 식으로 적이 가진 특질들을 약화시킬 것인지 등을 곰곰이 고려해 본다면 아주 좋은 훈련이 될 것이다.

⊠ 라후와 케투가 형성하는 관계

라후와 케투의 경우에는, 어떤 행성들과 친구 관계 또는 적의 관계를 형성하는 방식이 다른 행성들과는 다르다. 일부 점성학자들에 따르면, 라후와 케투는 실체가 없는 그림자 행성이기 때문에 다른 행성들과 아무런 관계를 형성하지 않는다고 한다. 그 대신에, 그들이 위치하고 있는 라시의 로드가 가진 행성적 상호관계 규율을 따르게 된다고 한다. 저자 역시도 이러한 관점을 선호하고 있다. 단 한 가지 경우를 제외한다.

"라후와 케투는 태양과 달의 적이다."

베딕 신화에서 나오는 은하를 휘젓는 스토리에 의하면, 라후와 케투는 암리타(영생불로수) 넥타를 받아 마시기 위해 데바로 변장하여 데바팀에 몰래 끼었다가 태양과 달의 고자질 때문에 신분이 들통나게 된 아수라였다. 그래서 비슈누에게 목이 잘려 머리는 라후로, 꼬리는 케투로 두 동강이 나게 된 것이다. 이로 인해 라후와 케투는 태양과 달에게 특정한 원심을 품게 되었고, 이후부터 일식이나 월식이 일어날 때마다 그들을 "삼켜"버리고 되었던 것이다.

어떤 행성이 라후와 케투에게 친구인지 아닌지를 결정하기 위해선, 그들이 위치하고 있는 라시의 로드를 두고 판단하면 된다. 만약 라후와 케투가 친구인지 아닌지를 알기 위해선, 그들이 자리하고 있는 라시의 로드와 다른 행성 간의 상호 관계를 서로 비교해 보면 되는 것이다. 그러나 태양과 달은 라후와 케투에게 적이라는 사실을 기억하고 있어야 한다.

⊠ 행성들의 임시적 관계

차트에서 어떤 행성의 위치가 두 번째, 세 번째, 네 번째, 열 번째, 열한 번째, 열두 번째에 있는 행성과는 서로 친구 관계이다. 그렇지 않은 경우에는 서로 적 관계이다

위의 공식을 좀 더 쉽게 기억할 수 있는 방법은, "앞으로 세 개, 뒤로 세 개"이다. 어떤 행성으로부터 앞으로 세 개 하우스에 있는 행성들, 그리고 뒤로 세 개 하우스에 있는 행성들은 서로 친구 관계이다. 도표로 나타내 보면 아래와 같다.

Friend	Friend	Planet	Friend
Friend			Friend
			Friend

그러나 임시적 관계는 행성들이 가진 자연적 관계만큼 중요한 비중을 가지고 있지는 않다.

⊠ 행성들의 복합적 관계

두 행성 간에 복합적 관계는 자연적 관계와 임시적 관계가 합하여 결정되는 최종관계이다. 도표로 나타내면 아래와 같다.

친구(F)+ 친구(F) = 친한 친구(GF)

친구(F)+ 중립(N)= 보통 친구(F)

적(E)+ 친구(F)= 중립(N)

적(E)+ 중립(N)= 보통 적(E)

적(E)+ 적(E)= 나쁜 적(GE)

이렇게 행성과 행성이 위치하고 있는 라시의 로드와의 관계를 합하여 성립되는 복합적 관계가 다음 장에서 이어지는 "행성의 품위"를 결정하게 된다.

임시적 관계는 라후와 케투도 마찬가지로 적용된다. 단지 다른 행성들과의 복합적 관계를 파악하려 할 때, 라후나 케투가 있는 라시의 로드가 아니라, 그들 자체가 자리하고 있는 위치를 가지고 고려해야 한다는 사실을 명심해야 한다.

이어지는 설명은 행성 간의 관계 성립원리에 대한 몇 가지 중요한 사실들이다.

1. 다른 행성(A)에게 친구 관계에 있는 행성(B)이 만약 어스펙트를 하고 있거나 같이 한 집에 있게 되면, B행성은 A행성이 가진 자질들을 증진시키거나 강화시켜 준다. 그렇게 되면 B행성에게 다른 숨은 의도가 있지 않는 한, A행성은 차트에서 자신이 타고난 잠재력을 최대한으로 발휘할 수 있게 된다.
2. 다른 행성(A)에게 적 관계에 있는 행성(B)이 만약 어스펙트를 하고 있거나 같이 한 집에 있게 되면, B 행성은 A행성이 가진 자질들을 약화시키게 된다. 그렇게 되면, B행성이 A행성과 비슷한 의도를 가지고 있지 않는 한, A행성은 차트에서 자신이 타고난 잠재력을 훨씬 미약하게 발휘하게 된다.

▨ 참고해야 할 사항

행성이 행운의 효과를 가져 올지, 불운의 효과를 가져 올지 결정하는데 있어서는, 행성 간의 어스펙트나 결합 여부, 또는 그들이 길성인지 흉성인지 하는 사실들이 서로 친구나 적 관계라는 사실보다 훨씬 중요하게 된다. 친구나 적으로부터 어스펙트를 받거나 같이 결합을 하게 되면, 어떤 행성이 다른 행성에게 자연적 자질들을 발휘하도록 돕거나 해를 끼칠지 결정하는 데 도움이 된다. 예를 들면, 화성이 태양을 친구로서 어스펙트 하게 되면, 태양이 더욱 용감하고 독립적이 되도록 부추겨 준다. 그러나 적으로서 어스펙트를 하게 되면 화재, 사고, 상처 등을 유발시켜 태양이 상징하는 자질들에 손상을 입히게 된다.

▨ 다샤(Dasa)를 해석하는데 알아 두어야 할 행성들의 관계 원리

다샤 로드에게 친구 관계를 형성하고 있는 안타르 다샤로드는, 다샤 로드와 적 관계에 있는 안타르 다샤 로드보다 더 좋고 순조로운 효과를 가져다준다. 물론, 다른 기타 여건들은 같다는 전제하에서다.

친구 관계에 있는 안타르 다샤 로드는 다샤 로드가 차트에서 가진 목적을 이룰 수 있도록 도와준다. 적 관계에 있는 안타르 다샤 로드는 다샤 로드가 목적을 성취하는 것을 방해한다.

다샤 로드가 가진 속성은 안타르 다샤 로드가 가진 속성에 의해 영향을 받게 된다. 친구 관계 혹은 적 관계에 있는지 여부에 따라 목적 달성을 할 수 있는 능력에 도움을 받거나 방해를 받게 된다.

서로 친구 관계에 있는 다샤 로드와 안타르 다샤 로드는 정신적 안정을 향상시킨다. 다샤 로드와 안타르 다샤 로드가 서로 적 관계에 있으면, 안타르 다샤 로드는 자아를 분산시켜 정신적 괴로움을 겪게 만든다.

라시들의 신체 부분들을 묘사하고 있는 나무 조각품 프린트

6. 행성들의 품위

　지금까지 행성들과 라시들에 대해 설명하였다. 이제 이 두 가지가 어떻게 상호작용하는지를 살펴보기로 한다. 행성들은 조디액 내에서 자신의 궤도를 따라 움직이면서 차례로 라시들을 지나가고 있다. 행성이 현재 지나가고 있는 이러한 라시들 하나하나는 그 행성이 처하게 되는 각각의 다른 환경으로 간주할 수 있다. 그런데 어떤 사람이 더운 환경에서는 아주 잘 지내는 반면, 추운 환경에서는 잘 못 지내게 되는 이치와도 비슷하게, 행성들도 마찬가지로, 어떤 라시에 있게 되면 다른 라시에 있을 때에 비해 더욱 강해지고 타고난 역량도 잘 발휘하게 된다. 이렇게 행성이 위치하고 있는 라시에서 갖게 되는 관계를 "행성의 품위"라고 한다.

　점성학 고서에서는 이러한 품위의 종류를 아래와 같이 분류하고 있다. 점성학도들의 이해를 돕기 위해 부차적인 설명도 덧붙였다.

▨ 오운라시(Own Rasi)

　각 행성들이 다스리고 있는 오운라시에 대해선 제2장 "행성들이 가진 특성과 자질들"에서 이미 밝힌바 있다. 오운라시에 있는 행성들은 순수하고 가진 그대로의 본성을 강하게 발휘한다. 행성이 가지고 있는 모든 자질이 높은 강도로 나타나게 된다. 오운라시에 있는 행성은 50퍼센트 유익한 결과를 줄 수 있는 능력을 가지고 있다.

▩ 물라트리코나(Moolatrikona)

행성들은 자신들이 다스리고 있는 두 개의 라시중에서 양성 라시에 물라트리코나 위치를 가지고 있다. 그러나 달과 수성은 예외이다.

각 행성의 물라트리코나 위치는 다음과 같다.

- **태양** : 사자 라시 0−20도
- **달** : 황소 라시 3−30도
- **화성** : 산양 라시 0−12도
- **수성** : 처녀 라시 15−20도
- **목성** : 인마 라시 0−10도
- **금성** : 천칭 라시 1−15도
- **토성** : 물병 라시 0−20도

"물라트리코나"라는 단어는 "삼각형의 뿌리"라는 뜻을 가지고 있다. 물라트리코나에 있는 행성은 오운라시에 있는 행성보다 뿌리를 더 깊게 내리고 있으며, 많은 행운과 파워풀한 본성을 가지고 있다. 물라트리코나에 있는 행성은 어떤 특정한 목표를 향해 오운라시에 있을 때 보다 더 집중적인 노력을 한다. 물라트리코나에 있는 행성은 75퍼센트 유익한 결과를 줄 수 있는 능력을 가지고 있다.

▨ 고양(Exaltation)의 품위

모든 행성은 각자 고양의 품위를 얻게 되는 라시가 있다. 그리고 고양의 라시 내에서도, 행성이 지닌 힘을 가장 최상으로 발휘하게 되는 깊숙한 고양의 자리가 있다. 고양을 얻는 행성은 가진 힘이 엄청 강하면서도 정묘하다. 훨씬 더 완벽하고 순수하며 생산적인 상태에 있다. 고양의 자리에 있는 행성은 백 퍼센트 유익한 결과를 줄 수 있다.

이미 앞에서 고양의 자리들을 밝힌 바 있으나 참고하기 쉽도록 다시 한 번 여기에 기술한다.

- **태양** : 산양 라시에서 고양됨. 깊숙한 고양의 자리는 산양 라시 10도
- **달**　: 황소 라시 0-3도에서 고양됨. 깊숙한 고양의 자리는 황소 라시 3도
- **화성** : 악어 라시에서 고양됨. 깊숙한 고양의 자리는 악어 라시 28도
- **수성** : 처녀 라시 0-15도에서 고양됨. 깊숙한 고양의 자리는 처녀 라시 15도
- **목성** : 게 라시에서 고양됨. 깊숙한 고양의 자리는 게 라시 5도
- **금성** : 물고기 라시에서 고양됨. 깊숙한 고양의 자리는 물고기 라시 27도
- **토성** : 천칭 라시에서 고양됨. 깊숙한 고양의 자리는 천칭 라시 20도

▨ 취약의 품위

행성들은 고양의 라시로부터 일곱 번째 있는 라시에서 취약의 품위를 얻게 된다. 깊숙한 취약의 자리는 깊숙한 고양의 자리에서 정 반대편에 있다. 취약의 자리에 있는 행성은 가진 능력이 약하다. 행성이 가진 유익하고 유용한 자연적 기질들을 제대로 발휘할 수 없게 된다. 취약의 자리에 있는 행성은 유익한 결과들을 가져다줄 수 있는 아무런 능력이 없다.

▨ 다른 품위들

행성들이 얻게 되는 다른 품위들은 그들이 차트에서 위치하고 있는 라시의 로드와 친구 관계인지 적 관계인지 하는 상호 관계등식에 달려있다.

· 친한 친구의 라시

친한 친구의 라시에 있는 행성은 유익한 방식으로 그가 가진 역량을 발휘한다. 그러나 원래 가진 능력의 백 퍼센트를 그대로 발휘하지는 못한다. 그가 활동하고 있는 라시가 약간은 낯설기 때문이다. 우리가 아무리 제일 친한 친구의 집에 있더라도 내 집에 있을 때와는 좀 다르게 행동하게 되는 이치와 비슷하다. 행성들도 마찬가지이다. 친한 친구의 라시에 있는 행성은 36.66% 유익한 결과를 줄 수 있는 능력이 있다.

· 보통 친구의 라시

보통 친구의 라시에 있는 행성은 친한 친구의 라시에 있는 행성과 비슷하다. 그러나 그만큼 강하거나 유익하지는 못하다. 보통 친구의 라시에 있는 행성은 25% 유익한 결과를 줄 수 있는 능력이 있다.

· 중립의 라시

중립의 라시에 있는 행성은 자연적 특질들을 발휘하기엔 어느 정도 어정쩡하게 느낀다. 그렇지만 피해를 받고 있는 건 아니다. 중립의 라시에 있는 행성은 12.5% 유익한 결과를 줄 수 있는 능력이 있다.

· 적의 라시

적의 라시에 있는 행성은 심기가 불편한 상태여서 마치 핸디캡을 가진 것처럼 행동하게 된다. 그래서 본성대로 자연스럽게 발휘할 수가 없다. 적의 라시에 있는 행성은 6.66% 유익한 결과를 줄 수 있는 능력이 있다.

· **나쁜 적의 라시**

나쁜 적의 라시에 있는 행성은 적의 라시에 있는 행성과 비슷하다. 그러나 훨씬 더 상태가 나쁘다. 나쁜 적의 라시에 있는 행성은 3.33% 유익한 결과를 줄 수 있는 능력이 있다.

▧ 품위분류

품위 순위를 최상에서 최악의 순서로 나열하면 다음과 같다.

1- 고양의 라시, 2- 물라트리코나의 라시, 3- 오운 라시, 4- 친한 친구의 라시, 5- 보통 친구의 라시, 6- 중립의 라시, 7- 적의 라시, 8- 나쁜 적의 라시, 9- 취약의 라시

첫 번째에서 다섯 번째까지는 행성이 유익하게 된다. 6번째(중립)는 길조적이지도 흉조적이지도 않다. 나머지 세 자리는 모두 흉조적이다.

행성들이 유익한 효과를 가져다줄 수 있는 능력을 퍼센트로 나타내었다. 이렇게 하면, 어떤 행성이 길성 혹은 흉성과 같은 라시에 있거나, 어스펙트를 받게 될 때, 그러한 길성이나 흉성의 영향이 얼마만큼 일지 수적으로 분석하는 데 도움이 된다. 길성과 같은 하우스에 있거나 어스펙트를 받는 경우, 퍼센트가 나오는 만큼 유익한 효과를 가져다줄 것이다. 흉성과 같은 하우스에 있거나 어스펙트를 받는 경우에는, 백 퍼센트에서 흉성의 퍼센트를 마이너스하면, 나머지가 유익한 효과를 나타낸다.

그러나 고양의 라시에 있는 흉성과 같이 있거나 어스펙트를 받는 경우에는 언제나 도움이 된다. 반대로, 취약의 라시에 있는 길성과 같이 있거나 어스펙트를 받는 경우에는 언제나 피해를 받게 된다. 오운라시에 있는 흉성과 같이 있거나 어스펙트를 받는 경우에는, 언제나 피해를 입는 건 아니다. 물라트리코나 라시에 있는 흉성은 오히려 도움이 된다.

하지만 이러한 길조적 효과의 퍼센트는, 행성이 과연 얼마만큼 좋은 결과를 가져다줄 것인지를 측정하는데 정확한 잣대는 아니다. 얼마만큼 길조적, 흉조적 효과를 줄 것인지에 대해 완전히 결정할 수 있기에는, 다른 기타 같이 고려해야 할 여건들이 훨씬 더 많이 복잡하게 있다. 행성이 가진 품위는 단지 그중에 한 부분일 뿐이다.

⊠ 라후와 케투의 품위

라후와 케투가 가지는 오운 라시, 고양, 쇠약, 물라트리코나 라시 등에 대해서는 다양한 의견들이 분분하다.

"라후와 케투는 품위보다는 그들의 위치나 결합여부에 따라 좋고 나쁜 결과들을 가져다준다."

"라후와 케투는 같이 있는 행성이나 어스펙트를 하는 행성들의 결과를 가져다준다. 그러한 결과는 위치하고 있는 라시 또는 나밤샤 로드에 달려 있다."

그러나 라후와 케투의 품위에 대해 가장 보편적인 의견은 다음과 같다.

라후 : 고양 – 황소 라시, 물라트리코나 – 쌍둥이 라시, 오운 라시 – 물병라시, 취약 – 전갈 라시

케투 : 고양 – 전갈 라시, 물라트리코나 – 인마 라시, 오운 라시 – 전갈라시(때로는 사자 라시), 취약 – 황소 라시

간혹 처녀 라시가 라후의 오운 라시, 물고기 라시가 케투의 오운 라사라는 의견도 있다.

일반적으로 라후는 수성의 라시인 쌍둥이와 처녀 라시에서 더 길조가 된다. 케투는 목성의 라시인 인마와 물고기 라시에서 더 길조가 된다. 만약 라후가 물병 라시에 있게 되면 차트 주인의 캐릭터는 라후의 특성이 강해진다. 반면에 케투는 사자 또는 전갈 라시에 있게 되면 주인의 캐릭터는 케투의 특성이 강해지게 된다. 그리고 라후가 황소 라시에 있게 되면 더 크게 충족할 수 있는 방향으로 스스로 이끌어 간다. 케투는 전갈 라시에 있을 때 케투의 특성이 강해지기는 하지만 어느정도 방해를 받는 경향이 있다.

결론적으로, 라후와 케투의 품위는 그다지 안심하고 사용을 할 수가 없다. 그들은 다른 행성들과는 다르게 품위에 의해 한결 같은 결과를 주지 않기 때문이다. 그러므로 위에 인용한 고전서들의 제의를 따르는 것이 가장 최상의 방법이라고 할 수 있다. 이러한 규칙들은 특히 라후나 케투의 다샤를 해석해야 할 때 아주 중요하게 된다. 라후와 케투는 자신들의 다샤 동안 그들의 로드가 있는 라시와 나밤샤에 따른 결과들을 주게 된다.

라후와 케투에 대해서는 항상 서로 엇갈린 의견들이 난무한다. 어떤 베딕 점성학

자들은 심지어 그들을 다른 행성들과 같은 부류의 행성으로도 다루려는 시도를 하기도 한다. 하지만 라후와 케투는, 다른 행성들처럼 하늘에 실제적 몸을 가지고 있지 않다. 그리고 다양한 점성학 고서들에서도 라후와 케투에 대한 설명들은 그다지 많이 없다. 그리하여 저자의 의견으로는, 위에 언급한 가이드 라인들을 따르는 것이 가장 현명한 방법이다. 우리가 라후나 케투가 가지고 있는 목적을 이해하려고 노력하는 외에는 별다른 방법이 없다는 것이 저자의 생각이다. 만약 그들이 가진 목적을 우리가 이해할 수 있다면, 그들이 가져다 줄 효과도 더 수월하게 예측할 수 있을 것이다.

⊠ 취약이 취소되는 경우

취약의 품위를 얻는 행성이 만약 어떤 특정한 조건을 갖추게 되면, 오히려 특별하고 훌륭한 효과들을 가져다줄 수 있게 된다. 니챠방가 라자요가(Neechabhanga Raja Yoga) 라고 하는데 취약의 품위가 취소되는 경우를 말한다. 취약이 취소되는 행성은 고양의 품위를 얻은 행성보다 훨씬 더 나은 결과를 가져다줄 수도 있으며, 만약 취소를 시키는 조건들이 강한 경우에는, 차트 주인의 생에서 아주 중요한 역할을 가지게 된다. 그래도 내적으로는 언제나 어떤 취약성을 가지고 있으며, 그러한 행성이 관장하고 있는 신체 부분은 선천적으로도 약하게 된다. 또한 취약이 취소되는 행성은 완전히 타고난 본성에 맞는 진솔한 매너로는 활약하지 않는다. 그러한 행성은 비록 좋은 효과를 가져다줄 수 있는 능력이 있지만 그러나 여전히 배워야 할 중요한 레슨이 있음을 나타내고 있다.

다음은 니챠방가 라자요가를 이루는 조건들을, 가장 강도가 강한 순서부터, 가장 약한 강도의 순으로 나열한 것이다.

1. 행성(A)이 취약되어 있는 라시의 로드 행성(B)이 라그나 혹은 달로부터 앵글에 있을 때

2. 행성(A)이 취약되는 라시에 행성(B)이 고양의 품위를 얻으면서 라그나 혹은 달로부터 앵글에 있을 때

3. 취약되어 있는 행성(A)이 고양되는 라시의 로드(B)가 라그나 혹은 달로부터 앵글에 있을 때

4. 취약되어 있는 행성이 나밤샤에서 고양의 품위를 얻었을 때

5. 취약되어 있는 행성이 나밤샤에서 오운 라시에 있을 때

6. 취약되어 있는 행성(A)이 고양의 품위를 얻은 행성(B)과 같이 있을 때

7. 취약되어 있는 행성(A)이 라시 로드(B)와 함께 있을 때

8. 취약되어 있는 행성(A)과 라시 로드(B)가 서로의 라시를 교환했을 때

9. 취약되어 있는 행성(A)의 라시 로드(B)와 고양의 품위를 주는 라시 로드(C)가 같이 있거나(B+C) 혹은 서로(B, C) 앵글에 있을 때

10. 취약의 품위에 있는 행성 두 개가 서로 어스펙트를 하고 있을 때

11. 취약의 품위를 얻은 행성이 라그나 혹은 달로부터 앵글에 있을 때

12. 취약되어 있는 행성(A)의 라시 로드(B)가 행성(A)을 어스펙트하고 있을 때

13. 취약되어 있는 행성(A)이 라시 로드(B)를 어스펙트하고 있을 때

14. 취약되어 있는 행성이 역행(Retrograde)하고 있을 때

위에 주어진 조건 중에서 더 많은 취소조건을 갖추고 있을수록, 그러한 행성은 더욱 강해지고 길조가 된다. 취소를 시키는 조건들이 강할수록, 더욱 특출한 니챠방가 라자요가를 갖게 되는 것이다.

그러나 취약의 품위를 얻은 행성들이 다스리는 다샤 기간은 비록 취약이 취소되었을지라도 어려움을 가져온다. 특히 건강에 있어, 그러한 행성이 선천적으로 나타내는 신체 부분에 어려움을 겪게 된다. 취약의 품위를 얻은 행성이 다스리는 다샤 동안에는, 취약한 부문들이 두드러지게 표면화되면서 차트 주인의 관심을 요구하게 된다. 그리고 취약을 취소시키는 조건들이 그러한 어려움들을 극복하게 해주는 것이다. 니챠방가 라자요가를 얻은 행성들이 가져다줄 유익한 효과들은, 특히 취소를 만들어 주는 행성들의 다샤 기간에 두드러지게 나타난다.

취약의 품위를 얻은 행성이 나밤샤에서 고양의 품위를 얻었거나 오운 라시에 있게 되

면, 그러한 행성의 다샤 기간 동안, 첫 절반은 어려울 것이고 나중의 절반은 생산적이며 성공을 거둘 수도 있게 된다.

⊠ 고양과 취약을 얻은 행성들의 효과

다음의 내용은 행성들이 고양이나 취약의 품위를 얻었을 때 나타나는 효과들을 간략하게 설명한 것이다.

· 태양

비스바(Visva)는 산양을 일컫는 이름이다. 비스바는 육체를 통해 소울(soul)역할을 하고 있는 신(God)이다. 육체를 유지하고 있는 진정한 존재인 것이다. 태양이 고양의 품위를 얻게 되면, 이처럼 창조적인 생명의 에너지가 내포하고 있는 직관적 의식의 결과로 인해 차트 주인은 강한 캐릭터를 가지게 된다. 고양된 태양은 강한 힘과 의지, 자기 확신감, 한결 같은 안정감, 독립심, 그리고 강한 생기를 차트 주인에게 부여하게 된다.

태양이 취약의 품위를 얻게 되면, 삶에서 일어나는 많은 변화와 불안한 일들이 차트 주인에게 상응하는 효과를 가져다주게 된다. 그래서 행동이나 의지가 언제나 한결같을 수 있는 안정감이 차트 주인에게 결여되는 결과를 가져온다. 자기 확신감도 없으며, 자신의 이상에 집중하는 대신에, 욕구나 사회적 유행 등에 쉽게 끌려 다니게 된다. 차트에서 취약한 태양이 영향을 미치고 있는 영역은, 차트 주인에게 부족한 지속성이나 한결같은 안정감, 이상 등으로 인해 방해를 받게 된다.

만약 태양의 취약한 품위가 취소되면 차트 주인은 강한 자기의식을 가지게 된다. 모든 삶을 지탱해 주고 있는 어떤 공통적 힘과 모든 활동 속에 내재하고 있는 어떤 조화에 대한 인식도 계발하게 된다. 그러나 태양이 가지고 있는 열정적인 본성을 표출되지 않을 것이다.

· 달

만약 달이 고양의 품위에 있으면, 감정적으로 차트 주인은 안정되고 편안할 것이다. 차트 주인은 자신의 생각들을 이해하게 된다. 그들이 가지고 있는 사물의 기준에 대한 어떤 아이디어들은, 대부분 그들이 느끼고 있는 감정에서 기인하고 있다. 그래서 그들의 감정이나 태도는, 그들 자신에게 더 책임이 있는 경향이 있다. 그들의 삶이 얼마나 조화를 잘 이루고 있느냐에 따라 그들이 내리는 판단도 결정될 것이다.

달이 취약 품위에 있게 되면, 차트 주인의 마음과 감정은, 의식 깊숙한 곳에 존재하는 가장 혼란스러운 레벨로 끌려가게 된다. 이러한 품위는 두려움, 편집증, 불안정성, 지나친 예민함, 비밀스러운 성향을 만들며, 정신적인 어려움을 겪을 수도 있다. 그들이 가지는 느낌은 자신들의 부조화스러운 삶에서 기인하며, 보이지 않는 두려움이나 불안감 등에 시달리고 있을 수도 있다. 차트에서 취약한 달이 영향을 미치고 있는 영역은, 그가 가지고 있는 두려움, 필요한 것이나 기대가 채워지지 못하는 데서 생기는 결여의식 등으로 인해 방해를 받게 된다.

만약 달의 취약 품위가 취소되면 차트 주인은 속이 깊고, 감수성이 있으며, 안정적이고, 편안하다. 두려움이나 걱정들은 내향화되고 감정적으로도 성숙할 수 있어진다.

· 화성

만약 화성이 고양의 품위를 얻으면, 차트 주인은 의지력이나 힘이 강하면서도 콘트롤되어 있다. 그는 용기, 체력, 지구력을 가지고 있을 뿐만 아니라, 그러한 에너지들을 효과적으로 사용할 줄도 안다. 차트에서 고양된 화성이 영향을 미치고 있는 영역은, 온갖 장애물을 만나더라도 뚫고 전진해 갈 수 있다. 차트 주인이 가진 의지력과 힘은, 자신이 해야 한다고 생각하는 것, 자신이 되기를 원하는 어떤 것들을 현실로 이루어 낼 수 있다.

만약 화성이 취약의 품위에 있으면, 차트 주인은 아프거나 노력을 쏟아야 하는 어떤 것들에 대해 마음이 불편하다. 그들은 의지가 약하고, 겁을 잘 먹거나, 쉽게 패배를 당하며, 이유 없이 무서움을 많이 탈 수도 있다. 차트에서 취약한 화성이 영향을 미치고 있는 영역들이 부실하게 무너지는 이유는 차트 주인의 무능력 때문이다. 그들은 자신이 해야 한다고 생각하는 것, 자신이 되기를 원하는 어떤 것들을 현실로 이루어 낼 수 없다. 혹시 이러한 기질이 섬세함이나 겸손함으로 보일 수도 있으나, 사실은 진정한 겸손함이 아니다. 오히려 무관심하고, 게으르며, 자기주장을 할 수 있는 힘 등이 부족하기 때문에 그렇게 되는 것이다.

화성의 취약이 취소를 얻게 되면, 차트 주인이 가진 의지력이나 힘, 무엇을 어떻게 해야 할 것인지, 무엇이 되기를 원하는지 등을 현실로 이루어 낼 수 있는 능력이 잘 계발될 것이다. 그러나 그들은 어느 정도 초연한 자세로 이러한 일을 해 나간다. 행여 어떤 일이 원하는 대로 이루어지지 않았더라도 행동을 하였다는 자체만으로도 괜찮다는 것을 잘 알고 있기 때문이다. 화성의 본성적 기질인 공격성, 열렬성 등은 부족할 것이지만, 그러나 화성이 높은 품위에 있을 때보다 차트 주인을 더 조심성 많고 신중하게 해 줄 것이다.

· 수성

수성이 고양의 품위에 있게 되면, 이지적인 마음은 정확하고, 현실적이며, 효율적이며 또 창의적이다. 차트 주인은 다양한 행정 일을 관리하는 능력이 아주 뛰어나며, 해야 할 일들을 우선순위 대로 정리하여 스트레스와 걱정을 줄이는데도 아주 탁월하다. 분별할 수 있는 능력도 무척 높다. 소통하는 방식은 분명하면서도 지성적이기 때문에, 연관된 사람들과의 사이에서 분명한 선을 그을 수 있고 공정성을 유지할 수 있는 능력을 가지고 있다.

만약 수성이 취약의 품위에 있으면, 차트 주인은 세상사를 공정하게 유지시키는 중요한 규율들을 세우는 어려움을 겪는다. 그러한 규율들을 유지하거나 그에 맞추어 살 수 있는 능력도 부족하다. 그리고 생각을 추론해 나가는 과정에서 질서나 구조의 감각이 부족하다. 노트에 정리한다거나, 서류 정리를 한다거나, 세부 사항들을 기억하는 일 등을 할 줄 모른다. 바람에 날리는 식으로 한다거나, 아니면, 아예 바다로 풍덩 빠져 버리는 식으로 건성으로 모든 일들을 하곤 한다. 주변 일들을 감당할 수 있는 능력도 낮다. 그리고 정리정돈을 하거나 우선순위를 매기는 일을 못 하다 보니, 스트레스에 차거나 당황하여 쩔쩔매게 된다.

수성의 취약이 취소되면, 그가 가진 정신적 기능들이 좀 더 직관적으로 되며, 추상적인 관념을 파악할 수 있는 능력이 뛰어나게 된다. 하지만 소통을 분명히 하거나, 경계선을 유지 하거나, 노트 정리, 세부 사항에 대한 주의를 기울일 수 있는 능력 등은 여전히 어렵다.

· 목성

목성이 고양의 품위에 있으면 차트 주인은 행복하고 낙천적이며 친절하고 용서를 잘한다. 그리고 그는 본능적으로 자신의 삶이 어떤 목적과 의미를 가지고 있다고 느낀다.

만약 목성이 취약의 품위를 얻으면, 물질적 세상에서 뭔가 영원한 의미를 찾고자 하는 욕구를 가지고 있다. 그러나 이러한 것들을 찾을 수 없기 때문에 목적의식을 잃은 듯한 느낌, 신념과 희망이 부족한 느낌 등을 가지게 된다. 그리고 차트에서 취약한 목성이 영향을 미치고 있는 영역은 어려움을 겪게 된다. 그러한 어려움들을 헤쳐 나갈 수 있는 신념이 부족하며, 계속 밀고 나갈 수 있게 만들어 주는 어떤 거창한 목적의식이 부족하여 뭐든지 일찌감치 포기해버린다.

목성의 취약이 취소되면 차트 주인은 단순한 것들에서 삶의 의미와 목적을 찾을 수 있게 된다.

· 금성

금성이 고양의 품위에 있게 되면, 차트 주인은 모든 관계에서 상호적인 존중심을 유지하고 사랑을 나눌 수도 있는 능력을 가지고 있다. 헌신적인 에너지가 넘쳐나며 수준 높고 세련된 아름다움을 가진 것들을 창조해낸다. 순수한 욕구적 본성을 가지고 있으며 열정적이지만, 그러한 열정을 자제할 수 있으며, 이상적이다. 가장 두드러지는 점은, 어떤 중요한 결정을 내릴 때, 자신의 행동과 욕구 사이에서 진정한 가치를 매길 수 있는 능력이 있다. 자신의 선택이 어떤 결과를 가져올지에 대해 잘 알고 있기 때문에, 가장 가치 있다고 판단되는 것을 아무런 후회도 없이 자신 있게 결정 내릴 수 있다.

만약 금성이 취약의 품위에 있으면 상호 존중과 감사함은 어느 정도 조건적이 되며 어떤 인간관계에서든 서로 존중하는 관계를 유지하기가 어렵다. 어떤 아름다운 것들도 흠부터 먼저 보게 될 것이며, 그리하여 어떠한 아름다운 것들을 창조해내기도 어렵다. 성적인 관계에서도 피해의식에 사로잡히거나 비정상적인 성관계를 가지는 경향이 있다. 가장 중요한 점은, 행복이나 기쁨을 가져다줄 수 있는 것들에 대한 결정을 내릴 때, 필요로 하는 적절한 판단력이 부족하여 부적절한 조건이나 불행을 자초하게 되는 것이다.

취약의 품위가 취소되면, 상호 우호적 관계가 형식적인 틀 내에서 유지될 수 있다. 차트 주인은 원리원칙이나 법칙들을 배우는 능력이 있으며, 그래서 최상의 행복을 가져다줄 결정을 내릴 수 있게 된다.

· **토성**

토성이 고양의 품위를 얻으면, 차트 주인은 집중력이 강하며, 의지적으로도 단호하다. 목표에 대한 강력한 집착이 그들을 성공으로 이끌게 된다. 고양된 토성은 거만하게 보일 수도 있다. 그러나 내적인 불안함에 비롯되는 거만함이 아니라, 원하는 목표를 향해 집중하고 몰입하는 경향에서 비롯된 것이다. 차트에서 고양된 토성이 영향을 미치고 있는 영역은 차트 주인이 가진 인내심과 집착 때문에 시간이 흐를수록 더욱 증진하게 된다.

만약 토성이 취약의 품위에 있으면 차트 주인이 가진 집중력이나 결단력이 약해지게 된다. 자신이 하는 행동들에 대해 안심을 하지 못한다. 원하는 목표물을 성취하는 데 필요한 인내심도 매우 약하다. 작은 실수나 장애에도 아주 크게 좌절하게 된다. 취약한 품위의 토성은 겸손한 듯이 보일 수도 있다. 그러나 진심으로 겸손한 것이 아니라 결단력을 표출할 수 있는 능력이 없기 때문에 그런 것이다. 차트에서 취약한 토성이 영향을 미치고 있는 영역은 방치, 무관심 등으로 인해 어려움을 겪게 된다.

만약 취약의 품위가 취소되면, 차트 주인은 집중력과 결단력을 계발하게 된다. 그리고 비 집착하는 마음과 진심에서 우러나는 겸손함도 계발하게 된다.

· 라후

라후가 고양의 품위를 얻으면 차트 주인은 라후가 위치하고 있는 하우스에서 나타내는 욕망들을 성취하고자 할 때, 좀 더 안정적이면서도 덜 충동적으로 된다.

라후가 취약의 품위를 얻으면 차트 주인은 감정적으로 쉽게 무너지며 실망을 하게 된다. 직접 느낄 수 있거나 손에 닿을 수 없는 어떤 것들을 찾아 헤매고 있기 때문이다. 이러한 뜬구름 잡기 같은 행동들은, 결국에는 충동에 지나지 않는 실망만을 안겨다 준다.

취약의 품위가 취소되면 차트 주인은 내면으로 들어가는 능력이 있게 된다. 안정성을 가져다주는 내면적 삶을 계발할 수 있게 된다. 이러한 진보는 보통, 많은 고통과 어려움, 실망 등을 겪은 뒤에야 오게 되는데, 이처럼 라후가 무작위적으로 던지는 레슨들을 배우지 않고는 별 다른 방도가 없기 때문이다.

· 케투

케투가 고양의 품위를 얻으면 차트 주인은 감정적으로 대단할 정도의 힘과 꿋꿋함을 가지고 있다. 그리고 정말 필요한 것이 무엇인지 직관적으로 분명히 알 수 있는 능력을 가지게 된다.

케투가 취약의 품위에 있으면, 차트 주인은 물질적인 세상에서 안전함을 찾지 못하게 된다. 찾아보려고 반쯤 건성으로 노력해 보다가 여전히 좌절감만 가득하게 느낀다.

취약의 품위가 취소되면 차트 주인은 물질적인 집착과 필요로부터 자유로울 수 있다. 하지만 이러한 진보는 많은 어려움을 겪은 뒤에야 오게 된다. 이처럼 두 노드가 가지는 취약의 품위를 극복한다는 것은 보통으로 힘든 일이 아니다.

취약의 품위가 취소되는 행성들이 다스리는 다샤 기간 동안, 쇠약한 행성은 차트 주인의 삶에 그러한 약점들이 나타내는 사건이나 시험들을 가져오게 되며 그리고 극복할 수 있도록 가르치게 될 것이다.

7. 딥타디 아바스타즈(Deeptaadi - Avasthas)

고전서 저자들은 행성의 위치에 따라 나타나는 효과들을 몇 가지 다른 방식으로 설명하고 있다. 그중에 하나가 "행성의 상태"를 설명하는 **아바스타즈**(Avasthas)이다. 아바스타즈에는 여러 개 타입(그룹)들이 있다. 어떤 것들을 수학적 공식을 따라 특정한 계산을 요하며 어떤 것은 단지 행성의 품위에 따라 결정되게 된다. 이 장에서는 **딥타디 아바스타즈**를 다룰 것이다. 행성들이 가진 육체적, 정신적 상태를 나타내는 아바스타즈다. "딥타디(Deeptaadi)"는 "딥타 등등"이라는 의미이다. 이렇게 "딥타디"라고 이름이 붙여진 이유는 이번 아바스타즈 그룹에서 첫 번째 아바스타 이름이 "딥타(Deepta)"이기 때문이다.

딥타디 아바스타즈는 차트 주인이 어떤 특정한 행성의 효과들을 어떻게 경험하느냐를 나타낸다. 육체적으로는 그러한 행성이 나타내고 있는 자질들이나 신체적 활력의 정도가 어떤 방식으로 경험되느냐 하는 것을 나타낸다. 정신적으로는 그러한 행성이 나타내고 있는 감정들이나 정신적 태도가 어떤 방식으로 경험되느냐 하는 것을 나타낸다.

이러한 딥타디 아바스타즈에는 12가지가 있다.

- 딥타(Deepta) - 반짝반짝 빛이 나는 상태

  고양의 품위를 얻은 행성은 딥타 - 반짝반짝 빛이 나는 상태에 있다.

- 스바스타(Svastha) - 자신감 넘치는 상태

  오운 라시에 있는 행성은 스바스타 – 자신감이 넘치는 상태에 있다.

- 무디타(Mudita) - 즐거운 상태

  친한 친구의 라시에 있는 행성은 무디타 – 즐거운 상태에 있다.

- 샨타(Shanta) - 차분한 상태

  보통 친구의 라시에 있는 행성은 산타 – 차분하게 가라앉은 상태에 있다.

- 디나(Dina) - 겨우 연명하는 상태

  중립의 라시에 있는 행성은 디나 – 겨우 연명하는 상태에 있다.

- 두키타(Dukhita) - 고통스러운 상태

  적의 라시에 있는 행성은 두키타 – 고통스러운 상태에 있다.

- 칼라(Khaka) - 잔인한 상태

  나쁜 적의 라시에 있는 행성은 칼라 – 잔인한 상태에 있다.

- 비타(Bhita) - 경고 알람 상태

  취약의 품위에 있는 행성은 비타 – 경고 알람 상태에 있다.

행성이 취약의 품위를 얻게 되면, 가장 밑바닥을 내리친 것과 마찬가지 상태에 있다. 그럴 때는 "경고 알람 상태"에 있게 된다. 취약한 행성이 만들어 내는 온갖 트러블과 관련된 이슈들을 모두 다루어야 하기 때문이다.

취약의 품위를 얻은 행성은 산스크리트어로는 니챠(Neecha)라고 한다. 니챠의 뜻은, "낮은, 우울한, 치졸한" 등의 의미이다. 이렇게 취약한 행성들은 차트 주인의 인생에서, 주는 사람이나 받는 사람이 치졸해지도록 만들 수 있다.

- 비칼라(Vikala) - 훼손 당한 상태

  흉성과 같이 있는 행성은 비칼라 – 훼손을 당한 상태에 있다. 비칼라 상태에 있는 행성은 타고난 자질들이 같이 있는 흉성에 의해 훼손을 당하거나 손상당하게 된다.

■ 니피디타(Nipeedita) - 억압 당한 상태

　니피디타 ─ 억압당한 상태에 있다.

"행성 간의 전쟁(Planetary war)"는 두 개의 행성이 경도로 1도 간격 내에 있을 때 생겨난다. 그중에서 북쪽으로 경도가 더 진전해 있는 행성이 위너(winner)가 된다. 태양과 달을 제외한, 다른 다섯 개 행성만이 "행성 간의 전쟁"에 돌입하게 된다. 화성, 수성, 목성, 금성, 토성이다.

하지만 어느 행성이 북쪽으로 더 진전해 있는가를 정확하게 알기 위해선, 칼라 소프트웨어를 사용해야 한다. 행성의 실제 천문학적 경도가 아니라, 차트 주인의 라그나 경도 위치에서 파악해야 하기 때문에 칼라 소프트웨어의 도움이 없이는 산출하기가 불가능하다.

행성 간의 전쟁에서 지는 루저(loser) 행성은 가지고 있는 힘의 일부를 위너 행성에게 잃게 된다. 얼마만큼 힘을 잃게 되는가 하는 정도는, 두 행성이 가진 힘과 힘을 서로에게 마이너스 한 차이이다. 잃게 된 힘의 정도는, 샽발라(Shad Bala, 여섯 가지 힘의 측정도)를 계산하면 정확하게 알 수 있다. 샽발라 중에 있는 한가지 힘으로서 **"유다 발라**(Yuddha Bala, 싸우는 힘)"이라고 알려져 있다.

이러한 행성 간의 전쟁의 효과를 실제로 적용할 때 사용할 수 있는 몇 가지 부수적 사항을 나열하면 다음과 같다.

1. 루저 행성이 가지고 있는 특성이나 자질들이 어느 정도 희생이 된다. 왜냐하면 같이 있는 위너 행성이 가진 특성이나 자질들에게 훨씬 더 주의가 집중되기 때문이다.
2. 루저 행성이 지배하고 있는 하우스들에 대한 관심도가 낮아진다. 대신에 위너 행성이 지배하는 하우스에 관심이 집중되게 된다.
3. 행성 간의 전쟁에서 흉성이 길성에게 패배를 당하게 되면, 흉성이 가진 어려운 역량의 상당 부분을 잃게 된다. 대신에 위너 행성인 길성은 루저 행성의 힘을 사

용해 유익한 결과들을 가져올 수 있게 한다.

4. 행성 간의 전쟁에서 길성이 흉성에게 패배를 당하게 되면, 길성이 가진 길조적인 역량의 상당부분을 잃게 된다. 대신에 위너 행성인 흉성은 루저 행성의 힘을 사용해 그만큼 더 어려움을 만들어 내는 데 사용한다.

5. 만약 흉성이 다른 흉성에게 패배를 당하는 경우에는, 위너 흉성이 나쁜 일을 할 수 있는 능력이 그만큼 더 커지게 된다. 루저 흉성은 자신이 타고난 역량만큼 나쁜 일을 할 수 있는 능력이 줄어들지만 위너 흉성은 이긴 만큼 나쁜 일을 할 수 있는 능력이 원래 타고난 본성보다 더욱 커지게 된다.

6. 만약 길성이 다른 길성에게 패배를 당하는 경우에는, 루저 길성은 타고난 본성만큼 길성의 능력을 발휘할 수 없게 된다. 위너 행성은 이긴 만큼 타고난 본성에 더하여 길조로 올 수 있는 힘을 가지게 된다.

7. 건강에 관련해서는 행성 간의 전쟁은 병이 났을 때 심각한 정도를 높이게 된다. 특히 흉성이 개입되었을 경우에는 더욱 그렇게 된다. 왜냐하면 행성 간의 전쟁에서 지는 행성은 관련된 신체 부위의 건강악화를 나타내기 때문이다.

▨ 샥타(Shakta) - 파워풀한 상태

행성은 **역행**(Retrograde, 뒤로 움직임)하게 되면 파워풀해지게 된다.

지구의 궤도 밖에서 움직이고 있는 행성들(화성, 목성, 토성)은 태양과 반대편에 있거나 혹은 거의 반대편에 있을 때, 역행하게 된다. 이들 중 한 개가 태양의 반대편에 있게 되면, 지구가 태양과 그 행성 사이에 있게 되는 것이다. 그러한 경우에는, 행성은 지구와 더욱 가까운 위치에 있게 된다. 그래서 행성이 가진 빛은 가장 밝게 빛나면, 자신의 본성을 가장 파워풀하게 발휘할 수 있게 된다.

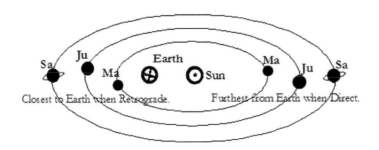

지구의 궤도 안에서 움직이고 있는 행성들(수성과 금성)은 지구와 태양 사이에서, 궤도 안쪽으로 합치를 이루고 있을 때 역행하게 된다. 그러한 경우에, 이들은 지구에 더욱 가까이 있게 되는 것이다.

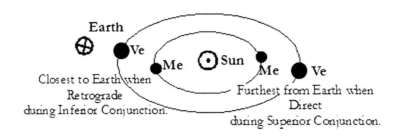

역행하는 행성들이 내는 효과에 대해서는, 여러 가지 다른 의견들이 있다.

"행성이 역행 모션에 있게 되면, 고양의 품위를 얻은 행성과 같은 효과를 낸다. 비록 적의 라시에 있거나 취약의 품위를 가지고 있더라도 마찬가지이다."

BPHS(브리핱 파라샤라 호라 샤스트라)에 의하면 행성이 가진 "좋고 나쁜 효과(Ishta, Kashita)"를 계산할 때, 역행하고 있는 행성의 길조적인 효과는 커지게 된다. "움직이고 있는 힘(Chesta Bala)"은 행성이 역행할 때 가장 강력해 지게 된다. 그러므로 행성은 역행하는 동안에 더욱 길조로 울 수 있는 힘을 가지게 된다.

"흉성은 역행하게 되면 좋은 효과를 가져 온다."

"역행 행성들은 아주 파워풀하다. 길성들은 왕이 되는 것과 같은 효과를 낸다. 하지만

흉성들은 괴로움과 목적 없는 방황을 하게 만든다."

또 다른 고서들에 따르면, 역행하는 행성의 다샤 기간은 좋다고 하는 경우도 있고 어렵다고 하는 경우도 있다. 이처럼 역행하는 행성들에 대해 다양하게 모순된 관점들이 있는 이유는, 역행하는 행성들이 지구에서 보면 역행하는 것처럼 보이지만, 실제로 태양의 입장에서 보면 앞으로 움직이고 있기 때문이다. 그러므로 행성은 두 방향으로 움직이고 있기 때문에 실제로 어떤 효과를 낳을지 추측하는 것을 어렵게 한다. 앞으로 가는 효과를 낼 것인가? 아니면 역행하는 효과를 낼 것인가?

역행하는 행성이 길조적인 효과를 줄 것인지 흉조적인 효과를 줄 것인지 하는 것을 결정하는데 가장 중요한 고려사항은 자연적 길성인지 혹은 자연적 흉성인지 하는 사실이 아니라, 그 행성이 차트에서 자리하고 있는 위치나 형성하고 있는 요가들(Yogas)에 달려 있다. 만약 역행하는 행성이 현재 있는 위치나 형성하고 있는 요가들 등에 의해 길조적인 효과들을 내도록 암시되어 있다면, 군이 역행하지 않더라도 다른 변수가 없는 한 길조적인 효과들을 가져올 것이다. 만약 역행하는 행성이 흉조적인 효과들을 내도록 암시되어 있다면 그러면 다른 변수가 없는 한 역행을 하는 경우가 역행을 하지 않는 경우보다 적은 정도의 흉조적인 효과들을 가져올 것이다.

샥타 아바스타와 관련하여 염두에 두어야 할 중요한 사실은 **샥티**(Shakti)가 바로 "의식의 힘"이라는 사실이다. 그러므로 역행하는 행성들은 더욱 차트 주인이 가진 의식의 영향 하에 있게 된다. 역행하는 행성의 다샤 동안에 차트 주인은 역행 행성이 다스리는 영역뿐만 아니라 삶의 다른 분야에 있어서도 전반적으로 좀 더 주의 깊고 의식적인 결정들을 내리게 될 것이다.

또 다른 몇 가지 역행 행성에 대한 중요한 포인트들을 나열하면 다음과 같다.

1. 샥타 아바스타가 나타내는 대로, 역행 행성들은 파워풀한 것으로 간주한다. 잠재하고 있는 효과들을 강력한 힘으로 발휘할 것이며 길조적인 결과들도 넘칠 정도로 많이 가져오게 될 것이다.

2. 건강 면에 관련해서는 모든 역행 행성들은 직행할 때보다 약하게 된다. 역행하는 움직임은 행성이 나타내는 신체 기관들에게 생기가 없게 하거나 신체 부위가 선

천적으로 약하게 된다.

3. 역행하는 행성들이 일곱 번째 하우스나 로드에게 영향을 미치고 있거나, 혹은, 역행 행성이 바로 일곱 번째 하우스 로드이면. 그러면, 이성 관계에서 충분한 만족도를 얻을 수 없다. 그리고 많은 어려움을 겪게 된다. 왜냐하면 이성 관계라는 것은 진전이 되지 않는다면 어려워질 수밖에 없는데, 역행하는 행성들은 관계가 앞으로 나아가는 것을 더욱 어렵게 만들기 때문이다.

4. 역행 행성들은 기대치 않았던 결과들을 가져옴으로써 차트 주인을 좀 더 놀라게 하는 경향이 있다.

5. 역행 행성들은, 지구에 더 가까이 있기 때문에, 차트 주인이 가지고 있는 특유의 개성에 어떤 특정한 경향을 강조시키게 된다. 역행 행성들은 일반적인 것보다 반대로 한다거나, 대중적 트렌드나 의식과는 다르게 작동하기 때문에 차트 주인을 좀 더 개성화시키게 된다.

6. 역행 행성들은 방금 지나왔던 공간의 한 부분을 되돌아가고 있다. 이러한 사실은 차트 주인이 좀 더 파워풀하게 과거 생의 영향을 받고 있음을 나타낸다. 과거 생에 가지고 있던 재능이나 배운 레슨들을 현재 생에서 사용하여 더욱 계발하는 것이 삶에서 아주 중요한 테마가 되기 때문이다.

7. 역행 행성들은 과거에 사용하던 어떤 것을, 현재로 가져오게 하는 능력을 자주 가지고 있다. 그래서 그들은 옛날 시대나 지나간 문화적인 것에 더욱 흥미를 가지도록 자극하는 경향이 있다.

8. 역행 행성들은 지구에서 보면 뒤로 움직이는 듯 보이지만, 사실상 태양의 주변을 앞으로 향하며 움직이고 있다. 그리하여 차트 주인이 가진 영성을 진전시키고 있는 것이다.

▨ 코피(Kopi) - 화가 난 상태

행성이 태양에 의해 컴바스트(Combust, 타게 됨)를 하게 되면 코피 - 화가 난 상태에 있게 된다.

또한 "코피"는, "대적하고 있는 상태, 궁합이 안 맞는 상태"라는 뜻을 가지고 있다. 행성이 태양과 너무 가까이 있게 되면, 컴바스트를 해서 볼 수가 없어진다. 산스크리트어로는 "아스타(Asta) - 지고 있는"이라는 뜻이다.

행성들이 어느 정도 태양과 가까이 있게 되면 컴바스트가 되는 지를 아래에 기술하였다.

- 달　: 12°
- 화성: 17°
- 수성: 14°
- 목성: 11°
- 금성: 10°
- 토성: 15°

행성들은 태양과 가까이 있을수록, 컴바스트의 효과는 더욱 커지게 된다.

지구의 궤도 밖에서 돌고 있는 행성들(화성, 목성, 토성)은 초승달에서 보름달로 그리고 그믐달이 되는 달의 주기와 비슷한 사이클을 가지고 있다. 그들의 사이클은, 태양과 합치하는 시점에서부터 시작된다. 그렇게 행성들은 각자의 속도로 태양계 궤도를 따라 돌다가 태양의 정반대 편에 이르게 되면 지구가 태양과 행성의 중간에 위치하게 되는데, 그때 행성은 역행을 하게 된다. 그 시점에서 행성은 지구와는 가장 가까이 있는 것이 되며 바로 샥타(파워풀) 아바스트가 되는 것이다.

컴바스트는 마치 "해가 진다"라는 표현처럼, 태양으로 인해 행성이 지게 되는 현상을 말한다. 그 시점에서 행성은 지구와는 가장 멀리 있는 것이 되며, 태양에 가려 지구에서는 보이지 않게 된다. 그러한 상태에서 행성들은 가지고 있던 샥티(파워)를 다 사용해

버렸기 때문에 이제는 힘이 많이 약해져 있는 것을 깨닫게 된다. 힘이 없다 보니, 이제 그들은 자신의 의무들을 수행할 수 있는 자신감이 없어져서, 좌절하거나 화를 내며, 초라한 수단들에 의지를 하게 된다. "코피"라는 이름 외에도, 컴바스트한 행성에게 주어진 또 다른 이름은 "무시타(Mushita) - 빼앗겼다"라는 것이다.

지구의 궤도 안에서 돌고 있는 두 행성(수성과 금성)의 경우에는, 두 개의 다른 포인트에서 태양과 합치를 이루게 된다. 지구와 가까이 있을 때, 그리고 멀리 있을 때 "열등(Inferior) 혹은 우월(Superior)합치"라고 한다.

이들은 지구의 정반대 편에 있을 때, 우월합치를 이루며 컴바스트가 된다. 그 시점에서 두 행성은, 태양의 뒤에서 "지고" 있는 것이다. 그들의 빛은 태양에 의해 가려져 있을 뿐 아니라, 태양의 몸 뒤에 있게 되는 것이다.

이들이 열등합치를 할 때는, 비록 태양의 빛에 의해 가려져 있지만, 태양의 몸 앞에 있으면서 역행을 하고 있다. 역행하는 행성은 그만큼 지구와 아주 가까이 있기 때문에 컴바스트가 되지 않는다.

수성과 금성은 언제나 태양과 가까이 있기 때문에 자주 컴바스트 영역에 들어가게 된다. 그러나 역행을 하면서 컴바스트 영역에 있게 되면, 직행하면서 컴바스트 될 때와는 다른 효과를 낳는다. 직행하면서 컴바스트가 되면, 행성이 가진 자질들이 가려지고 약해진다. 역행을 하면서 컴바스트 영역 내에 있게 되면 그들이 가진 자질들이 오히려 뚜렷해진다. 그래서 수성과 금성의 샥티 아바스타는 우월합치를 이루는 경우에만 해당된다.

심리적으로 컴바스트를 하는 행성들은 취약하고 불안한 감정들을 가지게 만든다. 그러나 사실은 에고에 대한 집착 때문에 생기는 결과이다. 태양계에서는 다른 행성들이 태양을 중심으로 주변을 돌고 있다. 마찬가지로 차트에서 태양은 "자아"를 의미한다. 그리고 다른 행성들은, 각자가 다르게 가진 능력들을 이용하여, 자아가 세상에서 활동하는데 도와주고 받쳐주는 역할들을 맡고 있다. 그런데 만약 그중 한 개가 컴바스트를 하게 되면, "자아"는 그러한 행성이 맡고 있는 "역할"에 너무 집착하게 되는 바람에, 비정상적인 방식으로만 행성이 역할수행을 하게 된다.

컴바스트로 인해 생겨나는 여파는 차트 주인이 평생을 두고 겪어야 하는 이슈들이다. 컴바스트한 행성들이 가지고 있는 자질들을 사용하고자 할 때, 계속해서 실패를 경험하게 되기 때문이다. 이러한 패배적인 느낌은, 보통, 아버지와 연관되어 생겨나는 결과들이다. 태양은 아버지를 의미하기 때문이다. 혹은, 태양이 다스리는 하우스가 대변하는 사람이나, 그러한 컴바스트가 일어나고 있는 하우스가 대변하는 사람들에 의해 이러한 패배적 경험들을 가지게 된다. 코피 아바스타에 대한 또 다른 뜻은 "실패하다"이다.

컴바스트로 인해 **빼앗겼거나** 실패한 느낌을 주는 코피 아바스타의 결과는, 항상 화가 나고 좌절해 있다는 것이다.

컴바스트한 행성은 태양에 의해 가려져 있는 것처럼, 그들이 가진 취약성도 그만큼 잘 감추어져 있게 된다. 흉성들은, 자신이 가진 재능들을 지나치게 과시함으로써 취약성을 감추려는 경향이 있다. 길성들은 마치 관심이 없는 척, 냉담한 척, 상관할 만큼 중요하지 않다는 식으로, 자신이 가진 취약성을 감추려는 경향이 있다.

행성들이 컴바스트를 하게 될 때 가지게 되는 특질들을 각 행성별로 간추려 보면 다음과 같다.

• 달, 컴바스트

달은 "마나스(Manas, 감각적 마음)"이다. 소울(soul)인 태양은 달을 통해 자아의 존재를 세상에 대한 반영으로서 경험하게 된다. 그런데 달이 컴바스트를 하거나 하향하게 되면 "반영"이 없어지게 된다. 반영을 해주는 자아가 없다 보니 차트 주인은 세상을 즐길 수가 없기 때문에 좌절감을 느낀다. 달은 사교적인 행성이다. 우리가 다른 사람들과 뭔가를 하고 있을 때마다, 사실 우리는 스스로와 교류를 하는 것이며 상대방은 우리 자신의 반영에 지나지 않는다. 달이 컴바스트를 하게 되면 우리가 필요로 하는 것이 언제나 충족되지 않음을 나타낸다. 그래서 컴바스트한 달이 영향을 미치고 있는 영역에서는 좌절감을 맛보게 되는 것이다.

• 화성, 컴바스트

화성이 컴바스트를 하게 되면, 자아는 힘이나 의지, 파워 등의 기능과 자신을 너무 동일시하게 된다. 마음의 안정을 얻기 위해서는 가장 강인해야 하고, 가장 파워풀해야 만 된다고 느끼고 있다. 이처럼 지나친 자기 동일화와 파워에 대한 집착, 그런 능력들로 자신의 존재를 증명하려는 자세는 다른 사람들과 파워 갈등을 많이 일으키게 한다. 자신들보다 훨씬 더 파워풀한 사람들을 만나거나 큰 장애물에 걸리게 되면, 보통 그들은 용기가 부족하게 된다. 컴바스트한 화성은 자신이 생각한 대로 어떤 일이 되도록 우기 기 때문에 화가 나 있는 상태이다.

· 수성, 컴바스트

컴바스트한 수성은 어떤 것들을 요청하는데 있어 취약한 느낌을 가지게 만든다. 자아는 언어구사 기능과 자신을 동일화 하여, 자신의 요구가 무시당하거나 거절되었을 때 상처를 받거나 패배감을 느끼게 된다. 차트 주인이 가진 에고는, 자신의 요구가 거절 당하는 것에 대한 두려움으로 마치 자신이 패배를 당한 듯 느끼게 만든다. 열심히 노력 을 한 대가로서 마땅한 임금인상을 요구한다든지, 배우자에게 부탁을 한다든지 가게에 서 어떤 물건에 대한 환불을 요구한다든지 등의 당연한 요구들을 하는 것조차 어렵게 느끼도록 만든다. 그러다가 일정한 시간이 지나면, 마치 자신이 이용당한 듯이 느끼게 되며, 충족시키지 못하는 데서 오는 울분이나 원한 등을 품게 된다.

차트 주인은 자신들이 필요로 하거나 원하는 것들에 대해서 스스로 직접적 책임이 있다는 사실을 깨달아야 한다. 그리고 분명하면서도 확고하게 소통을 하여 성취를 시 켜야 한다. 일반적으로 그들은 자신의 욕구나 필요한 것들에 대해 지나치게 돌아가는 경향이 있다. 힌트를 던지거나 농담을 하는 식으로만 표현을 할 수 있다. 컴바스트한 수성은 개인적인 인간관계에서 가장 많은 어려움을 가져온다. 자신이 필요로 하는 것이 나 원하는 것에 대해 분명한 소통을 하는 것이 인간관계에서 적절한 조화를 유지할 수 있게 하며, 돈을 다루는 사업적 관계에서는 바른 요구를 하도록 해주는 법이다. 요약하 자면 컴바스트한 수성은 다른 사람들과 공정한 교환관계를 유지할 수 없기 때문에 화 가 나 있는 상태이다.

컴바스트한 수성을 둘러싸고 일어나는 이슈들은 보통 차트 주인이 어릴 때, 아버지로부터 필요한 요구를 했다가 거절당한 경험, 또는 "그런 게 왜 필요해? 아무짝에도 쓸모없이 순전히 돈 낭비만 하는 거야!"하는 식의 반응을 얻었던 경험으로 생겨나게 되었다.

· 목성, 컴바스트

목성이 컴바스트를 하면 에고는 신의 가호를 입는 데 필요하다고 세워놓은 이상적 수준에 차트 주인이 도저히 달할 수 없다고 여기게 만든다. 그리하여 자아는 신의 가호를 받을만한 가치가 있도록 완벽하고 숭고하게 행동할 필요에 집착하게 된다. 그들은 자신이 가진 불완전함을 수용하기 힘들어하고 신도 역시 그러할 것이라고 여긴다. 자신을 용서할 수 있는 여유로움이 아주 부족하기 때문에, 개인적 안녕을 지켜주는 신의 가호에 대한 믿음이 결여되게 된다. 다른 사람들이 신의 은총을 입는 것은 쉽게 믿을지 모르나 자신들이 받을 수 있다는 것은 믿을 수가 없다. 그리하여 자신이 하는 행동들이나 영적 추구 등의 행위가 마치 아무런 목적도 없는 것처럼 느끼게 만든다. 자신이 아무리 노력을 해도 신의 눈앞에서는 여전히 불충분하며 가치가 부족하다는 느낌에 시달리기 때문이다. 요약하면 컴바스트를 한 목성은 종교나 신이 자신들의 인생에선 불가능한 것에 대해 화가 나 있는 상태이다.

컴바스트를 한 목성을 둘러싸고 일어나는 이슈들은, 보통 과거에 어떤 믿음을 독단적인 형식으로 강요당한 결과로 생기게 되었다. 이런 식으로 제시된 믿음이나 이상적 태도는 그들에게 인간이면 누구나 정상적으로 가지게 되는 느낌이나 욕구들을 허용하지 않았다. 완벽한 행동이나, 언행 등에 대한 가이드라인들이 현실적으로 마음을 다스릴 수 있는 어떤 방법이나 욕구를 초월할 수 있는 아무런 대처방법도 없이 무작정 강요되게 되었다. 그리하여 차트 주인은 구제를 받을만한 아무런 희망도 없이 절망에 빠져 허우적거리게 된다.

컴바스트한 목성이 가져오는 또 다른 문제는, 자신이 가진 지식과 지혜에 대해 불안하게 느끼도록 만드는 것이다. 이러한 불안함은 그들이 잘 이해하지 못하는 어떤 상황과 마주하게 될 때 좌절감과 분노를 느끼게 만든다. 자신이 이해를 못 한다고 인정하기보다는 마치 별로 대수롭지 않은 것처럼 바로 무시해 버리는 행동을 하게 만든다. 그리고는 나중에 뒤에서 자신들의 부족한 이해능력을 혼자 고민하게 만든다.

· 금성, 컴바스트

    컴바스트를 한 금성은 흥정을 잘 하는 데 필요한 건강한 자존감을 표현하기 어렵게 만든다. 건강한 자존감은 자신뿐만 아니라 다른 사람들을 존중하기 위해서도 꼭 필요하다. 흥정을 한다는 것은 그러한 자존감을 키워줄 수 있는 도구이다. 그러므로 컴바스트한 금성은 취약한 자존감으로 인해 형편없는 흥정 능력을 가지게 만든다. 자신을 함부로 대하는 사람들 때문에 고통스러워하며 분노와 좌절감에 시달리는 결과들을 가져온다.

    또 다른 문제는 컴바스트한 금성은 사랑이나 애정을 표현하고자 할 때 취약한 느낌을 가지도록 만드는 것이다. 에고는 사랑과 애정을 표현하는 행위 자체를 아예 너무 개인화시켜, 만약 자신의 애정이 받아들여지지 않거나 인정을 받지 못할 때, 완전한 패배감에 사로잡히도록 만든다. 그래서 차트 주인이 사랑이나 애정을 표현하는 데 있어 뻣뻣하고 무관심한 듯 보이게 할 수도 있다. 요약을 하면 컴바스트한 금성은 자신이 원하는 사랑이나 애정을 받지 못하고 있기 때문에 화가 나 있는 상태이다. 이러한 성향은 보통 어릴 때, 아버지나 다른 사람들에게 안기며 "사랑해요"라는 표현을 했을 때 제대로 따뜻한 말이나 사랑으로 되돌려 받지 못했거나 무반응으로 되돌려 받은 경험으로 생기게 되었다. 부모 등이 바빠서 그랬거나 애정을 잘 표현할 수 있는 능력이 되지 않았기 때문에 그랬을 수도 있다.

· 토성, 컴바스트

    토성이 컴바스트를 하게 되면 차트 주인은 삶에 대해 지나친 중압감과 무게를 느끼게 된다. 마치 삶이 자신에게 한 번도 공평한 기회를 주지 않은 것처럼 여기고 있다. 보통 자신들의 책임 하에 있는 일들을 모두 처리해낼 수 있는 자기단련 능력과 인내심이 부족해서 그렇게 된 것이다. 그러나 그저 불평만 하거나 다른 쉬운 방법을 찾아내 책임을 회피하려고만 하게 된다. 그들은 흔히 비통하고 원한에 찬 듯이 보인다. 돌아오는 이득이 없으면 남을 위해 어떤 일을 하거나 도움을 베푸는 일이 거의 없다. 요약하면 컴바스트한 토성은 전반적으로 차트 주인이 세상을 향한 울분에 차 있게 하며, 힘들고 어려운 일들이 세상의 일부라는 사실을 받아들이지 못하게 만든다.

또 다른 점은 차트 주인이 자신의 존재를 인정받기 위해 무척 열심히 일을 하게 만든다. 그러나 어떤 노력을 하더라도 결코 인정받지 못하고 있는 것처럼 느끼게 된다. 그리하여 증오와 질투심에 가득 차 있게 만든다.

이러한 성향들을 보통 그들이 어릴 때, 작은 어린 애로서는 감당하기 어려웠을 힘든 일들이 강제로 떠맡겨진 경험, 그리고 성취해낸 어떤 일들에 대해서도 제대로 인정을 받지 못했던 경험에서 생겨나게 되었다.

▨ 컴바스트한 하우스 로드와 컴바스트한 행성들이 있는 하우스

컴바스트한 행성이 다스리는 하우스나 컴바스트한 행성들이 위치하고 있는 하우스는, 이미 설명한 행성들의 컴바스트 경우와도 비슷하게, 컴바스트한 행성이 만들어 내는 어려움이나 울분으로 인해, 해당 하우스가 가진 특질이나 기능들이 제대로 발휘할 수 없게 된다. 예를 들면, 만약 아홉 번째 하우스 로드가 컴바스트를 하게 되면 차트 주인은 아버지나, 종교 등에 대하여 전반적으로 분노를 경험하게 된다. 만약 이러한 아홉 번째 로드가 일곱 번째 하우스에 위치하고 있으면 배우자나 다른 파트너들에게 이러한 분노를 경험하게 될 것이다.

▨ 컴바스트의 어려움들을 극복하는 법

컴바스트를 한 행성이 나타내는 분노나 좌절감을 제거할 수 있으려면, 먼저 차트 주인은 관련된 행성이 가진 기능들로부터 집착을 떨쳐 버릴 수 있는 법을 익혀야 한다. 예를 들면 나는 **내** 수성을 사용할 거야, **내** 금성을 사용할 거야 등의 표현을 사용하는 것이다. "나"를 "행성"으로부터 분리하여 주관적 감정의 위험이나 집착함이 없이, 좀 더 객관적으로 관련된 행성의 기능을 임무 수행하는 데 필요한 수단으로서만 사용할 수 있게 되는 것이다.

⊠ 딥타디 아바스타를 활용하는 법

1. 행성이 가진 아바스타는 행성이 **카라카**(Karaka, 역할) 혹은 **생산자**(Producer) 역할을 담당하고 있는 분야에서 차트 주인이 어떻게 느끼고 경험하는가 하는 상태들을 나타낸다.

2. 행성이 가진 아바스타는 행성이 차트(Horoscope)에서 관장하고 있는 하우스와 관련하여 해당 하우스가 지배하는 특질들에 대해 차트 주인이 어떻게 느끼고 경험하는가 하는 상태들을 나타낸다.

3. 행성이 가진 아바스타는, 행성이 위치하고 있는 하우스에서 해당 하우스가 지배하고 있는 것들에 대해 차트 주인이 어떻게 느끼고 경험하는가 하는 상태들을 나타낸다.

4. 현재 차트 주인이 지나가고 있는 특정한 다샤(Dasa)와 북티(Bukti)의 로드가 가진 딥타디 아바스타는 그때 당시의 삶의 상태를 나타낸다. 특히 북티 로드의 아바스타에 강조를 두어야 한다. 그 행성이 바로 현재 차트 주인의 삶에서 일어나고 있는 어떤 특정한 트렌드를 가리키기 때문이다.

5. 딥타디 아바스타는 "어떤 일이 일어날 것인가?" "어떤 특정한 다샤, 북티 중에 좋은 일/나쁜 일들이 일어날 것인가?"하는 사실을 나타내는 지표들이 아니다. 우리는 아주 좋은 일들이 일어나고 있는 와중에서도, 괴로움에 시달리거나 아주 힘든 고통이나 사건을 치르고 있을 수 있다. 반대로 현재 아무런 일도 일어나지 않고 있거나 엄청 괴로운 일들이 일어나고 있는 와중인데도 평화롭고 만족한 기분을 느끼고 있을 수도 있다. 이처럼 어떤 일들이 일어날 것인가를 결정하는 것은 다른 방법들을 통해서 파악할 수 있다. 딥타디 아바스타는 우리가 삶의 어떠한 것들에 대해 어떻게 느끼느냐, 그리고 어떤 행동을 하든지 부수적으로 따르게 되는 스트레스나 의욕의 정도를 항상 예측할 수 있게 해준다.

6. 행성이 한 가지 이상의 딥타디 아바스타를 가지고 있을 수도 있다. 그럴 때는 해당 케이스 대로 적합한 아바스타를 적용해서 모두 사용하면 된다.

은하를 휘젓는 거사

·

그로 인해 라후와 케투가 생겨나게 되었다.

8. 하우스(House)들

천궁도(Horoscope, 이하 "차트(Charts)"로 칭함)는 모두 12개 부문으로 나누어져 있다. 각 부문은 "하우스(House)"라고 하는데 산스크리트 원어로는 **바바**(Bhava)라고 부른다. 각 하우스는 우리 삶의 여러 다른 성향들과 다양한 분야들을 나타내고 있다. 차트에서 각 하우스를 분류하는 방법에는 여러 가지 시스템들이 있는데 점성학자들마다 선호하는 시스템이 다르다. 이러한 다양한 시스템들에 대해서는 이 장의 마지막 부분에서 간단한 설명을 덧붙였다. 우선 각 하우스 자체의 특질들에 대해서 먼저 살펴볼 필요가 있다.

▨ 하우스들의 타입

• 켄드라(**Kendra**, 앵글 하우스) : 1st, 4th, 7th, 10th

앵글 하우스들은 차트에서 파워 하우스들이다. 힘과 행동의 열매를 거둘 수 있는 능력을 부여하고 있다. 앵글 하우스에 있는 행성들은 보통, 자신이 가진 특질이나 로드로서 관장하고 있는 하우스의 역량들을 아주 잘 발휘할 수 있게 해준다. 상당한 비중의 역량과 모멘텀이 이러한 행성들을 받쳐 주고 있다.

- **파나파라(Panaparas, 연결 지어진 하우스)** : 2nd, 5th, 8th, 11th

파나파라 하우스들은 차트에서 견고함, 안정성, 안전성을 부여하고 있다.

- **아포클리마(Apoklimas, 내려가는 하우스)** : 3rd, 6th, 9th, 12th

아포클리마 하우스들은 차트에서 소통, 고려, 평가 등을 할 수 있게 하는 하우스들이다.

- **트리코나(Trikonas, 삼각 하우스)** : 1st, 5th, 9th

트리코나 하우스들은 재물, 행운, 은혜, 축복 등을 가져다주는 하우스들이다. 트리코나 하우스들에 위치하고 있는 행성들은 자신의 특질이나 로드로서 다스리고 있는 하우스의 역량들을 잘 발휘할 수 있게 해준다.

- **두스타나(Dusthana, 어려운 하우스)** : 6th, 8th, 12th

두스타나 하우스들은 변화가 필요함을 나타내는 임시적 하우스들이다. 이들은 보통 차트 주인에게 어려움들을 강요한다. 보다 어려운 카르마들이 이러한 하우스들을 통해서 나타나게 된다.

두스타나 하우스들에 위치한 행성들은 자신의 특질이나 로드로써 다스리고 있는 하우스들의 역량을 발휘하는데 어려움을 겪게 된다. 만약 길성이 이들에게 영향을 미치고 있으면, 원래는 겪지 않아도 될 어려움을 어느 정도 겪으면서 성취를 할 수 있게 해준다.

- **우파차야(Upachaya, 나아지는 하우스)** : 3rd, 6th, 10th 11th

우파차야 하우스에 있는 행성들은 자신이 가진 효과들을 차트 주인의 일생을 통해서 점차적으로 나아지는 방식으로 주게 된다. 차트 주인은 일생동안 이러한 행성들을 더욱 더 잘 활용할 수 있도록 노력하게 된다. 세 번째 하우스에 있는 행성은 차트 주인이 기술이나 재능 등을 개발함으로서 나아질 수 있도록 해준다. 여섯 번째 하우스에 있는 행성은 여섯 번째 하우스가 나타내는 어려움이나 장애들을 억지로라도 극복하도록 강요해서 나아지게 해준다. 열 번째 하우스에 있는 행성은 차트 주인의 지위나 커리어가 활짝 피게 해서 나아지게 해준다. 열한 번째 하우스에 있는 행성은 삶을 통해 얻는 것들이 늘어나게 해서 나아지게 해준다.

· 아타, 카마, 다르마, 그리고 목샤(Artha, Kama, Dharma, Moksha)

아타, 카마, 다르마, 그리고 목샤는 우리가 살아가면서 각자 다른 시간의 모퉁이에 섰을 때, 누구나 한 번쯤은 크고 작은 방식으로 숙고하게 되는 삶의 주요한 네 가지 목표들을 말한다. 이러한 네 가지 다른 목표들을 세 개의 하우스가 단계적으로 나타내고 있다. 처음 하우스는 목표를 향한 초기의 행동을 나타내며, 다음 하우스는 목표에 도달하기 위해서 반드시 겪어야 하는 어려움들, 그리고 다음 하우스는 목표의 최종 완성을 나타낸다.

아타(Artha)는 간단히 말해서 '성취'를 뜻한다. 우리가 살아가는데 가장 기본적으로 필요로 하는 것들을 성취하기 위한 행동들을 나타내며, 다른 세 개의 목표들을 받쳐주고 있는 목표이기도 하다. 아타는 사람들이 시간과 에너지를 가장 많이 소모하게 되는 삶의 목표이다. 생존하는 데 최소한으로 필요로 하는 것들을 얻기 위한 행동의 동기를 계속해서 부여하고 있다. 적절한 수준의 부, 건강의 유지, 물질적인 채무를 갚는 것, 뭔가 의미 있는 일을 하는 것 등은 모두 아타의 범주 안에 들어간다. 두 번째, 여섯 번째, 열 번째 하우스들이 아타를 나타낸다.

카마(Kama)는 충족시키기 원하는 욕구들을 나타낸다. 카마는 에고를 끊임없이 얽히게 만든다. 개인적인 관심사, 욕망, 명성, 사람에 대한 사랑과 섹스 등은 모두 카마의 영역에 들어간다. 세 번째, 일곱 번째, 열한 번째 하우스들이 카마를 나타낸다.

다르마(Dharma)는 "정의로움, 꾸준함"이라는 뜻이다. 최상의 선과 지속적인 행복을 얻기 위해서 우리가 따르게 되는 바른 행동의 지침을 나타낸다. 바로 다르마가 우리들 삶에 의미와 목적을 부여하고 있다. 우리가 가지고 있는 니치(Niche, 독특함)를 찾아내고, 우리가 타고난 지성이나 재능을 계발하고, 우리에게 적합한 어떤 믿음제도를 따르는 것 등은 모두 다르마의 범주 안에 들어간다. 첫 번째, 다섯 번째, 아홉 번째 하우스들이 다르마를 나타낸다. 크리슈나는 우리가 다르마를 따를 때 물질적인 풍요로움을 얻게 된다고 하였다. 부를 갖는 데 중요한 하우스가 바로 다르마 하우스들이다.

목샤(Moksha)는 "깨달음"을 의미한다. 영적인 초월이나 신과의 만남으로 얻어지는 희열 등을 통해 아픔이나 고통으로부터 자유로워짐을 나타낸다. 정신적/감정적인 고요함과 평정심, 감정적으로 집착하지 않는 마음, 죄의 정화, 한 개인보다 훨씬 더 큰 어떤 위대한 힘에 대한 믿음과 의지 등은 모두 목샤의 범주 안에 들어간다. 목샤는 삶의 네 가지 목표 중에서 가장 중요하며, 영원히 계속되고, 영원히 기쁘게 해 주는 유일한 목표이다. 유일하게 취할 가치가 있는 단 한 개의 목표를 가지고 목샤는 유지되고 있다. 나머지 목표들은 이렇게 높은 목표를 달성하는데 보탬이 될 수 있도록 이상적인 방식으로 짜여있다. 네 번째, 여덟 번째, 열두 번째 하우스들이 목샤를 나타낸다.

▨ 열두 개 하우스

다음은 열두 개 하우스, 그리고 개별 하우스들이 가진 특성들에 대한 설명들이다. 점성학도들의 이해를 돕기 위해, 개별 하우스가 가지고 있는 특성들 외에도, 받침이 되는 기본적 개념에 대한 부차적인 설명들도 약간씩 덧붙였다. 하우스들은 이 장에서 설명한 내용 외에도 다른 많은 특성을 가지고 있다. 그러나 그중에서도 가장 중요하면서 일상생활에 적용되는 특성들만 간추려서 설명을 하였다.

· 라그나(Lagna), 첫 번째 하우스

라그나는 차트 주인이 세상에 대해 가지고 있는 표현을 나타낸다. 이러한 표현은 목적을 가지고 있다. 그래서 다르마의 영역에 속한다.

자신을 세상에 표현할 수 있기 위해선 어떤 물질적인 형태를 필요로 한다. 그래서 라그나는 **"몸과 외모"**를 나타낸다. 이러한 표현은 개인이 가지고 있는 독특함이기도 하다. 라그나는 차트 주인에게 **"개성"**을 부여한다.

이러한 표현 뒤에는 다르마에 맞게 살 수 있도록 생명력을 불어 넣어주는 힘이 있다. 라그나는 **힘**과 **생명력**을 나타내기도 한다. 생명력은 자신에 대한 **자아존중**을 나타낸다.

· 두 번째 하우스

두 번째 하우스는 개인이 벌어놓은 아타를 나타낸다. 그것을 이용하여 뭔가 가치 있는 어떤 일을 할 수 있도록 기회를 만들어 주는 **"개인적 자원"**이라는 형태로 표현되게 된다.

개인이 가진 첫 번째 자원은 **"가족"**이다. 그래서 두 번째 하우스는 가족과 가문의 이름을 나타낸다.

개인이 맨 처음 의식적으로 사용하는 자원은 **시력**과 **스피치**다. 그래서 두 번째 하우스는 스피치와 눈을 다스린다.

개인이 맨 처음 의식적으로 필요로 하는 자원은 **"음식"**이다. 그래서 두 번째 하우스는 음식과 음식에 대한 맛을 나타낸다.

이외에 다른 자원들은, 살면서 가지게 되는, 부나 재물들이다. 그래서 두 번째 하우스는 **부**와 **유동자산**을 다스린다. 또 다른 하나의 중요한 자원은 개인이 가지고 있는 **친구들**이다. 그러므로 두 번째 하우스는 친구들을 다스린다.

가족, 가문의 이름, 친구들, 스피치 할 수 있는 능력, 좋은 음식을 먹는 것, 재산, 소유물들 등은 모두 자신이 느끼는 **가치**와 **유용성**을 높여준다.

가족, 친구들, 그리고 재물들은 모두 개인에게 소중한 것들이다. 그래서 가까이에 두고 관리를 해야만 한다. 그러므로 두 번째 하우스는 개인에게 가까이 있는 것들과 개인이 관리해야 하는 것들을 다스린다.

· 세 번째 하우스

세 번째 하우스는 개인이 성취하기를 원하는 **개인적인 욕망**과 목표를 나타내는 카마 하우스다.

원하는 것들과 목표를 향해 갈 수 있는 힘과 진취성은 우리가 가진 용기를 나타낸다. 그러므로 세 번째 하우스는 용기를 대변한다. 용기와 비슷한 능력은 **이지적 자신감**으로 세 번째 하우스가 나타내는 또 다른 중요한 특성이다.

세 번째 하우스는 개인적인 욕망을 성취하는 데 필요한 에너지를 대변한다. 그런데 장수를 해야 제대로 욕망하는 것들을 성취할 수 있다. 세 번째 하우스는 **장수**(longevity)를 나타낸다.

세 번째 하우스는 우리가 이러한 것들을 성취할 수 있도록 도와주는 **남형제들, 여형제들**, 그리고 **동료들**을 나타낸다.

세 번째 하우스는 위에서 언급한 것들을 우리와 다른 사람들 사이에서 교환이 일어날 수 있게 하는 **소통, 통신, 교역** 등을 나타낸다.

스피치는 두 번째 하우스가 나타내고 있다. 그러나 소통을 하려면 스피치 만으로 충분하지 않다. 듣는 행위도 필요하다. 그러므로 세 번째 하우스는 **청력**을 나타낸다.

우리의 욕망이나 목표를 추구하기 위해선, 때로는 여행을 할 필요가 있다. 그러므로 세 번째 하우스는 **짧은 여행**을 다스린다.

· 네 번째 하우스

네 번째 하우스는 우리 안에 있는 **내면적 기초와 내면적 힘**을 대변하며, 우리가 완전히 자유로울 수 있는 **내면적 마음**의 영역을 나타내기도 한다. 그러므로 네 번째 하우스는 목샤, 깨달음의 하우스이다. 네 번째 하우스는 우리의 의식이 상주하고 있는 저수지다.

네 번째 하우스는 우리가 자신의 태도를 결정할 수 있고, 행복을 선택할 수 있는 정신적인 자유를 나타낸다. 그러므로 네 번째 하우스는 **행복의 상태**를 나타낸다.

수용적이고 훈훈한 환경은 우리 내면에 있는 감성적 본성이 처음부터 바르게 계발될 수 있도록 허용해 준다. 주로 어머니가 이렇게 수용적이고 훈훈한 환경을 만들어 주는 책임을 가지고 있다. 그래서 네 번째 하우스는 **어머니**를 다스린다.

우리의 가정, 땅, 집은 우리가 바깥세상으로부터 자유로워지는 장소이기도 하다. 그러므로 네 번째 하우스는 우리의 **가정, 집, 땅**을 다스린다.

네 번째 하우스는 우리의 의식이 몸으로부터 자유로울 수 있는 능력을 제공한다. 이러한 자유를 제공할 수 있는 방법은 우리의 몸이 힘들이지 않고도 움직일 수 있게 해 주는 **운송수단**, 즉 자동차들이다.

- **다섯 번째 하우스**

다섯 번째 하우스는 우리의 창조 지성을 나타낸다. 이러한 지성을 타고난 신성(divinity)의 일부분으로 우리가 표출해야 하는 의무가 있다. 다섯 번째 하우스는 다르마 하우스이다.

창조 지성은 우리의 영혼(soul)이 세상을 향해 하는 자기표현이다. 우리의 환생 뒤에 숨어있는 창조 지성을 인지하여 거짓된 것으로부터 참된 것을 볼 수 있게 된다. 그러므로 다섯 번째 하우스는 **분별력**을 나타낸다.

우리가 타고난 독특한 창조 지성을 표현하는 법을 배우기 위해서는 교육이 필요하다. 교육을 통해서 우리가 가진 직관적 지식, 창조적 자아를 자극할 수 있기 때문이다. 그러므로 다섯 번째 하우스는, 우리가 흥미를 느끼는 분야 쪽으로 받게 되는 교육을 다스린다.

신의 창조세계를 유지하기 위해서는 우리 자신도 참여해야 할 책임이 있다. 그래서 후손을 창조해야 할 의무가 있게 된다. 그러므로 다섯 번째 하우스는 **자녀들**을 다스린다.

창조 지성을 완전히 발현하기 위해선, 우리는 직관을 계발해야 한다. 직관은 **영적 수련방법**들을 이행하고 **영적인 저서**들을 공부하여 계발한다. 그러므로 다섯 번째 하우스는 **만트라**(Mantra, 진언)와 **샤스트라**(Sastra, 성스러운 저서들)를 다스린다.

이러한 지성이 표현되는 심리적 모습은, "자신의 자아에 자연스러운 방식으로 애정을 표현할 수 있는 자신감"으로 나타나게 된다.

- **여섯 번째 하우스**

여섯 번째 하우스는 신체적, 물질적 안녕을 이루기 위해 필요한 "**일**(The work)"을 대변한다.

우리의 주의는 장애물들을 극복하여 증진시켜야 하는 영역들로 쏠리게 된다. 이러한 장애물들은 적들, 질병, 사고, 빚 등의 형태로 오게 된다. 여섯 번째 하우스는 **사고, 적, 질병, 빚** 등을 다스린다.

여섯 번째 하우스는 우파차야(나아지는 하우스)이다. 위에 언급한 장애물들을 극복하게 해주는 수단들을 다스리기도 한다. 그러므로 여섯 번째 하우스는 **운동, 법적 소송들, 싸움** 등을 다스린다.

장애물들을 이겨내고, 삶에서 원하는 것들이 지연되는 경험들을 통해, 우리는 세상에서 어떤 방식으로 행동해야 하는지 배우게 된다. 고통, 부족, 어려움들 속에서도 같이 존재하고 있는 어떤 조화에 대한 위대한 느낌을 가질 수 있기 때문이다. 이러한 과정을 통해 우리는 카르마 요가(Karma Yoga)를 배우게 된다.

· 일곱 번째 하우스

일곱 번째 하우스는 카마 하우스로서 우리가 가진 욕구를 다른 사람들을 통해 충족시키려는 것을 나타낸다. 그러므로 일곱 번째 하우스는 **배우자**, 그리고 배우자와의 관계를 다스린다.

우리는 또한, 다른 사람과의 섹스를 통해 스스로를 충족시키려 한다. 그러므로 일곱 번째 하우스는 섹스를 다스리기도 한다.

그리고 우리는 대중적인 인식을 통해 우리들 자신을 충족시키려 한다. 그러므로 일곱 번째 하우스는 **대중들에 대한 우리들의 관계**를 다스린다.

· 여덟 번째 하우스

여덟 번째 하우스는 감정적인 자유와 안정성을 계발하는 과정을 나타낸다. **감정적 안정성**은 영적 인지력을 제한하고 있는 우리의 모든 집착으로부터 자유로울 때, 비로소 가능해진다.

죄악은 우리가 영적 본성을 깨닫는데 가장 큰 장애물이다. 그러므로 여덟 번째 하우스는 **죄와 죄의 정화**를 다스린다.

자신이 저지른 죄들을 정화시키고 우리가 카르마의 열매를 거두도록 하기 위해 삶은 계획에도 없었고 기대하지도 않았던 방식으로 사건들이 생기게 된다. 그러므로 여덟 번째 하우스는 **기대치 않았던 일들, 삶에서의 방향전환** 등을 다스린다.

죄를 정화시킬 수 있는 좋은 방법 중 하나는 우리의 몸을 통해서다. 그러므로 여덟 번째 하우스는 뼈가 부러진다거나 하는 식으로 몸에 어떤 영구적 손상을 남기는 **고질**

병, 수술, 심한 사고 등을 다스린다. 여덟 번째 하우스가 나타내는 신체적 어려움들은 여섯 번째 하우스가 나타내는 어려움들보다 심각성의 정도가 훨씬 더 깊다. 얼마나 깊은지 몸 자체가 어떤 영구적, 장기적 변화를 겪게 만들 정도로 심한 신체적인 어려움들, 또는 **내면적 변환**을 가져올 수도 있다.

영적 본성을 깨닫는데 가장 큰 장애물은 우리가 가진 욕구와 집착이다. 그러므로 여덟 번째 하우스는 우리의 욕구와 집착들에 대한 **정화와 승화**를 나타낸다.

우리가 가진 어떤 집착들은, 조상으로부터 연유되었거나, 정신적 유물로 주어진 것일 수도 있다. 그러므로 여덟 번째 하우스는 **정신적 유물**을 다스린다. 이러한 정신적 유물들은 우리가 가진 어떤 아주 오래되고 어려운 카르마들을 정화해야 할 필요로 인해 나타나기도 한다.

죄를 정화시키는 일이 비록 힘들고 어렵지만, 그러나 우리는 그렇게 하기를 원한다. 그래서 여덟 번째 하우스는 우리가 카르마의 열매를 거두기 위해 평소엔 하지 않을 행동도 하게끔 유도하는 **충동적 행위**들을 다스린다.

일단 죄가 정화되었으면, 우리는 분(Boon, 은총)을 얻게 될 수도 있다. 그러므로 여덟 번째 하우스는 **갑작스러운 횡재**를 다스린다.

삶의 주된 목표 중 하나는, 우리가 카르마의 열매를 거두는 것이며, 우리 자신을 변화시키고, 욕구를 승화시킬 수 있는 것이다. 그러므로 여덟 번째 하우스는 우리가 이러한 일들을 해낼 수 있도록 충분한 시간을 주는 **장수**(longevity)를 다스린다.

변환하는 과정을 나타내는 여덟 번째 하우스는, 우리에게 현상계의 본질성에 대해 좀 더 깊이 탐구하도록 부추길 수도 있다. 그러므로 여덟 번째 하우스는 어컬트(occult)와 신비한 비법들(esoteric studies)을 다스린다.

또한 우리는 다른 사람을 통해 안전함을 굳히기 원한다. 그러므로 여덟 번째 하우스는 **남편과 아내 사이의 속궁합, 애정 관계의 소중함, 다른 사람에게 얻는 재물적 이득** 등을 다스린다.

- **아홉 번째 하우스**

  아홉 번째 하우스는 지식을 향상시키기 위해 우리가 쏟는 노력들을 대변한다. 우리는 지식을 얻으므로 어떤 목적의식을 가질 수 있으며, 진리를 향해 우리가 바른길을 걸을 수 있도록 동기부여를 한다. 그러므로 아홉 번째 하우스는 **다르마**의 하우스이다.

  자신이 가진 지식을 높이려면 진리에 대한 공부가 필요하다. 그러므로 아홉 번째 하우스는 **철학과 종교**를 다스린다.

  지식을 얻기 위해선 구루(Guru, 스승), 멘토, 선생님이 필요하다. 그러므로 아홉 번째 하우스는 **구루, 멘토, 선생님**을 다스린다.

  지식을 얻기 위해선 영적 행동규율과 도덕적 법칙을 요구한다. 그러므로 아홉 번째 하우스는 **법률**을 다스린다.

  도덕적이고 바른 영적 규율을 따르며 살게 되면 은혜와 복덕이 주어진다.

  우리를 맨 처음으로 가르쳐 주는 사람은 아버지이다. 아버지는 어린아이에게 앞으로 살아가는데 주축이 될 수 있는 법칙들을 가르칠 책임을 가지고 있다. 그러므로 아홉 번째 하우스는 **아버지**를 다스린다.

  지식을 높이기 위해선 우리는 찾아 나서야 하며 영적인 여행을 해야 한다. 아홉 번째 하우스는 **긴 여행**과 **성지순례**를 다스린다.

- **열 번째 하우스**

  열 번째 하우스는 카르마(행위) 하우스이다. 물질적 성취(아타)를 위해 쏟는 열성적 에너지와 집중력을 대변한다. 특히 행동을 하는 자아를 다스린다.

  우리는 신체적인 안녕을 제공할 수 있는 직업을 성취하기 위해 가장 많은 에너지를 쏟는다. 그러므로 열 번째 하우스는 **직업에 쏟는 에너지**와 **직업적인 성공**을 다스린다.

  이러한 성취는 직위를 제공한다. 그러므로 열 번째 하우스는 **직위**와 그에 따라오는 **존경**을 다스린다.

  전통적인 시대에서는 직업을 아버지로부터 물려받았다. 그러므로 열 번째 하우스도 아버지를 다스린다. 아홉 번째 하우스는 아버지가 보여 주는 본보기, 아버지의 안녕과 삶을 나타낸다. 하지만, 우리가 하는 어떤 행동의 기준은 아버지로부터 영향을 받은 대로 하게 된다. 이러한 아버지의 영향력은 열 번째 하우스에서 더 많이 나타난다. 그러나 차트를 읽을 때, 아버지에 관련된 예측은 아홉 번째 하우스를 통해 모든 것을 결정해야 한다.

어떤 권위적 대상들이 우리들의 행동(카르마)을 감시하게 된다. 그러므로 열 번째 하우스는 정부, 상사, 아버지 등등, 모든 권위적인 대상들을 다스린다.

· 열한 번째 하우스

열한 번째 하우스는 이득을 다스린다. 우리가 얻고 싶어 하는 욕구들을 나타내는 카마 하우스이기 때문이다.

성공하면 우리는 이득을 얻게 된다. 그러므로 열한 번째 하우스는 일반적으로 **성공**을 다스린다.

성공한다는 것은 학위나 직위를 가지게 해 준다. 그러므로 열한 번째 하우스는 **학위, 직위**들을 다스린다.

모든 사람에게 가장 중요한 이득은 수입이다. 그러므로 열한 번째 하우스는 수입을 다스린다.

열한 번째 하우스는 우리가 얻고 싶어하는 욕구들을 나타낸다. 우리가 가진 **가장 큰 욕구와 충동들**을 나타낸다. 그리고 열한 번째 하우스는 깨달음을 얻기 전에 가지게 되는 가장 마지막 욕구를 나타낸다.

전통적 사회에서는 손위 형제들이 집안에서 가장 많은 이득을 얻도록 되어 있었다. 그래서 손아래 형제들은 손위 형제들을 공경심과 득을 물려받을 수 있는 근원으로 우러러보아야 했다. 그러므로 열한 번째 하우스는 **손위 형제들**을 다스린다. 오늘날에도 손아래 형제들은 손위 형제들의 도움, 보호, 인정을 받을 수 있을 때 많은 도움이 된다. 그러므로 열한 번째 하우스는 비단 손위 형제들뿐만 아니라 어떤 친구들, 동료들, 그룹들로부터 받게 되는 인정, 사랑, 지지, 받은 보호 등을 다스린다.

· 열두 번째 하우스

열두 번째 하우스는 우리를 바깥 세상사로부터 자유롭게 한다. 그러므로 가장 중요한 목샤 하우스이다. 우리가 세상으로부터 자유로워지고 싶어 하는 이유 중에 하나는 세상을 살아가는 데 있어 피할 수 없는 삶의 일부분, 아픔과 고통으로부터 달아나고 싶기 때문이다. 열두 번째 하우스는 마지막 하우스로서 **완성**을 나타낸다.

우리에게 있는 가장 큰 탈출의 욕구는, 영적으로 자유로워지는 것이다. 그러므로 열두 번째 하우스는 영적 깨달음을 다스린다.

사람들은 은둔하거나 수도승적인 삶을 통해 영적인 깨달음을 얻게 된다. 그러므로 열두 번째 하우스는 **은둔**과 **수도원**을 나타낸다.

사람들은 또한 격리, 병원에 입원 등을 통해 세상사로부터 자유로워지기도 한다. 그러므로 열두 번째 하우스는 **격리, 병원 입원, 병원** 등을 다스린다.

사람들은 감옥행을 통해서 세상사로부터 자유로워지기도 한다. 그러므로 열두 번째 하우스는 **감옥행**과 **감옥**을 다스린다.

섹스, 마약, 환상 등에 빠지는 것도 세상사로부터 자유로워질 수 있는 방법이다. 열두 번째 하우스는 **섹스, 마약, 숨은 욕망** 등을 다스린다.

어떤 사람들은 태어난 장소에서 카르마가 다 소진하여 어떤 다른 외지로 떠날 수도 있다. 그러므로 열두 번째 하우스는 **외국에서 사는 것, 외국에서 유래된 것** 등을 나타낸다.

우리가 이런 식으로 삶을 살다 보면 책임을 완수하기 위해서 들어가야 하는 비용들이 있다. 열두 번째 하우스는 **비용들**을 나타낸다. 같은 비용이지만 결과적으로 우리에게 경제적인 자유를 가져다주는 **장기투자들**도 열두 번째 하우스가 다스리고 있다.

이해는 완성을 함으로서 오게 된다. 그래서 열두 번째 하우스는 이해를 가져다주는 연구와 실험들을 다스린다. 그리고 이러한 일들을 하는 장소인 연구실, **실험실들**을 다스린다. 사실상 우리의 신체 부위 중에 열두 번째 하우스가 다스리는 "발"은 이해를 상징하고 있다.

⊠ 신체 부분들

우리의 신체 각 부분에 해당되는 하우스들은 "제3장 라시들"에서 밝힌 바 있는 라시들의 해당 신체 부분들과 같다. 첫 번째 하우스에서 열두 번째 하우스들까지 배정된 신체 부분들은 산양 라시에서 물고기 라시들까지 배정된 부분들과 똑같다.

⊠ 다른 사람들에 연관된 하우스들

차트 주인의 인생에 연관된 다른 사람들을 본인의 차트를 통해 읽을 수도 있다. 차트 주인이 문의하는 사람을 다스리는 하우스가 문의 대상의 첫 번째 하우스가 되는 것이다. 그리고 이어지는 하우스들은 두 번째, 세 번째 … 하는 식으로 읽으면 된다. 예를 들면 차트 주인의 어머니에 대해서 읽으려면 네 번째 하우스가 어머니가 된다. 이어지는 두 번째 하우스(차트 주인의 다섯 번째 하우스)는 어머니의 "부"를 나타내는 두 번째 하우스가 되며, 세 번째 하우스(차트 주인의 여섯 번째 하우스)는 어머니의 형제들을 나타내는 세 번째 하우스 등등이 되는 것이다.

⊠ 하우스들이 가진 두 번째 의미들

어떤 하우스가 라그나로부터 얼마만큼 멀리 있느냐 하는 숫자를 세워서, 같은 숫자만큼 멀리 있는 하우스는, 그 하우스와 비슷한 의미를 가지게 된다. 이 방법을 **바밧바밤**(Bhavat Bhavam)이라고 한다. 예를 들면 세 번째 하우스는 두 번째 하우스로부터 두 번째에 있는 하우스이다. 그래서 세 번째 하우스도 "부"와 관련을 가지고 있다. 일곱 번째 하우스는 열 번째 하우스로부터 열 번째에 있는 하우스이다. 그래서 일곱 번째 하우스도 직업, 직위 등과 관련이 있다. 세 번째 하우스는 여덟 번째 하우스로부터 여덟 번째에 있는 하우스이다. 그래서 세 번째 하우스도 "장수"와 관련을 가지고 있다. 이런 식으로 어떤 하우스가 가지고 있는 숨은 영향들을 이해할 수 있다. 이러한 방법을 어떤 하우스와 관련된 사건들이 일어날 시간들을 다샤(Dasa)를 사용하여 예측하려 할 때 많은 도움이 될 수 있다.

▨ 하우스 시스템들

베딕 점성학에서는 일반적으로 몇 가지 다른 하우스 시스템들이 사용되고 있다. 가장 일반적인 시스템은 **라시 차크라**(Rasi Chakra)이다. 이 방법을 하우스를 결정하는 데 있어 가장 간단한 방법이다. 라시 차크라에서 첫 번째 하우스는 출생시간 당시에 동쪽 지평선에서 올라오고 있는 라시에 의해 결정된다. 이러한 첫 번째 라시는 라그나(상승점)으로 알려져 있다. 다음에 이어지는 각자 다른 라시들은 차례대로 다른 하우스들이 된다. 라시 차크라 방법의 특이한 점은, 어떤 특정한 라시가 올라오고 있는 각도(degrees)에 상관없이, 하나의 라시 전체가 한 개의 하우스가 된다는 것이다. 라시 차크라는, 주어진 특정한 하루 중에서 다른 어떤 하우스 시스템보다도 가장 적은 변수를 가지고 있다. 그래서 라시 차크라는 전체 차트(Horscope)의 골격을 형성하는 가장 핵심적인 차트가 된다. 다른 하우스 시스템들은 라시 차트(Rasi Chart)에 나타나는 사실들은 어느 정도 조정하거나 부수적인 사실들을 더할 수도 있다 그러나 결코 바꿀 수는 없다. 모두 라시 차크라라는 같은 기초를 바탕으로 하고 있기 때문이다. 라시 차크라는 모든 베딕 점성학자들이 사용하고 있으며 가장 우선적으로 중요하게 다루어 지고 있다.

이 외에도 두 가지 다른 시스템이 있다. 좀 더 수학적으로 각자 하우스의 범위들을 계산해서 결정하는 방법이다. 이렇게 좀 더 수학적인 시스템들은, 바바 차크라(Bhava Chakras)라고 한다.

한 가지 방법은 **베딕 이퀄 하우스**(Vedic Equal system of house division, 동등한 하우스 분할 방식) 시스템으로 알려져 있다. 베딕 이퀄 시스템에서는, 라시가 올라오는 경도(상승점)가 첫 번째 하우스의 커스프(Cusp, 경계선), 또는 중심점이 된다. 그 점에서 각자 30도씩, 다음에 이어지는 하우스들의 커스프가 되는 것이다. 커스프 점에서 15도 앞, 15도 뒤, 이렇게 한 개의 하우스가 된다. 모든 하우스는 30도씩 정확하게 나누어져 있다. 일반적으로 이러한 시스템을 이퀄하우스차트(Equal House Chart)라고 부른다.

또 다른 한 가지 방법은 **쉬리파티**(Sri Pati) 방법으로 알려져 있다. 쉬리파티 방법은 베딕 이퀄 시스템처럼 올라오고 있는 라시의 포인트가 첫 번째 하우스의 커스프가 된다. 그리고 미든헤븐(MC)이라고 불리는 포인트가 열 번째 하우스의 커스프가 된다. 미드헤븐에서 정확히 반대편에 있는 포인트가 네 번째 하우스의 커스프가 된다. 미드헤븐 포인트는, 머리 위쪽의 제일 높은 점(천정)을 통과하도록 그은 자오선(meridian)이 황도(ecliptic)와 교차하는 지점이다. 첫 번째 하우스 커스프와 네 번째 하우스 커스프 사이의 공간을 세 등분하여 두 번째와 세 번째 하우스의 커스프를 산출한다. 이러한 하우스들의 정확한 반대편 포인트들이 여덟 번째와 아홉 번째 하우스의 커스프가 된다. 이와 같은 방법으로 열 번째 하우스 커스프와 첫 번째 하우스 커스프 사이의 공간을 세 등분하여, 열한 번째와 열두 번째 하우스 커스프를 산출하면 된다. 정확하게 이들의 반대편에 있는 포인트들은 다섯 번째와 여섯 번째 하우스의 커스프들이 되는 것이다. 이러한 커스프들은, 각자 하우스들의 중심점을 나타낸다.

쉬리파티 시스템이 가진 독특한 점은 일반적으로 열 번째 하우스 커스프가 첫 번째 하우스 커스프에 직립하지 않기 때문에 하우스들의 범위가 서로 달라진다는 것이다. 그래서 쉬리파티 시스템은 차트를 해석하려 할 때 혼돈을 일으킬 수 있는 두 가지 문제점이 있다. 먼저, 하우스들이 똑같이 분할이 안 됐기 때문에 라시차크라에서의 하우스 로드와 바바차크라에서의 하우스 로드들이 서로 다를 수도 있다는 점이다. 그래서 두 개의 하우스 커스프들이 한 개의 라시에 같이 있는 경우가 자주 일어난다. 반면에, 어떤 라시는 아무런 커스프도 가지지 않을 수도 있다. 북위나 남위로 더 심하게 치우칠수록, 이러한 극적인 예가 더 자주 발생한다. 어떤 라시는 3개 혹은 더 많은 하우스 커스프를 가지고 있는 경우도 허다하다. 그리하여 유럽의 서양 점성학자들은 북위 50°보다 더 먼 곳에 있는 사람들의 차트(Horoscope)는 자주 이퀄 하우스 시스템으로 계산하고 있다.

이렇게 세 가지 서로 다른 하우스 시스템에 대해 간단히 설명하였다. 그런데 어느 시스템을 사용할 것인지를 선택하려 할 때 많은 혼돈이 있을 수 있다.

다음은 저자가 가진 관점이며, 하우스 시스템을 선택하는 데 도움이 되었으면 한다.

1. 라시 차크라가 가장 중요하다. 절대 실패하지 않을 가장 안전한 방법이다. 모든 점성학자가 이 차트를 가장 먼저 사용한다. 혹은 대부분의 점성학자가 이 차트만 사용하고 있기도 하다.

2. 바바 차크라는 라시 차크라의 기초를 이룬다. 그래서 라시 차크라가 나타내고 있는 사실들에다 다른 부수적인 사항들을 보탤 수가 있다. 그러나 라시 차크라에 있는 사실들 자체는 절대로 바꿀 수가 없다. 저자의 경험으로는 행성들은 라시 차크라에서 가지고 있는 특성들을 바바 차크라에서 위치한 하우스들을 통해 표출하는 것을 알 수 있었다.

3. 이퀄 하우스 시스템이 쉬라파티 시스템보다 더 나은 방법이다. 어느 위도에서도 모두 다 잘 적용되며 쉬리파티 시스템보다 훨씬 덜 빠르게 변하기 때문에 쉬리파티보다 더욱 튼튼한 기초 차트를 만들어 준다.

4. 쉬리파티 바바차크라는 바르사팔(Varshaphal, 솔라리턴) 차트에서 더욱 유용하게 사용될 수 있다.

• 열두 개 하우스의 특징들

첫 번째 하우스	다르마/트리코나/앵글, 외모, 신체, 의지적인 힘, 머리, 건강, 개성, 자아 존중감, 생명력, 두뇌, 카스트(신분계층), 피부 상태, 머리카락, 자질들, 피부
두 번째 하우스	아타/파나파라, 눈, 얼굴, 가족, 음식, 친구들, 가문의 이름, 사적인 자원, 유동 자산, 자아 가치, 스피치, 맛, 부, 옷 장식, 사업, 부양해야 하는 사람들, 손톱, 오른쪽 눈, 두 번째 아내, 혀, 진실, 거짓
세 번째 하우스	카마/아포클리마/우파차야/리나 스타나(숨겨진 하우스), 동료들, 팔, 상업, 소통, 교류, 용기, 청력, 수명, 개인적 욕망, 짧은 여행, 손아래 형제들, 힘, 귀, 의지, 우파데샤(첫 배움을 받은 행위), 이지적인 자신감, 폐, 신체적인 힘, 오른쪽 귀
네 번째 하우스	목샤/앵글/차투라스라(사각 하우스), 젖가슴, 빌딩, 행복, 가정, 집, 마음, 어머니, 프라나야마(호흡법), 운송수단들, 농업, 아트, 다리, 모국, 정원, 약, 왕국, 파탈라(지하에 있는 세계), 물
다섯 번째 하우스	다르마/트리코나/파나파라, 자녀들, 창조 지성, 분별력, 교육, 심장(가슴), 만트라(진언), 샤스트라(성스러운 서적), 영적 기법들, 배(아랫배), 직위에서 떨어짐, 부적, 미래에 대한 선지식, 왕족들, 표현한 애정
여섯 번째 하우스	아타/아포클리마/두스타나/우파차야/샤트코나/리나 스타나(숨겨진 하우스), 대변, 빚, 질병, 적들, 운동, 싸움, 전투, 상처(사고나 수술 등으로 인한), 카르마 요가, 법적 소송, 하인들, 의심, 굴욕, 외삼촌, 장애물, 무기, 피곤해서 지침, 약간 괴상한 행동, 비도덕적 행동들, 적들에게 걸린 마술
일곱 번째 하우스	카마/앵글, 내부 생식기, 대중 관계, 파트너들, 섹스, 배우자, 외국, 외조모, 여행
여덟 번째 하우스	목샤/파나파라/두스타나/차투라스라(사각 하우스)/리나 스타나(숨겨진 하우스), 중독, 단절, 고질병, 충동적인 행동들, 수술, 속궁합, 죽음, 성기, 레거시(legacies, 유산, 유물), 마술, 어컬트, 죄의 정화, 영원한 흔적을 남기는 사고, 죄, 변형, 기대치 않았던 사건, 취약함, 횡재, 죽임, 비도덕적 행동들, 감정적인 안정성
아홉 번째 하우스	다르마/트리코나/아포클리마, 아버지, 행운, 구루, 법률, 오랜 여행, 목적, 고행, 천학, 성지순례, 선생, 허벅지, 우화, 좋은 동지, 덕스러운 행위들, 도덕성, 종교적으로 쌓는 덕, 올바름, 성스러운 것들을 공부함, 걸의
열 번째 하우스	아타/앵글/우파차야, 명령, 고용인, 아버지, 정부, 카르마 - 행위를 하는 것, 무릎, 직업적인 성공, 존경, 직위, 권위, 천상에서 일어나는 현상들, 유명함 - 명성, 지위, 왕, 왕족들, 주권
열한 번째 하우스	카마/파나파라/우파차야/샤티코나, 발목/종아리, 손위 형제들, 이득, 타이틀(자격증이나 경력들 등), 가장 큰 욕구, 학위, 수입, 동료그룹, 그룹들, 성공, 행동의 진척, 왼쪽 귀, 소원이 이루어 짐, 받은 사랑과 인정
열두 번째 하우스	목샤/아포클리마/두스타나/리나 스타나(숨겨진 하우스), 자선, 완성, 꿈, 마야, 탈출, 비용, 환상, 발, 외국, 외국에 삶, 숨겨놓은 욕구들, 입원, 병원, 수감, 목이 베임, 실험실, 장기 투자, 잃음, 외조부, 수도원(절, 아쉬람), 감옥, 출가(은둔), 섹스, 잠, 영적인 깨달음, 침대, 숨은 적, 왼쪽 귀, 팔다리를 잃음, 희생, 스파이

9. 하우스의 로드들

차트에서 특정한 하우스가 되는 라시를 다스리는 행성은, 해당 하우스의 로드(Lord, 지배자)라고 부른다. 각 행성들은 이러한 로드십(lordship, 관할권)에 따라 임시적으로 길성, 흉성, 중성이라는 품위를 얻게 된다. 이러한 임시적 품위는 어떤 동기를 가지고 행성이 행동하게 되는가 자신의 의지대로 할 것인지 아니면 바른 목적대로 따를 것인지 등의 상태를 나타낸다.

▨ 하우스 로드십에 따른 행성들의 본성

브리핱 파라샤라 호라샤스트라(BPHS)에서는 행성들이 다스리는 하우스에다 기준을 두고, 그들의 품위를 결정하는 원칙에 대해서 다음과 같은 가이드라인을 주고 있다.

"앵글 하우스들을 다스리는 길성들은 길조적인 효과를 주지 않을 것이며, 앵글 하우스들을 다스리는 흉성들은 흉조적인 상태로 있지 않을 것이다."

앵글 하우스들을 다스리는 행성들은 어떤, 분명한 행위를 하기 위해 집중하고 있다. 그들이 가지고 있는 동기들은 각자 다를 것이다. 그러나 품위는 모두 중립을 얻는다.

"자연적 흉성이 앵글을 다스리고 있으면 길조적으로 된다고 하였다. 그러나 트라인 하우스를 동시에 지배하고 있어야 길조적이 되며, 단지 앵글을 다스리고 있다고 해서 그렇게 되지는 않는다."

간혹, 자연적 흉성이 앵글 하우스를 다스리게 되면 임시적 길성이 된다고 하는 의견들이 있다. 사실은 이런 경우, 흉조적인 결과를 가져다주는 것을 잠시 멈출 뿐이다. 그러한 행성이 트라인 하우스를 동시에 다스리지 않는 한, 중립의 품위를 가지게 되는 것이다. 마찬가지로, 어떤 점성학자들은, 길성이 앵글 하우스를 다스리게 되면 임시적 흉성이 된다고도 한다. 이러한 의견 역시, 정확한 사실이 아니다. 그러한 행성들은 중립이 됨으로 인해, 길조적인 본성을 잠시 잃을 뿐이지 흉성이 되는 것과는 아주 거리가 멀다.

"트라인의 로드는 길조적인 결과를 줄 것이다."

트라인 하우스들을 다스리는 행성들은, 다르마를 향해 조준되어 있기 때문에, 그들이 하는 행위들을 바른 동기를 가지고 있다.

"라그나 로드는 특히 길조적이다. 라그나는 앵글인 동시에 트라인이기 때문이다."
"3rd, 6th, 혹은 11th 하우스를 다스리는 행성은 흉조적인 효과를 줄 것이다."

세 번째, 여섯 번째, 그리고 열한 번째 하우스들을 다스리는 행성들은, 에고 위주의 품위를 가지고 있다. 그래서 일반적으로 이기적인 모습으로 행동하게 된다.

"2nd, 12th, 그리고, 8th 하우스의 로드들은 같이 있는 행성이나 자신들이 다스리고 있는 또 다른 하우스에 따라 효과를 준다."

이러한 하우스들을 다스리는 행성들은, 에고 위주로 혹은 바른 동기를 가지고 행동할 수 있다. 그래서 중립이 된다. 그러한 행성이 동시에 다스리고 있는 또 다른 하우스가, 그들이 가진 동기를 나타내게 된다. 만약 한 개의 하우스만 다스리고 있으면, 어떤 행성이든지, 같이 있는 행성의 임시적 품위를 따르게 된다.

"8th 로드는 9th로부터 12th를 다스리기 때문에 길조적이지 않다. 만약 8th로드가 동시에 3rd, 7th 혹은 11th를 다스리고 있으면 특히 해롭게 행동할 것이며, 트라인을 동시에 다스린다면 길조적인 효과를 내려 줄 것이다. 태양과 달이 8th 로드십을 가지게 되면 해롭지 않다."

비록 여덟 번째 하우스 로드가 가진 동기는 중립이지만 여덟 번째 로드는 위기, 파괴, 삶의 급변화 등을 나타내는 하우스를 다스리고 있다. 그래서 전반적인 어려움들을 가져온다.

"각 그룹에서 올라가는 순서대로 중요성을 가지게 된다."

하우스 로드십은 앵글 로드들/트라인 로드들/세 번째, 여섯 번째, 열한 번째 로드들/두 번째, 열두 번째, 여덟 번째 로드들 이렇게 네 그룹으로 나누어져 있다. 그런데 그들이 각자 속한 그룹에서 주는 효과는 표기된 순서대로 더욱 강력해진다는 의미이다. 앵글 로드들 중에서는 일곱 번째가 네 번째 보다 강하며, 열 번째가 일곱 번째 보다 강하다(10>7>4). 트라인 로드들 중에서는 다섯 번째가 첫 번째 보다 더 길조적이며, 아홉 번째가 다섯 번째 보다 더 길조적이다(9>5>1). 세 번째, 여섯 번째, 열한 번째 로드들 중에서는 여섯 번째가 세 번째 보다 더 흉조적이며, 열한 번째가 여섯 번째보다 더 흉조적이다(11>6>3). 두 번째, 열두 번째, 여덟 번째 로드들 중에서는 열두 번째가 두 번째 로드보다 더 확실하게 중립이며, 여덟 번째가 열두 번째 보다 더 확실하게 중립이다(8>12>2).

"한 개의 뛰어난 하우스를 다스리고 있는 행성은 동시에 다스리고 있는 다른 열악한 하우스의 효과를 중지시키고 자기 뜻대로 맞는 효과를 줄 것이다."

어떤 특정한 하우스 로드가 가진 임시적 품위는, 동시에 가지고 있는 다른 하우스의 로드십을 추월할 수도 있다는 의미이다. 예를 들면 다섯 번째 하우스는 두 번째로 강한 트라인 로드이다. 세 번째 하우스 로드는 가장 약하게 흉조적인 로드이다. 만약 이 두 개가 서로 영향을 미치고 있거나, 혹은 다섯 번째 로드가 세 번째 로드에게 영향을 미치고 있으면, 다섯 번째 로드가 가진 길조성은 세 번째 로드가 가진 흉조성을 추월하게 된다는 의미이다. 다르게 표현한다면, 만약 세 번째 로드가 다섯 번째 로드에게 영향을 미치고 있으면 세 번째 로드의 흉조성은 다섯 번째 로드의 길조적인 특성들을 능가할 수가 없다.

다샤를 해석할 때도 위의 원칙들이 마찬가지로 적용된다. 예를 들면 마하(Maha, 대) 다샤 로드가 여섯 번째 로드이고, 북티(bukti, 중) 로드가 아홉 번째 로드이면, 아홉 번째 로드는 여섯 번째 로드가 가진 흉조적인 효과를 막을 것이다. 왜냐하면, 아홉 번째 로드는 가장 강력한 트라인 로드십이며, 여섯 번째 로드는 흉조적으로 두 번째로 강한 로드십이기 때문이다.

이러한 원칙들 외에도, 하우스 로드십과 관련하여 적용할 수 있는 다른 몇 가지 두 번째 규칙들이 있다.

"앵글들을 다스리는 수성은 달보다 더 흉조적일 잠재성을 가지고 있으며, 목성은 수성보다, 금성은 목성보다 더 흉조적일 잠재성을 가지고 있다."

만약 금성이 앵글 하우스를 다스리고 있으면 중립이 된다. 그러나 동시에 다스리고 있는 또 다른 하우스 때문에 임시적 흉성이 될 수도 있다는 뜻이다. 혹은 만약 다른 임시적 흉성과 같이 있게 되면, 가장 강력한 흉조적 행성이 될 수도 있다는 것이다. 비슷한 상황에서, 목성은 덜 흉조적이 된다. 다음으로는 수성이, 다음으로는 달이, 점점 더 적은 강도로 임시적 흉성이 된다는 뜻이다.

"행성이 두 개의 하우스를 다스리게 되면, 물라트리코나 라시의 효과들이 주도하게 되며, 오운 라시의 효과들은 반으로 될 것이다."

행성은 물라트리코나 하우스의 효과를 삼분의 이, 다른 하우스의 효과는 삼분의 일만 주게 된다.

"행성이 두 개의 라시를 다스리는데, 한 개의 라시는 길조적인 하우스 그리고 다른 한 개의 라시는 두스타나 하우스가 되면서, 만약 길조적인 하우스에 위치하고 있으면, 위치한 하우스의 길조적인 효과를 주게 되며 다른 두스타나 하우스의 흉조적인 효과는 주지 않는다."

이러한 경우 행성은 자신이 다스리는 좋은 하우스에 두 배의 강조를 주게 된다. 첫째 길조적인 로드십으로 인해, 둘째 길조적인 위치로 인해서이다.

비슷한 경우로 만약 행성이 두 개의 하우스를 다스리면서 그중 한 개에 위치하며 행성은 위치한 하우스에 따른 임시적 품위를 가지게 된다. 예를 들면 사자 라시 라그나 에게 화성은 아홉 번째 하우스를 다스리는 길성이 되는 반면 네 번째 하우스를 다스리는 중립이 된다. 그런데 만약 화성이 네 번째 하우스에 위치하고 있으면 임시적 중립이 된다.

라그나 로드는 일반적으로 임시적 길성이다. 그러나 만약 다른 앵글 하우스를 다스리는 동시에 그러한 앵글에 위치를 하고 있다면, 임시적 중립으로 간주한다.

"만약 한 개의 행성이 트라인과 앵글을 같이 다스리면서, 앵글이나 트라인에 위치하고 있으면 요가카라카(Yogakaraka)가 될 것이다."

어떤 행성이 앵글과 트라인을 동시에 다스리게 되면 요가 카라카 즉 높은 신분, 성공, 출세 등을 가져다주는 행성이 된다. 트라인 하우스가 가진 "행운, 지성, 운, 축복" 등의 특성들이, 앵글 하우스의 "성사시키는 파워"와 조합을 이루게 되기 때문이다. 이러한 예로 는 황소 라시와 천칭 라시를 라그나로 가졌을 경우에 토성이 요가 카라카가 된다. 게 라 시와 사자 라시가 라그나인 경우에는 화성이 악어 라시와 물병 라시가 라그나 인 경우 에는 금성이, 각각 요가 카라카 행성이 된다.

이러한 행성들이 출세를 가져다주기 위해서는 반드시 차트(Horoscope)에서 위치를 잘 하고 있어야 한다. 특히 앵글이나 트라인 하우스에 위치하고 있거나, 다른 앵글 혹은 트 라인 로드와 서로 영향을 주고받는 상태에 있어야 이러한 요가 카라카들이 가진 바람 직한 효과들이 나타나게 된다.

⊠ 하우스 로드들의 품위

이제 이러한 행성들이 다스리고 있는 하우스에 따르는 품위를 살펴보기로 한다. 그런데 앞장과 본문 위에서 이미 설명한 가이드라인들과 하우스의 의미들을 함께 염두에 두고 있어야 한다.

· 라그나(첫 번째) 로드

라그나디파티(Lagnadhipati, 라그나로드)는 임시적 길성이 된다. 차트 주인이 세상을 향해 하는 표현을 다스리며, 그가 삶에서 가진 니치를 발견하게 하고, 그가 세상에서 설 자리를 찾도록 도와주기 때문이다.

· 두 번째 로드

두 번째 로드는 우리가 가지고 있는 자원들을 나타낸다. 그리고 우리가 그러한 자원들을 어떻게 사용하는가를 나타낸다. 우리는 이러한 자원들을 이기적으로, 또는 이타적으로 사용할 수 있다. 그러므로 두 번째 로드는 임시적 중립이 된다.

· 세 번째 로드

세 번째 로드는 에고가 가진 욕망과 흥미를 나타낸다. 그런데 보통은 이기적으로 그러한 것들을 쫓게 되기 때문에 임시적 흉성이라는 특성을 가지게 된다.

· 네 번째 로드

네 번째 로드는, 우리가 가진 행복에 대한 갈망을 나타낸다. 그리고 행복을 찾기 위한 우리의 태도를 나타낸다. 우리는 이기적으로나 이타적으로 또는 좋거나 나쁜 방법을 통해 행복을 찾으려 할 수 있다. 그래서 네 번째 로드는 임시적 중립이라는 품위를 가지게 된다.

· 다섯 번째 로드

다섯 번째 로드는 직관적이고 창조 지성적인 자아의 표출이기 때문에, 훌륭한 임시적 길성이 된다.

- **여섯 번째 로드**

여섯 번째 로드는 좋지 못한 매너를 가진 탓으로 임시적 흉성이 된다. 우리를 고난, 빚, 병, 사고, 적 등의 장애들을 극복함으로써 나아지도록 강요하기 때문이다.

- **일곱 번째 로드**

일곱 번째 로드는 다른 사람들과 나누고 싶어 하는 우리들의 욕망을 다스린다. 대부분의 인간관계들, 특히 애정 관계에서는 서로 주고받는 이해관계가 섞여 있다. 그러므로 일곱 번째 로드는 임시적 중립이라는 품위를 얻는다.

- **여덟 번째 로드**

여덟 번째 로드는 카르마의 잔재와 깨달음을 얻기 위해 필요한 정화를 나타낸다. 카르마의 저울을 균형 잡기 위해, 기대치도 않았던 엄청난 이득을 줄 수도 있고, 또는, 아주 어려운 고난을 줄 수도 있다. 영적 정화를 위한 욕구를 가지고 있기 때문에, 어컬트(occults, 비법) 지식을 줄 수도 있다. 중요한 점은 여덟 번째 로드는 우리가 과거에 한 행동들의 결과로 인해 정화를 가져 온다는 사실이다. 여덟 번째 로드는 임시적 중립이다. 왜냐하면 그가 가진 동기는 단지 균형을 이루고자 하는 것이기 때문이다. 그러나 이러한 카르마들을 이행함에 있어 어느 정도 아픔은 예상해야 한다.

- **아홉 번째 로드**

아홉 번째 로드는 우리가 가진 높은 자아를 나타낸다. 진리(다르마)를 찾게 하며 다르마적인 삶에 따르는 축복을 가져다준다. 그래서 최고로 훌륭한 임시적 길성이 된다.

- **열 번째 로드**

열 번째 로드는 어떤 가치 있는 것을 성취하기 위해 우리가 집중적으로 하게 되는 행동들을 다스린다. 그래서 열 번째 로드는, 우리가 세상 밖에서 하는 행동(카르마)을 가장 잘 대변해 주는 지표가 된다. 우리는 이기적으로 또는 이타적으로 행동을 할 수도 있기 때문에 열 번째 로드는 임시적 중립이 된다.

· **열한 번째 로드**

열한 번째 로드는, 임시적 흉성이 된다. 우리가 가지고 있는 가장 큰 욕망들, 가장 마지막 충동들, 그리고 이러한 것들을 구하고 붙잡기 위해서 에고가 전시하는 이기적인 성향들을 나타내기 때문이다.

· **열두 번째 로드**

열두 번째 로드는 세상의 괴로움으로부터 자유를 나타낸다. 이러한 자유는 건전하고 영적인 방식으로 올 수 있다. 혹은 마약, 섹스, 과잉 소비 등 파괴적인 방식들을 통해 올 수도 있다. 그러므로 열두 번째 로드는 중립이다. 또한 열두 번째 로드는 손실을 다스린다. 이러한 손실은 비용에 대해 초연하기 때문에, 혹은 과도하게 낭비함으로써 올 수도 있다.

▨ 하우스 로드로서의 행성들이 하는 역할

보편적으로 행성들은 자신이 다스리고 있는 하우스에 따라 차트 주인을 다음과 같은 매너로 행동하도록 유도하게 된다.

· **태양**

태양이 다스리고 있는 하우스는, 영감을 받아 창조하는 능력을 가지고 있는 영역이다. 그래서 차트 주인이 가장 쉽게 공감을 하게 되는 삶의 부분이다. 그리고 자신의 개성을 표현하는 영역이기도 하다.

· **달**

달이 다스리고 있는 하우스는 차트 주인이 가장 자연스럽게 느끼고 있는 삶의 영역이다. 그리고 편안함을 느끼기 위해 찾게 되는 삶의 영역이다.

· **화성**

화성이 다스리고 있는 하우스들은 차트 주인이 강한 의견과 아이디어들을 가지고 있는 영역이다. 그리고 싸워서라도 얻으려 하거나 이기고 싶어 하는 영역들을 나타낸다. 이러한 영역들은 차트 주인이 자신의 저력을 얻게 되는 곳이기도 하다.

· 수성

수성이 다스리고 있는 하우스들, 차트 주인이 현실적으로 이해하고 있고, 소통할 수 있는 능력을 가지고 있고 그리고 생산적인 매너로 사용하고 있는 영역들을 나타낸다. 그리고 차트 주인이 공평함과 비 편파성을 실험해 보고 싶어 하는 영역들이기도 하다.

· 목성

목성이 다스리고 있는 하우스들은 차트 주인이 신념, 희망, 이상주의, 낙천성 등을 경험하게 되는 삶의 영역이다. 그리고 이러한 것들을 통해 사회에 도움을 주고, 자신들을 현명하고, 교양 있으며, 용서하는 방식으로 표현할 수 있는 탁월한 능력을 부여하고 있는 영역이기도 하다.

· 금성

금성이 다스리고 있는 하우스들은 차트 주인이 욕구를 채우거나 쾌락을 찾고자 하는 삶의 영역을 나타낸다. 그리고 그러한 하우스들은 차트 주인이 사랑하고 자랑스럽게 여기고 있는 영역을 반영하고 있다.

· 토성

토성이 다스리고 있는 하우스들은 차트 주인이 불안함을 경험하고, 안정성과 안전함을 추구하고, 그리고 보통 융통성을 가장 적게 가지고 있는 삶의 영역들을 나타낸다. 이러한 하우스들이 원하는 것들은 보통 상당한 지연이나 투쟁을 겪은 뒤에야 충족된다. 그런데 가장 두드러지는 특성은, 토성이 다스리는 하우스들은 차트 주인이 가진 어려운 카르마들의 효과를 가져 오는 대리인과도 같은 영역이라는 것이다. 그리고 차트 주인이 갚아야 할 빚이 있는 삶의 영역들을 나타내기도 한다.

⊠ 열두 라그나들의 하우스 로드들

행성이 가진 자연적 특성들과 하우스 로드십에 따른 특성들을 합하게 되면 각자 다른 라그나들에 따라 각각 다른 행성들이 어떤 특정한 기능과 본성을 가지게 되는지를 파악할 수가 있다. 이런 식으로, 행성들을 각자 다른 라그나들에 맞추어 사용하고 그들의 본성을 이해하는 방법을 통해 우리는 라그나들에 대한 더욱 깊고 총체적인 이해를 할 수 있게 된다.

⊠ 산양 라시 라그나

· **태양은 다섯 번째 로드가 된다.**

"태양은 산양의 세 번째 눈(third eye)에서 자라나는 뿔들이며, 의지와 직관 그리고 창조적 지성을 나타낸다."

태양은 산양 라그나가 가진 독립적인 영혼과 심장을 대변한다. 그들의 캐릭터에 상당한 영감을 고무시킨다. 파워풀한 지성, 독립적인 생각, 그리고 스스로 지식을 획득할 수 있는 능력과 독립적으로 배울 수 있는 능력을 가지고 있다.

태양은 다섯 번째 로드로서, 그들의 건강이 자신의 영감에 따라 좌지우지되게 만든다. 태양은 행운과 지식을 주는 임시적 길성이다. 그러나 자연적으로는 흉성인지라 태양은 산양 라그나들이 자아계발이나 배움, 영감들을 얻기 위해 희생해야 하는 것들을 나타낸다.

· **달은 네 번째 로드가 된다.**

"달은 산양이 자신의 주변 여기저기를 떠돌고 다니고 있는 모습이다."

달은 산양 라그나들의 변덕스러운 정신상태, 오르락내리락하는 감정, 행복을 찾아 방황하는 모습, 그리고 자주 변하는 환경 등을 나타낸다. 그리고 달은 그들에게 반영적이고 상념에 잘 젖는 정신 상태를 준다. 하지만 보통 자신들에 대한 회고하기 좋아한다.

군이 그들이 이기적이어서가 아니라, 단지 스스로에 대해 아주 많은 것들을 발견하게 되기 때문이다.

달은 앵글 로드로서 임시적 중립이다. 만약 지는 달이면, 자연적 흉성이기 때문에 불만족스러움으로 매사를 소홀히 하게 만든다. 반대로 뜨는 달이면, 자상한 자질을 주어서 뭐든지 같이 융화시키며 발전하게 만든다.

· **화성은 첫 번째와 여덟 번째 로드가 된다.**

"화성은 산양이 가진 강한 머리통으로서 엄청난 파괴력을 가지고 있다."

산양 라시는 새로운 사이클의 시작을 대변한다. 그래서 보통 산양 라그나 인들은 스스로를 찾을 수 있을 때까지, 삶에서 어떤 엄청난 변화를 거쳐야만 한다. 화성은 첫 번째와 여덟 번째 로드십을 통해, 새로운 신분을 창조하기 위해서 필요한 개인적 전환을 하게 만든다. 화성은 산양 라그나들이 일반적으로 가지고 있는, 충동적이고 어찌 보면 위기적일 수도 있는 라이프스타일을 나타낸다. 화성을 대단한 재생능력을 부여한다. 미지의 것과 대면하거나 어떤 상황에서건 죽음(여덟 번째 하우스의 상징)같은 고통이라도 감수할 성의가 있는 힘과 용기를 선사한다. 그리고 화성은 라그나 로드로서 산양 라그나인들이 완고한 성향을 가지게 하는데, 여덟 번째 하우스 로드십으로 인해 곤란에 잘 빠질 수도 있게 된다.

라그나를 다스리기에 화성은 임시적 길성이 된다. 삶에서 그들에게 잘 맞는 자리를 만들어 나가게 해 줄 책임을 가지고 있기 때문이다. 그러나 자연적으로는 흉성이기에, 그들이 강력하게 동일시하고 있던 것들에 대한 스스로의 의견이나 생각 등을 만약 바꾸게 되면, 화성은 자신이 영향을 미치고 있는 영역들에 파멸을 가져올 수도 있다. 혹은 그들이 가진 생각이나 아이디어들을 바꾸기 위해, 화성은 분열을 일으킬 수도 있다.

· **수성은 세 번째와 여섯 번째 로드이다.**

"수성은 산양이 가진 신체적, 이지적 민첩성이다."

수성은 산양 라그나인들이 가진 아주 합리적인 이지를 나타낸다. 특히 어떤 문제들을 해결하는 데 적합한 능력이다. 대단한 엔지니어링 능력과 신체를 힐링하는 재능을 가지고 있다. 만약 수성이 태양과 합치를 하게 되거나, 태양으로부터 앵글에 있게 되면, 이러한 능력들이 놀라울 정도로 두드러지게 된다. 여섯 번째 하우스 로드십을 가지고 있다 보니 수성은 세 번째 하우스에서 나타내는 욕구들을 현실화시키는 데 많은 문제를 주게 된다. 세 번째와 여섯 번째는 노력의 하우스들이다. 수성은 이지적인 행성이다. 그래서 수성은 산양 라그나인들에게 가능하면 이지를 많이 사용하는 일을 하도록 만든다. 수성은 재주가 많고 민첩한 행성이다. 그래서 세 번째와 여섯 번째 로드십을 통해 많은 육체적 재능을 부여한다. 세 번째와 여섯 번째는 둘 다 우파차야(늘어나는) 하우스들이기 때문에, 수성은 떡잎처럼 막 솟아나는 지성의 힘을 이용해서 산양 라그나인이 가지고 있는 재주나 재능들이 계속 늘어나도록 만들어 준다.

두 개의 흉조적인 하우스들을 다스리기 때문에 수성은 임시적 흉성이 된다. 그래서 산양 라그나인들이 가지고 있는 이지적인 경쟁심이나, 원하는 것들을 자기중심적으로 추구하는 성향을 나타낸다. 하지만 공평한 것을 좋아하는 수성은 비단 어떤 경쟁대상뿐만 아니라 전쟁할 때도 공평한 게임을 하도록 만든다. 자연적으로는 길성이기 때문에 수성은 그들에게 실질적인 지성과 재주들을 준다. 그래서 원하는 것들을 가질 수 있도록 도와준다.

· **목성은 아홉 번째와 열두 번째 로드이다.**

"목성은 산양의 황금빛 털이다. 그를 보호해 주며 또한 얻고자 찾아 헤맨다."

목성은 산양 라그나인들이 타고난 신념이며 귀의를 할 수 있는 능력이다. 목성은 흔히 손실이 행운으로 돌아오는 경험을 통해 산양 라그나인들에게 귀의에 대한 신념을 가지도록 만들어준다. 그러한 신념을 얻기 위해선, 엄청난 손해도 감수할 용의가 있을 정도로 강한 이상주의를 고무시킨다. 목성은 그들이 외국 여행을 통해 행복을 느끼도록 해주며, 그래서 글로벌적으로 위대한 선두자로 만들어 준다.

아홉 번째 로드십으로 인해, 목성은 파워풀한 임시적 길성이며, 대단한 행운을 가져다주는 행성이다. 그러나 열두 번째 로드십으로 인해, 목성은 어떤 형태의 손해나 비용을 입힐 수도 있다. 그들이 다르마를 향해 계속 나아갈 수 있게 하기 위함이다. 그러나 자연적으로는 길성이기 때문에 이러한 손해들 역시, 나중에는 더욱 나은 부와 행복으로 이어지는 장기투자와도 같게 된다.

· 금성은 두 번째와 일곱 번째 로드이다.

"금성은 산양의 리비도(libido)이며, 사실상 자신들의 사향내 나는 정액을 냄새 맡고 있다."

금성은 산양 라그나인들이 가지고 있는 파트너십에 대한 욕구를 대변한다. 그리고 그들에게 감각적인 열정을 준다. 소유물을 나타내는 두 번째 하우스를 다스리기에, 산양인들은 어느 정도 소유적인 기질들이 있다. 그런 만큼 결혼과 가족생활을 원하게끔 하며, 동시에, 훌륭한 부양자들로 만들어 준다. 다른 사람들과는 확신을 가지고 스피치를 할 수 있도록 하며, 외교수완능력을 부여한다. 그들이 자신의 파트너와 소유재산에 대해 자랑스러워하고, 오직 최고로 섬세하고 좋은 것들만 원하도록 만든다. 그리고 이러한 것들을 건강한 방식으로 즐기고 사랑할 수 있는 능력을 주기도 한다.

금성은 산양인들에게 임시적 중립이다. 비록 파트너들에게 많은 것을 기대하지만, 동시에 어떤 흥정 같은 건 하지 않는 품위를 지켜준다. 그리고 자연적 길성이기 때문에, 금성은 사치스러움과 편안함을 주며 소유물이나 이성들을 통해 쾌락을 즐기도록 만든다.

· 토성은 열 번째와 열한 번째 로드이다.

"토성은 산양이 가진 외톨이 성향으로서 무리로부터 빠져나와 혼자 돌아다니거나 개인적인 높낮이 능력을 재보기 좋아한다."

토성은 열 번째와 열한 번째 로드로서, 삶의 어떤 불안정성도 끄떡없이 지탱해 줄 수 있을 정도로 높은 지위와 성공을 얻고자 하는 산양인들의 강한 욕구를 나타낸다. 토성은 그들이 자신의 개성을 위협하는 어떤 권위적 인물이나 그룹도 싫어하도록 만든다. 그러면서도 그러한 관계에 얽혀 어려움을 경험하게 하는 경향이 있다. 이러한 기질들 때문에, 산양인들은 자기 일을 하거나 독립성을 유지할 수 있을 때 가장 행복을 느끼도록 만든다. 그리고 그들 자신이 어떤 권위적인 위치에 있지 않는 한 어떠한 그룹으로부터도 약간의 거리를 지키길 선호하게 만든다. 토성은 산양인들이 성공과 직위를 얻는

데 지연을 시킨다. 그러한 과정을 통해 겸허해지게 만든다. 하지만 일단 성공과 직위를 얻게 되면, 아주 오랫동안 유지를 하게 해준다.

열한 번째 하우스를 다스리기 때문에 토성은 임시적 흉성이 된다. 그래서 산양인들이 직위, 커리어, 수입, 명예, 원하는 것들 등을 획득하기 위해 일단 나서게 되면, 아주 이기적이거나 냉정하도록 만들 수도 있다. 그리고 토성은 자연적으로도 흉성이기 때문에 산양인들에게는 가장 심각한 흉성이다. 그래서 야망으로 인해 이별과 손해를 보게끔 만든다.

⊠ 황소 라시 라그나

· **태양은 네 번째 로드이다.**

"**태양은 황소가 가진 힘이다.**"

태양은 네 번째 로드로서 안정된 정신적 자세를 준다. 황소 라그나 인들이 가지고 있는 바꿀 수 없는 저력이다. 네 번째 하우스를 다스리는 태양은 그들을 탄탄하고 무게감 있게 만든다. 그러나 이러한 우직한 성향은 감정적으로는 타협할 수 있는 능력이 부족하다. 태양은 행복이나 안전성이 그들 자신에게 달려 있음을 나타낸다.

태양은 앵글 로드로서 임시적 중립이다. 태양에게 미치고 있는 다른 영향들에 따라, 그들의 노력이 이기적인 동기에 바탕을 두고 있는지, 아니면 다르마적 동기를 가지고 있는지를 결정하게 된다. 태양은 자연적으로는 흉성이다. 그래서 안정이나 행복에 대한 어떤 욕구들로 인해 태양이 영향을 미치고 있는 영역으로부터 분리를 시킬 수도 있다.

· **달은 세 번째 로드이다.**

"**달은 황소의 부드러움이다.**"

달은 세 번째 로드로서 황소인들의 재주가 많은 정신 자세를 나타낸다. 어떤 행동을 할 때도, 강제적이거나 안간힘을 쓰기 보다는 쉬운 것을 선호한다. 달은 황소인들에게 가진 취미나 원하는 것들이 잘 변하게 한다. 그리고 탁월한 상업적 재능들을 준다.

세 번째 하우스를 다스리기 때문에 자기 동기를 가지고 있는 임시적 흉성이 된다. 그러나 달은 친절하고 유연하기 때문에, 자신이 가진 욕구들 때문에 어떤 갈등을 일으키지는 않는다. 뜨는 달은 자연적 길성으로서, 영향을 미치고 있는 영역의 성장을 촉진하고 충족시킬 수 있는 재능을 준다. 지는 달은 자연적 흉성으로서 염세적인 기질을 주는 경향이 있다. 지는 달이 영향을 미치고 있는 영역에서 채워질 수 없는 욕구들을 가지게 만들어 행복도를 낮춘다.

- **화성은 일곱 번째와 열두 번째 로드이다.**

  "화성은 황소의 암소들이다."

  화성은 일곱 번째와 열두 번째 로드로서, 아주 파워풀한 성적인 성향을 나타낸다. 파트너나 애정관계 때문에 큰 손실이나 비용을 감당하게 될 수도 있다.

  황소인들에게 화성은 임시적 중립이지만 그러나 자연적으로는 흉성이다. 그래서 황소 라그나인들이 애정관계에서 열정의 어두운 면을 가져다준다. 분노와 갈등을 느끼게 만든다.

- **수성은 두 번째와 다섯 번째 로드이다.**

  "수성은 황소의 재물이다."

  수성은 두 번째와 다섯 번째 로드로서 황소인들에게 실질적이면서도 효과적인 안정성을 준다. 투기에 연관된 소질을 주어서 사업의 운이 있게 한다. 하지만 사실 이러한 운은, 그들이 가진 지성, 자원 조달성, 준비성 등의 능력에 크게 좌우된다. 그들의 지성이 정말로 최고의 자원이기 때문이다. 그리고 기발한 스피치 능력을 나타낸다.

  수성은 다섯 번째 하우스 로드로서 임시적 길성이 되는 동시에 자연적 길성인지라, 지성과 현실성, 자원 조달성 등을 가져다준다. 그래서 황소인들이 수성이 영향을 미치고 있는 영역에서 충족을 거둘 수 있게 한다.

- **목성은 여덟 번째와 열한 번째 로드이다.**

  "목성은 황소의 유용함이다."

목성은 여덟 번째와 열한 번째 로드로서 황소인들에게 어려움이나 파괴 등을 통해 이득을 얻을 수 있는 능력을 준다. 목성은 그들을 기회주의자로 만든다. 열한 번째 하우스 로드십으로 인해 임시적 흉성이 된다. 그래서 욕심쟁이나 구두쇠가 되어 그들이 가진 어떤 두려움이나 취약점들을 보완하려 하게 만든다.

목성은 자연적 길성이기에 어느 정도 충족을 시켜주려는 경향을 가지고 있다. 그러나 여덟 번째 하우스 로드십 때문에 무엇이든 불안정하게 만든다.

· **금성은 첫 번째와 여섯 번째 로드이다.**

"금성은 황소의 터벅터벅한 걸음이다."

금성은 원래 편안한 것을 좋아하는 행성이다. 그래서 첫 번째와 여섯 번째 로드로서 황소인들이 힘들기 보다는 호화스러운 삶을 선호하도록 만든다. 금성은 육체적 강인함도 주어, 비록 그들이 편안함을 선호하지만 필요하다면 상당한 노력을 쏟을 수도 있게 해준다. 금성은 약간의 자만심을 줄 수도 있다. 자신이 하는 일에 대한 자부심에서 비롯된다. BPHS에 따르면 여섯 번째 로드십으로 인해 금성은 임시적 흉성이다. 그러나 전갈 라시인의 경우에는, 화성이 금성과 같은 로드십을 가지고 있음에도 중립의 품위가 주어졌다. 그래서 금성이 황소인들에게는 흉성이라는 사실이 저자에게는 의문스럽다. BPHS를 의심하는게 아니라 오천 년이란 세월을 통해 전해져 내려오면서 몇 번이나 재수정된 고서다보니 아무래도 약간의 에러가 있을 수밖에 없다. 여섯 번째 로드십이 어려움을 주는 건 사실이다. 그러나 이러한 어려움들은 모두 차트 주인에게 전적인 책임이 있다. 금성이 첫 번째와 여섯 번째 하우스들을 다스린다는 사실은, 차트 주인이 자신의 가장 큰 적이거나 가장 좋은 친구가 되어, 향상이 필요한 삶의 영역에 개입을 하고 있음을 나타낸다.

금성은 라그나 로드로서 삶에서 자신만의 니치(niche)를 찾아야 할 책임이 있다고 말해주고 있다. 그러나 여섯 번째 로드로서, 어느 정도 장애물, 지연, 고군분투 등의 어려움을 삶의 길에 던지고 있다. 여섯 번째 하우스는 우파차야 하우스인데 라그나에 연결되어 있다. 이것은 인생의 모든 것들이 점차적으로 나아질 거라는 사실을 나타낸다.

자연적 길성으로서 금성은, 자신이 영향을 미치고 있는 영역에서 황소인들이 할 수 있는 최선의 노력을 다한 뒤에야 충족과 기쁨을 얻을 수 있도록 해준다.

· 토성은 아홉 번째와 열 번째 로드이다.

"토성은 황소의 뿔들이다."

토성은 아홉 번째와 열 번째 로드로서 해야 되는 일은 반드시 해내는 황소인들의 능력을 나타낸다. 아홉 번째 로드인 동시에 앵글 로드이기 때문에, 토성은 황소인들에게 가장 훌륭한 임시적 길성이 된다. 그리고 커리어와 하는 행동들이 방향과 목적을 가지고 있도록 하며, 행운도 가져다주는 요가 카라카다. 그러나 자연적 흉성이기 때문에, 성공을 지연시키며 나이가 들수록 점점 나아지게 만든다. 그리고 토성이 영향을 미치고 있는 영역에서 그들의 믿음이나 목적성의 결여로 인해, 원하는 것들로부터 분리를 시키기도 한다. 그러나 어떤 식으로 행동하든 토성은 황소인들에게 다르마적 행성으로서 몇 가지 바른 규칙들만 단순히 믿고 따르며 살게 한다.

⊠ 쌍둥이 라시 라그나

· 태양은 세 번째 로드이다.

"태양은 쌍둥이의 손재주이다."

태양은 세 번째 로드로서, 쌍둥이 인들이 인류가 가지 모든 재주, 재능, 능력들을 아주 잘 개인화 시킨 것을 나타낸다. 태양은 그들에게 타고난 재주를 준다. 그리고 타고난 재능들에 맞게 개인적인 역량을 발휘할 수 있게 해준다. 만약 화성이 같이 영향을 미치고 있으면, 뛰어난 운동신경과 기계적인 것에 능숙한 기능을 준다. 금성과 함께 영향을 미치게 되면, 예술적 재능을 준다.

세 번째 하우스 로드십으로 인해 태양은 임시적 흉성이 된다. 원하는 것을 추구할 때 자기 의지를 전시하려는 방식으로 행동하게 할 수 있다. 자연적 흉성으로 태양은 자신이 영향을 미치고 있는 영역에서 황소인을 격리시킨다. 그가 가진 이기심 때문일 수도 있고 또는 좀 더 흥미로운 것들에 집중을 하기 때문에 그러한 격리가 일어나는 것일 수도 있다.

- **달은 두 번째 로드이다.**

  "달은 쌍둥이들의 가족 유대성이다."

  두 번째 하우스를 다스리는 달은 쌍둥이인들이 가족적인 것에 밀착하는 경향, 가까운 친구들의 필요성을 나타낸다. 그리고 달은 두 번째 로드로서 소유물들에 대한 변덕스러운 집착성향을 대변한다. 소유물들은 어떠한 필요를 충족시키거나 흥미를 자극할 수도 있다. 그러나 중요한 점은, 어떤 것이든지 일정한 시간이 지나면 잊히게 된다는 사실이다. 달은 쌍둥이인들의 재물을 지배한다. 바이시야(Vaisya) 행성으로서 상업적 능력을 부여해 재물을 늘릴 수 있게 해준다. 그리고 달은 매끄러운 말솜씨를 주며, 보통 쌍둥이인들을 대중적 강연자로 만든다.

  달은 두 번째 로드로서 임시적 중립이다. 두 번째 로드가 받는 다른 영향들에 따라 차트 주인이 가진 자원들을 자기중심적으로, 혹은 다르마에 맞는 방식으로 사용하고 획득할 것인지를 결정하게 된다. 뜨는 달은 자연적 길성으로서, 가진 자원들을 생산적으로 사용한다. 그리고 달이 영향을 미치고 있는 영역들을 포용하는 배려 깊은 말솜씨를 가져다준다. 지는 달은 자연적 흉성이기 때문에, 적은 말수로 밋밋한 애정 관계를 만드는 경향이 있다. 그리고 달이 영향을 미치고 있는 영역들과 어느 정도 어려움들을 겪게 만들 수도 있다.

- **화성은 여섯 번째와 열한 번째 로드이다.**

  "화성은 곤봉을 든 남자이다."

  화성은 여섯 번째와 열한 번째 로드로서, 성공을 위해선 싸움도 마다하지 않는 쌍둥이인들의 공격적인 본성을 나타낸다. 화성은 여섯 번째와 열한 번째 로드로서, 사고와 적들을 만들어 낸다. 그래서 쌍둥이인들에게 극적인 폭력성, 사고, 좌절감, 적의 등을 가지게 하는 행성이다. 목표를 달성하려는데 있어 충동적이며 무모하게 만든다. 화성은 경쟁적인 본성, 탁월한 신체적, 무술적 재능들도 준다.

자연적 흉성이면서 여섯 번째 로드이기에, 화성은 그들이 정말로 간절하게 원하는 것들을 성공적으로 마무리하는 데 많은 어려움과 장애물들을 만들어 낸다. 두 개의 흉조적 하우스들을 다스리기 때문에, 화성은 그들에게 가장 어려운 흉성이 된다. 다르게 도와주고 있는 영향들이 없는 한, 그들이 목표를 달성하고자 할 때, 아주 이기적이고 잔인하게끔 한다.

· **수성은 첫 번째와 네 번째 로드이다.**

"수성은 쌍둥이가 가진 인간적 예민성이다."

수성은 첫 번째와 네 번째 로드로서 쌍둥이인들에게 자연스럽게 내면검색을 할 수 있는 능력을 준다. 수성은 그들이 자신의 평가를 감정적으로나 행위적으로 비 편견적으로 할 수 있게 한다. 그리고 그들이 가진 정신적 자세가, 바로 그들의 행복과 신체적 안녕을 영위하는데 지대한 책임을 가지고 있다는 것을 알게 한다. 만약 안좋은 영향이 있다면, 수성은 건강을 심하게 해치는 신경쇠약증을 줄 수 있다. 수성은 이지를 다스리는 행성이다. 그래서 기분이나 태도보다는 이지를 이용해 몸과 건강에 영향을 미치는 능력을 준다. 수성은 어머니와 아주 가까운 관계를 만들어 주는 책임을 가지고 있으며, 보통 친밀한 관계로 이어준다. 이러한 두 개의 하우스를 다스리는 수성은 쌍둥이인들이 처한 주변 환경이 그들의 안녕과 집중력을 유지하는데 아주 중요하도록 만든다.

라그나를 다스리는 수성은 임시적 길성이 된다. 그들이 자신의 적합한 니치를 발견하고, 행복과 정신적 평화를 누릴 수 있게 해준다. 그러나 만약 해로운 영향 하에 있게 되면, 수성은 감정적인 불안정성으로 인해 건강을 해칠 수도 있다. 자연적 길성으로서, 적응력 있고, 재주가 뛰어나며, 총명한 개성을 가지게도 한다. 차트에서 수성이 영향을 미치고 있는 영역은 그들이 그러한 것들을 계발하고 즐길 수 있게 해준다.

· **목성은 일곱 번째와 열 번째 로드이다.**

"목성은 쌍둥이가 가진 인간적 이상주의이다."

목성은 일곱 번째와 열 번째 로드로서, 직위를 줄 수 있을 정도로 수준 높은 커리어에 대한 욕구를 대변한다. 가장 강력한 두 개의 커리어 하우스들을 다스리는 목성은 쌍둥이인들에게 지위과 직업적 성공을 가져다주는 아주 파워풀한 행성이 된다. 커리어와 관련된 파트너십을 잘 맺도록 해주며, 결혼을 통해서 어떤 식으로든지 커리어와 지위가 향상되는 것을 나타낸다. 목성은 그들에게 커리어를 통해서 뭔가 아주 중요한 일을 할 수 있는 능력을 준다. 목성은 쌍둥이인들이 자신을 세상에 아주 잘 전시하게 하는 행성이다. 그러나 보통 고상한 스타일로 하며, 그러한 전시성 뒤에 숨은 동기는 에고적일 수도, 좀 더 다르마적일 수도 있다.

두 개의 앵글을 다스리기에 목성은 파트너십과 커리어에서 성공할 수 있는 많은 기회를 제공해 준다.

· **금성은 다섯 번째와 열두 번째 로드이다.**

"금성은 루트(lute, 기타와 비슷한 악기)를 들고 있는 여자이다."

금성은 다섯 번째와 열두 번째 로드로서, 다른 사람들이 쌍둥이인들에게 쉽게 친밀함을 느낄 수 있는 자연스럽고 창조적인 능력을 준다. 이러한 능력은 그들을 예술가들 중에서도 가장 섬세한 타입으로 만든다. 또한 금성은 로맨틱한 정신 자세와 아주 헌신적인 능력을 준다. 예술가로서의 자부심도 어느 정도 가지게 한다. 그러나 겉모습을 넘어선, 진정으로 아름다운 것들을 알아볼 수 있는 데서 비롯되는 자부심이다. 또한 수성은 쌍둥이인들에게 다른 사람들은 생각도 못 하거나 감히 완성할 꿈도 꾸지 못할 정도로 아름다운 것들을 창조할 수 있는 능력을 준다. 다섯 번째 하우스를 다스리기에 금성은 쌍둥이인들이 창조하는 과정 자체를 사랑하게 만들어준다. 그리고 로맨스나 교육, 영적수행 등을 통해 현실에서의 탈출구를 만들어 주기도 한다.

다섯 번째 로드십으로 금성은 임시적 길성이 된다. 그러나 열두 번째 로드십으로 인해 로맨스, 자녀들, 교육, 창조적 활동 등을 통해 어느 정도 비용을 감수하게 만든다. 금성은 자연적 길성으로서, 그들의 지성이 영향을 미치는 영역에서 행복과 기쁨을 가져다준다. 그리고 필요한 경우에는 큰 흐름에 내맡기고 귀의할 수 있는 능력을 주기도 한다.

· **토성은 여덟 번째와 아홉 번째 로드이다.**

"토성은 쌍둥이가 가진 인간적 독단성이다."

토성은 여덟 번째와 아홉 번째 로드로서, 위기와 어려움으로 인해 영적인 방법을 통해 해결책을 찾게 되는 인간의 전형적인 행동들을 나타낸다. 쌍둥이인들에게 토성은, 죽음과의 대면으로 인해 신념이나 종교적 믿음을 계발하게 하는 행성이다. 타고난 업식을 태우는 과정에서, 자연적으로 발생하는 위기를 다루는 데 필요한 어떤 의미 있는 믿음체제를 계발하도록 만든다. 그리고 쌍둥이인들이 찾고 있는 진리를 발견하기 전에 반드시 거쳐야 하는 참회와 고통들의 정도를 잘 대변하고 있는 행성이 바로 토성이다. 또한 토성은 여덟 번째 취약성의 하우스들 다스리는지라, 현재 그들의 신념 안에 내재하고 있는 어떤 취약성을 나타내는데 그러나 일정한 시간이 지나야만 나아질 수 있게 해준다. 하지만 이러한 취약성은 특정한 독단성을 낳는 원인이 될 수도 있다. 토성은 차트에서 뭐든지 지연을 시키는 행성이다. 그래서 그들의 영적인 생활이 인생 후반에 이르러서 강해질 수 있음을 나타낸다. 그대신 쌍둥이인들이 인생 전반에서는 타고난 재능들을 먼저 계발하기를 선호한다.

여덟 번째 로드십은 그들의 행운을 어느 정도 불안정하도록 만든다. 특히 인생전반부에서는, 보통 아버지와 관련하여 어떤 불안정성이나 위기를 겪게 만들기도 한다. 아홉 번째 하우스는 토성의 물라트리코나 라시이다. 동시에 가장 강력한 트라인 하우스이기도 한다. 그래서 토성을 임시적 길성으로 만든다. 그리하여 여덟 번째 하우스가 나타내는 부도덕성, 어려움들보다는, 아홉 번째 하우스가 나타내는 신념, 종교 등 영성적인 것들에 좀 더 많이 강조를 하게 된다. 일반적으로 여덟 번째 하우스가 나타내는 어려움들은 영적 삶을 부추기는 데 필요한 동기로서 작용을 하게 된다. 그러나 토성은 자연적으로 흉성이기 때문에, 쌍둥이인들이 가진 지혜를 늘리고 초연함을 키울 수 있게 하기 위해 토성이 지배하고 있는 영역들로부터 쌍둥이인들을 격리시키기도 한다.

▩ 게자리 라그나

· 태양은 두 번째 로드이다.

"태양은 게의 소유욕이다. 사실상 그들은 굴속에 들어갈 만한 것들이면 해변에서 죄

다 싹쓸이를 해버린다."

태양은 두 번째 로드로서 게 라그나인들이 소유물, 가족, 명성 등과 자신을 강하게 동일시하도록 만든다. 이러한 것들에 매달리는 성향은 게가 가진 큰 덩치를 잘 설명해 주고 있다.

두 번째 로드로서 태양은 임시적 중립이다. 게 라그나인들이 소유물들을 관리하고 자 돌아다닐 때, 가진 동기가 이기적일지 혹은 바른 것일지는 태양에게 미치고 있는 다른 영향들에 달려 있다. 그러나 태양은 자연적으로 흉성이기 때문에, 그들이 직업적인 명성, 혹은 가족적인 지위를 계발하는 데 필요로 하는 것들로부터 격리시킬 수도 있다.

· **달은 첫 번째 로드이다.**

"달은 게가 가진 부드러운 면이다."

달은 라그나 로드로서, 게 라시인들이 감정적으로 치우치며, 편안하게 해주고, 잘 바뀌는 개성을 가지고 있음을 나타낸다. 게 라시들에게는 그들 자신이 스스로를 어떻게 느끼고 있는가 하는 사실이 상당히 중요하다. 어떤 불안한 감정도, 재빨리 우울증이나 감정적으로 유발된 질병으로 발전하게 된다. 달은 라그나 로드로서, 임시적 길성이 된다. 그래서 보통 그들에게 편안하고 안정된 삶의 환경을 찾을 수 있도록 해준다. 만약 흉조적인 영향 하에 있게 되면, 그들은 세상에서 어떤 행복도 가지기가 거의 불가능한 것을 알게 된다.

뜨는 달은 자연적 길성으로서, 다른 안 좋은 영향 하에 있지 않는 한, 부드럽고 인내심을 가지고 보호하며 만족을 느끼면서 꾸준히 성장하고 성공할 수 있도록 해준다. 지는 달은 자연적 흉성으로서 외적인 것들로부터 보호가 어느 정도 부족하다. 좀 더 내향적인 본성을 가졌으며, 만족스러움은 보다 내적인 과정을 통해서 오게 되며, 그리고 외부적인 것들을 성장시키고자 하는 관심이 부족하다. 그래서 그다지 성공을 거두지 못한다.

· **화성은 다섯 번째와 열 번째 로드이다.**

"화성은 게가 가진 파워풀하고 끈길기게 강한 집게다리이다."

화성은 다섯번째와 열 번째 로드로서, 게 라시인들이 가진 파워풀할 정도로 분별적인 정신자세를 나타낸다. 그리고 집요한 정신적 성향이 그들의 행동방향을 가이드하고 있음을 말해준다. 이러한 집요함은 그들이 하는 일들에 "행운"이 떨어지게 만든다. 화성은 게라시인들에게 높은 수준의 지성은 주는 요가 카라카다. 그들의 커리어를 부추겨 주기 위해 움직이고 있다. 또한 화성은 직관적인 지식에서 유추되는 저력을 준다.

화성은 다섯 번째와 열 번째 하우스를 다스리기 때문에 게 라시인들을 커리어, 자녀들, 제자들을 위해 싸우도록 만든다. 임시적 길성이 되며, 그들에게 가장 유익한 행성이다. 그러나 화성은 자연적 흉성으로서, 그들이 반드시 해야 한다고 자각하는 일들과 상충을 일으키는 것들 사이에서 어느 정도 갈등을 불러일으키기도 한다.

· 수성은 세 번째와 열두 번째 로드이다.

"수성은 게의 옆으로 가는 움직임이며 성대가 없음이다."

수성은 귀와 정보의 세 번째 하우스를 다스리며, 숨겨진 것들을 나타내는 열두 번째 하우스를 다스린다. 수성은 스피치를 다스리는 행성으로서, 게 라시인들이 가진 비밀스러운 스피치 경향을 나타내며, 분명하면서도 완전한 소통을 하는 것을 어렵게 만든다. 세 번째 하우스 로드십은 그들을 훌륭한 경청자로 만들며, 항상 궁금한 것이 많게 한다. 그러나 열두 번째 로드십은 자주 자신들의 반응을 숨기게끔 만든다.

세 번째 로드십으로 인해, 수성은 임시적 흉성이 된다. 그들이 원하는 것을 충족시킬 수 있는 총명함을 부여하지만, 그러나 열두 번째 로드십으로 인해, 항상 뭔가를 완전히 드러내지 않게 하고, 직접적으로 다루는 경우가 거의 드물다. 자연적으로 길성이기에, 수성은 목표를 진전시킬 수 있는 재능과 합리적인 지성을 부여한다. 수성은 특히 외국여행을 다스리는 행성이며, 게 라시 또한 외국을 나타내는 라시인지라, 게 라그나인들이 가진 외지 탐험심 무역의 재능 등을 대변하고 있다.

· 목성은 여섯 번째와 아홉 번째 로드이다.

"목성은 게가 가진 부족한 공격성이다."

여섯 번째 적들의 하우스와 아홉 번째 스승과 지혜의 하우스를 다스리는 목성은 게라시인들에게 평화롭고 용서를 잘 하는 태도를 가지게 한다. 그래서 적이나 어려운 일들에 대항하여 싸우기보다는 오히려 배우도록 만든다. 영적인 삶과 열심히 일해야 하는 하우스들을 다스리는 목성은 카르마 요기의 능력을 부여한다. 그리고 어려움들을 극복할 수 있는 지식을 주며, 열심히 일한 대가로 행운을 가져다주고 노력한 만큼 만회시켜준다. 적을 다스리는 여섯 번째 하우스와 아버지를 뜻하는 아홉 번째 하우스들을 다스리기 때문에 목성은 그들이 아버지에게 덜 집착하는 경향을 준다. 하지만 목성은 길성이어서 아버지와 어떤 트러블을 주지는 않는다. 하지만 다른 나쁜 영향들이 있게 되면 얘기는 달라진다.

목성은 한 개의 길조적 하우스, 다른 한 개의 흉조적 하우스를 다스린다. 그러나 아홉 번째 하우스는 가장 강력한 트라인 하우스이기 때문에 목성은 임시적 길성이 된다. 자연적 길성으로서 여섯 번째 하우스를 다스리는 목성은 가끔씩 너그러운 은총을 내리지만, 일반적으로 어떤 노력을 한 뒤에야 오게 된다.

· **금성은 네 번째와 열한 번째 로드이다.**

"금성은 게의 해변가이다. 혼자 앉아 있는 것이 아니라 다른 게들과 같이 있다."

금성은 네 번째와 열한 번째 하우스 로드로서, 게 라시인들의 사치성, 특히, 좋은 집을 원하는 그들의 본성을 대변한다. 금성은 그들을 사회적으로 활동적이게 만들며, 동료들과 행복을 즐기고 싶도록 만든다. 그들은 자부심이 강한 경향이 있으며, 자신들의 타이틀, 집, 어머니, 인맥, 선조의 내력 등을 사랑한다.

열한 번째 하우스를 다스리는 금성은, 임시적 흉성이 된다. 게 라시인들이 내면적인 충족을 느끼기 위해 외적인 것들을 가지기 원하는 본성을 나타낸다. 금성은 자연적 길성으로서 그들에게 사회적 품위를 주어 필요한 것들을 얻도록 해준다.

· **토성은 일곱 번째와 여덟 번째 로드이다.**

"토성은 게의 단단한 껍데기이다."

여덟 번째 취약성의 하우스와 일곱 번째 파트너의 하우스를 다스리는 토성은, 게 라시인들이 가지고 있는 많은 불안정성, 그리고 기대려 하는 기질을 나타낸다. 토성은 자신을 보호하기 위해 보호벽을 세운다. 그리고 신뢰가 성립되기 전까지는 이러한 벽은 그들을 냉정하고 무관심한 것처럼 보이도록 만든다. 일곱 번째 하우스를 다스리는 토성은 애정 관계 등이 시간이 흐르면서 나아지고, 좀 더 안정적으로 되며, 그리고 신뢰를 할 수 있는 능력도 더욱 늘어나게 되는 것을 나타낸다. 하지만 토성은 부족함을 나타내는 행성이다. 그래서 파트너와 파트너의 재원들을 다스리는 토성은, 일반적으로 많은 어려움을 겪고 난 뒤에야 애정 관계나 삶의 질이 더 나아질 수 있음을 나타낸다. 그런데 결혼을 통해 경제적인 이득을 줄 수도 있다. 하지만 관계가 끝남으로서 얻게 되거나, 아니면 감정적으로 아주 비싼 가격을 같이 지불해야 하는 경우가 흔히 있게 된다. 결과적으로 토성은, 게 라시인들이 인간관계의 결과로 인해, 좀 더 안정적으로 되게끔 강요하고 있다. 게 라시인들이 가진 상당한 부분의 카르마는 파트너십을 통해서, 혹은, 심한 질병들을 통해서 소진되게 된다. 토성이 여덟 번째 질병의 하우스를 다스리고 있을 뿐 아니라, 토성 자체가 질병을 가져다주는 카라카 행성이기 때문이다. 그들의 질병들은 언제나 감정적인 연관을 가지게 된다. 일곱 번째 하우스가 네 번째 하우스에서 네 번째 하우스이기 때문에, 그들의 내면적 삶과 여덟 번째 하우스가 서로 연관을 가지고 있게 되는 것이다.

토성은 두 개의 중립 하우스를 다스리기 때문에 임시적 중립일 거라는 추측을 할 수도 있다. 그러나 BPHS에 따르면, 여덟 번째 하우스와 일곱 번째 하우스를 다스리는 행성은 아주 심각한 흉성이 된다. 저자의 의견으로는, 토성은 게 라시인들에게 거의 중립으로 간주할 수 있다. 하지만 토성은 두려움 때문에 창조를 하는 행성이어서, 행동 방식이 이기적이다. 세 번째 로드나 열한 번째 로드들처럼, 흔쾌히 혹은 의식적으로 행동하지 않는다. 토성이 다스리는 일곱 번째 하우스는 수명의 하우스, 마라카(Maraka, "죽음을 가져오는") 하우스이다. 동시에 여덟 번째 죽음과 장수의 하우스를 다스리면서, 자신이 또한 죽음을 가져오는 행성인지라, 토성은 게 라시인들에게 아주 파워풀한 킬러가 된다. 위기와 변환을 가져오는 여덟 번째 하우스를 다스림으로, 그리고, 자연적으로 잃음을 상징하고 있는 행성으로서, 토성은 반드시 어려운 사건들을 일으키게 되어있다.

▩ 사자 라시 라그나

- **태양은 첫 번째 로드이다.**

"**태양은 사자의 고귀하고 영감적인 개성이다.**"

라그나 로드로서 태양은, 사자 라시인들에게 확고한 자아의식에서 발산되는 파워와 매력을 부여한다. 모든 행성을 태양을 중심으로 회전하면서, 태양 빛의 이득을 받고 있다. 이와 마찬가지로, 태양은 사자 라시인들에게 다이나믹하고 영감에 찬 개성을 통해서 발산되는 빛을 준다. 그리고 많은 공간을 필요로 하는 개성을 주기도 한다.

라그나를 다스림으로 인해 태양은 첫 번째로 으뜸가는 길성이 된다. 타고난 운명을 완성시키기 위해 필요한 것들을 자신들에게 끌어당기는 능력을 준다. 태양은 또한 자연적 흉성으로서 개성을 제한시키거나 빛을 감소시키는 것들로부터 격리를 일으킬 수도 있다.

- **달은 열두 번째 로드이다.**

"**달은 사자의 덴(den, 개인적 은둔 공간)이다. 사자가 따뜻한 햇볕 아래 쉬고 있는 곳, 또한 앞발에 박힌 가시처럼 사자가 숨기고 있는 예민성이기도하다.**"

달은 열두 번째 로드로서, 사라 라시인들에게 필요한 정신적, 감정적 웰빙을 주는 휴양과 은둔을 나타낸다. 그들의 고고한 개성 뒤에 가려진 섬세한 느낌들, 감정, 따뜻함 등을 달이 대변하고 있다. 달은 쉬고 싶은 강력한 욕구를 준다. 그리고 영적인 차트를 가진 이들에게는, 영적으로 묵상하고 명상하는 기질을 부여하기도 한다.

열두 번째 하우스를 다스리는 달은 임시적 중립이 된다. 뜨는 달은 원하는 것들을 충족시키는데 비싸게 지불하게 하거나, 아니면, 보통 장기적 투자를 통해 주게 된다. 사자 라시인들은 사교적으로도 활발하다. 그런데 달은 일반적으로 지나치게 사치를 하거나 비싸게 놀도록 하는 경향이 있다. 지는 달은 정신적으로 상당히 내향적이고 은둔적이게 하는 경향이 있다.

• 화성은 네 번째와 아홉 번째 로드이다.

"화성은 사자의 심장이며 영토유지 본성이다."

화성은 네 번째와 아홉 번째 하우스의 로드로서 사자 라시인들에게 지혜, 믿음, 이상 등에서 나오는 내면적인 힘과 용기를 준다. 화성은 그들이 법률, 이상, 집 등을 지키기 위해 싸우고 보호하도록 힘을 부여한다. 또한 영역을 확장하는 데 필요한 여행을 주기도 한다.

화성은 앵글과 트라인을 동시에 다스리기 때문에 사자 라시인들에게 요가 카라카이며 또 가장 큰 길성이다. 자연적 흉성으로서 화성은, 의지력과 노력을 통해 행운을 얻게 하며, 그들이 이상이나 믿음 등으로 인해 다른 이들과 갈등을 일으킬 잠재성도 가지고 있다.

• 수성은 두 번째와 열한 번째 로드이다.

"수성은 사자가 정글의 왕으로서 내리는 연설이다."

수성은 두 번째와 열한 번째 로드로서, 사자 라시인들이 멋진 웅변을 통해 개성을 살리고, 자신이 이룬 성공이나 명예에 대해 자랑하도록 해준다. 또한 수성은 그들의 이름을 높일 수 있는 타이틀을 쉽게 제공한다. 수성은 가장 두드러지는 두 개의 재산 하우스들을 다스림으로 인해, 그들이 무역이나 상업에 아주 뛰어난 능력을 준다.

열한 번째와 두 번째 하우스를 다스림으로 인해, 수성은 그들이 재산을 모으거나 욕구를 충족하려 할 때, 이기적 성향을 줄 수도 있다. 그리하여 임시적 흉성이 된다. 그러나 자연적 길성으로서, 수성은 부를 얻고 욕구를 충족시키는 데 필요한 실질적인 재주와 재능들을 준다.

• 목성은 다섯 번째와 여덟 번째 로드이다.

"목성은 사자의 자부심(그의 새끼들, 그의 창조물들)이며 관대함이다."

창조성의 하우스와 죽음과 수명의 하우스를 다스리는 목성은 죽은 후에도 남을 수 있는 것들이나 터부(taboo)를 깨뜨리는 것들을 만들어 낼 수 있는 창조적 지성을 준다. 지식과 어컬트의 하우스들을 다스리는 동시에, 목성 자신이 바로 지식의 행성인지라 사자 라시인들에게 어컬트 지식과 변환을 가능케 하는 영적 수행에 탁월한 능력을 부여한다. 목성은 다섯 번째와 여덟 번째 로드로서, 그들이 행운을 다른 사람들과 나눠지게 하거나, 지식으로 다른 사람들에게 이롭게 하고자 하는 성향을 가지게 한다. 또한 목성은 그들이 투기를 통해 갑작스런 부를 얻게 하는 능력이 있다. 하지만 여덟 번째 하우스 로드십은 그러한 부와 행운을 어느 정도 불안정하게 만든다.

다섯 번째 로드십으로 목성은 임시적 길성이다. 그러나 여덟 번째 로드십과 나누고 있기 때문에, 지식과 깨달음을 가져다주는 동시에, 변화, 위기 등의 동반자들도 함께 데리고 다닌다. 목성은 자연적 길성으로서 사자 라시인들에게 이득을 주지만, 그러나 때로는 무모하기도 하다. 여덟 번째 로드십은 목성에게 가끔씩 파괴를 일으키게도 한다. 하지만 그 대신 더욱 위대한 영감을 제시하게 될 것이다.

· **금성은 세 번째와 열 번째 로드이다.**

"금성은 사자의 자부심(그가 가진 에고)이다."

세 번째와 열 번째 하우스를 다스리는 금성은 사자 라시인들이 재능과 지위 등을 앞세워 잘난 척하게끔 만들 수도 있다. 길성이면서 세 번째 노력의 하우스, 그리고 열 번째 카르마(행동)의 하우스들 다스리는지라 금성은 그들에게 너무 고단할 정도로 열심히 노력은 하지 않으려는 게으른 자부심을 준다. 또한 금성은 그들의 행동에 어떤 드라마틱한 요소를 가미시켜서 자랑하기를 잘하고 좋아하게 만든다.

금성은 세 번째 하우스 로드십으로 인해 임시적 흉성이 된다. 그래서 자신의 행동이나 흥미를 추구할 때 자기 위주의 기질을 보이도록 만들기도 한다. 그러나 자연적으로는 길성인지라, 금성은 그들의 행동에 재능과 우아함을 주어 만사가 순조롭게 형통하게 해준다.

· **토성은 여섯 번째와 일곱 번째 로드이다.**

"토성은 사자의 아내로서, 정작 사냥을 하는 본인이다."

여섯 번째 봉사의 하우스와 일곱 번째 배우자와 파트너의 하우스를 다스리는 토성은, 다른 사람들에게 섬김을 받거나, 어렵고 잡동사니 일들은 다른 사람들에게 시키려는 사자 라시인들의 강한 성향을 나타낸다. 여섯 번째 하우스는 이혼, 혹은 파트너로 인한 손실 등을 나타내는 하우스이기도 하다. 그런데 일곱 번째 배우자와 파트너의 하우스가 같이 결합되어, 사자 라시인들이 파트너십에는 능숙하지 못하도록 만든다. 그러나 토성은 카르마의 로드이기 때문에, 그들이 아무리 하기 싫어해도 하는 법을 배우는 외에는 별다른 방도가 없도록 만든다. 여섯 번째 하우스는 부채, 빚과 카르마 요가의 하우스이기도 하다. 토성은 사자 라시인들에게 파트너나 사회에 갚아야 할 카르마 빚을 줄 수도 있다. 그래서 그들이 주변에 이득이 되는 행동을 하는 카르마 요가의 정신적 자세를 계발할 수 있도록 만든다. 토성이 최상의 컨디션에 있으면, 그들에게 비개인적인 관계들을 통한 서비스를 받게 해 줄 수도 있다.

토성은 보통 그들이 필요로 하는 파트너십을 충족시키는데 지연을 일으킨다. 그리하여 일반적으로 사자 라시인들이 가장 불안하게 느끼는 영역이 바로 파트너십이다. 이 영역은 그들 내면에 있는 불안정성과 정면으로 마주해서 해결해야 하는 분야이기도 하다. 하지만 우파차야(여섯 번째 하우스) 로드십이기 때문에, 토성은 사자 라시인들이 파트너십을 향상시키고자 노력하고 성장하도록 만든다. 그리하여 시간이 지남에 따라, 그들이 충분히 배웠거나, 파트너들에게 진 카르믹 빚을 다 갚았을 때, 파트너십도 덩달아 나아질 수 있도록 만들어 준다. 여섯 번째 로드십으로 인해 토성은 임시적 흉성이 된다. 그래서 다른 사람들이 그들에게 이기적이도록 만들거나, 과거에 지은 나쁜 카르마가 파트너나 적이라는 대상을 통해 나타나게 만들 수도 있다.

▨ 처녀 라시 라그나

· **태양은 열두 번째 로드이다.**

"태양은 처녀의 신체적 허약함이다."

열두 번째 로드로서 태양은 처녀 라시인들이 가진 허약한 생기와 감추어진 개성을 나타낸다. 태양은 열두 번째 로드로서 육체로 인한 비용을 쓰게 만들 수도 있다. 태양은 임시적 중립으로서, 다른 영향들에 따라 그들이 감추고 있는 이상적인 면이나, 혹은 자기중심적인 동기 등을 나타낸다. 격려를 일으키는 열두 번째 하우스 로드로서, 태양은 처녀 라시인들이 과대한 비용을 쓰게 하거나, 신체적 결함 때문에 원하는 것들로부터 격려를 시킬 수도 있다.

· 달은 열한 번째 로드이다.

"달은 처녀가 보트를 타고 건너고 있는 물이다."

열한 번째 로드로서 달은 처녀 라시인들이 가지고 있는 사회적 위주의 정신 자세를 나타내며, 그리고 비슷한 마음을 가진 사람들과 함께 하고 싶은 욕구를 나타낸다. 달은 그들이 자신의 성공에 대해 다른 사람들이 알아주기를 바라는 욕구를 가지게 한다.

열한 번째 로드십은 달을 임시적 흉성으로 만든다. 그래서 그들은 어느 정도 이기적으로 매달리는 기질을 보이게끔 만들 수도 있다. 뜨는 달은 자연적 길성으로서, 그들에게 재능을 주고 원하는 것을 얻기 위해선 네트워킹을 할 수 있는 능력을 준다. 지는 달은 자연적 흉성으로서 그들에게 만족되지 않은 욕구와 사회적 불만을 가져다 준다.

· 화성은 세 번째와 여덟 번째 로드이다.

"화성은 배를 젓는 노이다."

화성은 세 번째와 여덟 번째 로드로서, 처녀 라시인들이 가지고 있는 욕망적 본성을 승화시키는 능력을 나타낸다. 세 번째 하우스를 다스리는 화성은, 그들이 원하는 것을 채우기 위해선, 무력이나 싸움도 불사할 만큼 강력한 욕망적 성향을 준다. 그러나 여덟 번째 로드십은 이러한 행로에 어려움들을 만들어 낸다. 그들이 가진 욕망과 에고적 기질을 부수고, 그리고 그들을 정화시키기 위해서 이다. 또한 화성은 그들에게 꿰뚫는 마음과 깊은 연구를 할 수 있는 재능을 준다.

화성은 세 번째 로드십으로 인해 임시적 흉성이 되며 심하게 자기위주적인 본성을 가지고 있다. 추가적으로 여덟 번째 로드십이며 자연적 흉성인지라 화성은 그들의 웰빙이나 주변인들의 안녕에도 도움을 주지 않는다. 다만, 그들이 에고 위주적 기질을 부수는 데 필요한 수준까지만 어려움을 만들어 낸다.

· 수성은 첫 번째와 열 번째 로드이다.

"수성은 처녀의 자기 노력이다."

수성은 첫 번째와 열 번째 로드로서, 처녀 라시인들이 카르마와 커리어를 자기 자신과 동일시하고 있음을 나타낸다. 수성은 비슈누의 화신으로서 열 번째 하우스를 다스리는지라, 그들이 다른 사람들을 돕거나 필요로 하는 일들을 하게 만드는 경향이 있다. 수성은 그들에게 카르마를 이행하게 만들어, 그들 자신을 향상시키는 능력을 준다.

라그나를 다스리기 때문에 수성은 임시적 길성이다. 수성이 가진 의무는, 처녀 라시인들이 온 몸과 마음을 던져서 할 수 있는 생산적인 일을 찾게 하는 것이다. 자연적 길성으로서 수성은 재능, 지성, 그리고 균형 잡힌 개성을 준다. 그리고 수성이 영향을 미치고 있는 영역에서 그들이 충족을 찾을 수 있게 만든다.

· 목성은 네 번째와 일곱 번째 로드이다.

"목성은 처녀의 순결성이다."

순결성이란 여자가 필요한 것들을 채우기 위해 절대로 자신이 바깥으로 나가지 않을 수 있는 능력이다. 여성적이고 수용적이기 때문에, 그녀가 마음을 가슴 중심에다 놓고 지킬 수 있는 한 이러한 능력이 생겨난다. 여자가 가진 순결성은, 어떤 것이 자신에게 좋게 느껴지는지, 아닌지를 분별할 수 있게 만들어 그녀를 보호해 준다. 이러한 능력이 없다면, 그녀는 자신이 온전히 존중받지 못하는 로맨틱한 관계들에 쉽게 빠져들게 되는 것을 알 수 있다. 목성은 네 번째 감성의 하우스와 일곱 번째 섹스 하우스를 다스리는 로드이다. 그래서 처녀 라시인들이 가진 순결성을 지키는 능력을 나타낸다. 목성은 또한 그들이 다른 사람들과 행복을 찾을 수 있는 능력을 다스리기도 한다. 대부분 다른 이들에게 이득이 되는 데서 찾아지는 행복감이다.

두 개의 앵글 하우스를 다스리는지라 목성은 임시적 중립이 된다. 다른 영향들에 따라 행복이나 파트너십을 향한 그들의 노력이, 좀 더 자기중심적인지 다르마적 성격을 가진 것인지를 결정하게 된다.

- **금성은 두 번째와 아홉 번째 로드이다.**

"금성은 처녀가 타고 있는 보트이다."

금성은 두 번째와 아홉 번째 로드로서, 그들이 당당한 자부심을 느낄 수 있는 영적, 법률적 가치들에 대한 사랑을 가져다준다. 금성은 처녀 라시인들이 가지게 되는 호화로움, 행운, 상당한 부의 행성이다.

금성은 아홉 번째 로드십으로 인해 임시적 길성이 되는데, 특히 그들이 진실을 가장 우아하고 교양있는 매너로 말할 수 있게 해주는 행성이다. 자연적 길성으로서, 금성은 그들이 가진 자원들을 잘 사용하는 것을 나타낸다. 금성이 영향을 미치고 있는 영역에서 그들이 행운을 누릴 수 있게 해준다.

- **토성은 다섯 번째와 여섯 번째 로드이다.**

"토성은 그녀의 손에 쥔 곡식 줄기이다."

토성은 다섯 번째와 여섯 번째 로드로서, 일을 하는 즐거움을 처녀 라시인들에게 가져다 줄 수 있다. 그러나 이러한 즐거움은 그냥 오지 않는다. 그들이 어느 정도 나이가 들고, 더 이상 마땅히 얻을 것도 없다는 걸 깨달은 뒤, 차라리 자신을 향상시켜 다른 사람들에게 도움이 되는 편이 더 나은 방법이라는 걸 알게 되었을 때, 그러한 행복도 느낄 수 있게 된다. 토성은 실질적인 노력을 통해 나아지게 만드는 행성이다. 그래서 처녀 라시인들에게 아주 잘 맞는 행성이다. 다섯 번째 영적 수행의 하우스를 다스림으로, 그들이 하는 영적 증진 노력도 포함한다. 여섯 번째 질병의 하우스와 열두 번째에서 여섯 번째가 되는(질병의 패배) 다섯 번째 하우스를 다스림으로 인해, 토성은 처녀 라시인들에게 유명한 힐링 능력을 가져다준다.

다섯 번째 영적 수행의 하우스와 여섯 번째일과 봉사의 하우스를 다스림으로 인해, 토성은 카르마 요가 행성의 자격을 가지고 있다. 토성은 정말로 일을 대변하는 행성이다. 그래서 반드시 영적인 봉사 정신으로 일을 하게끔 만든다. 처녀 라그나인들에게 토성은 한 개의 흉조적 하우스와, 다른 한 개의 길조적 하우스를 다스린다. 만약 다섯 번째 로드와 여섯 번째 로드가 서로 앵글에 있게 되면, 아주 훌륭한 요가를 주는 것으로 알려져 있다. 그런데 토성은 자체만으로도 이미 처녀 라시인들에게 임시적 길성으로 간주된다. 그러나 자연적 흉성이기 때문에, 어떤 의무나 제약으로 인해 토성이 영향을 미치고 있는 영역으로부터 그들을 격리시킬 수도 있다. 토성은 어떤 제약을 가지고 있기는 하지만, 그들에게는 행운의 행성이기도 하다. 그런데 사실상 행운이란 처녀 라시인들 자신의 노력에서 나오는 결과들이다.

⊠ 천칭 라시 라그나

· **태양은 열한 번째 로드이다.**

"**태양은 저울에 있는 금이다.**"

태양은 열한 번째 로드로서, 천칭 라시인들이 삶에서 얻고 싶어 하는 것이다. 열한 번째 로드로서 임시적 흉성이 되는 태양은, 그들이 가장 충족시키고 싶어 하는, 다른 어떤 것들을 희생해서라도 추구하고 싶어 하는, 바로 그러한 것들을 나타낸다. 궁극적으로 그들이 얻고 싶어 하는 것은 자아이지만, 그러나 먼저 세상의 욕망들에 걸려 넘어져 보아야 한다. 태양은 자연적 흉성으로서 자신이 영향을 미치고 있는 영역에서 그들을 격리시킬 수도 있다. 그러나 뭔가 좀 더 바람직한 목적을 위해서이다.

· **달은 열 번째 로드이다.**

"**달은 바자(basaar)이다.**"

달은 열 번째 로드로서, 천칭 라시인들을 어떤 식으로든지, 사회에 이득이 되는 커리어를 가지게 한다. 또한 달은 시간이나 필요에 따라 바꿀 수도 있는, 혹은 바꾸기 쉬운 직업을 주기도 한다. 천칭 라시인들에게는 커리어 생활이 편안하다. 그러나 만약 달이 나쁜 영향 아래에 있으면, 직장에서의 불균형, 과도한 업무로 인한 탈진, 일 중독 현상 등을 나타낼 수도 있다.

달은 앵글로드로서 임시적 중립이 된다. 그러나 달에게 미치고 있는 다른 영향들에 따라, 천칭 라시인들이 커리어 목표달성을 위해 어떻게 행동할 것인가가 결정된다. 뜨는 달은 자연적 길성으로서 좋은 카르마들을 행하게 한다. 그리하여 달이 영향을 미치고 있는 영역들이 활짝 피도록 해준다. 지는 달은 자연적 흉성으로서, 천칭 라시인들이 행동에 필요한 것들을 유지하는 데 관심이 부족하게 만든다. 지는 달이 영향을 미치고 있는 영역들이 잘 발휘를 하지도 못하게 한다. 그리고 커리어 때문에 달이 관장하는 삶의 다른 부분들은 모두 에너지가 고갈되어 버릴 수도 있다

· **화성은 두 번째와 일곱 번째 로드이다.**

"화성은 장사꾼의 소유물들로서, 다른 사람들이 부러워할 만한 가치를 가지고 있다."

화성은 두 번째와 일곱 번째 로드로서, 천칭 라시인들이 자신의 파트너들에게 소유적이게 만든다. 그러나 꼭 부정적인 방식으로 그러는 것은 아니다. 두 번째 하우스와 일곱 번째 하우스의 연결은 결혼에 적합하다. 화성은 열정적인 취향을 주며, 파트너십이나 결혼으로 인해 재물이 늘어날 수도 있다. 어쨌든, 화성은 천칭 라시인들이 로맨스나 비즈니스 등의 관계에서 생산적인 파트너십을 맺도록 하는 경향이 있다.

화성은 임시적 중립이다. 다른 영향들에 따라, 그들이 이성 관계나 부를 추구하는 방식이 보다 자기 중심적일지, 아니면 좀 더 고상한 매너로 할는지 등을 결정하게 된다.

· **수성은 아홉 번째와 열두 번째 로드이다.**

"수성은 장사꾼이 팔기 위해 가지고 있는 가격을 매길 수도 없을 만큼 이국적이며, 귀한 물건들이다."

수성은 아홉 번째와 열두 번째 로드로서, 천칭 라시인들이 가진 영성적 지식과 실질적인 믿음을 나타낸다. 그들은 필요할 때, 보다 더 큰 어떤 힘에 귀의함으로써 얻어지는 이득들을 잘 이해하고 있다. 수성은 또한 외국무역에 관한 재능을 준다. 아홉 번째 로드십으로 인해 수성은 임시적 길성이 된다. 무엇을 쥐고 있어야 할지, 무엇을 놓아야 할지를 잘 분별할 수 있는 지혜를 준다. 자연적 길성으로 수성은 그들이 거대한 재산을 이룰 수 있는 재능과 지성을 준다.

• **목성은 세 번째와 여섯 번째 로드이다.**

"목성은 점점 늘어가는 장사꾼의 이득이다."

세 번째와 여섯 번째 로드로서 목성은 두 개의 우파차야 하우스들을 다스리고 있다. 그들에게 부를 주는 행성으로서, 전 인생에 걸쳐 점점 늘어가는 부를 줄 수도 있다. 목성은 세 번째와 여섯 번째 하우스의 로드로서 임시적 흉성이 된다. 그리고 목성이 영향을 미치고 있는 영역들을 향한 이기적인 욕구를 드러낸다. 그러나 자연적 길성이고 또 고귀한 품위를 가진 행성이기 때문에, 천칭 라시인들은 이러한 것들을 막무가내로 쫓지는 않을 것이다. 어떤 고서에 따르면, 목성은 천칭 라시인들에게 라자 요가를 가져다준다고 한다. 왜 그런지에 대한 설명은 없지만, 이 작은 책자는 보배처럼 귀한 지식들로 가득 차 있어 실제로 아주 유용한 고서이다. 그러므로, 비록 목성이 천칭 라시인들에게 두 개의 어려운 하우스들을 다스리고 있지만, 함부로 단언 지을 수가 없으며, 어쩌면 높은 지위를 가져다줄 수도 있다.

목성은 힘과 노력을 나타내는 두 개의 하우스를 다스린다. 그러나 자연적 길성이기 때문에 강제적이 아닌 평화로운 본성을 준다. 여섯 번째 로드십이, 적의가 아니라 쉽게 용서하는 기질을 주기 때문이다. 목성은 자연적 길성인지라 그가 영향을 미치고 있는 영역에 충족을 가져다준다. 그러나 대부분 일과 노력을 통해서 이루어진다.

• **금성은 첫 번째와 여덟 번째 로드이다.**

"금성는 바자(Bazaar)에 서 있는 남자이다."

금성은 첫 번째와 여덟 번째 로드로서, 천칭 라시인들이 자신에 대한 인식이 깊어짐에 따라 생에서 급진적인 변화를 겪게 될 것을 나타낸다. 이러한 변화는 주로 금성을 통해서 가슴 깊숙이 잠들어 있던 욕망이 깨어나게 함으로서 오게 된다. 금성은 또한 다른 사람들의 재원에 대해 집착하고, 마치 자기 것인 양 동일시 하게 만든다.

라그나 로드로서 금성은 임시적 길성이다. 그래서 우아하고 현실적인 지혜를 통해 그들이 삶에서 자신들의 자리를 찾게 한다. 그러나 여덟 번째 로드십은 그들을 어느 정도 불안정적이게 만든다. 하지만 천칭 라시는 활동적(moveable) 라시이기 때문에, 어떤 식으로든지 변화를 거치게 되어 있다. 자연적 길성인 금성은, 자신이 영향을 미치고 있는 영역에, 안락함과 행복을 가져다주기도 한다. 그렇지만 여덟 번째 로드십은 어느 정도 "기대치 않았던"이라는 요소를 함께 가져다준다.

· **토성은 네 번째와 다섯 번째 로드이다.**

"**토성은 저울이다.**"

토성은 네 번째와 다섯 번째 로드로서 요가 카라카가 된다. 앵글과 트라인을 동시에 다스리기에 천칭 라시인들에게 최상의 임시적 길성이 된다. 토성은 아주 실질적이며, 이지적인 머리와 인내심을 주며, 필요할 때는 냉철하고 분석적이며 분별력 있는 마음 자세를 준다. 토성은 정신적인 평형성과 바른 결정을 내릴 수 있는 침착함을 준다. 그러나 이러한 자질은 살면서 체험적으로 익히게 된 재능이다. 그래서 천칭 라시인들은 실수들을 통해서 배울 줄 아는 라그나로 알려져 있다. 네 번째 내적 마음과 느낌의 하우스, 그리고 다섯 번째 지성의 하우스가 연결됨으로써, 토성은 아주 균형 잡힌 마음 자세를 만들어 줄 수 있다. 그러나 그들이 깊이 내재한 두려움과 불안정성을 극복할 수 있은 뒤에야, 비로소 그렇게 될 수 있다. 토성은 일반대중이 존경할 수 있는 품위를 주기도 하는지라 그들이 공적인 지위를 얻는 데 도움이 된다. 자연적 흉성으로서 토성은 자신이 영향을 미치고 있는 영역으로부터 그들을 분리시킬 수도 있다. 그러나 이는 순전히 장기적인 안목에서 그들에게 최상의 행복과 성공을 가져다주기 때문에 필요한 과정일 뿐이다.

▨ 전갈 라시 라그나

· **태양은 열 번째 로드이다.**

"**태양은 전갈인이 밑으로 숨는 바위로서 그들을 보호해 준다.**"

태양은 전갈 라시인들이 생에서 행하는 카르마와 강한 동일시를 하는 것을 나타낸다. 왜냐하면, 그들 스스로가 일을 성사시키는 장본인들이란 사실을 잘 알고 있기 때문이다. 이러한 기질은 그들의 커리어나 상사, 얻게 되는 직위들과 중요한 관계를 가지게 된다. 태양은 어떤 중대한 지위에 있거나 그들이 존경하는 사람들을 위해 일을 하도록 만드는 경향이 있다. 그러면서도 자신들이 원하는 직위를 스스로의 힘으로 획득하고 싶은 강한 이상을 부추기기도 한다.

앵글을 다스림으로 태양은 임시적 중립이 된다. 그러나 태양이 받고 있는 다른 영향들에 따라 전갈 라시인들이 어떤 방식으로 직업적 목표를 달성할런지 여부를 결정하게 된다. 태양은 자연적 흉성으로서 그들이 가지고 있는 어떤 직업적인 우려들로 인해, 태양이 영향을 미치고 있는 영역들로부터 전갈 라시인들을 분리시킨다.

- **달은 아홉 번째 로드이다.**

"달은 전갈인의 빛나는 광채이다."

달은 아홉 번째 로드로서, 전갈 라시인들의 영적인 정신 상태를 나타낸다. 그들은 진리를 파악하는데 타고난 기질이 있다. 달은 그들이 가진 믿음이 그들 자신의 태도에 달려 있음을 나타낸다. 전갈 라시인들은 지식, 지혜, 영성, 그리고 철학 등에서 안락함을 추구한다.

달은 아홉 번째 하우스를 다스림으로 인해 최상의 길성이 된다. 뜨는 달은 자연적 길성으로서 은총을 알아보게 하며, 기쁜 행운을 가져다준다. 그리고 그들의 이해가 증진됨에 따라 그들이 가진 능력도 늘어나게 됨을 나타낸다. 지는 달은 자연적 흉성으로서 철학적인 사색에 빠지게 하는 경향이 있다.

- **화성은 첫 번째와 여섯 번째 로드이다.**

"화성은 전갈인 꼬리에 있는 독이다."

화성은 첫 번째와 여섯 번째 로드로서, 전갈인들이 가진 위대한 에너지를 나타내며, 개인적인 약점과 취약성들을 극복하고 향진시키는데 사용한다. 또한 외적인 장애물을 싸우는데 필요한 대단한 저력을 준다. 일단 파괴시키고 극복하게 되면 전갈인들에게 아주 큰 장점으로 작용하게 된다. 만약 도전을 받게 되는 경우, 화성은 그들을 아주 공격적인 성향으로 만들 수도 있다. 그런데 이런 성향이 그들을 아주 부지런한 일꾼으로 만들기도 한다. 그래서 서비스 직종도 잘 맞도록 해준다. 화성은 군대나 의료직에 타고난 재능을 준다. 의료직 중에서도, 화학물질을 다루거나, 침술, 자르고 뚫거나 하는 행위 등이 필요한 일에 아주 뛰어나다. 그들이 자신의 안녕을 지키고 적들을 파괴시키기 위해 싸우도록 한다.

라그나를 다스리는 화성은 전갈인들이 삶에서 올바른 자리를 찾아 안정되게 할 책임을 가지고 있다. 여섯 번째 로드십은, 그들이 약점을 극복하기 위해 스스로 싸워야만 하도록 만든다. 그러나 여섯 번째 하우스는 우파차야이기 때문에 시간이 지남에 따라 전갈 라시인들의 직위가 점점 더 나아진다는 것을 나타낸다. 화성은 또한 어려움을 잘 견디는 행성이기 때문에, 개인적으로 위대함을 성취할 수 있게도 할 수 있다.

한 개의 길조적인 하우스를 다스리고, 다른 한 개의 흉조적인 하우스를 다스리는 화성은 임시적 흉성이 된다. 그러나 화성은 라그나 로드인지라, 전갈 라시인들이 어떡하든 자신의 니치를 찾게 하는데 중요한 책임을 가지고 있다. 그래서 비록 어렵게 만드는 행성이긴 하지만 화성은 그들에게 이득을 가져다준다. 또한 화성은 자연적 흉성으로서 삶에서 투쟁과 어려움들을 나타낸다. 그런데 이러한 어려움들은 전갈 라시인들이 자신의 생각과 아이디어들에 너무 강하게 집착하기 때문에 생기게 되는 것이다.

· **수성은 여덟 번째와 열한 번째 로드이다.**

"수성은 전갈인들이 살고 있는 틈새이다."

수성은 여덟 번째와 열한 번째 로드로서, 전갈 라시인들이 필요로 하는 변환에 대한 욕망을 나타낸다. 수성은 자신의 욕망을 이루기 위해 다른 사람들과 교류를 하도록 만들며, 다른 사람들이 가진 자원의 덕을 보도록 한다. 수성은 전갈 라시인들에게 "정치인"이라는 라벨을 부여하고 있다.

가장 흉조적 하우스인 열한 번째와 어려운 여덟 번째 하우스를 동시에 다스기 때문에, 수성은 전갈 라시인들에게 가장 강도가 센 임시적 흉성이다. 목적을 달성하기 위해선 사회적으로 비 통상적인 방법을 이용하거나, 또는 비밀스런 행동들에 개입을 할 수도 있게 만든다. 그러나 수성은 공평함과 친구들을 나타내기 때문에, 이러한 그들의 추구들은 결과적으로 주변 사람들을 이롭게 할 것이다. 자연적 길성으로서 수성은 그들이 원하는 것을 가지기 위해 흥정을 할 수 있는 능력을 준다.

- **목성은 두 번째와 다섯 번째 로드이다.**

  "목성은 자신의 독으로부터 전갈을 보호한다."

  목성은 두 번째와 다섯 번째 로드로서 탁월한 직관적 지성을 주는 행성이다. 목성은 자연스러운 스피치 능력, 좋은 기억력, 그리고 예시 과학과 카운셀링에 뛰어난 재능을 준다. 또한 목성은 돈복과 투자운을 주는 행성으로서 그들이 필요로 하는 것들은 뭐든지 현실화시키는 힘이 있다. 그들이 가진 창조적 능력은 물질적으로도 생산적이게 한다.

  목성은 다섯 번째 로드십으로 인해 임시적 길성이다. 자연적으로도 길성이기에, 목성은 전갈인들을 물질적인 어려움으로부터 보호를 하고 있는 아주 훌륭한 축복의 행성이다.

- **금성은 일곱 번째와 열두 번째 로드이다.**

  "금성은 전갈인이 교접을 탐하게 하며, 배우자에게 자신을 희생할 수도 있게 한다."

  금성은 일곱 번째와 여덟 번째 로드로서 전갈인들이 자신의 배우자들과 완성시켜야 하는 카르마를 나타낸다. 금성은 전갈인들이 파트너 때문에 어떤 손실과 비용을 입게 할 수도 있다. 그리고 어떤 특정한 이성 멤버를 향해 강력한 매력을 느끼게 만들어 그들과의 카르마를 완성시키고 해결하는데 필요한 관계를 맺게 할 수도 있다.

  금성은 두 개의 중립 하우스를 다스리기에 임시적 중립이다. 하지만 열두 번째 로드십 때문에 손실을 가져올 수도 있다. 또한 지나친 성적활동으로 인해 생기를 잃게 할 수도 있다. 자연적 길성으로서, 금성은 매력을 주고, 유행하는 패션에 대한 재능을 준다. 그리고 금성이 영향을 미치고 있는 영역에서 장기투자를 할 수 있는 능력을 준다.

- **토성은 세 번째와 네 번째 로드이다.**

  "토성은 전갈인의 구두쇠이다."

  토성은 세 번째와 네 번째 로드로서, 아주 컨트롤 되고 보호망 속에 있는 그들의 감정적인 욕구와 필요를 나타내는 행성이다. 다시 말하자면, 토성은 전갈인들이 가진 불안정한 감정적 에고이다. 토성은 전갈인들이 충족과 행복을 얻기를 기대하는 것들에 대해 *끈질기고 컨트롤하는* 태도를 나타낸다.

세 번째 하우스를 다스림으로 인해 토성은 임시적 흉성이며 감정상으로 자기중심적이게 만든다. 그리고 자연적 흉성으로서 토성은 이러한 자기중심적이고 매달리는 경향 때문에 전갈인들이 이별, 부족함, 손실들을 겪도록 만든다.

⊠ 인마 라시 라그나

· **태양은 아홉 번째 로드이다.**

   "태양은 센토(Centaur)의 활이며, 인마와 이름이 같은(Dhanus) 귀한 무기이다."

   태양은 아홉 번째 로드로서, 인마 라시인들이 가진 믿음이나 이상과 자기 동일시를 하고 있는 행성이다. 태양은 그들이 가진 높은 덕과 바르고 영적이거나 종교적 본성을 나타낸다. 목성은 진리와 지식, 가르침 등을 나타내며, 그리고 독자적으로 그러한 것들을 찾고자 하는 인마 라시인들의 타고난 영감을 나타낸다. 그리하여 자연적으로 그들이 스스로 자신의 스승이 될 수 있게 만든다.

   태양은 아홉 번째 로드로서 훌륭한 임시적 길성이 되며, 확고하며 이상적인 다르마의 행성이다. 자연적 흉성으로서 태양은 인마 라시인들이 다르마적 삶을 추구하는 데 따르는 희생을 요구하며 그래서 태양이 영향을 미치고 있는 다른 영역들로부터 격리를 시킬 수도 있다.

· **달은 여덟 번째 로드이다.**

   "달은 센토가 가진 반인반마로서의 불완전함이며, 죽음의 필요성을 받아들이는 그의 무사적 정신자세이다."

   달은 인마 라시인들이 가진 불안정한 정신 자세와 사물의 깊이를 파고들도록 자극하고 있는 내적인 불편함을 나타낸다. 달은 심리적으로 분석을 할 수 있는 타고난 능력을 준다. 그들은 세상에서 일어나는 변화, 어려움, 죽음 등이 현상적 삶에 내재하고 있는 필요와 조화의 일부분이라는 사실을 잘 알고 있다. 달은 그러한 와중에서도 그들이 편안함을 느낄 수 있는 능력을 준다. 그들은 순리대로 내려놓고 따라가는 행동들이 삶에서 행운, 지식, 진리를 얻기 위해 피할 수 없는 과정임을 잘 알고 있다.

달은 여덟 번째 하우스를 다스리기에 임시적 중립이 된다. 그러나 원래 섬세한 본성을 가진 달은, 여덟 번째 하우스를 다스리는 다른 행성들처럼, 큰 위기를 가져오지는 못한다. 그래서 BPHS에 따르면, 달은 비록 여덟 번째 로드이지만 해롭지가 않다. 만약 뜨는 달이면 진정한 길성이 되며, 변화를 통한 성장을 가져다줄 수 있게 된다. 그러나 지는 달이면, 어렵거나 고통스러운 고비, 기대치 않았던 손실 등을 가져올 수도 있다. 그러나 보통은 쉽게 극복할 수 있는 것들에 한해서만 일어난다. 달은 재활하고 치유하는데 빠르기 때문이다.

- **화성은 다섯 번째와 열두 번째 로드이다.**

"화성은 센토의 화살이다."

화성은 다섯 번째와 열두 번째 로드로서, 스스로 배우는데 타고난 능력을 제공한다. 정신적 기질은 활동적이고 상상력이 강하면서도 논리적이다. 이러한 기질들은 훌륭한 전략적, 기술적 능력을 준다. 영적 수행과 깨달음을 하우스들이 다스림으로 인해, 화성은 금욕생활과 혼자서 영적 노력을 쏟게 하는 행운이다. 화성은 문제를 해결할 수 있는 정신적 능력과 지식을 준다.

화성은 다섯 번째 하우스를 다스림으로 인해, 인마 라시인들에게 임시적 길성이며 지성을 준다. 자연적 흉성으로서 화성은 그들이 아는 것들에 대해 지략이나 인내심을 부족하게 한다. 그래서 다른 사람들과 마찰을 겪게 할 수도 있다.

- **수성은 일곱 번째와 열 번째 로드이다.**

"수성은 센토의 카리스마이다."

수성은 일곱 번째와 열 번째 로드로서, 생산적인 파트너십 또는 사업적 파트너십에서 타고난 능력을 준다. 이러한 로드십으로 인해 수성은 그들이 커리어에 도움이 되거나 직위를 얻게 해 주는 결혼을 원하게 만드는 경향이 있다. 또한 수성은 대중적인 성공, 지위, 화술에 뛰어난 능력을 준다. 직업은 다른 사람들과 연결을 잘 해주는 것일 수도 있다. 수성은 또한, 일과 노는 것을 잘 조화시킨다.

두 개의 앵글을 다스림으로 인해 수성은 임시적 중립이다. 그러나 자연적 길성인 수성은 그들의 노력을 지지할 수 있는 직업적 재능이나 파트너를 준다.

· **목성은 첫 번째와 네 번째 로드이다.**

"**목성은 센토의 몸이다.**"

목성은 길성으로서 네 번째 행복의 하우스와 첫 번째 개성의 하우스를 다스리기에 즐겁고 낙천적인 개성을 준다. 행복해지기 위해선 자신의 존재에 대한 어떤 목적의식을 가지게 한다. 목성은 그들에게 조국에 대한 강한 친밀감을 가지게 하며, 그래서 어떤 애국자 비슷한 그런 존재들로 만든다. 또한 어머니에 대한 강력한 동일의식을 가지고 있으나, 일반적으로 어머니와 비슷한 이상이나 믿음을 가지고 있는 건 아니다.

목성은 라그나를 다스리기에 임시적 길성이 되며, 인마 라시인들에게 삶의 의미와 행복을 준다. 자연적 길성으로서 목성은 보통 본인들의 능력과 매너로 인한 증진, 행운, 그리고 지혜를 가져다준다. 에소테릭한 표현을 빌자면, 목성은 영적인 여행을 위해 쓰이는 "몸"의 운송 수단이라고 할 수 있다.

· **금성은 여섯 번째와 열한 번째 로드이다.**

"**금성은 센토의 메달(medals)이다.**"

금성은 여섯 번째와 열한 번째 로드로서, 인마 라시인들이 자신의 성공에 대해 점점 으스대는 경향이 있도록 만든다. 이러한 하우스들을 다스리는 금성은, 그들이 노력의 결실로 얻은 좋은 것들에 너무 빠지게 할 수도 있다.

금성은 이러한 로드십으로 인해 으뜸가는 흉성이 되며, 그들이 가진 자부심 때문에 반대나 경쟁 등에 맞서야 할 수도 있다. 자연적 길성으로서 이러한 하우스들을 다스리는 금성은, 기략과 우아함을 주어서 그들이 어려움을 성공으로, 패배를 승리로 바꿀 수 있도록 만든다.

- 토성은 두 번째와 세 번째 로드이다.

"토성은 화살을 당기고 있는 센토의 강한 팔이다."

두 번째 소유재산의 하우스와 세 번째인 이지, 재주, 재능들의 하우스를 다스리는 토성은, 인마 라시인들이 자신의 지적인 능력에 대해 가지고 있는 집착을 나타낸다. 그리고 겨우 몇 개 안 되는 귀한 것들을 지키려 애를 쓰는, 그들의 불안정한 에고에서 나오는 경직성을 보여준다. 토성은 지성의 정확함과 아주 조리 있게 아이디어를 제시할 수 있는 능력을 주어서, 인마인들을 훌륭한 선생으로 만들기도 한다. 하지만 어떤 다른 조정을 해주는 영향들이 없는 한, 그들은 자신의 아이디어에 대한 상당한 경직성과 집착을 가지게 한다. 그리하여 최상의 학생들은 되지 못하지만, 삶의 직접적인 경험을 통해 배우는 능력은 아주 뛰어나다. 토성은 부와 노력의 하우스들을 다스리기에 인마인들에게 자신의 노력을 통해 부를 얻을 수 있는 능력을 준다. 이러한 것들을 성취하는 데는, 부족함이나 지연이 자주 있게 된다. 원하는 부를 현실화 시킬 수 있기 전까지, 그들이 배워야 하는 어떤 레슨들이 있기 때문이다. 그들의 가족이나 형제들은 보통 그들이 어떤 희생을 치르거나 어느 정도 고통을 경험해야 하는 영역들이다.

토성은 세 번째 하우스를 다스리기에 임시적 흉성이 된다. 자신의 노력으로 번 것들이나, 성공하기를 원하는 것들에 대해, 어느 정도 이기적인 성향을 가지도록 한다. 그리고 자연적 흉성으로서, 보통 이기심이나 필요한 자원이 부족한 탓으로 인해, 그들이 원하는 것들로부터 격리나 손실을 겪도록 만들기도 한다.

▨ 악어 라시 라그나

- 태양은 여덟 번째 로드이다.

"태양은 악어인의 감춰진 부분이다."

태양은 여덟 번째 로드로서, 악어 라시인들이 전생의 카르마를 치르고 있음을 나타낸다. 영혼을 정화시키고, 그들이 경험하는 것들로부터 집착하지 않을 수 있는 능력을 키우게 만든다. 여덟 번째 하우스는 전생의 카르마를 대변하는 하우스이다. 이러한 하우스를 다스리는 태양은, 악어 라시인들의 주체성이 특히 전생의 카르마에 의해 만들어졌음을 나타낸다. 여덟 번째 취약성의 하우스를 다스리기에 태양은 또한 취약한 개인성을 나타내기도 한다.

태양은 여덟 번째 로드십으로 인해 임시적 중립이 된다. 그들의 주체성을 형성시킨 전생의 카르마가, 좀 더 흉조적이거나 길조적이었을 수도 있음을 나타낸다. 자연적 흉성으로서 태양은 자신이 영향을 미치고 있는 영역들로부터 악어 라시인들을 격리시킬 수도 있다. 그러한 것들로부터 부수고 자유로워지게 하기 위해서이다.

· **달은 일곱 번째 로드이다.**

"달은 악어 라시인이 가진 사슴의 얼굴이다."

달은 일곱 번째 로드로서, 악어 라시인들의 인간관계가 필요성 위주임을 나타낸다. 일곱 번째 하우스를 다스림으로 인해, 달은 임시적 중립이 된다. 그래서 달에게 미치는 다른 영향들에 따라, 악어 라시인들이 필요한 것들을 이기적으로 또는 조화적인 방법으로 추구할 것인지를 결정하게 된다. 뜨는 달은 자연적 길성으로, 파트너로부터, 혹은, 달이 영향을 미치고 있는 삶의 영역들로부터 그들을 보호하고 성장시키는 능력을 준다. 지는 달은 자연적 흉성으로서, 인간관계나 이성 관계들 때문에 달이 영향을 미치고 있는 삶의 영역들에서 성장이 부족한 것을 나타낸다.

· **화성은 네 번째와 열한 번째 로드이다.**

"화성은 악어인이 가진 공격성이다."

화성은 네 번째와 열한 번째 로드로서, 악어인들이 안정성을 확보하기 위해 보이는 공격성을 나타낸다. 화성은 그들이 특히, 땅이 있는 재산들을 원하게 만드는데, 세상에서 아주 안전하게 느끼도록 해주기 때문이다. 또한 화성은 악어 라시인들이 땅, 선조, 명예, 직위들을 얻기 위해 싸우게 한다.

열한 번째 하우스를 다스림으로 인해 화성은 아주 파워풀한 임시적 흉성이 된다. 그들이 안정성과 원하는 행복을 지키기 위해 이기적으로 싸우게 만든다. 자연적 흉성으로서 화성, 그들이 욕구를 충족시키려 할 때 시련이나 반대에 부닥치도록 만든다.

그들이 가진 공격성과 행복하지 않는 감정에서 비롯되는 장애들이다. 혹은, 행복을 위해 필요한 것들에 대해 그들이 너무 강한 아이디어를 가지고 있기 때문에, 이미 가지고 있는 것들을 즐기지 못하도록 막고 있을 수도 있다.

- **수성은 여섯 번째와 아홉 번째 로드이다.**

  "수성은 염소가 짐을 운반한 대가로 받은 행운이다."

  수성은 여섯 번째와 아홉 번째 로드로서, 비슈누가 다스리고 있는 행성이다. 악어 라시인들에게 훌륭한 카르마 요가를 행한 대가를 가져다준다. 여섯 번째 하우스는 우파차야 하우스이면서, 아홉 번째 하우스에 연결되어 있기 때문에, 악어 라시인들의 행운은 시간이 지남에 따라 늘어날 것을 나타낸다. 이러한 행운은 수성을 통해 주어진 의무를 잘 이해한 대가로서 오게 된다.

  수성은 아홉 번째 하우스를 다스림으로 임시적 길성이 되며, 정당한 방식으로 주어진 일들을 해내는 것을 나타낸다. 자연적 길성으로서 수성은 그들에게 실리적인 재능과 지혜의 선물을 주어서 행운을 늘릴 수 있게 만든다.

- **목성은 세 번째와 열두 번째 로드이다.**

  "목성은 사슴이 가진 온순함이다."

  목성은 세 번째와 열두 번째 로드로서, 악어 라시인들이 가진 온순한 기질을 나타낸다. 안정성을 확보하기 위해 필요한 것들을 추구할 때 어느 정도 소극적이도록 만든다. 또한 삶에서 손실을 가져오거나 비용의 원인이 되는 것들에 대한 욕구들, 혹은, 자신의 영성을 이루기 위해 원하는 것들을 잃게 되는 것들을 대변하고 있다. 목성은 악어 라시인들이 추구하는 영성을 얻기 전에, 먼저 잃어버리게 만드는 경향이 있다.

  세 번째 하우스 로드십은, 목성을 어느 정도 이기적인 욕망을 가진 임시적 흉성으로 만든다. 열두 번째 하우스 로드십은, 목성이 가진 영적 본성이 밖으로 표출되기 이전에, 먼저 원하는 것들에 대한 비싼 가격을 지불하게 만든다. 자연적 길성으로서 목성은, 어느 기간까지는 충족을 줄 수도 있다. 그러나 보통은, 이러한 충족이 아주 비싸거나 오래 가지 못한다. 열두 번째 로드십은 목성이 영향을 미치고 있는 영역으로부터 악어 라시인을 격리시키기 때문이다.

· **금성은 다섯 번째와 열 번째 로드이다.**

  "금성은 염소의 품위이다."

  금성은 다섯 번째와 열 번째 로드로서, 악어 라시인들이 커리어를 추구하는데 도움되는 섬세한 정신적 자세를 가지게 해준다. 금성이 주는 품위와 지성으로, 그들이 좋은 일을 할 수 있게 하고, 지위와 성공을 거두게 해준다. 금성은 악어인들이 전생에 심어놓은 좋은 카르마의 결과로, 현생의 활동영역에서 이득을 볼 수 있게 하고 있다. 또한 좋은 일을 함으로써 현생에서도 덕을 쌓을 수 있게 한다. 악어인들이 어떤 레벨의 지성과 이해력으로 작용하고 있는지는 금성이 가진 자질들이 결정하게 된다. 금성은 자랑스러울 정도의 지위와 품위를 준다. 그리고 그들이 즐기고 뿌듯해 할 수 있는 이상적 커리어도 함께 준다.

  금성은 열 번째와 다섯 번째 로드십으로 요가 카라카가 된다. 자연적 길성으로 금성은 세련된 외교술로 훌륭한 결정들을 내리도록 해주기 때문에 악어 라시인들은 무엇이든지 쉽게 성취를 할 수 있다.

· **토성은 첫 번째와 두 번째 로드이다.**

  "토성은 염소가 가진 자급자족 능력이다."

  토성은 첫 번째와 두 번째 로드로서, 악어 라시인들이 자신의 자원과 뛰어난 조달능력에 대해 집착하고 자기동일시를 하도록 만든다. 그래서 자신들의 물질적인 업무나 책임들, 심지어는 가족 문제까지, 죄다 지나치게 걱정을 많이 하게 만든다. 토성은 또한 그들의 식생활과 건강이 서로 연관을 가지게 한다. 토성은 악어인들이 스스로에 대해 느끼고 있는 가치를 어느 정도 불안해하게 만든다. 지연을 시키는 행성으로서, 보통 악어인들이 세상에서 자신만의 자리를 찾고, 필요한 자원들을 개발 할 수 있을 때까지, 토성이 영향을 미치고 있는 삶의 영역들이 표출되는 것을 지연시킨다.

  라그나를 다스림으로서 토성은 임시적 길성이 되는데, 악어인들에게 적절한 자기 자리를 찾아줄 책임을 가지고 있다. 자연적 흉성으로서 토성은 악어 라시 본인들만 돌볼 수 있는 책임들 때문에, 자신이 영향을 미치고 있는 영역으로부터 그들을 격리시킬 수도 있다.

▨ 물병 라시 라그나

· **태양은 일곱 번째 로드이다.**

"태양은 물병을 나르는 라그나인이 향하고 있는 사람들이다."

태양은 일곱 번째 로드로서, 물병 라시인들이 동일시하는 다른 사람들을 나타낸다. 그들의 주체성은 상당한 부분이 가까운 사람들이나 파트너들을 통해 형성되게 된다. 태양은 서로 마음이 비슷한 사람들끼리 모인 그룹을 통해 중요한 활동들을 하게 해 줄 수도 있다.

앵글하우스를 다스림으로 인해, 태양은 물병인들에게 임시적 중립이 된다. 태양은 자연적 흉성으로서 자신이 영향을 미치고 있는 영역에서 공적, 사적인 개입들로 인해 그들을 격리시킬 수도 있다.

· **달은 여섯 번째 로드이다.**

"달은 빈 물병 안에 있어야 하는 호숫물인데, 그 안에 없거나 아니면 이미 다른 사람들에게 나눠줘 버렸을 수도 있다."

달은 여섯 번째 로드로서 물병인들에게 나약한 자기 이미지나 마음을 가지게 하며 쉽게 우울증에 빠지도록 한다. 여섯 번째 하우스는 우파차야 하우스이기 때문에, 달은 물병인들이 나이가 들어감에 따라 보다 강한 자기 이미지를 계발하도록 해준다. 그러나 젊을 때는 부실한 자기 이미지 때문에 특히 사회생활에 잘 맞지 않아 고생하게 할 수도 있다. 달은 여섯 번째 하우스를 다스리기에 평화를 선호하는 그들의 유함이나 휴머니스터 정신 자세를 나타내기도 한다. 사회적으로 낮은 계급의 사람들과 연결시키며 대중들에게 이상적인 사람들로도 만들어준다.

달은 여섯 번째 로드로서 임시적 흉성이 된다. 그래서 물병 라시인들이 반대에 부닥치고 삶의 어려움을 겪게 하면서 우울하고 공허한 느낌에 사로잡히게 만들 수도 있다. 심한 경우에는 어떤 중독에 빠지는 원인이 될 수도 있다. 뜨는 달은 자연적 길성으로서, 좋은 환경의 일자리를 주거나, 달이 영향을 미치고 있는 삶의 영역에서 물병인들이 천천히 성장하고 향상될 수 있게 해준다. 지는 달은 자연적 흉성으로서 달이 영향을 미치고 있는 삶의 영역에서 물병인들이 필요로 하는 것들이 채워질 수 없을 것처럼 느끼게 만든다.

· **화성은 세 번째와 열 번째 로드이다.**

"화성은 그의 팔로서, 물병을 운반하면서 강해져 있다."

화성은 세 번째와 열 번째 로드로서 물병인들이 가지고 있는 독립적인 의지와 활동들을 나타낸다. 그리고 활발하게 만들어야 한다고 생각하는 것들에 대한 강한 집착을 보여준다.

화성은 세 번째 로드십으로 인해, 임시적 흉성이 된다. 그래서 보통 물병인들이 전시해 보이는 의지는 이기적인 동기를 가지고 있으며 권위적 대상에게 굴복하기를 거부하고, 자신이 생각하는 대로 하고 싶어 한다. 물병인들은 반항적 기질을 가지고 있는 것으로 잘 알려져 있다. 화성이 그러한 기질을 주고 있다. 자연적 흉성으로서 화성은 물병인들이 권위적 계층이나 동료들과의 갈등을 불러일으키게 할 수도 있다. 또는 자신들의 커리어나 욕구를 추구할 때도 갈등을 만들어낼 수 있다.

· **수성은 다섯 번째와 여덟 번째 로드이다.**

"수성은 그가 가진 진정한 개인성이 분출됨이다."

수성은 다섯 번째와 여덟 번째 로드로서, 물병인들이 보통 사람들과는 다른 생각을 가지거나 사회적 금기를 깨뜨리는 것을 두려워하지 않는, 독창적이면서도 교묘한 정신 자세, 그리고 창조성을 준다. 다른 사람들에 대한 아무런 편견이나 악의가 없이, 그저 스스로에게 정직한 사람이 될 수 있는 능력도 준다. 또한 수성은 어컬트 과학이나 카운셀링에 타고난 재능을 준다. 그리고 기대치 않았던 횡재를 가져다줄 수도 있는데, 그러나 여덟 번째 로드십으로 인해 그들이 가진 행운은 어느 정도 불안정적이게 된다.

수성은 다섯 번째 로드십으로 인해 임시적 길성이 되지만, 그러나 여덟 번째 로드십은 여전히 그들이 자신의 가장 섬세한 면을 비 통상적인 방식으로 표출하고 싶어 하도록 만든다. 자연적 길성으로서 수성은, 어떤 상황에서건 최상을 만들 수 있는 지성을 준다.

· **목성은 두 번째와 열한 번째 로드이다.**

"목성은 물병이 가진 소중한 가치이다."

목성은 두 번째와 열한 번째 로드로서 물병인들이 얻을 수 있는 가장 훌륭한 이득을 나타낸다. 목성은 물병인들에게 부의 행성임을 나타내는, 세 가지나 되는 특성들을 갖추고 있다. 두 번째와 열한 번째, 부를 나타내는 두 개의 하우스를 같이 다스리고 있으며, 그리고 목성 자체가 부를 가져오는 행성이기 때문이다. 그러나 보통 물병인들이 현재 경험하고 있을 어떤 부족함을 위장하기 위해, 목성은 그들이 가치 있는 인물인 것처럼 느끼게 해주는 어떤 것들을 축적하게 하는 경향이 있다.

목성은 열한 번째 하우스를 다스림으로 임시적 흉성이 된다. 일반적으로 물병인들이 좋은 일을 하도록 만들지만, 그러나 명성 자체를 위해 이름을 세우려는 경향이 있게 한다. 자연적 길성으로 자신이 가진 부에 대해 관대하게 만든다. 이러한 자질들이 그들에게 더 많은 부를 이룰 수 있게 해준다.

· **금성은 네 번째와 아홉 번째 로드이다.**

"금성은 물병이다."

금성은 네 번째와 아홉 번째 로드로서, 물병인들이 가진 헌신적인 마음을 나타낸다. 그들은 내적욕구를 충족시켜 주는 어떤 이상적인 것을 일단 찾게 되면 완전히 헌신적으로 된다. 그리고 그것들을 정말로 자랑스러워 한다. 이것은 공허한 자부심에서가 아니라, 정말로 위대하고 진실한 어떤 것을 알아볼 수 있는 능력에 기인하고 있다. 또한 금성은 애국적인 자부심을 나타내기도 한다.

금성은 아홉 번째 하우스를 다스리기에 임시적 길성이 되는데, 네 번째 앵글하우스와 로드십을 나눠 가짐으로 인해, 금성은 물병인에게 요가 카라카가 되는 최상의 행성

이기도 하다. 자연적 길성으로서 금성은 쉽게 행복을 얻게 해주고 행복을 가져다줄 수
도 있다.

· **토성은 첫 번째와 열두 번째 로드이다.**

"토성은 물병을 운반하고 있는 그 사람이다."

토성은 첫 번째와 열두 번째 로드로서, 물병인들에게 자아를 잊게 하는 경향을 준다.
만약 차트에 영적 경향이 내재되어 있으면, 토성은 영적인 비 집착성과 초연함을 계발
하도록 해준다. 영적인 약속이 없는 차트의 경우에는, 상당한 개인적 낭비로 나타나게
될 것이다. 토성은 잃음의 하우스를 다스리며, 자신 바로 잃음의 행성이기 때문에, 물병
라시인들의 삶에서 어떤 개인적인 중독이나 출가 등을 통해 손실을 만들어낸다.

라스나 로드로서 토성은 임시적 길성이다. 그러나 지연을 시키는 행성으로, 물병인들
이 건강한 자기존중심을 계발하기 전까지는, 그들이 삶의 충족을 찾는데 지연을 시킨
다. 자연적 흉성으로 어떤 손실과 격리의 요소들을 가미시킨다. 대부분 물병인 본인에
게 책임을 돌릴 수 있는 출가에 대한 욕구, 자신에 대한 부실한 느낌, 낮은 자신감 등에
서 기인하고 있다.

▧ 물고기 라시 라그나

· **태양은 여섯 번째 로드이다.**

"태양은 물고기의 몸이 진화한 것이다."

태양은 여섯 번째 로드로서, 물고기 라시인들이 다음 단계의 진화적 수준으로 넘
어가기 전에 마쳐야 하는, 아직까지 남아있는 육체적 카르마를 나타내고 있다. 그리고
물고기인들이 물질적인 안녕이나 쾌락보다는 영성적인 이득을 거두기 위해서 반드시 익
혀야 하는 육체에 대한 집착들을 대변한다.

태양은 여섯 번째 하우스를 다스리기에 임시적 흉성이 된다. 태양이 영향을 미치고
있는 삶의 영역들에 해를 끼칠 수 있는 어떤 성격 상 허점들을 나타낸다. 태양이 최상

의 컨디션으로 작용하고 있으면, 진정한 카르마 요기들처럼 물고기인들이 신체를 영적 깨달음을 얻기 위한 발판으로 여기고 열심히 일을 하도록 만든다.

· **달은 다섯 번째 로드이다.**

"달은 물고기가 안에서 넘겨다 보고 있는 대양이다."

달은 다섯 번째 로드로서 물고기인들에게 직관적이며, 풍부한 상상력, 수용적이면서도 섬세한 마음가짐, 그리고 감정을 분별할 수 있는 능력을 준다.

다섯 번째 로드로서 달은 아주 훌륭한 길성이 되며, 행운과 지성, 그리고 헌신적인 마음을 준다. 뜨는 달은 자연적 길성으로서, 행운, 지성, 그리고 그들의 손이 닿는 것마다 재빨리 성장하고 꽃 피울 수 있는 창조성을 준다. 지는 달은 자연적 흉성으로서, 달이 영향을 미치고 있는 영역에서 성장과 창조성이 부족함을 나타낸다. 이는 물고기인들이 현재 안건에 마음을 완전히 몰입하지 않기 때문에 그렇게 되는 것이다. 그들은 자신의 필요가 충족될 수 있다는 사실을 스스로 믿지 못하고 있다.

· **화성은 두 번째와 아홉 번째 로드이다.**

"화성은 디바인 어부의 뾰족한 미끼이다."

화성은 두 번째와 아홉 번째 로드로서, 물고기인들의 영성적 재산이며, 부와 행운을 가져다주는 행성이다. 화성은 그들에게 믿음에서 나오는 힘을 주며, 자신들의 가족, 이상, 종교, 명예, 소유재산을 위해 싸우도록 만드는 경향이 있다.

화성은 아홉 번째 하우스를 다스림으로 인해 임시적 길성이 된다. 어려운 시간을 지나는 동안 물질적 안녕을 보호 해 줄 수 있는 행운과 축복을 가져다준다. 자연적 흉성이기 때문에, 화성은 그들이 반대나 갈등을 겪도록 할 수도 있는데, 가진 티를 내기를 좋아하는 믿음의 성향에서 비롯되는 것이다.

· **수성은 네 번째와 일곱 번째 로드이다.**

"수성은 물밑에서 소통할 수 있는 물고기들의 능력이다."

수성은 네 번째와 일곱 번째 로드로서, 파트너들과 즐길 수 있는 능력을 가진 물고기인들의 행복이다. 그들은 다른 사람들의 감정과 심리를 실질적으로 잘 이해할 수 있다. 수성은 그들에게 파트너들과 순조로운 소통을 통해 친밀함을 나눌 수 있는 능력을 준다. 집중력을 개발시킬 수 있는 호흡법도 익히게 해준다.

두 개의 앵글을 다스리기에 수성은 임시적 중립이 된다. 수성에게 영향을 미치고 있는 다른 영향들에 따라, 물고기인들이 추구하는 행복이나 파트너십이 보다 자기중심적일지, 아니면 조화를 꾀하기 위함인지를 결정하게 된다.

· **목성은 첫 번째와 열 번째 로드이다.**

"목성은 물고기들이 움직일 때 생겨나는 물결이다."

목성은 첫 번째와 열 번째 로드로서, 물고기인들을 자연과 그들의 지위나 카르마들 사이에서 서로 연결해 준다. 물고기인들이 가진 카르마들은, 현재 삶에서 창조되고 표현된 그들의 자아에 상당한 책임을 가지고 있다. 또한 목성은 물고기인들이 어떤 숭고한 커리어를 추구하게끔 하는 경향이 있는데, 그리하여 개인적으로도 빛을 발하게 될 수도 있다.

목성을 라그나를 다스리기에 임시적 길성이 된다. 자연적으로도 길성이므로 목성은 삶의 팽창과 행운을 가져다준다. 이는 물고기인들이 행한 선한 행위들, 관대함, 높은 덕 등에 기인하고 있다.

· **금성은 세 번째와 여덟 번째 로드이다.**

"금성은 쉴새 없이 헤엄치고 있는 물고기들이며, 아가미에 산소를 채워 줄 필요가 있다."

금성은 세 번째와 여덟 번째 로드로서, 물고기인들의 욕구를 정화하고 변환시키는 것을 나타낸다. 세 번째 하우스를 다스리기에 금성은 임시적 흉성이 된다. 그들이 어떤 욕구를 채우려 할 때, 여덟 번째 로드십으로 인해 어떤 고통을 같이 겪게 만든다. 그러나 정기적으로 그렇게 하지는 않는다. 이러한 경험을 통해 물고기인들은 비 집착하는 것을 배우게 된다. 그리하여 그들이 가진 욕구적 본성을 정화시키게 한다. 금성은 자연적 길성으로 물고기인들이 아주 유용하게 사용할 수 있는 재능을 준다. 이 또한 늘상 그러지는 않는다.

· **토성은 열한 번째와 열두 번째 로드이다.**

"토성은 두 마리의 물고기가 서로 반대방향으로 헤엄치고 있는 것이다."

토성은 열한 번째 소득의 하우스와 열두 번째 손실의 하우스들을 다스린다. 그래서 물고기인들이 어떤 것을 쥐고 있고, 어떤 것을 놓아야 할지 결정하지 못하는 딜레마에 빠지게 만든다. 물고기 라시는 "해결"을 의미하는 라시다. 토성은 물고기인들에게 "무엇"을 해결할 것인지를 결정하는 행성이다. 무엇이든지 얻어지는 것은, 그에 따르는 카르마를 해결하기 위해 얻어지게 된 것이다. 그리고 일단 얻어진 것은 다시 잃게 된다. 토성의 물라트리코나 위치가 열두 번째 하우스, 잃음의 하우스에 있기 때문에, 물고기인들은 얻는 것보다 잃는 것들이 주로 더 많게 된다. 이처럼 토성은 성격이 서로 아주 다른 두 개의 하우스를 다스림으로 인해, 물고기인들이 단지 신의 의지에 맡길 수밖에 없는 위기상황을 가끔씩 가져다준다. 물고기 라시를 통해 조디액(zodiac)은 완성된다. 에고는 결국 놓아야 한다는 걸 잘 알고 있지만 그래도 마지막 남은 힘으로 쥐고 있으려 애를 쓰게 된다.

열한 번째 하우스는 열두 번째 하우스에서 열두 번째가 된다. 그래서 열한 번째 하우스는 열두 번째 하우스와 비슷한 성격을 가지고 있다. 이것은 물고기인들이 얻은 것들을 집착하지 않고 즐길 수 있는 능력을 나타낸다. 그렇게 함으로써 완성과 깨달음을 가져올 수 있다. 이러한 자질들은 토성이 물고기인들에게 줄 수 있는 최상의 선물이다.

토성은 열한 번째 하우스를 다스리기에 임시적 흉성이 되는데, 잃을까 봐 두려워서 가진 것을 이기적으로 쥐고 있으려는 기질을 나타낸다. 자연적 흉성이면서 열두 번째 잃음의 하우스를 다스림으로 인해, 토성은 아주 큰 손실이나 격리를 가져올 수도 있다.

▨ 하우스 로드에게 미치는 중요한 영향들

지금까지 하우스 로드들에 대한 설명들을 기술하였다. 행성들이 각자 다른 라그나에 따라 어떻게 그에 맞는 행동들을 하게 되는가 하는 사실들에 관한 내용이었다. 실질적으로는, 보통 아주 나쁘게 행동하는 행성이 사실상 훌륭한 자질들을 가지고 있을 수있으며, 혹은 반대 되는 경우도 있다. 가장 자연스럽게 이기적인 행동을 하는 행성이 사실상 가장 훌륭한 진실과 덕을 갖추고 행동하는 행성일 수도 있으며, 혹은 정반대가 되는 경우도 있다. 이러한 예외들은 모두 차트(Horoscope)가 가지고 있는 전체적인 구도에달려 있다. 지금까지의 설명들은 각 행성들이 가지고 있는 자연적 특성들에 관한 것이었으며, 각자 다른 라그나에 따라 어느 정도 이러한 특성들을 발휘하게 될는지 하는사항들은 좀 더 신중하게 판단해야 할 것이다.

다음은 하우스 로드가 사실상 어떻게 작용할지 하는 사실을 결정하는데 고려해야할 영향들을 정리한 것이다.

1. 주도적인 하우스 로드들의 효과를 막고 있는 힘들(이번 장의 전반부에서 이미 설명하였다)
2. 디스파지터십("디스파지터" 장에서 이미 설명하였다)
3. 행성들이 가지고 있는 자연적 특성들에 미치고 있는 다른 영향들. 그러나 이러한 영향들은 오직 하우스 로드에게만 영향을 미치게 된다. 예를 들면, 쌍둥이 라그나에게 달은 새로운 소유물에 대한 욕구를 나타낸다. 하지만 만약에 토성이 달과 함께 있으면, 그는 낡은 소유물을 가지게 될 것이다.

▨ 라그나와 그에 상응하는 하우스 숫자

점성학 차트를 리딩함에 있어 가장 중요한 포인트는 라그나와 라그나 로드를 올바르게 잘 판단해야 하는 것이다. 라그나인들이 세상에서 자리를 잡게 해주고, 인생의 기반을 마련해 주기 때문이다. 라그나는 차트를 잡아주고 있는 앵커와도 같다. 라그나에 상응하는 하우스 숫자 역시 아주 중요하다. 이는 라그라의 라시 숫자와 같은 하우스 숫자다. 예를 들면 사자 라시 라그나의 경우에, 사자라시는 다섯 번째 라시이다. 그러므로 다섯 번째 하우스와 로드 목성이 강조된다.

이러한 하우스에 미치는 영향들은 자신의 성공과 안녕을 얻는데 라그나 인들이 가지고 있는 능력을 나타내고 있다. 이러한 하우스의 로드가 위치하고 있는 하우스도 역시 관심을 집중해야 하는 중요한 영역들이다.

낙샤트라들

·

27개 낙샤트라들과 로드들

10. 낙샤트라(Nakshatras)들

낙샤트라(Nakshatras)들은 360°의 조디액(Zodiac)을 각 13도 20분 각도로 27개로 나눈 것이다. 각 낙샤트라는 4개의 파다(Pada)를 가지고 있는데 1개의 파다는 3도 20분씩이며, 한 개의 나밤샤와 각도가 같다. 각 낙샤트라는 관장하는 주재신(presiding deity)이 있으며, 또한 태양부터 케투까지 아홉 개 행성들 중의 한 개가 로드십을 가지고 있다. 천문학적 사실로 비추어 볼 때 낙샤트라들은 우리에게 가장 가까이 있는 별들이다. 낙샤트라의 이름들은 각 낙샤트라 안에 들어가 있는 별들 중에 두드러지는 별의 이름을 딴 것이다. 이렇게 두드러지는 별들은 서양 점성학에서 사용되고 있는 많은 고정된 별들과 같다. 베딕 점성학의 다른 점은 각 낙샤트라가 조디액을 1/27로 나누었다는 점이다. 이것이 별들에 얽힌 신화들의 이점을 활용하는 동시에 베딕 점성학을 수적 과학으로 만들고 있는 것이다. 27개의 낙샤트라와 그 안에는 관장하는 주재신들을 둘러싼 많은 신화들이 있는데, 연구를 해보면 낙샤트라가 가진 많은 의미가 드러나게 될 것이다.

낙샤트라가 가진 자질이나 특성들이 상반되는 경우가 자주 일어난다. 낙샤트라가 위치하고 있는 라시의 자질이나 특성들도 마찬가지이다. 그래서 처음에는 약간의 혼란을 일으키고, 분명히 모순되는 것처럼 보일 수도 있다.

다음에 주어지는 설명들과 포인트들이 이렇게 답답하게 만드는 혼란을 줄이는 데 도움이 될 것이다.

1. 낙샤트라들은 달의 부인들로 간주되고 있다. 베딕 신화에서는 주재신의 부인은 바로 주재신의 샥티(shakti, 파워)를 대변한다. 달의 부인들로서 낙샤트라들은 달이 가진 파워들을 대변하고 있다. 이러한 파워들은 어떤 것을 말하는가? 우리의 의식을 나타내는 달은, 의식 안에 있는 어떤 것의 작용으로 자라게 되는 것들을 나타낸다. 달이 가장 선호하는 낙샤트라/부인은 로히니(Rohini)인데, "자라다"라는 뜻을 가지고 있으며, 주재신은 프라자파티(Prajapati)로서 창조의 신이다. 그러므로 낙샤트라들은 성장을 하게 하는 의식의 파워들을 나타낸다. 어떤 행성이나 포인트(Bhava)의 성장은 그들이 위치하게 되는 낙샤트라에 달려 있다.

2. 라시들은 "그곳에 있는 어떤 것"을 나타낸다. 낙샤트라들은 그러한 "어떤 것"들을 성장시키는 의식의 파워들을 나타낸다.

3. 라시들은 주로 조디액을 12개로 나누는데 사용되고 있다. 그리하여 삶의 다른 영역들, 하우스들에 대한 골격을 제공한다(참고로 이는 라시 챠크라가 어떤 바바 챠크라들보다 선호되고 있는 이유이다). 30°가 한 개의 라시에 해당하는 데 주로 솔라(solar, 태양이 움직이는 길)를 기준하고 있으며, 사실상 이러한 라시들은 특정한 별의 그룹들을 모아 산양자리 등등 하는 식으로 이름을 붙인 하늘의 별자리들과는 다른 개념이다. 매 30°는 음력 한 달 농안 일어나는 태양의 움직임과 상응하고 있다. 일 년에는 음력으로 12개월이 있다. 솔라를 기준으로 하는 라시들은 차트(Horoscope)가 가진 골격에 해당한다. 태양이 신체의 골격인 "뼈"를 나타내는 것과 마찬가지이다. 태양도 또한 삶의 골격인 신체 자체를 나타낸다.

4. 삶을 궁극적으로 고려해 본다면 우리는 모두 "영혼"이다. 태양은 아트만(Atman), 모든 영혼, 다름(differentiation)을 모르는 우주적인 영혼을 나타낸다. 달은 DNA를 나타낸다. DNA가 바로 사람들 사이에 모든 다양함과 다름을 만들어내는 책임을 가지고 있다. 그러므로 루나(Lunar, 달의 길)를 기준으로 하는

낙샤트라들은 차트에 세부사항을 더하는 데 도움이 된다.

5. 낙샤트라들은 루나(Lunar)를 기준으로 하고 있으며, 달이 대략 하루에 움직이는 거리들에 해당한다. 루나에 기준을 하고 있음으로, 낙샤트라의 자질들은 성격(mentality)을 좀 더 반영하고 있으며 차트에서 행성이나 포인트에 영향을 미치는 정신적 자세를 나타낸다. 반면에 라시들은 좀 더 표출된 어떤 것이나 실제로 형태를 가진 것들을 나타낸다. 또한 낙샤트라들은 라시가 나타내는 형태에 관련된 많은 세부사항들을 나타내기도 한다.

6. 낙샤트라들은 라시들에서 얻지 못하는 많은 세부사항들을 제공하는데 실질적으로 유용하게 사용할 수 있다. 라시보다 훨씬 적게 분할되었기 때문이다. 또한, 라시들을 통해 알 수 있는 특성들을 좀 더 조율할 수 있다. 그러나 라시들이 나타내고 있는 특성들을 절대 대체할 수는 없다. 낙샤트라들은 라시들과 행성들에서 얻어낸 특성들을 좀 더 확장하고 세부화 하는 데 도움이 된다.

7. 태양은 신체, 형태를 대변한다. 그러므로 라시들이 가진 자질들은 바로 라시 안에 들어오는 것들의 형태이며 모양을 말한다.

8. 달은 피를 대변한다. 태양이 대변하고 있는 신체를 통해 흐르고 있는 생명의 흐름을 나타낸다. 그러므로 낙샤트라의 자질들은 형체를 통한 에너지의 흐름에 영향을 미친다. 어떤 낙샤트라의 특성은 그 안에 위치하고 있는 행성에 의해 영향을 받게 되는데, 그 낙샤트라가 위치하고 있는 라시를 통해 에너지의 흐름에 변화가 생겼기 때문이다. 이러한 에너지 흐름의 변화는 낙샤트라의 특성에 효과를 가지고 있다. 그러나 낙샤트라가 나타내는 실제 구조는 그 안에 위치하게 되는 행성에 의해 영향을 받지 않는다. 특히 이것은 의학 점성학에 아주 도움이 된다. 산양 라시 27도에 있는 토성의 예를 들어보자. 토성(압축시키는, 질병을 유발시키는 행성)이 산양 라시 27도에 있게 되면 머리와 뇌를 손상시킨다. 그러한 토성은 실제로 구조적인 문제를 유발하여 뇌나 머리 부근을 죄게 하는 질병을 얻게 된다. 그러한 토성은 엉덩이 부분에 해당하는 크리티카(Krittika)낙샤트라에 있다. 그러므로 엉덩이에 흐르는 삶의 에너지는 압축되어있게 된다. 그렇지만 실제로

엉덩이 자체는 어떤 구조적인 문제도 없이 잘 형성되어 있을 수 있다.

9. 라시는 우리가 좀 더 영감을 느끼는 어떤 것을 나타내며, 낙샤트라는 우리에게 좀 더 타고난 익숙한 어떤 것들을 나타낸다. 또한 낙샤트라는 우리의 이상들을 실현하기 위해 사용하는 파워를 제공해주기도 한다.

10. 상업적이거나 사회적 행위들을 고려할 때는 낙샤트라의 자질들이 더 주도를 하게 된다. 달은 바이시야(Vaishya)이며 사교적 우아함을 나타내는 행성이기 때문이다. 지위를 고려할 때는 라시의 자질들이 더 중요하게 된다. 태양이 왕이기 때문이다.

▨ 달의 중요성

달은 낙샤트라들의 남편이다. 이 뜻은 낙샤트라들의 파워와 안녕은 달이 가진 여건에 달려 있다는 것이다. 달의 부인들인 낙샤트라들은 달이 가진 파워들, 의식의 파워들을 나타낸다. 그러므로 달의 여건은 낙샤트라들이 나타내는 의식 파워들의 안녕 상태를 판단하는데 아주 중요하다. 만약 달이 손상된 상태에 있으면, 의식은 어떤 성장도 하게 해 줄 수가 없다. 이러한 경우에는 우울증, 정신적 불균형, 충동성, 게으름 등으로 어떠한 성장도 방해를 하게 된다. 만약 달이 좋은 여건하에 있으면, 낙샤트라들이 나타내는 의식으로부터 모든일들이 쉽게 물질화 되게 된다.

▨ 타라 발라

잔마 낙샤트라(Janma Nakshatra, 달이 위치하고 있는 낙샤트라)에서부터 어떤 행성이 있게 되는 낙샤트라는 아주 중요한 고려 사항이다. 이것을 타라 발라(Tara Bala)라고 하는데, "별이 가진 힘"이라는 뜻이다. 잔마 낙샤트라에서부터 얼마나 떨어져 있는지 거리를 세면 다음과 같은 결과들을 가지게 된다.

첫 번째– 잔마(Janma) – 출생, 달의 낙샤트라.

두 번째– 삼팟(Sampat) – 성공, 완벽함, 부, 화합, 즐거움, 영광, 아름다움, 성장함, 존재감.

세 번째－비팟(Vipat)－방지, 방해, 실패, 죽음.

네 번째－크셰마(Kshema)－살만한 장소, 안전성, 부유함.

다섯 번째－프라티약(Pratyak)－마주하는 것, 오는 것들, 피하는 것들, 반대편으로

가고 있는 것들, 서쪽을 향함, 내면, 과거, 지나가 버린 것들.

여섯 번째－사다카(Sadhaka)－효과적인, 생산적인, 능률적인, 완성시키는, 완벽하

게 하는, 충족시키는, 유용한 것들.

일곱 번째－바다(Vadha)－죽이는 자, 파괴시키는 자, 죽음, 파괴, 예방.

또한 나이다나(Naidana)－부패하는, 치명적인.

여덟 번째－마이트라(Maitra)－우호적인, 선의의, 친절한, 애정 어린.

아홉 번째－파라 마이트라(Para Maitra)－극적인, 가장 높은, 최상의 우정.

이 아홉 개는 27개 낙샤트라들 전부를 커버하기 위해 2차례 더 반복된다. 타라 발라를 계산하려면, 달이 있는 낙샤트라에서부터 어떤 행성이 위치한 낙샤트라가 얼마나 떨어져 있는지를 세어본 뒤 9로 나눈다. 나머지가 타라발라를 나타낸다. 혹은, 좀 더 간단하게, 달의 낙샤트라로부터 9개 낙샤트라 로드들을 결정한 뒤, 같은 행성들이 다스리는 낙샤트라에 들어 있는 행성들은 같은 타라발라를 가지게 될 것이다.

1. 세 번째, 다섯 번째, 일곱 번째(비팟, 프라티약, 바다) 낙샤트라에 있는 행성들은 흉한 결과들을 가져온다.

2. 아홉 번째(파라 마이트라) 낙샤트라에 있는 행성들은 최상의 결과들을 가져올 것이다.

3. 첫 번째, 두 번째, 네 번째, 여섯 번째, 여덟 번째(잔마, 삼팟, 크세마, 사다카, 마이트라) 낙샤트라들에 있는 행성들은 좋은 결과들을 가져온다.

타라발라는 의식(달)에서 솟아 나오는 영향들이 다른 행성에게 미치는 것을 볼 수 있게 해준다. 다음은 타라발라로 인해 행성이 입게 되는 영향들을 나타낸 것이다.

첫 번째－의식 내에 있는 선두적 성향, 아이디어들

두 번째–편견 없는 수용성, 그리하여 현재 있는 것들을 즐길 수 있는 능력

세 번째–어떤 것들이 자신이 주장하는 방식으로 표출화 되지 않는 데서 오는 좌절감

네 번째 –안전성의 인식, 실질적인 유용성

다섯 번째 –얻을 수 있는 충족이란 제한되어 있다는 사실에 대한 인식, 좀 더 어떤 뭔가를 위해 움직여야 할 필요

여섯 번째 –고려하고 있는 것들이 가진 가치를 여러모로 잘 재어보고 어떤 결정을 내릴 수 있는 능력을 가진 의식이다. 그러므로 충족감을 경험하게 된다. 내적인 부와 외적인 부 사이에 조화를 이룬다.

일곱 번째 –어떤 행복이나 충족도 환영할 수 있는 능력이 없다. 격리와 상실의 의식을 가지고 있기 때문이다.

여덟 번째 –뭐든지 환영하고 받아들인다. 그렇게 함으로서 더욱 큰 충족을 얻을 수 있을 거라는 인식 때문이다.

아홉 번째 – 합일 의식을 가지고 있다. 그리하여 최상의 충족을 얻게 된다.

▨ 낙샤트라들에 위치한 행성들

어떤 행성이나 포인트의 성장은 그들이 들어가 있는 낙샤트라들의 자질들에 달려 있다.

1. 행성에게 선의적인 영향들이 미치는 경우, 낙샤트라가 가진 자질들은 행성의 특성들이 건강하게 성장하고 실현될 수 있도록 해 준다.

2. 행성에게 흉조적인 영향들이 미치는 경우, 낙샤트라가 가진 자질들은 억눌리게 될 것이다. 그래서 행성이 가진 특성들에게 아무런 건강한 성장이나 실현도 해 줄 수가 없다.

▨ 잔마 낙샤트라(Janma Nakshatra)

낙샤트라들은 달의 저택들이기 때문에, 잔마 낙샤트라(출생 별자리), 출생 시에 달이 위치하고 있는 낙샤트라는 모든 점성학 고서들이 공통적으로 아주 중요하게 강조하고 있다. 잔마 낙샤트라는 차트 주인의 의식에 타고난 파워를 나타낸다. 만약 달이 손상되어 있으면, 그의 의식은 불안하며 삶의 영역들에서 성장을 별로 즐길 수가 없다.

다음은 낙샤트라들을 요긴하게 사용할 수 있는 방법들 중 일부이다.

1. 낙샤트라가 가진 자질들은 그 안에 들어오는 어떤 행성들이나 포인트들에게 영향을 미치게 될 것이다.

2. 행성(A)의 다샤는 자신의 낙샤트라에 들어오는 어떤 다른 행성들(B, C, etc)의 효과들을 주게 될 것이다. 이러한 효과들이 길조적일지 흉조적일지는 다샤 로드 (A)가 가진 여건에 달려 있다.

3. 어떤 행성(A)의 효과들을 결정함에 있어, 행성(A)가 있는 낙샤트라의 디스포지터 (행성 B)를 평가할 수 있다. 행성(B)가 가진 여건이 행성(A)가 주게 될 효과들에 영향을 미칠 것이다.

4. 행성(A)는 어느 정도 행성(A)가 있는 낙샤트라의 로드 행성(B)를 통해서 자신의 효과들을 줄 것이다.

▨ 낙샤트라 테이블들

다음에 이어지는 테이블들은 필자가 몇 년 동안에 걸쳐 낙샤트라 자질들에 대해 다양하게 권위 있는 자료들을 연구 수집하여 얻은 결과들을 분류해 놓은 것이다. 테이블들은 아주 많은 정보를 가지고 있다. 나탈(Natal, 출생) 점성학에 적용하고자 할 때 제일 유용한 정보는 낙샤트라들의 이름, 주재하는 신들, 샥티(Shaktis, 파워들), 근본과 결과들, 그리고 낙샤트라들이 관장하고 있는 사람들, 직업들, 물건들 등이다.

먼저 이어지게 될 낙샤트라 테이블들에서 낙샤트라들을 분류한 카테고리들에 대한 설명을 밝히고자 한다.

주재신(Deity): 이러한 주재 신들에 대한 신화들은 낙샤트라에 함축되어 있는 많은 정보를 드러낸다. 예를 들면 나라야나(Narayana, 비슈누의 화신)는 아쉬빈(Asvins)에게 점성학을 가르쳤다는 신화가 있다. 그러므로 아쉬비니 낙샤트라는 점성학을 나타내고 있는 낙샤트라들 중의 하나이다. 이러한 주재 신들에 바치는 기도와 제사는 그들의 낙샤트라에 들어 오게 되는 것들의 성장을 도모할 수 있다.

- **샥티(Shakti)** : 의식 내에서 성장을 도모하는 어떤 파워다.

- **위의 토대(Basis Above)** : 샥티의 근본구조

- **아래의 토대(Basis Below)** : 위의 토대와 자연스럽게 이루어지는 교환, 위의 토대에 대한 반영

- **샥티와 토대들의 결과** : 샥티와 토대들이 주는 자연스러운 결과들은, 융통성과 상상력을 가지고 모두 적용하게 되면 아주 깊은 의미들을 파악할 수 있을 것이다.

- **구나(Guna)** : 낙샤트라가 가진 활동적 동기를 나타낸다.

  - 사트빅(sattvic) – 향상의 가능성들에 대한 관점을 지키는 데서 오는 이상적 동기

  - 라자식(rajasic) – 행위들의 충족시킬 수 있는 가능성에 대한 관점을 지키는 데서 오는 행동적 동기

  - 타마식(tamasic) – 어떤 것들을 억제하고 있는 관점을 지키는 데서 오는 보수적 동기 등을 말한다. 타마식 낙샤트라들이 꼭 억눌려 있는 것만은 아니다. 예를 들면, 타마식(tamasic) 낙샤트라 중 하나인 푸시아(Pushya)는 영적인 에너지를 일으킬 수 있는 샥티(shakti)를 가지고 있다. 이렇게 억제하는 관점을 지키고 있는 이유는 영적인 에너지가 일어날 가능성을 피하기 위해서이다.

- **카스트(Caste)** : 챤달라(Chandalas)들은 아웃카스트(outcaste)이다. 우그라(Ugras)들은 잔인하고 파워풀한 사람들이거나 미개인들이다. 농부들은 하인들과 함께 땅을 경작하는 사람들로서 수드라(Sudra) 카스트를 이룬다.

- **목표(Goal)** : 낙샤트라가 가진 목표나 목적을 나타낸다. 이러한 목표에 대해서는

"하우스들" 장에서 "아타, 다르마, 카마 그리고 목샤"에 관한 설명을 참조하면 된다. 이러한 낙샤트라에 들어오는 행성에게 미치는 길조적 혹은 흉조적 영향들이 가진 목표가 어느 정도까지 일지를 결정하게 될 것이다.

- **본성(Nature)** : 낙샤트라들의 본성은 각자에게 더 적합한 다른 임무들을 나타낸다. 예를 들면, 활동적 낙샤트라는 움직임, 여행, 변화 등을 요구하는 것들에 더 큰 성장을 하게 해 줄 것이다. 사나운/혹독한 낙샤트라들은 싸움을 하는 것 등과 같은 혹독한 것들에게 더 큰 성장을 하게 해 줄 것이다.

- **행위(Activity)** : 수동적 낙샤트라들은 보다 수용적이며, 활동적 낙샤트라들은 보다 진취적이다. 균형된 낙샤트라들은 필요에 따라 활동적이거나 수동적 모두 가능하다.

- **종족(Race)** : 데바(Deva), 디바인(Divine) 낙샤트라들은 자신들이 바르다고 믿는 것들을 유지하려는 성향이 있다. 마누사(Manusa), 인간(Human) 낙샤트라들은 실용적이고 다재다능한 성향이 있으며 최상의 결과들을 준다고 믿는 일들을 행한다. 락샤사(Rakshasa), 악마(demon) 낙샤트라들은 금기된 것들이나 제약된 것들 등을 깨뜨리고자 하는 성향이 있다.

- **성별(Sex)** : 두 개 냑샤트라들의 성별에 대해선 약간 다른 의견들이 있는데 "?"가 표기된 외에는, 거의 모든 낙샤트라들의 성별은 기술된 대로이다.

- **별들의 숫자(Number of Stars)** : 몇 개의 별들이 한 개의 낙샤트라를 형성하고 있느냐 하는 사실과 낙샤트라의 모양/심볼에 대해서는 테이블들의 여러 곳에 기술되어 있다. 어떤 고서들은 서로 다른 별 숫자를 제시하고 있는데, 그러한 경우에는 두 개의 고서를 같이 표기하였다.

- **트리 - 무르티(Tri - Murthi)** : 브라마 낙샤트라들은 창조적인 면을 나타낸다. 이들은 또한 카르마(행위) 낙샤트라들이다. 비슈누 낙샤트라들은 브라마 낙샤트라들의 반영이다. 그들은 창조된 것들을 보존하거나 유지한다. 이들은 또한 보가(Bhoga, 즐김) 낙샤트라들이다. 쉬바 낙샤트라들은 창조적인 면과 그의 반영 사이에 어떤 일이 일어나느냐를 나타낸다. 다시 말하면, 이해의 과정은 "다수"에 대한 관점을 잃음으로 "하나"의 관점을 얻게 되는 것이다. 이들은 또한 나사(Naasa, 잃음) 낙샤트라들

이다.

- 브라마 낙샤트라들은 창조적인 낙샤트라들로 알려져 있다. 비슈누 낙샤트라들은 보존하는 낙샤트라들, 쉬바 낙샤트라들은 파괴하는 낙샤트라들로 알려져 있다

- **신체 부위들(Body Parts)** : 의학 점성학에 유용하다. 흉성들이나 질병을 가져오는 행성들과 같이 있는 낙샤트라들이 다스리는 신체장기는 그곳에 흐르는 에너지가 어떤 훼방을 받거나 지나쳐서 고통을 받게 된다. 이러한 에너지는 신체 부위의 적절한 성장을 위해 필요하다.

- **도샤(Dosha)** : 카파, 바타, 혹은 피타라는 낙샤트라의 체질을 나타낸다. 도샤들에 대한 간단한 설명은 "행성들의 특성들과 의미들" 장에서 "도샤들"에 대한 설명을 참조하면 된다.

- **잡다한 물건들(Miscellaneous Articles)** : 우리가 가진 소유물들, 비용들, 판 물건 등 보다 세밀한 사항들을 결정하는데 도움이 될 수 있다.

- **사람들, 소유물들, 행위들(People, Profession, Activities)** : 차트 주인이 가진 커리어에 대해서, 그의 삶에 있는 사람들에 대해서, 혹은 어떤 특정한 행위들에 대해서, 보다 자세한 내용을 아는 데 도움이 된다. 이 정보들을 유동성 있게 사용해야 한다. 예를 들면, 광부들을 다스리는 낙샤트라는 또한 탐광 채굴 행위를 나타낼 수도 있고, 그저 탐광을 뜻할 수도 있다.

사람들, 소유물들, 행위들에 대한 내용과 관련하여, 이탤릭(italics)체로 표기한 것은 브리핱 삼히타(Brisha Samhit)에서 운행효과들(transit effects)의 연구조사 결과들에서 가져온 것들이다. 다른 내용들을 브리핱 삼히타와 다른 저서들에서 바로 가져온 것들이다.

#	낙샤트라 이름	각도	로드	의미들
1	아쉬비니 (Ashvinni)	00:00 – 13:20 산양 라시	케투	마부들
2	바라니 (Bharani)	13:20 – 26:40 산양 라시	금성	나르는 사람들
3	크리티카 (Krittika)	26:40 산양 라시 – 10:00 황소 라시	태양	면도날(razor), 커터(cutter)
4	로히니 (Rohini)	10:00 – 23:30 황소 라시	달	붉은 소, 빨간색, 자라는(growing)
5	므리가쉬라 (Mrigashira)	23:20 황소 라시 – 6:40 쌍둥이 라시	화성	사슴 또는 영양의 머리
6	아르드라 (Ardra)	6:40 – 20:00 쌍둥이 라시	라후	습기
7	푸나르바수 (Punurvasu)	20:00 쌍둥이 라시 – 3:20 게 라시	목성	선과 빛의 회복
8	푸쉬야미 (Pushyami)	3:20 – 16:40 게 라시	토성	영양을 주는 것, 꽃, 가장 최상의.
9	아쉬렐샤 (Ashlesha)	16:40 – 30:00 게 라시	수성	휘감는 것, 포옹을 하는 것, 친밀하거나 은밀한 관계
10	마가(Magha)	00:00 – 13:20 사자 라시	케투	관대한, 거대한
11	푸르바 팔구니 (Purava Phalguni)	13:20 – 26:40 사자 라시	금성	이전의 빨간 것
12	우타라 팔구니 (Uttara Phalguni)	26:40 사자 라시 – 10:00 처녀 라시	태양	이후의 빨간 것
13	하스타 (Hasta)	10:00 – 23:20 처녀 라시	달	손
14	치트라 (Chitra)	23:20 처녀 라시 – 6:40 천칭 라시	화성	훌륭하게 빛나는, 뛰어나게 우수한
15	쓰바티 (Svati)	6:40 – 20:00 천칭 라시	라후	독립적인, 검
16	비샤카 (Vishaka)	20:00 천칭 라시 – 3:20 전갈 라시	목성	가지가 난 것, 삼지 모양의 가지
17	아누라다 (Anuradha)	3:20 – 16:40 전갈 라시	토성	연이은 성공, 라다(Radha)를 따르는
18	지예스타 (Jyeshtha)	16:40 – 30:00 전갈 라시	수성	가장 나이가 많은
19	물라 (Moola)	00:00 – 13:20 인마 라시	케투	뿌리, 시작
20	푸르바 아샤다 (Purva Ashada)	13:20 – 26:40 인마라시	금성	이전의 승리

21	우타라 아샤다 (Uttara Ashada)	26:40 인마 라시 – 10:00 악어 라시	태양	이후의 승리
22	시라바나 (Sravana)	10:00 – 23:20 악어 라시	달	유명한, 듣는
23	다니쉬타 (Dhanishta)	23:20 악어 라시 – 6:40 물병 라시	화성	아주 부유한, 아주 재빠른
24	싸타비싹 (Shatabishak)	6:40 – 20:00 물병 라시	라후	100 종류의 약 또는 100명의 의사들
25	푸르바 바드라 (Purva Bhadra)	20:00 물병 라시 – 3:20 물고기 라시	목성	이전의 운이 좋은 것
26	우타라 바드라 (Uttara Bhadra)	3:20 – 16:40 물고기 라시	토성	이후의 운이 좋은 것
27	레바티 (Revati)	16:40 – 30:00 물고기 라시	수성	풍부한, 부유한

#	낙샤트라 이름	모양/심볼	구나	카스트	목표
1	아쉬비니 (Ashvinni)	말의 머리	라자스	바이시야	다르마
2	바라니 (Bharani)	자궁	타마스	찬달라	아타
3	크리티카 (Krittika)	단검/면도칼	사트바	브라민	카마
4	로히니 (Rohini)	경마 차, 전차	라자스	농부	목샤
5	므리가쉬라 (Mrigashira)	사슴의 머리	타마스	하인들	목샤
6	아르드라 (Ardra)	눈물 방울, 보석	사트바	우그라	가마
7	푸나르바수 (Punurvasu)	활집/집, 활	라자스	바이시야	아타
8	푸쉬야미 (Pushyami)	소의 눈물, 화살, 꽃	타마스	크샤트리아	다르마
9	아쉬렐샤 (Ashlesha)	바퀴, 큰 뱀	사트바	찬달라	다르마
10	마가 (Magha)	왕좌, 가마, 왕실	라자스	농부	아타
11	푸르바 팔구니 (Purava Phalguni)	침대의 다리들, 무대	타마스	브라민	카마
12	우타라 팔구니 (Uttara Phalguni)	침대, 침대의 다리들	사트바	크샤트리아	목샤
13	하스타 (Hasta)	주먹 쥔 손	라자스	바이시야	목샤

14	치트라 (Chitra)	진주	타마스	하인들	카마
15	쓰바티 (Svati)	산호, 사파이어	사트바	우그라	아타
16	비샤카 (Vishaka)	승리를 장식한 대문의 잎들, 도공의 바퀴	라자스	찬달라	다르마
17	아누라다 (Anuradha)	혹은 발리(bali, 쌀 뭉치), 우산	타마스	농부	다르마
18	지예스타 (Jyeshtha)	쿤달(kundal, 귀거리) 우산, 부적	사트바	하인들	아타
19	물라 (Moola)	사자의 꼬리	라자스	우그라	카마
20	푸르바 아샤다 (Purva Ashada)	부채, 풍구 키(winnowing basket), 송곳니 비슷한 것, 사각형	타마스	브라민	목샤
21	우타라 아샤다 (Uttara Ashada)	마찬(Machan), 코끼리 송곳니, 사각형	사트바	크샤트리아	목샤
22	시라바나 (Sravana)	세 발자국, 화살	라자스	찬달라	아타
23	다니쉬타 (Dhanishta)	므리당가(mridanga, 북)	타마스	하인들	다르마
24	싸타비싹 (Shatabishak)	서클, 꽃	사트바	우그라	다르마
25	푸르바 바드라 (Purva Bhadra)	두 얼굴을 가진 사람, 무대, 마찬(machan), 침대 다리들	라자스	브라민	아타
26	우타라 바드라 (Uttara Bhadra)	마지막 침대, 침대 다리들, 합친 두 사람	타마스	크샤트리아	카마
27	레바티 (Revati)	므리당가(mridanga, 장구, 북), 물고기	사트바	농부	목샤

#	낙샤트라 이름	주재신(Deity)	샥티(Shakti, 파워에/ 파워의 …)
1	아쉬비니 (Ashvinni)	아쉬빈(Ashvi, 쌍둥이 마부)	재빨리 어떤 것들에 다가가는
2	바라니 (Bharani)	야먀(Yama, 죽음)	어떤 것들을 빼앗아 가는
3	크리티카 (Krittika)	아그니(Agni, 불)	태우는
4	로히니 (Rohini)	프라자파티(Prajapati, 창조의 신)	성장

5	므리가쉬라 (Mrigashira)	소마(Soma, 영생불멸의 신)	충족을 시켜주는
6	아르드라 (Ardra)	루드라(Rudra, 천둥번개를 동반하는 폭풍의 신)	노력
7	푸나르바수 (Punurvasu)	아디티(Aditi, 신들의 어머니)	부나 재산을 얻는 능력
8	푸쉬야미 (Pushyami)	브리하스파티(Brihaspati, 데바들의 스승)	영적 에너지를 일으키는
9	아쉬렐샤 (Ashlesha)	사르파(Sarpa, 뱀들의 왕)	독으로 고통을 주는
10	마가 (Magha)	피트리(The Pitris, 선조 부친들)	육체를 떠나는
11	푸르바 팔구니 (Purava Phalguni)	아리야만(Aryaman, 계약과 협약의 신, 친구로서, 사랑 받고 있는 사람)	출산, 생식
12	우타라 팔구니 (Uttara Phalguni)	바가(Bhaga, 환희에 젖어 있는 태양)	합치나 결혼을 통해 부를 주는
13	하스타 (Hasta)	사비타(Savitar, 영감을 주는 태양)	추구하는 것을 얻어서 손안에 쥐고 있는
14	치트라 (Chitra)	비쉬바카르마(Vishvakarma, 디바인 건축사)	삶에서 공덕을 쌓는
15	쓰바티 (Svati)	바유(Vayu, 바람의 신)	바람처럼 흩어지는
16	비샤카 (Vishaka)	인드라그니(Indragni, 번개와 불의 신들)	많고 다양한 열매들을 거두는
17	아누라다 (Anuradha)	미트라(Mitra, 디바인 친구, 자비의 신)	숭배하는
18	지예스타 (Jyeshtha)	인드라(Indra, 천둥의 신)	상승하거나 정복하는, 전투에서 용기를 얻는
19	물라 (Moola)	니르티(Nirritti, 재난의 여신, 락시미 여신의 반대)	망치거나 파괴를 하는
20	푸르바 아샤다 (Purva Ashada)	아파스(Apas, 물의 여신)	힘을 북돋우는
21	우타라 아샤다 (Uttara Ashada)	비쉬바데바스(Vishvadevas, 우주적인 신들)	아무도 대적할 수 없을 승리를 내려주는
22	시라바나 (Sravana)	비슈누(Vishnu, 유지주)	연결
23	다니쉬타 (Dhanishta)	바수스(Vasus, 빛과 풍요로움의 신들)	풍요로움과 명성을 주는
24	싸타비싹(Shatabishak)	바루나(Varuna, 우주적 물의 신)	힐링하는
25	푸르바 바드라 (Purva Bhadra)	아자 에카파타(Aja Ekapada, 한 개 발을 가진 뱀, 뿔이 달린 염소, 유니콘)	숭배하는 이를 삶에서 증진시키기 위한 불을 내리는

26	우타라 바드라 (Uttara Bhadra)	아히르 부다야(Ahir Budhya, 공간 깊숙한 곳에 사는 용)	비를 내려주는
27	레바티 (Revati)	푸샨(Pushan, 돌보는 자, 보호하는 자, 양아버지로서의 태양)	받은 영양, 밀크로 돌봄을 받은

#	낙샤트라 이름	위의 토대	아래의 토대	샥티와 토대의 효과들
1	아쉬비니 (Ashvinni)	힐링을 받아야 하는 이들	힐링 처방들	세상의 질병이 사라지는
2	바라니 (Bharani)	육체로부터 생명을 거두는	영혼을 선조들이 있는 영역으로 데려가는	다음 세상으로 옮겨가는
3	크리티카 (Krittika)	열	빛	태우거나 정화하는
4	로히니 (Rohini)	식물들	물	창조물
5	므리가쉬라 (Mrigashira)	확장된	(직물을) 짜는	세상을 즐거운 곳으로 만드는
6	아르드라 (Ardra)	사냥하는, 찾아 헤매는	목표를 달성하는	성취를 가져오는
7	푸나르바수 (Punurvasu)	바람, 공기	젖음, 비	식물들이 다시 살아나는
8	푸쉬야미 (Pushyami)	희생적인 숭배	숭배하는 자	영적 에너지가 일어나는
9	아쉬레샤 (Ashlesha)	뱀이 다가오는	덜덜 떨거나 동요된	희생자의 파괴
10	마가 (Magha)	곡을 하는, 슬퍼하는	육체를 떠나는	죽음
11	푸르바 팔구니 (Purava Phalguni)	아내, 여자 파트너	남편, 남자 파트너	태아가 만들어지는
12	우타라 팔구니 (Uttara Phalguni)	자신의 가족에게 받은 부	파트너나 그의 가족에게 받은 부	부의 축적
13	하스타 (Hasta)	이득을 추구하는	이득을 얻는 과정	얻기 원하는 것을 손에 쥐게 되는
14	치트라 (Chitra)	법률	진실	하는 일에서 명예를 얻는
15	쓰바티 (Svati)	다양한 방향으로 움직이는	형태의 변화	변환
16	비샤카 (Vishaka)	쟁기질, 경작	수확	열매를 수확하는

17	아누라다 (Anuradha)	상승하는	하향하는	명예와 풍요로움
18	지예스타 (Jyeshtha)	공격	방위	영웅이 되는
19	물라 (Moola)	어떤 것들을 분해시키는	어떤 것들을 망가뜨리는	파괴하는 힘
20	푸르바 아샤다 (Purva Ashada)	힘	연결	명예, 광채를 얻는
21	우타라 아샤다 (Uttara Ashada)	이기는 힘	이길 수 있다는 목표	대적하는 상대가 없는 승리자가 되는
22	시라바나 (Sravana)	찾아 헤매는	길(the paths)	모든 것들이 연결된
23	다니쉬타 (Dhanishta)	출생	풍요로움	모든 사람들을 같이 모으는
24	싸타비싹 (Shatabishak)	모든 것들을 보존하는	모든 것들을 지지하는	재앙이 없는 세상
25	푸르바 바드라 (Purva Bhadra)	모든 사람에게 유익한 것들	신들에게 유익한 것들	전 세상을 지지하는
26	우타라 바드라 (Uttara Bhadra)	비구름들	식물들이 자람	삼세(three worlds)의 안정
27	레바티 (Revati)	소들	송아지들	전 세상에 영양을 주는

#	낙샤트라 이름	본성	활동성	보는 방향	종족	성별	별의 숫자들
1	아쉬비니 (Ashvinni)	가벼움, 재빠름	수동적	옆으로	데바	남성	3
2	바라니(Bharani)	사나운, 지독한	균형적	아래로	마누샤	여성	3
3	크리티카 (Krittika)	부드러운, 무서운	활동적	아래로	락샤사	여성	6
4	로히니 (Rohini)	고정된	균형적	위로	마누샤	남성?	5
5	므리가쉬라 (Mrigashira)	부드러운, 어린	수동적	옆으로	데바	중성	3
6	아르드라 (Ardra)	날카로운, 무서운	균형적	위로	마누샤	여성	1
7	푸나르바수 (Punurvasu)	움직이는	수동적	옆으로	데바	남성	4/5

8	푸쉬야미 (Pushyami)	가벼운, 재빠른	수동적	위로	데바	남성	3
9	아쉬렐샤 (Ashlesha)	날카로운, 무서운	활동적	아래로	락샤사	여성	5/6
10	마가 (Magha)	사나운, 지독한	활동적	아래로	락샤사	여성	5
11	푸르바 팔구니 (Purava Phalguni)	사나운, 지독한	균형적	위로	마누샤	여성	2/8
12	우타라 팔구니 (Uttara Phalguni)	고정된	균형적	아래로	마누샤	여성	2
13	하스타 (Hasta)	가벼운, 재빠른	수동적	옆으로	데바	남성	5
14	치트라 (Chitra)	부드러운, 여린	활동적	옆으로	락샤사	여성	1
15	쓰바티(Svati)	움직이는	수동적	옆으로	데바	여성	1
16	비샤카 (Vishaka)	부드러운, 무서운	활동적	아래로	락샤사	여성	4/5
17	아누라다 (Anuradha)	부드러운, 여린	수동적	데바	데바	남성	4
18	지예스타 (Jyeshtha)	날카로운, 무서운	활동적	옆으로	락샤사	여성?	3
19	물라 (Moola)	날카로운, 무서운	활동적	아래로	락샤사	중성	11
20	푸르바 아샤다 (Purva Ashada)	날카로운, 지독한	균형적	아래로	마누샤	여성	2
21	우타라 아샤다 (Uttara Ashada)	고정된	균형적	아래로	마누샤	여성	2/8
22	시라바나 (Sravana)	움직이는	수동적	위로	데바	남성	3
23	다니쉬타 (Dhanishta)	움직이는	활동적	위로	락샤사	여성	4/5
24	싸타비싹 (Shatabishak)	움직이는	활동적	위로	락샤사	중성	100
25	푸르바 바드라 (Purva Bhadra)	날카로운, 지독한	수동적	아래로	마누샤	남성	2
26	우타라 바드라 (Uttara Bhadra)	움직이는	균형적	위로	마누샤	남성	2/8
27	레바티 (Revati)	부드러운, 여린	균형적	옆으로	데바	여성 32	

#	낙샤트라 이름	트리-무르티	카르마 등	다투 등	방향	장소
1	아쉬비니 (Ashvinni)	브라마	카르마	다투	남쪽	마을
2	바라니 (Bharani)	비슈누	보가	물라	서쪽	거리
3	크리티카 (Krittika)	쉬바	나사	지바	북쪽	정글
4	로히니 (Rohini)	브라마	카르마	다투	동쪽	외양간
5	므리가쉬라 (Mrigashira)	비슈누	보가	물라	남쪽	침대
6	아르드라 (Ardra)	쉬바	나사	지바	서쪽	절, 성지
7	푸나르바수 (Punurvasu)	브라마	카르마	다투	북쪽	곡창지대
8	푸쉬야미 (Pushyami)	비슈누	보가	물라	동쪽	집
9	아쉬렐샤 (Ashlesha)	쉬바	나사	지바	남쪽	폐허
10	마가 (Magha)	브라마	카르마	다투	서쪽	벼나 쌀을 담은 상자
11	푸르바 팔구니 (Purava Phalguni)	비슈누	보가	물라	북쪽	폐가
12	우타라 팔구니 (Uttara Phalguni)	쉬바	나사	지바	동쪽	물
13	하스타 (Hasta)	브라마	카르마	다투	남쪽	연못
14	치트라 (Chitra)	비슈누	보가	물라	서쪽	강, 둑
15	쓰바티 (Svati)	쉬바	나사	지바	북쪽	넓은 장소, 필드
16	비샤카 (Vishaka)	브라마	카르마	다투	동쪽	면을 짜는 장소
17	아누라다 (Anuradha)	비슈누	보가	물라	남쪽	풀이 난 장소
18	지예스타 (Jyeshtha)	쉬바	나사	지바	서쪽	정글
19	물라 (Moola)	브라마	카르마	다투	북쪽	마굿간
20	푸르바 아샤다 (Purva Ashada)	비슈누	보가	물라	동쪽	지붕

21	우타라 아샤다 (Uttara Ashada)	쉬바	나사	지바	남쪽	씻는 장소의 옆길
22	시라바나 (Sravana)	브라마	카르마	다투	북쪽	전투장
23	다니쉬타 (Dhanishta)	비슈누	보가	물라	동쪽	기름 짜는 곳
24	싸타비쌱 (Shatabishak)	쉬바	나사	지바	남쪽	거리
25	푸르바 바드라 (Purva Bhadra)	브라마	카르마	다투	서쪽	남쪽에 있는 집
26	우타라 바드라 (Uttara Bhadra)	비슈누	보가	물라	북쪽	강
27	레바티 (Revati)	쉬바	나사	지바	동쪽	정원

참고 카르마는 활동적. 보가는 즐거움. 나사는 잃음. 다투는 미네랄들. 물라는 뿌리들. 지바는 생명을 가진 것들. 장소는 우타라바드라만 제외하고, 모두 그나나 프라디피카(Gnana Pradeepika)라는 프라샤나(prashna) 점성학을 다루는 특이한 저서에서 옮긴 것이다. 이 저서에 의하면, 이러한 장소들은 잃어버린 물건들을 찾을 수 있는 곳이다.

신체부위들 **

#	낙샤트라 이름	바라하 미히라 (Varaha Mihira)	파라사라 (Parashara)	다른 저서들	도샤
1	아쉬비니 (Ashvinni)	무릎	머리	발 윗부분	바타
2	바라니 (Bharani)	머리	이마	발 아래 부분	피타
3	크리티카 (Krittika)	엉덩이/골반, 생식기, 허리	눈썹	머리의 위/뒤부분	카파
4	로히니 (Rohini)	다리, 정강이	눈	이마, 발목, 종아리, 정강이	카파
5	므리가쉬라 (Mrigashira)	눈	코	눈썹	피타
6	아르드라 (Ardra)	머리, 두피	귀	눈, 머리꼭대기/ 머리 뒤, 두뇌 쪽 뼈	바타
7	푸나르바수 (Punurvasu)	손가락	뺨	코	바타
8	푸쉬야미 (Pushyami)	입, 얼굴	입술	얼굴	피타

9	아쉬렐샤 (Ashlesha)	손톱	턱	귀, 관절	카파
10	마가 (Magha)	코	목	입술, 턱	카파
11	푸르바 팔구니 (Purava Phalguni)	성기	어깨	오른손, 입술, 윗입술	피타
12	우타라 팔구니 (Uttara Phalguni)	성기	심장	왼손	바타
13	하스타 (Hasta)	손	옆구리	손가락	바타
14	치트라 (Chitra)	이마	가슴	목	피타
15	쓰바티 (Svati)	이빨	배, 위	가슴, 장	카파
16	비샤카 (Vishaka)	팔	배꼽	유방	카파
17	아누라다 (Anuradha)	유방, 심장	허리	배, 위, 자궁, 변	피타
18	지예스타 (Jyeshtha)	목	엉덩이/골반 윗부분	오른쪽 옆구리, 혀, 가운데 손가락	바타
19	물라 (Moola)	발	아래 입술	왼쪽 옆구리	바타
20	푸르바 아샤다 (Purva Ashada)	허벅지	성기	등	피타
21	우타라 아샤다 (Uttara Ashada)	허벅지	고환/음낭	허리	카파
22	시라바나 (Sravana)	귀	아랫배	성기	카파
23	다니쉬타 (Dhanishta)	등	허벅지	항문	피타
24	싸타비싹 (Shatabishak)	턱, 웃음	무릎	오른쪽 허벅지, 턱	바타
25	푸르바 바드라 (Purva Bhadra)	옆구리	다리	왼쪽 허벅지, 발바닥, 갈비뼈, 발	바타
26	우타라 바드라 (Uttara Bhadra)	옆구리	발목	정강이, 발바닥, 갈비뼈, 발	피타
27	레바티 (Revati)	배	발	발목, 겨드랑이, 사타구니/성기	카파

#	낙샤트라 이름	잡다한 물건들(예시들은 모두 복수임)
1	아쉬비니 (Ashvinni)	수송기관, 말
2	바라니 (Bharani)	우물, 껍질 있는 곡물, 곡물
3	크리티카 (Krittika)	만트라(진언), 음악, 흰 꽃
4	로히니(Rohini)	숲, 짐승, 장미, 사과, 보석, 장식구, 산, 소, 황소, 수중 동물, 미장원, 시장
5	므리가쉬라 (Mrigashira)	과일, 카테츄 식물(betel nut,비털 너트), 향기 나는 물건, 새, 옷 의상, 수산물, 꽃, 보석, 짐승, 향수, 양조장, 망고, 쥬스, 맛, 작물
6	아르드라 (Ardra)	요새, 껍질있는 곡물, 벨러릭 마이로발란(belleric Myrobalan, 아유르베다 대표적 허브 중 하나, 바헤다(Baheda)라고도 함), 많은 비
7	푸나르바수 (Punurvasu)	무기, 최상의 곡물들(칼라마 파디, Kalama paddy)
8	푸쉬야미 (Pushyami)	사탕수수, 보리, 밀, 쌀, 신성한 무화과 나무(피팔, Peepal), 숲, 물탱크, 꽃
9	아쉬렐샤 (Ashlesha)	인위적으로 만들어진 물건들, 술, 껍질이 있는 곡물, 알 식물(bulb벌브), 뿌리, 과일, 곤충, 포유루, 독, 허브, 벌레, 수산물이나 수중동물
10	마가 (Magha)	옥수수, 곡물 창고, 비채식 음식
11	푸르바 팔구니 (Purava Phalguni)	소금, 불, 부테아 프론도사(열대식물 중 하나, Palash), 일상편리용품들, 기름, 솜, 꿀, 어린애들, 외화교환자들, 튀긴 음식
12	우타라 팔구니 (Uttara Phalguni)	코끼리, 돌, 불, 옥수수, 신성한 나무(Plaksha), 섬세한 곡물(칼라마 쌀, kalama rice), 야자즙 조당, 소금
13	하스타 (Hasta)	님 나무(neem tree), 장식구들, 일상 편리용품, 껍질 있는 곡물, 코끼리
14	치트라 (Chitra)	야자, 왕족들을 위한 옥수수, 새, 색칠한 병, 여자
15	쓰바티 (Svati)	코끼리, 녹두, 아르쥰 나무(Arjun tree, Arjun terminalia), 새, 짐승, 말, 가스를 내는 곡물, 사슴, 채소, 피임, 비행기
16	비샤카 (Vishaka)	솜, 돌, 빨간 꽃과 열매를 맺는 나무, 깨, 검정 녹색 그리고 뱅갈 콩, 콩, 식물 사프란, 라크(lac, 나뭇가지에서 나오는 수지), 곡류, 꼭두서니의 식물, 잇꽃
17	아누라다 (Anuradha)	양모, 숨겨진 물건들, 장식구, 말, 자동차들, 게임, 미무소프 엘런기(Mimusops Elengi, 열대 식물 중 하나, Bakula), 가을에 자라는 것들
18	지예스타 (Jyeshtha)	부, 물소들, 털, 무기, 그룹들, 세미나, 엘리트 가족들, 무역조합
19	물라 (Moola)	뒤집어진 것, 씨, 무기, 농업, 약, 과일, 허브

20	푸르바 아샤다 (Purva Ashada)	불, 과일, 수중 꽃과 과일, 수중 동물
21	우타라 아샤다 (Uttara Ashada)	코끼리, 말, 돌, 상업, 나무처럼 움직이지 않는 것들, 질병
22	시라바나 (Sravana)	약초(Aak, 아크), 수송기관
23	다니쉬타 (Dhanishta)	장신구들
24	싸타비쌱 (Shatabishak)	수산물과 수중생명들, 눌리아 오리엔탈리스(Neulea Orientalis, 나무 이름), 로프, 네트
25	푸르바 바드라 (Purva Bhadra)	망고 나무, 축산학, 불
26	우타라 바드라 (Uttara Bhadra)	코끼리, 돌, 레몬, 고운 옥수수, 뿌리, 과일, 금, 여자
27	레바티 (Revati)	수산물, 곤치(조가비), 장식구, 바씨아 라티폴리아(bassia latifolia, 인도산 나무의 일종), 과일, 소금, 진주, 보석, 꽃, 연꽃, 향수, 가을에 거두는 곡식

#	낙샤트라 이름	사람들, 직업들, 행위들(모두 복수들)
1	아쉬비니 (Ashvinni)	말장수, 승마자, 사령관, 의사, 하인, 상인, 미남 미녀, 무역인, 마부, 군대 장군, 사냥꾼, 점성학자, 시인, 대신들/성직자들(ministers)
2	바라니 (Bharani)	피와 살코기를 먹여야 하는 것들, 잔인한 사람, 살생을 하는 사람, 다른 이들을 가두거나 때리는 사람, 천한 태생, 노동, 용기가 없는, 캐릭터가 없는, 무시되는, 상조 일을 하는 사람, 댄서, 배우, 뮤지션, 가수, 마술사, 고약한 사람, 사냥꾼
3	크리티카 (Krittika)	브라만들(성화를 지키고 숭배하는, 성가와 제사의 규칙을 아는 사람), 문법을 아는 사람, 과부, 이발사, 도공, 승려, 점성학자, 해설자, 금 광부, 불로 일을 하는 사람들(금 세공사, 대장장이 등) 군대 사령관
4	로히니 (Rohini)	어떤 종교적 맹세를 지키는 사람, 상인, 왕, 부유한 사람, 요기, 나르는 사람, 농부, 술 마시는 사람, 권위 직에 있는 사람, 정치인, 연예인들, 고행자
5	므리가쉬라 (Mrigashira)	숲사람, 삼림지 거주자, 소마(soma) 주스를 마시는 사람(제사를 지낸 후), 뮤지션, 애인들, 우체부, 음탕한 사냥꾼
6	아르드라 (Ardra)	살인자, 사형 집행인, 동물 잡는 사람, 거짓말쟁이, 간음하는 이, 잔인한 사람들, 도둑, 건달, 불화를 일으키는 사람, 도깨비를 키우는 사람, 검은 마법사, 마술사, 마법사, 도살자, 새 사냥꾼, 창녀, 기름 파는 사람, 세탁사, 염색사
7	푸나르바수 (Punurvasu)	진실한 사람, 순수하고 너그러운 사람, 깨끗한, 부유한, 높은 태생, 잘생김, 똑똑함, 곡물 상인, 유명함, 상인, 하인, 공예인, 은행인, 동굴에 사는 사람
8	푸쉬야미 (Pushyami)	희생의식을 치르는 사람, 성직인, 왕, 어부 등등. 높은 덕을 가진 사람, 크고 작은 희생의식 일에 개입된 사람, 운동하는 일에 개입된 사람, 종을 울리는 일에 개입된 사람, 어떤 공지사항을 크게 알리는 사람, 도박인

9	아쉴레샤 (Ashlesha)	간호인, 도둑, 모든 유형의 의사들, 공예인, 마법사
10	마가 (Magha)	금과 옥수수 부자인 사람들, 산을 오르는 사람들, 부모나 조상에게 헌신적인 사람, 용감한 사람, 무역인, 영웅들, 공무원 엔지니어들, 육류를 탐하는 사람들, 여자들을 미워하는 사람, 무역인, 창고, 코끼리 부서의 사령관, 주요 성직인
11	푸르바 팔구니 (Purava Phalguni)	배우, 젊은 여자, 상냥한 사람, 뮤지션, 예술인, 소년들, 댄서들, 패션, 그림, 여섯 가지 맛을 가진 주스나 물건들을 다루는 사람들, 고급매춘부, 처녀
12	우타라 팔구니 (Uttara Phalguni)	친절한 사람, 행동이 순수한 사람, 조신한, 종교적 이단, 자선적인 사람, 많이 배운 사람, 아주 부자인 사람, 주어진 책임들에 헌신적인 사람, 왕들, 변호사, 재판관, 금융업자, 정부/사회적 봉사, 베딕 지식을 가진 사람, 재보 담당자, 은둔자/탁발자, 물
13	하스타 (Hasta)	도둑, 변호인, 고급마차를 타고 여행하는 사람, 코끼리 운전자들, 공예인, 모든 베다를 터득한 사람, 무역인, 용감 무쌍한 사람, 투기꾼들, 도박인들, 이발사, 도공인, 기름 만드는 사람 등등. 의사들, 재단사(바늘일을 하는 사람), 코끼리 잡는 사람, 창녀, 꽃다발 만드는 사람(플로리스트), 화가들
14	치트라 (Chitra)	장신구를 잘 만드는 사람, 염색을 하는(그림을 그리는), 글쓰기, 노래하는, 향수들, 수학자들, 베 짜는 사람, 보석분석가, 안과수술전문의, 건축사, 실내장식인, 우물 파는 일을 하는 노동자들
15	쓰바티 (Svati)	무역인, 수행자, 안정적이 못한 친구들, 변덕스런 캐릭터, 물건 감정가, 음유시인, 스파이들, 배달원, 마차 모는 사람, 스토리 텔러, 선원, 배우, 뮤지션, 메시지를 전달하는 사람
16	비샤카 (Vishaka)	인드라(Indra)와 가니(Gani)신들에게 헌신적인 살마, 불을 잘 다루는 법을 배운 사람, 엔지니어들, 상업인들
17	아누라다 (Anuradha)	용감 무쌍한 사람, 기업 대표들, 덕이 높은 사람들의 친구, 모임을 좋아하는 사람, 여행가들(마차 같은 것을 좋아하는 사람), 세상에서 정직한 모든 사람들, 운동선수들, 차량을 수리하거나 파는 사람, 성직인들, 도공이나 기름 짜는 이들처럼 바퀴에 관련된 일을 하는 사람, 공을 치거나 종을 만드는 사람들, 친구들, 크샤트리아들(왕족들)
18	지예스타 (Jyeshtha)	전쟁영웅, 좋은 혈통·부·명성을 가진 뛰어난 사람들, 도둑들, 정복하고자 하는 왕, 왕족들의 리더, 왕의 지도자들, 왕의 후원이나 명예를 받는 사람들
19	물라 (Moola)	의사들, 그룹들의 리더, 꽃 뿌리 과일들을 다루는 사람, 아주 부유한 사람들, 과일이나 뿌리만 먹고 사는 사람, 무사들, 약초들을 다루는 사람(야사들)
20	푸르바 아샤다 (Purva Ashada)	여린 마음을 가진 사람들, 탐험가, 부유한 사람들, 어부, 진실한 사람, 순수한, 고기 파는 사람들, 다리/댐/운하들을 짓는 사람들, 물 옆에 사는 사람
21	우타라 아샤다 (Uttara Ashada)	코끼리 운전자들, 레슬러들, 신께 헌신하는 사람, 무사들, 쾌락을 즐리는 사람, 용감한 사람, 점성학자들
22	시라바나 (Sravana)	마술사들, 엄청 활동적인 사람, 효율적인, 에너지가 넘치는, 비슈누 추종자들, 진실하고 바른 사람, 왕의 사무관, 브라민, 의사들

23	다니쉬타 (Dhanishta)	자존심이 없는 사람, 거세된 남자(환관), 빠른 친구들, 여자들이 미워하는 남자들, 여자들, 자선적인 사람, 아주 부유한, 평화로운, 감각들을 정복한자, 재물 담당자, 정치인들
24	싸타비싹 (Shatabishak)	유혹하는 사람, 낚시꾼, 새를 죽이는 사람, 생선 다루는 사람, 곰 사냥꾼, 사냥꾼, 세탁하는 사람, 증류수 제조자, 새 잡는 사람, 의사, 시인, 술고래, 무역인, 정치인
25	푸르바 바드라 (Purva Bhadra)	도둑들, 겁쟁이들, 살인자들, 구두쇠, 부덕한 사람, 한번의 전투에 똑똑한 사람, 야비하고 악한 행동들을 하는 사람들, 비종교적인 사람
26	우타라 바드라 (Uttara Bhadra)	브라만, 제사 자선 고행을 하는 사람들, 고행인들, 아주 부유한 사람, 은둔자들, 이단자들, 군주, 강둑에 사는 사람들, 마차를 만드는 사람들, 목수 등등
27	레바티 (Revati)	무역인들, 선원들, 배 모는 사람들, 왕의 후계자, 여행가, 행군하는 군대

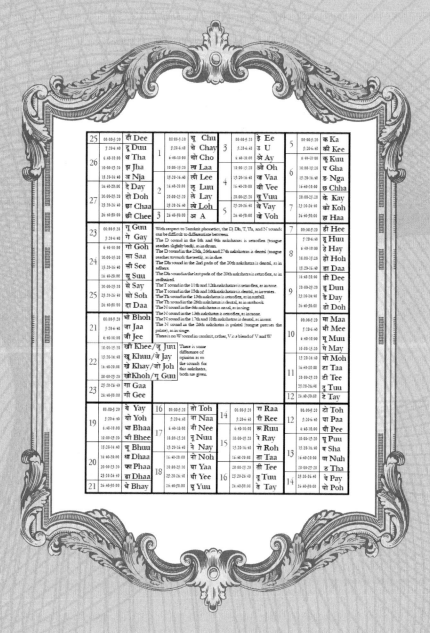

나마 낙샤트라(Nama Nashatra)

·

낙샤트라의 개개 파다들은 모두 특정한 소리와 일치한다. 전통적으로 아이가 태어나면 출생 차트의 달, 즉, 잔마 낙샤트라의 소리에 해당하는 이름이 주어졌다. 어떤 행성이나 바바 포인트가 그러한 낙샤트라에 떨어지게 되면 차트 주인의 이름에 특히 중요해지게 된다.

11. 행성 간의 합치

베딕 점성학에서 "합치(conjunction)"란 두 개 혹은 두 개 이상의 행성들이 같은 라시 안에 있는 것을 말한다. 이는 서양 점성학과는 약간 다르다. 서양 점성학에서 "합치"란 두 개 혹은 두 개 이상의 행성들이 서로 영향을 미치는 각도 안에 있음을 말한다. 다음에 주어지는 설명은 행성이 다른 행성과 합치를 이룰 때 받게 되는 일반적 영향들을 기술한 것이다.

· **태양**

같이 있게 되는 행성을 빛나게 하며, 안정시키며 품위를 주고 태우고 분리시키며 개체화시키며 그리고 독립성을 준다.

· **달**

같이 있게 되는 행성을 반영하고 편안하게 해주고 다독거리며 보양하고 자라게 하며, 사회성을 주며, 그리고 잘 변하고 변덕스럽게 한다.

· **화성**

같이 있게 되는 행성을 활력화 시키며, 부수고 싸우며, 에너지가 넘치게 하며 힘을 주고 독립적이며 반항하게 만든다.

· 수성

같이 있게 되는 행성을 조화시키고 지지하고 소통하며, 그리고 유동성, 현실성, 분별력, 친화성 등을 준다.

· 목성

같이 있게 되는 행성에게 축복을 주며, 팽창시키고, 용서하고, 이해를 준다. 강한 목성의 영향은 종래에는 얻게 될 이득과 충족을 나타내는 힐링 연고와 같다.

· 금성

같이 있게 되는 행성을 다듬어주고, 편안하게 해주며, 사랑하고 가치 있게 해주며, 그리고 즐거움, 쉬움, 사치스러움 등을 준다.

· 토성

같이 있게 되는 행성을 분리시키고 격리시키며 비 집착하게 하고 억압하며, 그리고 냉정함과 편협함을 준다.

▨ 행성 간 상호관계에 따른 영향들

항상 기억해야 할 사실은, 만약 행성(A)이 다른 행성(B)과 친구 관계이면 행성(A)는 자신의 특성들과 다르지 않은 한 다른 행성(B)이 가진 자연적 특징들을 돕는다. 만약 행성(A)이 다른 행성(B)과 적 관계이면 그들이 비슷한 성향을 가지고 있지 않은, 다른 행성(B)의 자연적 특성들을 해하게 될 것이다. 합치한 행성들은 서로 자연적인 친구 관계일 수도 있지만, 그러나 항상 서로 임시적 적 관계에 있다. 그래서 그들은 절대 친구 관계가 되지 못할 것이며 최대한으로 중립관계는 될 수가 있다. 그러므로 그들은 서로의 가진 목표가 같은 한도 내에서 단지 부분적인 도움만 서로에게 줄 수 있다.

▣ 여러 행성의 합치

다음에 주어지는 가이드라인들은 점성학 고서에서 발췌한 것으로 합치가 일어나고 있는 하우스의 효과들을 결정하는 데 중요하다.

"두 개 혹은 더 이상의 행성이 합치를 하게 되면 항상 그들이 있는 하우스의 특질들이 영향을 받게 된다. 그러한 합치의 효과들은 또한 꿀과 기(Ghee)를 합한 것과 같은 독소적인 결과를 낳을 수도 있다."

어떤 행성이던 합치를 하게 되면 그들이 있는 하우스에 많은 강조를 하게 된다. 이러한 하우스는 라시인에게 언제나 아주 중요한 의미를 가지고 있을 것이다. 같이 합치를 한 행성들은 서로 간에 적이 되는 경우가 자주 일어난다. 그리하여 합치한 행성들은 그들이 위치하고 있는 하우스에 서로가 떨어져 있는 경우보다 훨씬 큰 어려움들을 만들어 낼 가능성을 가지고 있다.

"만약 길성들끼리만 합치를 하게 되면, 그로 인한 효과들은 아주 최상급일 것이다. 만약 흉성들끼리만 합치를 하게 되면 불미스러운 결과들이 나오게 될 것이다. 길성과 흉성이 합치를 하게 되면, 그러면 뒤섞인 결과가 나올 것이다."

"만약 출생 시에 길성들끼리만 합치를 하게 되면 라시인은 부와 주권, 명성을 누리게 될 것이다. 그러한 합치는 지구를 다스릴 만한 황제를 만들어 낸다. 만약 출생 시에 세 개의 흉성들이 합치를 하게 되면 라시인은 불운하고 가난하며, 비운을 맞으며 못생기고 뻔뻔하게 될 것이다."

길성들끼리의 합치는 선호된다. 그들이 있는 하우스에 좋은 결과를 증가시킨다. 흉성끼리의 합치는 상당할 정도로 흉조적 에너지를 그들이 있는 하우스에 집중시킨다. 그러한 하우스에게 파괴시키는 결과를 가져온다. 길성들끼리 합치를 하고 있으면 비록 서로가 적 관계일지라도 서로를 해하지는 않을 것이며, 단지 서로에게 도움만 주지 않을 뿐이다. 흉성들끼리 합치를 하게 되면, 서로 적관계에 있으면서, 또한 서로를 해치게 될 것이다.

"만약 네 개 혹은 그 이상의 행성들이 한 개의 하우스에 있게 되면, 뒤섞인 결과들이 따라올 것이다. 그러한 결과들은 그들의 다샤(Dasa)나 북티(Bukti)에 나타나게 될 것이며, 행성들이 가진 좋거나 나쁜 특성들에 달려있다."

"만약 다섯 개 혹은 여섯 개 행성이 합치를 하게 되면, 보통 그러한 라시인들은 한 푼 없는 가난뱅이가 될 것이며, 비운이 따르고 멍청하게 된다."

너무 많은 행성이 한 개의 하우스에 몰려있으면 괴로움을 가져오는 경향이 있다. 비록 그들이 길성이고 좋은 품위들을 가졌더라도 불만과 고통을 가져오는 경향이 있다. 만약 네 개 혹은 그 이상의 행성들이 한 개의 하우스에 있게 되면, 그러한 하우스에서 행복을 얻을 수 있는 가능성은 현저하게 줄어든다. 만약 그들 중에 어떤 행성이든 나쁜 품위를 얻고 있으면, 그러한 하우스의 효과들은 파괴될 가능성이 아주 짙다. 그러므로 많은 행성의 합치는 일반적으로 선호되지 않는다. 그러나 다음과 같은 경우는 예외이다.

"만약 세 개 혹은 더 이상의 행성들이 라그나, 열 번째, 아홉 번째에 있게 되면, 라시인은 다양한 활동들에 참여하게 될 것이며, 많은 좋은 재질들을 가지고 있고, 아주 총명하며, 마치 부의 군왕처럼 즐기게 될 것이다."

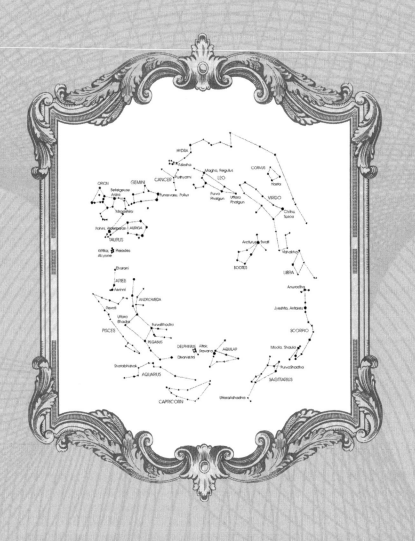

별자리들의 차트

·

천문성좌 별자리들과 낙샤트라들
각 낙샤트라들은 어떤 특정한 스타들로 표시되어 있다.

12. 행성들의 어스펙트(Planetary Aspects)

　행성은 다른 라시들과 행성들에게 영향을 끼친다. 이것을 행성의 "어스펙트(aspect)"라고 한다. 산스크리트어로 어스펙트는 "드리쉬티(Drishti)"라고 하는데 "쳐다본다"라는 뜻이다. 그러한 행성들은 다른 행성들과 하우스들을 바라보고 있는 것으로 간주되고 있다. 어스펙트를 받고 있는 행성이나 하우스는 쳐다보고 있는 행성들의 성질에 따라 그들이 가진 성질도 조정된다. 어스펙트가 가진 성질이 길조적일지 흉조적일지는 쳐다보고 있는 행성이 길성이냐 흉성이냐에 달려있다. 서양 점성학에서 흔히 어스펙트의 각도를 사용하는 것과는 다르다. 그러나 어스펙트의 각도는 어스펙트의 비중에 영향을 미친다.

　행성들이 가지는 어스펙트들은 다음과 같다

　모든 행성이 일곱 번째(180도)에 있는 행성들을 완전한 비중으로 어스펙트를 한다.

　모든 행성이 네 번째(90도)와 여덟 번째(210도)에 있는 행성들을 3/4 비중으로 어스펙트를 한다.

　모든 행성이 다섯 번째(120도)와 아홉 번째(240도)에 있는 행성들을 1/2 비중으로 어스펙트를 한다.

　모든 행성이 세 번째(60도)와 열 번째(270도)에 있는 행성들을 1/4 비중으로 어스펙트를 한다.

이러한 어스펙트 외에도, 화성, 목성, 토성은 다음과 같은 특별한 어스펙트를 하게 된다.

화성은 네 번째(90도)와 여덟 번째(210도)에 있는 행성들을 완전한 비중으로 어스펙트를 한다.

목성은 다섯 번째(120도)와 아홉 번째(240도)에 있는 행성들을 완전한 비중으로 어스펙트를 한다.

토성은 세 번째(60도)와 열 번째(270도)에 있는 행성들을 완전한 비중으로 어스펙트를 한다.

행성들은 300 - 360도 사이, 0 - 30도 사이에서, 그리고 150도에서는 아무런 어스펙트를 하지 않는다.

행성의 어스펙트가 가지는 완전한 비중은 60점(비루파, Virupas)이다. 그러므로 행성들은 차트에 있는 다른 행성들이나 포인트들을 0-60점 사이에서 어스펙트를 하게 된다. 행성들의 어스펙트는 동등한 상호관계를 갖지 않는다. 어느 행성이 다른 행성을 어스펙트하고 있으나 되돌아오는 어스펙트는 없을 수도 있다.

통상적으로 실행되고 있는 방법은 완전한 비중의 어스펙트만을 간주하되 각도가 아니라 라시에 기준을 두고 고려하는 것이다. 예를 들면, 태양이 산양 라시에 있으면 일곱 번째 천칭 라시에 있는 모든 행성을 각도에 상관없이 어스펙트를 한다는 것이다. 하지만 실질적으로 행성이 산양 라시 맨 끝 각도에 있고 천칭 라시 맨 처음 각도에 있을 수 있다. 그런 경우 어스펙트를 하거나 받고 있는 행성들의 간격은 152도가 되는데, 150도에선 어스펙트 비중이 제로이다. 그러므로 152도를 완전한 비중의 어스펙트로 간주한다는 것은 정확하지 않다. 그러한 경우에 겨우 4점만 얻을 뿐이므로 무시해도 될 만큼 작은 어스펙트이다.

정확한 어스펙트 가치를 계산하기 위해선 좀 더 많은 노력이 요구된다. 그러나 일단 정확한 계산을 하게 되면, 차트를 읽는 것이 훨씬 쉬워지고 정확성도 늘어난다. 다행스럽게도 컴퓨터 소프트웨어가 있어 이러한 계산들을 쉽게 산출해 낼 수 있다. 만약 소프트웨어를 가지고 있지 않다면, 손으로 직접 계산을 할 수 있다. 다음에 이어지는 계산법은 행성들의 어스펙트 가치를 결정하는 공식들이다.

어스펙트를 받고 있는 행성의 경도에서 어스펙트를 하고 있는 행성의 경도를 마이너스한다.

1. 만약 간격 차이가 300도 보다 더 크거나 혹은 30도 보다 작게 되면, 둘 사이에 어스펙트는 없다. 총 비중은 제로이다.

2. 만약 간격이 180도에서 300도 사이면: (300 - 경도)/2 = 비중

   1) 만약 화성이 어스펙트를 하고 있으며, 간격이 180도 - 210 도이면: 60 비중

   2) 만약 화성이 어스펙트를 하고 있으며, 간격이 210도 - 240도이면: 60 - (경도 - 210) = 비중

   3) 만약 목성이 어스펙트를 하고 있으며, 간격이 210도 - 240도이면: (경도 - 210)/2+45 = 비중

   4) 만약 목성이 어스펙트를 하고 있으며, 간격이 240도 - 270도이면: (270-경도) 1.5 +15 = 비중

   5) 만약 토성이 어스펙트를 하고 있으며, 간격이 240도 - 270도이면: (경도 - 240)+30 = 비중

   6) 만약 토성이 어스펙트를 하고 있으며, 간격이 270도 - 300도이면: (300-경도) 2 = 비중

3. 만약 간격이 150도 - 180도이면: (경도 - 150) 2 = 비중

4. 만약 간격이 120도 - 150도이면: 150 - 경도 = 비중

   1) 만약 목성이 어스펙트를 하고 있으면: (150 - 경도) 2 = 비중

5. 만약 간격이 90도 - 120이면: (120 - 경도)/2 + 30 = 비중

   1) 만약 화성이 어스펙트를 하고 있으면: 60 - (경도 - 90) = 비중

   2) 만약 목성이 어스펙트를 하고 있으면: (경도 - 90) 2 + 45 = 비중

6. 만약 간격이 60도 - 90도이면: (경도 - 60) + 15 = 비중

   1) 만약 화성이 어스펙트를 하고 있으면: (경도 - 60) 1.5 + 15 = 비중

2) 만약 토성이 어스펙트를 하고 있으면: 60 – (경도 – 60)/2 = 비중

7. 만약 간격이 30도 – 60도이면: (경도 – 30)/2 = 비중

1) 만약 토성이 어스펙트를 하고 있으면: (경도 – 30)2 = 비중

이렇게 어스펙트 가치들을 계산하는 작업을 빠르고 쉽게 하기 위해 이 장의 끝에 테이블들을 첨부하였다. 테이블들을 사용하려면 먼저 어스펙트를 하는 행성(A)이 어스펙트를 받고 있는 행성이나 포인트들(B)과의 경도 간격이 얼마인지를 먼저 결정해야 한다. 그러기 위해선 (B) – (A)= ???를 찾으면 된다. 테이블에서 ??? 경도를 찾아 어스펙트의 비중 가치를 참고하면 된다. 각 행성에 따라 각자 다른 테이블들이 있음을 주목하기 바란다.

▨ 라후와 케투의 어스펙트

라후와 케투의 어스펙트에 관해선 여러 다른 의견들이 분분하다. 어떤 이들은 그들의 어스펙트를 전혀 간주하지 않는다. 라후와 케투가 어스펙트를 한다고 간주하는 이들은, 일반적으로 다섯 번째(120도), 일곱 번째(180도), 아홉 번째(240도) 어스펙트에 총 점을 매기는데, 목성과 비슷하다. 그러나 기존에 저명한 베딕 점성학 저자 중에서 아무도 라후와 케투에게 어스펙트 가치를 두지 않았다. 저자의 생각으로는 "아갈라(Argala)"라고 하는, 행성의 영향을 고려하는 점성학적 규율 때문에 라후와 케투도 다섯 번째와 아홉 번째 장소를 어스펙트 한다고 잘못 생각되었던 것이 아닌가 여겨진다. 아갈라는 보통 흔하게 사용되지 않고 있으며, 일반적으로 베딕 점성학 세계에서 잘 이해를 하고 있는 이들도 많지 않다. 그렇지만 중요한 규율이기 때문에 다음 기회에 다른 책들을 통해서 아갈라에 대한 원칙이나 테크닉들을 좀더 상세하게 다룰 예정이다.

저자가 믿는 바로는 라후와 케투도 다섯 번째와 아홉 번째에 영향을 미치게 된다. 그러나 어스펙트가 아니라 아갈라를 통해서이다. 어스펙트는 행성에게 직접적으로 영향을 미친다. 어스펙트를 하는 행성은 어스펙트를 받는 행성에게 자신이 가진 성격에 맞는 색채를 입힌다. 다섯 번째와 아홉 번째에 영향을 미치는 라후와 케투는 그렇게 하

지 않는다. 내가 보기에는, 라후와 케투의 행성적 어스펙트를 사용하는 것은 차트를 읽을 때 잘못 해석하거나 혼란을 가중시키는 원인이 되고 있다.

▨ 부속 차트들에서 행성들의 어스펙트

행성들의 어스펙트는 각 행성이 서로의 30도에서 300도 각도의 비전 내에 있을 때 생기게 된다. 150도 각도에 있으면 맹점(blind spot)이기 때문에 아무런 어스펙트도 일어나지 않게 된다.

나밤샤 차트 등과 같은 부속차트들(현재 총 16개 부속 차트가 통용되고 있음)에서 일어나는 행성들간의 어스펙트는, 개개 부속 차트 별로 따로 계산하는 것이 아니라, 라시 차트에서 산출한 어스펙트 비중 차트를 가지고 고려해야 한다. 왜냐하면 라시 차트는 실제 하늘에서 일어나고 있는 천문학적 현상이기 때문이다. 부속 차트들은 모태 차트인 라시 차트를 기준으로 차트 주인의 삶을 각 다른 영역별로 세분화한 차트들이다. 그래서 행성 간 어스펙트도 라시 차트를 기준으로 두고 부속 차트들을 분석해야 한다.

▨ 행성들이 어스펙트 하고 있는 행성들에게 미치는 영향

행성들이 어스펙트 하는 행성들에게 미치는 영향은 앞장 "행성들의 합치"에서 설명한 합치의 효과와 비슷하다. 중요한 차이점은 행성들은 친구, 적, 혹은 중립 행성들 모두에게 어스펙트를 받을 수 있는 반면, 합치를 하는 행성들은 친구 아니면 적이 된다는 사실이다.

1. 행성(A)이 친구 행성(B)에 의해 어스펙트를 받게 되면, (A)가 가진 본성은 어스펙트를 하는 (B)행성이 가진 자질들의 도움을 받게 된다. 그러나 (B)의 자질들이 (A)의 자질들과 상반되는 경우는 예외이다.

2. 행성(A)이 적 행성(B)에게 어스펙트를 받게 되면, (A)가 가진 본성은 (B)가 가진 자

질들에 의해 피해를 입는다. 그러나 (B)의 자질들이 (A)의 자질들과 비슷한 경우에는 예외이다.

3. 행성(A)이 비슷한 자질들을 가지고 있는 중립 행성(B)에게 어스펙트를 받게 되면 (A)행성은 (B)행성의 도움을 받게 된다. 만약 (B)행성이 상반되는 자질들을 가지고 있으면 (A)행성의 자질들은 약해진다.

이러한 가이드 라인들은 라시 어스펙트에서도 마찬가지로 적용되는데, 다음 장 "라시 어스펙트"에서 더 자세하게 밝히기로 한다.

행성들의 어스펙트에 대해 시각적인 이해를 돕기 위해, 어스펙트 차트들을 제시하고, 그 아래에 어스펙트 그래프도 함께 제시하였다.

Aspects of Mars

Deg	VR	Deg	VR	Deg	VR	Deg	VR	Deg	VR	Deg	VR	Deg	VR	Deg	VR	Deg	VR
30	00	60	15	90	60	120	30	150	00	180	60	210	60	240	30	270	15
31	0.5	61	16.5	91	59	121	29	151	2	181	60	211	59	241	29.5	271	14.5
32	1	62	18	92	58	122	28	152	4	189	60	212	58	242	29	272	14
33	1.5	63	19.5	93	57	123	27	153	6	183	60	213	56	243	28.5	273	13.5
34	2	64	21	94	56	124	26	154	8	184	60	214	56	244	28	274	13
35	2.5	65	22.5	95	55	125	25	155	10	185	60	215	55	245	27.5	275	12.5
36	3	66	24	96	54	126	24	156	12	186	60	216	54	246	27	276	12
37	3.5	67	25.5	97	53	127	23	157	14	187	60	217	53	247	26.5	277	11.5
38	4	68	27	98	52	128	22	158	16	188	60	218	52	248	26	278	11
39	4.5	69	28.5	99	51	129	21	159	18	189	60	219	51	249	25.5	279	10.5
40	5	70	30	100	50	130	20	160	20	190	60	220	50	250	25	280	10
41	5.5	71	31.5	101	49	131	19	161	22	191	60	221	49	251	24.5	281	9.5
42	6	72	33	102	48	132	18	162	24	192	60	222	48	252	24	282	9
43	6.5	73	34.5	103	47	133	17	163	26	193	60	223	47	253	23.5	283	8.5
44	7	74	36	104	46	134	16	164	28	194	60	224	46	254	23	284	8
45	7.5	75	37.5	105	45	135	15	165	30	195	60	225	45	255	22.5	285	7.5
46	8	76	39	106	44	136	14	166	32	196	60	226	44	256	22	286	7
47	8.5	77	40.5	107	43	137	13	167	34	197	60	227	43	257	21.5	287	6.5
48	9	78	42	108	42	138	12	168	36	198	60	228	42	258	21	288	6
49	9.5	79	43.5	109	41	139	11	169	38	199	60	229	41	259	20.5	289	5.5
50	10	80	45	110	40	140	10	170	40	200	60	230	40	260	20	290	5
51	10.5	81	46.5	111	39	141	9	171	42	201	60	231	39	261	19.5	291	4.5
52	11	82	48	112	38	142	8	172	44	202	60	232	38	262	19	292	4
53	11.5	83	49.5	113	37	143	7	173	46	203	60	233	37	263	18.5	293	3.5
54	12	84	51	114	36	144	6	174	48	204	60	234	36	264	18	294	3
55	12.5	85	52.5	115	35	145	5	175	50	205	60	235	35	265	17.5	295	2.5
56	13	86	54	116	34	146	4	176	52	206	60	236	34	266	17	296	2
57	13.5	87	55.5	117	33	147	3	177	54	207	60	237	33	267	16.5	297	1.5
58	14	88	57	118	32	148	2	178	56	208	60	238	32	268	16	298	1
59	14.5	89	58.5	119	31	149	1	179	58	209	60	239	31	269	15.5	299	0.5

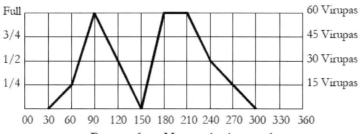

Degrees from Mars to the Aspected

Aspects of Jupiter

Deg	VR	Deg	VR	Deg	VR	Deg	VR	Deg	VR	Deg	VR	Deg	VR	Deg	VR	Deg	VR
30	00	60	15	90	45	120	60	150	00	180	60	210	45	240	60	270	15
31	0.5	61	16	91	45.5	121	58	151	2	181	59.5	211	45.5	241	58.5	271	14.5
32	1	62	17	92	46	122	56	152	4	189	59	212	46	242	57	272	14
33	1.5	63	18	93	46.5	123	54	153	6	183	58.5	213	46.5	243	55.5	273	13.5
34	2	64	19	94	47	124	52	154	8	184	58	214	47	244	54	274	13
35	2.5	65	20	95	47.5	125	50	155	10	185	57.5	215	47.5	245	52.5	275	12.5
36	3	66	21	96	48	126	48	156	12	186	57	216	48	246	51	276	12
37	3.5	67	22	97	48.5	127	46	157	14	187	56.5	217	48.5	247	49.5	277	11.5
38	4	68	23	98	49	128	44	158	16	188	56	218	49	248	48	278	11
39	4.5	69	24	99	49.5	129	42	159	18	189	55.5	219	49.5	249	46.5	279	10.5
40	5	70	25	100	50	130	40	160	20	190	55	220	50	250	45	280	10
41	5.5	71	26	101	50.5	131	38	161	22	191	54.5	221	50.5	251	43.5	281	9.5
42	6	72	27	102	51	132	36	162	24	192	54	222	51	252	42	282	9
43	6.5	73	28	103	51.5	133	34	163	26	193	53.5	223	51.5	253	40.5	283	8.5
44	7	74	29	104	52	134	32	164	28	194	53	224	52	254	39	284	8
45	7.5	75	30	105	52.5	135	30	165	30	195	52.5	225	52.5	255	37.5	285	7.5
46	8	76	31	106	53	136	28	166	32	196	52	226	53	256	36	286	7
47	8.5	77	32	107	53.5	137	26	167	34	197	51.5	227	53.5	257	34.5	287	6.5
48	9	78	33	108	54	138	24	168	36	198	51	228	54	258	33	288	6
49	9.5	79	34	109	54.5	139	22	169	38	199	50.5	229	54.5	259	31.5	289	5.5
50	10	80	35	110	55	140	20	170	40	200	50	230	55	260	30	290	5
51	10.5	81	36	111	55.5	141	18	171	42	201	49.5	231	55.5	261	28.5	291	4.5
52	11	82	37	112	56	142	16	172	44	202	49	232	56	262	27	292	4
53	11.5	83	38	113	56.5	143	14	173	46	203	48.5	233	56.5	263	25.5	293	3.5
54	12	84	39	114	57	144	12	174	48	204	48	234	57	264	24	294	3
55	12.5	85	40	115	57.5	145	10	175	50	205	47.5	235	57.5	265	22.5	295	2.5
56	13	86	41	116	58	146	8	176	52	206	47	236	58	266	21	296	2
57	13.5	87	42	117	58.5	147	6	177	54	207	46.5	237	58.5	267	19.5	297	1.5
58	14	88	43	118	59	148	4	18	56	208	46	238	59	268	18	298	1
59	14.5	89	44	119	59.5	149	2	179	58	209	45.5	239	59.5	269	16.5	299	0.5

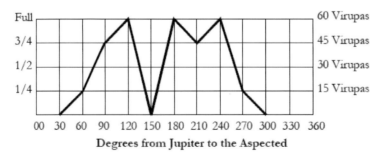

Degrees from Jupiter to the Aspected

Aspects of Saturn

Deg	VR	Deg	VR	Deg	VR	Deg	VR	Deg	VR	Deg	VR	Deg	VR	Deg	VR	Deg	VR
30	00	60	60	90	45	120	30	150	00	180	60	210	45	240	30	270	60
31	2	61	59.5	91	44.5	121	29	151	2	181	59.5	211	44.5	241	31	271	58
32	4	62	59	92	44	122	28	152	4	189	59	212	44	242	32	272	56
33	6	63	58.5	93	43.5	123	27	153	6	183	58.5	213	43.5	243	33	273	54
34	8	64	58	94	43	124	26	154	8	184	58	214	43	244	34	274	52
35	10	65	57.5	95	42.5	125	25	155	10	185	57.5	215	42.5	245	35	275	50
36	12	66	57	96	42	126	24	156	12	186	57	216	42	246	36	276	48
37	14	67	56.5	97	41.5	127	23	157	14	187	56.5	217	41.5	247	37	277	46
38	16	68	56	98	41	128	22	158	16	188	56	218	41	248	38	278	44
39	18	69	55.5	99	40.5	129	21	159	18	189	55.5	219	40.5	249	39	279	42
40	20	70	55	100	40	130	20	160	20	190	55	220	40	250	40	280	40
41	22	71	54.5	101	39.5	131	19	161	22	191	54.5	221	39.5	251	41	281	38
42	24	72	54	102	39	132	18	162	24	192	54	222	39	252	42	282	36
43	26	73	53.5	103	38.5	133	17	163	26	193	53.5	223	38.5	253	43	283	34
44	28	74	53	104	38	134	16	164	28	194	53	224	38	254	44	284	32
45	30	75	52.5	105	37.5	135	15	165	30	195	52.5	225	37.5	255	45	285	30
46	32	76	52	106	37	136	14	166	32	196	52	226	37	256	46	286	28
47	34	77	51.5	107	36.5	137	13	167	34	197	51.5	227	36.5	257	47	287	26
48	36	78	51	108	36	138	12	168	36	198	51	228	36	258	48	288	24
49	38	79	50.5	109	35.5	139	11	169	38	199	50.5	229	35.5	259	49	289	22
50	40	80	50	110	35	140	10	170	40	200	50	230	35	260	50	290	20
51	42	81	49.5	111	34.5	141	9	171	42	201	49.5	231	34.5	261	51	291	18
52	44	82	49	112	34	142	8	172	44	202	49	232	34	262	52	292	16
53	46	83	48.5	113	33.5	143	7	173	46	203	48.5	233	33.5	263	53	293	14
54	48	84	48	114	33	144	6	174	48	204	48	234	33	264	54	294	12
55	50	85	47.5	115	32.5	145	5	175	50	205	47.5	235	32.5	265	55	295	10
56	52	86	47	116	32	146	4	176	52	206	47	236	32	266	56	296	8
57	54	87	46.5	117	31.5	147	3	177	54	207	46.5	237	31.5	267	57	297	6
58	56	88	46	118	31	148	2	178	56	208	46	238	31	268	58	298	4
59	58	89	45.5	119	30.5	149	1	179	58	209	45.5	239	30.5	269	59	299	2

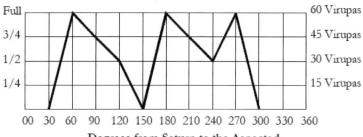

Degrees from Saturn to the Aspected

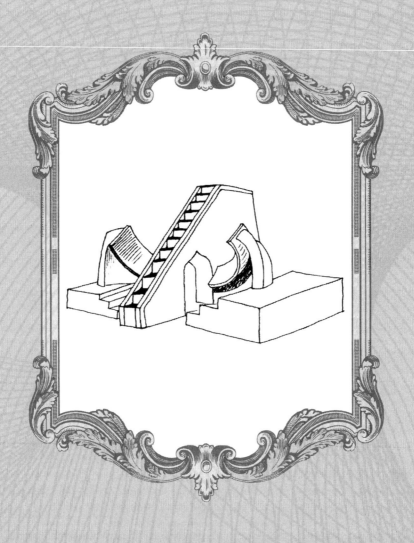

라시 얀트라(Rasi Yantra)

·

1700년대에 설립된 자이푸르(Jaipur) 천문기상대에서 스케치한 얀트라(Yantra). 중간에 계단처럼 보이는 부분은 사실상 그노몬(gnomon, 고대의 천문관측기)이다. 얀트라에 대한 리딩은 옆쪽에 있는 반원형 조각을 통해 읽었다. 이러한 얀트라들은 열두 개가 있다. 각 라시들마다 한 개씩의 얀트라들이 있다. 모두 약간씩 다른 모양이며 방향도 조금씩 다르다.

13. 라시 어스펙트(Rasi Aspects)

베딕 점성학의 독특한 점은 행성들만 어스펙트를 가진 것이 아니라, 라시들도 어스펙트를 가지고 있다는 것이다. 라시 어스펙트는 행성들의 어스펙트처럼 일반적으로 사용되지 않고 있다. 그러나 가장 오래되고 권위있는 두 권의 점성학 고서, 우파데샤 수트라(Upadea Sutra)와 브리핱 파라샤라 호라 샤스트라(Brihat Parashara Hora Sastra)에서 으뜸가는 중요성을 강조하고 있다. 각 라시는 세 개의 다른 라시들을 어스펙트한다.

다음은 라시 어스펙트에 관한 내용이다.

· **활동적 라시는 고정적 라시들을 어스펙트하는데, 바로 옆에 있는 고정적 라시는 제외한다.**

산양 라시는 사자 라시, 전갈 라시, 물병 라시를 어스펙트 한다.

게 라시는 전갈 라시, 물병 라시, 황소 라시를 어스펙트 한다.

천칭 라시는 물병 라시, 황소 라시, 사자 라시를 어스펙트 한다.

악어 라시는 황소 라시, 사자 라시, 전갈 라시를 어스펙트 한다.

· **고정적 라시는 활동적 라시들을 어스펙트하는데, 바로 옆에 있는 활동적 라시는 제외한다.**

황소 라시는 악어 라시, 천칭 라시, 게 라시를 어스펙트 한다.

사자 라시는 산양 라시, 악어 라시, 천칭 라시를 어스펙트 한다.

전갈 라시는 게 라시, 산양 라시, 악어 라시를 어스펙트 한다.

물병 라시는 천칭 라시, 게 라시, 산양 라시를 어스펙트 한다.

· **변통적 라시는 다른 변통적 라시들을 어스펙트 한다.**

쌍둥이 라시는 처녀 라시, 인마 라시, 물고기 라시를 어스펙트 한다.

처녀 라시는 쌍둥이 라시, 물고기 라시, 인마 라시를 어스펙트 한다.

인마 라시는 물고기 라시, 쌍둥이 라시, 처녀 라시를 어스펙트 한다.

물고기 라시는 인마 라시, 처녀 라시, 쌍둥이 라시를 어스펙트 한다.

· **라시에 있는 행성들도 같은 식으로 어스펙트를 한다.**

"라시들" 장에서 라시 특성들에 관한 테이블 안에 라시들이 가진 방위(directions)도 같이 적어 놓았다. 이외에도 약간 덜 알려진 용도로 사용되고 있지만, 또 다른 방식으로 정해진 라시들의 방위가 있다.

이 방식에서는 산양 라시와 황소 라시는 동쪽을 다스린다. 쌍둥이 라시는 북동쪽을 다스린다. 게 라시와 사자 라시는 북쪽을 다스린다. 처녀 라시는 북서쪽을 다스린다. 천칭 라시와 전갈 라시는 서쪽을 다스린다. 인마 라시는 남서쪽을 다스린다. 악어 라시와 물병 라시는 남쪽을 다스린다. 물고기 라시는 서동쪽을 다스린다.

라시 어스펙트는 사실상 각 라시들이 어스펙트하고 있는 세 개의 다른 앵글방향에 기준을 두고 있다. 아래의 차트는 남인도 스타일의 차트인데, 이러한 어스펙트를 한눈에 잘 볼 수 있게 짜여 있다. 어스펙트는 점선으로 그려져 있다. 이 차트 그림은 좀 더 깊이 연구해 볼 만한 숨은 뜻을 많이 내포하고 있다.

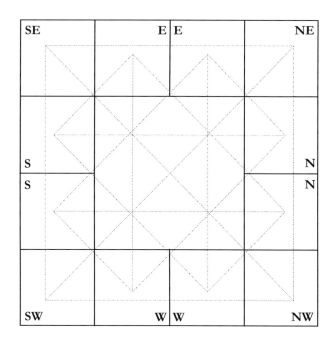

라시 어스펙트는 약간의 흥미로운 개념들을 제시하고 있다.

활동적 라시들은 창조적이다. 그들은 창조를 하며 그래서 잘 변화한다. 고정적 라시들은 활동적 라시들의 반영들이다. 그러므로 그들 자신은 변화하지 않는다. 단지 활동적 라시들이 변화한 후에야 그들은 변화할 수 있다. 각 고정적 라시들은 세 개의 활동적 라시들에게 어스펙트를 받고 있다. 그러므로 고정적 라시는 다른 세 개의 활동적 라시들에서 변화가 일어난 후에야 자신도 변화할 수 있다.

고정적 라시에 있는 것들을 바꾸기 위해서는, 활동적 라시들에 있는 행성들이나 하우스들이 먼저 바뀌어야만 한다. 활동적 라시들에 있는 것들을 변화시킴으로 인해 어스펙트를 받고 있는 고정적 라시들에 해당되는 하우스들이나 행성들이 어느 정도 변화가 가능해진다.

⊠ 라그나에 연관된 간단한 요가들

라시 어스펙트는 아주 심플하면서도 대단히 믿을만한 결과를 가져다준다. 다음에 나열된 몇 가지 중요한 요가들은 우파데샤 수트라(Upadesa Sutra)에 나오는 조합들로서 라시 어스펙트에 기반을 두고 있다.

· 세 번째와 여섯 번째 하우스/로드

세 번째 혹은 여섯 번째 로드가 라그나에 있거나 라그나를 어스펙트 하게 되면 차트 주인은 지식과 배움을 열망하며 총명함을 나타낸다.

라그나 로드가 세 번째 혹은 여섯 번째 하우스에 있거나 어스펙트를 하게 되면 또한 차트 주인이 지식과 배움을 열망하며 총명함을 나타낸다.

· 다섯 번째 하우스/로드

다섯 번째 로드가 라그나에 있거나 어스펙트를 하게 되면 차트 주인은 더욱 더 총명하며, 배움을 가졌으며, 지식을 열망한다.

라그나 로드가 다섯 번째 하우스에 있거나 어스펙트를 하게 되면 또한 차트 주인이 더욱 더 총명하며, 배움을 가졌으며, 지식을 열망함을 나타낸다.

· 네 번째 하우스/로드

네 번째 로드가 라그나에 있거나 어스펙트를 하게 되면 행복한 차트 주인을 나타낸다.

라그나 로드가 네 번째에 있거나 어스펙트를 하게 되면 또한 행복한 차트 주인을 나타낸다.

· 여덟 번째 하우스/로드

여덟 번째 로드가 라그나에 있거나 어스펙트를 하게 되면 가난하고 방랑하는 차트 주인을 나타낸다.

라그나 로드가 여덟 번째에 있거나 어스펙트를 하게 되면 또한 가난하고 방랑하는 차트 주인을 나타낸다.

이러한 조합을 가진 차트 주인들은 삶의 굴곡이나 변화가 심하여 안정성을 줄이며, 경제적으로 안정되기가 더욱 어렵게 만든다.

· **열두 번째 하우스/로드**

열두 번째 로드가 라그나에 있거나 어스펙트를 하게 되면 소비하는 습관을 가진 차트 주인을 나타낸다.

라그나 로드가 열두 번째에 있거나 열두 번째 하우스를 어스펙트 하게 되면 또한 소비하는 습관을 가진 차트 주인을 나타낸다.

· **첫 번째 하우스/로드**

라그나 로드가 라그나를 어스펙트하게 되면 강인하고, 건강하고 훌륭한 차트 주인을 나타낸다.

이상으로 나열한 테크닉들은 간단하다. 라그나에게 영향을 미치고 있는 하우스 로드, 혹은, 라그나 로드가 영향을 미치고 있는 하우스는 차트 주인에게 중요한 고려사항들이 된다.

14. 삼반다(Sambandha)

두 개의 행성이 서로에게 영향을 미치고 있으면 그들은 "삼반다(Sambandha)"에 있다고 말한다. 다음은 삼반다가 일어날 수 있는 형태들을 나열한 것이다.

⊠ 연관

행성들이 같은 라시 안에 있으면 "연관" 혹은 "조합"이라고 표현한다. 이것은 아주 파워풀한 삼반다로서 "합치"라고도 알려져 있다.

⊠ 라시 어스펙트

행성들이 서로 라시 어스펙트를 하고 있으면 아주 파워풀한 삼반다이다.

> **Note** ✦✦
> 합치와 라시 어스펙트는 요가를 결정하는데 아주 중요한 작용을 한다. 요가는 어떤 특정한 효과들을 내는 조합들을 말한다.

▨ 행성들의 어스펙트

행성들이 서로에게 행성 어스펙트를 하고 있으면 삼반다에 있다고 말한다. 두 행성 간에 약하게 어스펙트를 하고 있는 행성의 비중(비루파)은 삼반다가 가지는 힘의 효과를 나타낸다.

▨ 디스포지터십(Dispositorship)

어떤 하우스의 로드(디스포지터, dispositor)가 자신의 라시에 있는 행성을 어스펙트 하게 되면 행성들의 어스펙트 힘의 효과를 높이는 삼반다를 형성한다.(예: 수성이 쌍둥이 또는 처녀 라시에 있는 다른 행성A를 어스펙트하는 경우, 수성과 행성 A는 삼반다에 있다).

어떤 하우스에 있는 행성이 라시로드(그의 디스포지터)를 어스펙트하게 되면 행성들의 어스펙트 힘의 효과를 높이는 삼반다를 형성한다(예: 쌍둥이나 처녀 라시에 있는 행성A가 다른 하우스에 있는 수성을 어스펙트하는 경우, 행성A와 수성은 삼반다에 있다).

▨ 낙샤트라(Nakshatras)

행성들은 낙샤트라 로드들을 통해서도 삼반다를 가질 수 있다.

1. 두 개의 행성이 서로 낙샤트라를 바꾸는 경우. 예) 화성이 수성의 낙샤트라에 있고 수성이 화성의 낙샤트라에 있는 경우

2. 행성(A)가 행성(B)의 낙샤트라에 있고, 행성(B)가 행성(A)의 라시에 있는 경우. 예) 화성이 수성의 낙샤트라에 있고 수성이 산양 라시나 전갈 라시에 있는 경우.

3. 행성(A)가 행성(B)의 낙샤트라에 있는데 행성(B)가 행성(A)를 어스펙트하는 경우 행성들의 어스펙트 힘을 강화시키는 삼반다가 형성된다.

4. 행성(A)가 행성(B)의 낙샤트라에 있으면서 동시에 행성(B)를 어스펙트하는 경우 행성들의 어스펙트 힘을 강화시키는 삼반다가 형성된다.

▨ 상호교환 - 파리바르타나 요가(Parivartana Yoga)

두 개의 행성들이 서로의 라시를 교환하고 있을 때 파리바르타나(Parivartana)로 알려져 있다. 이렇게 행성 간의 라시 상호교환은 아주 파워풀한 삼반다를 형성한다.

점성학 고서 팔라디피카(Phaladeepika)에 따르면, 두 개의 행성들이 서로 라시를 교환하게 되면 파리바르타나(Parivartana) 라고 하는데, 다음과 같은 몇 가지 중요한 요가들을 형성한다.

· 다인야(Dainya, 괴로운) 요가

여섯 번째, 여덟 번째, 열두 번째 로드들이 두스타나(dusthana) 하우스로드들이 아닌 다른 하우스 로드들과 라시를 교환했을 때 형성되는 요가

"출생 시에 다인야 요가를 가진 라시인은 어리석고, 남을 비방하고, 죄 많은 행동들에 빠진다. 그는 언제나 적들로부터 괴로움을 겪는다. 그는 함부로 말을 하며 마음을 안정시키지 못할 것이다. 그는 하는 일마다 장애물들을 만나게 될 것이다."

"다인야(Dainya)"는 불쾌함, 불행함, 우울함, 괴로움 등의 뜻을 가지고 있다. 여섯 번째, 여덟 번째, 열두 번째 로드가 다른 하우스 로드들과 라시를 교환하게 되면, 교환한 하우스의 효과들을 파괴시키게 된다. 이러한 요가의 효과들은 팔라디피카에서 서술한 것처럼, 총체적 캐릭터가 아닌 개입된 하우스의 효과들을 주로 손상시킨다.

1. 여섯 번째 로드가 이러한 요가를 만들면 빚, 장애물, 적의 등의 효과가 개입된 하우스에 나타난다.
2. 여덟 번째 로드가 이러한 요가를 만들면 중지, 죽음, 파괴 등의 효과가 개입된 하우스에 나타난다.
3. 열두 번째 로드가 이러한 요가를 만들면 개입된 하우스와 연관된 비용이나 손실을 나타낸다.

반면에 여섯 번째, 여덟 번째, 열두 번째 로드가 여섯 번째, 여덟 번째, 열두 번째 로드와 라시를 교환하게 되면 길조적 요가를 형성하는데 비파리트 라자 요가(Vipareet Raja Yoga)로 알려져 있다. 비파리트 라자 요가는 어려움들을 파괴시키고, 부정성을 극복할 수 있는 능력을 주며, 라시인들이 어려움들을 통해 배우고 이득이 되도록 해준다. 하지만 다른 행성들이 이러한 요가에 개입되면 괴롭게 된다. 비파리트 라자 요가에 관한 좀더 상세한 내용은 "라자 요가" 장을 참조하기 바란다.

・ 칼라(Khala, 잔인한) 요가

세 번째 로드가 두스타나가 아닌 다른 하우스 로드와 라시를 교환했을 때 형성되는 요가

"칼라 요가를 가진 라시인은 가끔씩은 거만하고, 가끔씩은 부드럽게 말을 할 것이다. 어떤 때는 아주 잘 살다가, 어떤 때는 아주 가난하고, 불행하고, 괴로워진다."

"칼라"는 장난기 가득하거나 잔인하다는 뜻을 가지고 있다. 세 번째 로드가 여섯 번째, 여덟 번째, 열두 번째 로드가 아닌 다른 하우스 로드들과 라시를 교환하게 되면, 개입된 하우스에 관련하여 오르락내리락 거리는 변화를 만들어낸다. 개인적이고 제한된 의지를 나타내는 세 번째 로드는 자청해서 장애물들이나 실망들을 만들어 내며, 이기적으로 행동하는 경향을 가지고 있다. 가끔씩은 자아의지력으로 앞으로 나아가게 만들 수 있지만, 그러나 긍정적인 결과를 유지할 수 있는 은총이 부족하다. 그래서 실수라도 하게 되면, 계속해서 에너지 쏟기를 그만둬버린다. 그리하여 프로젝트들이 보통 흐지부지 끝나버리게 된다. 이러한 요가가 형성되는 경우, 세 번째 로드가 교환하는 하우스가 나타내는 삶의 영역들이 보통 라시인이 자기중심성을 드러내 보이는 곳이 된다.

・ 마하(Maha, 위대한) 요가

첫 번째, 두 번째, 네 번째, 다섯 번째, 일곱 번째, 아홉 번째, 열 번째, 열한 번째 로드들이 라시를 교환하는 경우에 형성되는 요가

"마하 요가를 가진 라시인은 락시미 여신(Goddess Sri Lakshmi)의 보호를 받을 것이며, 고급스럽고 아름다운 옷들과 장식으로 둘러싸이게 될 것이다. 그는 왕으로부터 인정받고 명예를 얻게 될 것이다. 높은 지위에 있으면서 왕에게 권력을 상 받게 될 것이다. 그는 많은 아들을 두게 될 것이며 부와 운송수단들이 주는 편리 등을 완전하게 즐길 수 있을 것이다."

"마하"는 위대한, 굉장한, 강인한, 풍족함 등의 뜻을 가지고 있다. 첫 번째, 두 번째, 네 번째, 다섯 번째, 일곱 번째, 아홉 번째, 열 번째, 열한 번째 로드들 중 어느 한 개와 라시를 교환하게 되면, 거대한 풍요로움을 만들어 낼 뿐만 아니라 서로가 가진 특질들을 같이 도와준다.

▨ 헴잉(Hemming) - 길성과 흉성들 사이에 끼어 있을 때

만약 어떤 행성이나 하우스의 두 번째와 열두 번째 라시에 길성들이 있는 경우에는 길성들 사이에 끼었다고 표현한다. 만약 두 번째와 열두 번째 라시에 흉성들이 있는 경우에는 흉성들 사이에 끼었다고 표현한다. 이러한 경우 서로 상호영향을 주지 않기 때문에 삼반다를 형성하지는 않게 된다. 그러나 헴잉은 아주 중요한 효과를 가지기 때문에 어스펙트만큼이나 파워풀한 조합이 된다. 길성들 사이에 헴잉이 된 행성이나 하우스는 좋은 효과들이 활성화된다. 흉성들 사이에 헴잉이 된 행성이나 하우스는 나쁜 효과들로 다치게 된다. 그러한 길성들이 다스리는 다샤나 북티 동안 헴잉이 된 행성이나 하우스가 가진 특질들이 활성화된다. 그러한 흉성들이 다스리는 다샤나 북티 기간이 되면 헴잉이 된 행성이나 하우스의 특질들이 다치게 된다.

15. 라자 요가(Raja Yogas)들

"라자(Raja)"는 왕이라는 뜻이다. 라자 요가는 라시인에게 성공, 직위, 존경 등을 주어 삶에서 승승장구하게 해주는 조합이다. 베딕 점성학에는 몇 백 가지나 되는 라자 요가 조합들이 있다. 차트에 있는 라자 요가들을 깊이 연구함으로써 라시인이 삶에서 얼마만큼 높은 성취를 이룰 수 있을지 알 수 있다. 수 백 가지 라자 요가 조합들은 자체만으로 깊은 연구를 요하는 하나의 학문 대상이다. 다음에 주어진 라자 요가 조합들은 그중 몇 가지 가장 잘 알려져 있고 또 흔히 적용되고 있는 요가들이다.

▧ 라자 요가들의 형성

앵글들은 비슈누스타나(Vishnusthanas), 비슈누의 하우스들로 알려져 있다. 트라인들은 락씨미스타나(Lakshmisthanas), 락씨미의 하우스들로 알려져 있다. 트라인 로드와 앵글 로드의 삼반다는 라자 요가를 형성한다.

앵글 하우스들은 구체적인 물질화를 다스린다. 트라인 하우스들은 행운을 다스린다. 둘의 삼반다는 차트 주인의 삶에 행운이 있게 됨을 나타낸다.

그들의 합치, 라시 어스펙트, 파리바르타나(교환)는 다른 삼반다 경우에 비해 가장 으뜸가는 라자 요가를 형성한다.

브리핱 파라샤라 호라 샤스트라에서 주어진 대로 라자요가 조합을 이루는 몇 가지 규율은 다음과 같다.

1. 만약 앵글이나 트라인 로드가 흉조적 하우스(세 번째, 여섯 번째, 열한 번째, 여덟 번째)를 함께 다스리고 있으면 위에서 언급한 것처럼 라자 요가가 일어나지 않는다.

2. 산양 라시인에게 토성과 목성의 삼반다는 위에 언급한 것처럼 라자 요가를 내지 못한다.

3. 쌍둥이 라시인에게 목성과 토성은 위에 언급한 것처럼 라자요가를 내지 못한다.

4. 사자 라시인에게 목성과 금성은 위에 언급한 것처럼 라자 요가를 내지 못한다.

5. 이러한 규율에 따르면 악어 라시인과 물병 라시인에게 금성은 완벽한 라자 요가를 주는 유일한 행성이다.

> **Note** ✦
> 위의 규율 중에 2, 3 그리고 4: 이러한 행성 간에 파리바르타나(교환)가 길조적 하우스에서 있게 되면 길조적인 효과들을 가져온다. 다른 타입의 삼반다는 이러한 조합들이 완벽한 라자 요가 효과는 아니더라도 중간 정도의 결과를 가져올 수 있다.

▨ 라자 요가 카라카들

만약 한개의 행성이 앵글과 트라인을 함께 다스리면, 혼자서라도 라자 요가를 내는 특별한 행성이 되는데, 이를 "요가 카라카(Yoga Karaka)"라고 부른다. 이러한 행성들이 만약 앵글이나 트라인에 있게 되면 특히 출세와 성공이 있을 것임을 나타낸다.

이러한 요가 카라카들은 여섯 라시인들에게만 가능하다.

1. 게 라시와 사자 라시인들에게 화성
2. 악어 라시와 물병 라시인들에게 금성
3. 황소 라시와 천칭 라시인들에게 토성

▧ 요가 카라카로서 라후와 케투

아래의 경우에 라후와 케투가 출세와 성공을 가져다 주는 행성, 요가 카라카가 된다.

1. 라후 혹은 케투가 앵글에 있으면서 트라인 로드에게 어스펙트를 받거나 같이 있는 경우

2. 라후 혹은 케투가 트라인에 있으면서 앵글 로드에게 어스펙트를 받거나 같이 있는 경우

하지만 어스펙트가 행성들간 어스펙트인 경우보다 라시 어스펙트인 경우에 라자요가 효과가 훨씬 더 뚜렷하다.

▧ 나밤샤(Navamsa) 차트의 라자요가들

나밤샤 차트에서는 이러한 라자 요가들이 형성되는 경우가 두 가지 타입이 있다.

1. 라시 차트에서의 앵글과 트라인 로드가 나밤샤 차트에서 합치한 경우, 라시 어스펙트를 통해 나밤샤에서 서로 어스펙트 하고 있는 경우, 혹은 나밤샤에서 파리바르타나(교환)을 하고 있는 경우

2. 라후나 케투가 라시 차트에서 앵글에 있으면서, 라시차트의 트라인 로드와 나밤샤에서 합치를 하거나 어스펙트를 받는 경우

3. 라후나 케투가 라시 차트에서 트라인에 있으면서, 라시차트의 앵글 로드와 나밤샤에서 합치를 하거나 어스펙트를 받는 경우

4. 독립적으로 나밤샤 차트를 읽으면서 위에서 언급한 라자요가 조합들을 나밤샤 라그나로부터 고려해볼수 있다.

라자 요가를 형성하는 어떤 행성이 라시 차트 뿐만 아니라 나밤샤 차트에서도 내게 되는 경우가 있으면 그러한 행성은 더욱 더 훌륭한 출세와 성공을 나타내게 된다.

▨ 비파리트 라자 요가

또 다른 타입의 잘 알려진 라자 요가는 **비파리트 라자요가**(Vipareet Raja Yoga)이다. 이러한 요가들을 두스타나들이 개입되며 라시인에게 성공을 향한 길에 놓인 장애물들을 극복함으로서 성공과 승진을 가져다주는 요가들이다. 팔라디피카(Phala Deepika)에 따르면 다음과 같은 결과들을 기대할 수 있다.

- 하르샤(Harsha, 신나는 기쁨) 요가

여섯 번째, 여덟 번째, 혹은 열두 번째 로드가 여섯 번째 하우스에 있는 경우

"라시인은 행복, 즐거움, 자녀들, 좋은 행운, 그리고 강인한 체질을 부여받았다. 라시인은 적들을 물리칠 것이며, 죄를 짓는 행위들을 하기 두려워할 것이다. 저명하고 중요한 사람들과 친구관계에 있으며, 부자이며, 광채가 나고, 친구들이 많고 유명할 것이다."

- 사랄라(Sarala, 곧바른) 요가

여섯 번째, 여덟 번째, 혹은 열두 번째 로드가 여덟 번째 하우스에 있는 경우

"라시인은 오래 살 것이며, 단호하고, 두려움이 없으며, 잘 살며, 그리고 배움과 훌륭한 자녀들, 부유함들이 주어졌다. 순수하며, 하는 일마다 성공을 거둘 것이며, 적들을 이겨내고, 드넓게 유명함을 누릴 것이다."

사랄라의 뜻은 "곧바르다" 인데 정직하고, 진실하며, 솔직하고, 순진하며 또 심플하다는 등의 의미를 가지고 있다.

- 비말라(Vimala, 순수함) 요가

여섯 번째, 여덟 번째, 혹은 열두 번째 로드가 열두 번째 하우스에 있는 경우

"라시인은 모든 사람에게 잘 대할 것이며, 행복하고, 검소하며, 독립적이다. 라시인은 그들이 가진 훌륭한 자질들로 잘 알려져 있으며, 존경받을만한 직업과 몸가짐을 가지고 있다."

다음에 이어지는 몇 가지 가이드 라인들은 비파리트 라자 요가를 바로 판단하는데 참조해야 할 중요한 포인트들이다.

1. 다른 행성들이 비파리트 라자 요가를 형성하는 여섯 번째, 여덟 번째 혹은 열두 번째 로드들과 같이 있게 되면 이러한 요가들을 오염된 것으로 간주되며, 그다지 좋은 효과들을 낼 수가 없다. 두스타나 로드들의 두스타나 하우스들에 대한 영향이 나타내는 것은 어려운 카르마의 결과들이 해소된 것을 의미하는 것이다. 그런데 다른 행성이 이러한 두스타나 로드들과 개입이 되면, 그들이 영향을 미치고 있는 삶의 영역에 아직 거두어야 할 어려운 카르마가 남아 있거나, 아직 회복되기 어려운 건강하지 못한 성향들이 남아 있다는 것을 나타낸다. 그리하여 그러한 행성이 가진 특질들이 많은 손상을 입게 된다.

2. 만약 여섯 번째, 여덟 번째, 혹은 열두 번째 로드들이 흉성이며 그들의 오운 하우스에서 라후나 케투와 함께 있게 되는 경우, 재물과 건강과 관련하여 심각한 어려움들을 겪을 수 있다. 특히 두스타나 로드가 아닌 또 다른 행성이 같이 합치를 하는 경우에는 더욱 그러하다.

3. 여섯 번째, 여덟 번째, 혹은 열두 번째 하우스 로드들이 삼반다에 있는 경우, 비록 그다지 뛰어나지는 않지만 그러나 비파리트 요가 비슷한 효과들을 주게 된다.

16. 요가 카라카(Yoga Karakas)

　서로 앵글 위치에 있는 행성들은 모든 점성학에서 아주 중요하게 다루어지고 있다. 서양 점성학에서는 서로 사각, 90도 각에 있거나 혹은 4/10 위치한 행성들을 특히 강조하고 있다. 그들은 이러한 행성들이 개발적인 긴장 상태에 있는 것으로 간주하는데, 차트 주인이 어릴 때 겪은 어떤 스트레스들을 해소시켜서 보다 유용한 자질로 발전될 수 있는 가능성을 보인다고 여긴다. 사실상 이러한 스트레스들이 생겨난 시기는, 정확하게 90도 간격으로 마주하고 있는 두 행성의 각도를 계산하게 되면 간단히 결정할 수가 있다.

　서양 점성학자들은 사각에 있는 행성들이 차트 주인이 가진 중요한 잠재력을 나타낸다고 보는데, 적절한 노력을 하게 되면 이러한 능력들을 사용할 수 있을 것이라고 여긴다. 하지만 단지 베딕 점성학에서 서술된 테크닉들만 사용해도, 차트 주인이 가진 이러한 잠재력들이 개발될 수 있을지 어떨지를 알 수 있게 된다. 요가 카라카 행성들이 이러한 가능성을 보여줄 것이다. 이러한 카라카 행성들은 앞에서 설명한 요가 카라카 행성들과 혼돈하지 말아야 한다.

　카라카(Karaka)의 뜻은 "만들어 내는, 창조해 내는 것"이라는 의미이다. 요가 카라카 행성들은 두 개 혹은 이상의 행성들이 함께 힘을 합하여 "요가(Yoga)"를 만들어 낸다는 뜻인데, 여기에서 "요가"란 "삶에서의 진보"라는 뜻이다. 이러한 행성들은 서로 지지하거나 도움을 준다. 그렇게 함으로서 만약 어떤 도움도 없다면 가능하지 않을 결과들을 급속할 정도의 수준으로 증가시키게 되는 것이다.

두 개 혹은 그 이상의 행성들이 앵글에 있으면서 오운 라시, 고양의 라시, 혹은 친구의 라시에 있게 되면 요가 카라카들이 된다. 어떤 이들은 이러한 행성들이 나밤샤에서 오운 라시에 있게 되면, 또한 자격이 있다고도 말한다.

행성들이 서로에게서 상호적 앵글(첫 번째, 네 번째, 일곱 번째, 혹은 열 번째)에 있으면서, 그러나 앵글하우스에 있지는 않지만 위에 언급한 품위를 얻고 있으면, 또한 요가 카라카들이 된다.

이러한 원칙들은 행성들이 잠재력을 발휘할 수 있기 위해선 서로 4/10 혹은 일곱 번째에 있으면서 또 좋은 품위를 가지고 있어야 한다는 것이다.

요가 카라카 행성 간의 상호관계를 판단하는 데 있어 도움이 되는 몇 가지 부차적 규율들은 다음과 같다.

1. 차트에서 열 번째 하우스에 있는 행성이 만약 요가카라카도 되는 경우에는 특히 중요해진다.

2. 요가 카라카 행성으로부터 열 번째 있는 또 다른 요가카라카 행성은 더욱 더 중요해지는데, 삶에서의 진보를 가져올 뿐만 아니라 열 번째 있는 요가카라카 행성에게 이득이 되는 결과들을 같이 가져오기도 한다.

3. 태양이 요가카라카이면서 라그나로부터 열 번째 하우스에 있게되면 정말로 두드러지게 된다.

4. 라그나에 행성(A)가 있으며, 라그나로부터 네 번째와 열 번째에 있는 행성들이 행성(A)에게 "카라카"들이 되지만 행성(A)는 그들에게 "카라카"가 되지 않는 경우가 있다. 그러면 네 번째와 열 번째에 있는 카라카들은 행성(A)의 지배하에 있으며 행성(A)에게 이득이 되도록 작용하게 된다. 네 번째와 열 번째에 있는 행성들은 그들의 다샤 기간에 보다 더 뚜렷한 삶의 진보와 성공을 가져다준다. 이 법칙을 좀더 확장하면, 굳이 (A)처럼 라그나에 있지 않아도 어떤 행성이든 이러한 요가 카라카들로부터 네 번째와 열 번째에 있게 되면 비슷한 효과를 가져다준다. 이 법칙은 서양 점성학에서 말하는 T-스퀘어나 그랜드크로스(Grand Cross) 어스펙트와 비슷한 의미를 가지고 있다.

요가 카라카 행성들은 다음과 같은 방식으로 차트(horoscope)를 강화시킨다.

1. 그들은 자신들의 다샤 기간에 성공과 출세를 가져다준다.

2. 그들은 차트 주인을 자신의 가족들 평균치보다 더 높이 오르도록 해준다.

3. 만약 차트에서 다른 요가들을 형성하고 있는 행성들이 요가 카라카들에게 이득을 보고 있다면, 이러한 요가를 가진 행성들의 다샤는 더욱 두드러지게 증진하고 보다 생산적일 수 있게 된다.

4. 관여된 행성들의 특질들은 서로 번성하며, 서로 도와주고 이득을 주게 된다.

5. 이러한 행성들의 다샤와 안타르 다샤들은 길조적이며 그들의 특질들이나 로드십이 충족되게 된다.

17. 나밤샤(Navamsa)

베딕 점성학은 차트를 보다 완전하게 분석하기 위해 여러 부속 차트들을 함께 사용한다. 이러한 부속 차트들은 "바가(Vargas)"라고 하는데, 그중에서 가장 중요하게 여겨지고 있는 바가 차트는 "나밤샤(Navamsa)" 혹은 아홉 번째 부속 차트이다.

나밤샤는 각자의 라시를 3도 20분으로 나누어 9등분을 한다. 라시의 첫 번째 나밤샤는 같은 요소를 가진 라시들 중에서 활동적 라시(Cardinal sign)에 해당한다. 나머지 나밤샤들은 그 뒤에 있는 라시의 순서들대로 배정된다.

예를 들면 "불" 요소 라시인 사자 라시의 첫 번째 나밤샤는 다른 "불" 요소 라시들 중에서 활동적 라시인 산양 라시에 배정된다. 그리고 사자 라시의 두 번째 나밤샤는 황소 라시 등등 하는 식으로 이어지게 된다.

조디액에는 총 108 나밤샤가 있다. 각 나밤샤는 또한 한 개의 **파다**(Pada) 혹은 사분의 일, 혹은 한 개의 낙샤트라에 해당한다. 세 개의 나밤샤는 10도가 된다. 다음의 도표는 나밤샤들을 자세히 기술한 것이다.

일반적으로 베딕 점성학 차트는 라그나와 다른 모든 행성들을 표기한 라시 차트 그리고 그들의 나밤샤 위치를 표기한 나밤샤 차트, 이렇게 두 개의 차트를 우선적으로 분석한다. 나밤샤 차트는 전체적 차트(horoscope)를 읽는데 아주 중요한 비중을 차지한다. 나밤샤 차트를 이용하는 법에는 많은 테크닉들이 있으나, 가장 효과적인 방법은 라시 차트와 같이 나란히 읽는 것이다. 다른 장(章)들에서 나밤샤 차트를 사용하는 법에 대한 부차적 설명들이 가미될 것이다.

Degrees	Fire Rasis ♈ ♌ ♐			Earth Rasis ♑ ♉ ♍			Air Rasis ♎ ♒ ♊			Water Rasis ♋ ♏ ♓		
00-3:20	♈			♑			♎			♋		
3:20-6:40	♉			♒			♏			♌		
6:40-10	♊			♓			♐			♍		
10-13:20	♋			♈			♑			♎		
13:20-16:40	♌			♉			♒			♏		
16:40-20	♍			♊			♓			♐		
20-23:20	♎			♋			♈			♑		
23:20-26:40	♏			♌			♉			♒		
26:40-30	♐			♍			♊			♓		

▨ 다샤를 분석할 때 나밤샤 차트를 사용하는 법

다샤 로드들은 나밤샤 차트에서 그들의 라시에 있게 되는 행성들의 효과들을 준다. 이러한 효과들은 길조적일수도 흉조적일수도 있는데 다샤 로드가 받고 있는 영향들에 따라 조정될 것이다.

▨ 바고타마(Vargottama)

"바고타마"는 라시 차트와 나밤샤 차트에서 똑같은 라시에 있는 행성들을 표현하는 말이다. 바고타마 라는 말은 "최상, 혹은 최고의 부분"이라는 뜻이다. 활동적 라시의 첫 번째 나밤샤(00:00 - 3:20), 고정적 라시의 중간, 혹은 다섯 번째 나밤샤(13:20 -16:40), 변통 적 라시의 마지막 나밤샤(26:40 - 30도)는 바고타마 나밤샤 가 된다.

바고타마에 있는 행성은 보다 길조적인 효과를 가져 오는 능력이 있다. 또한 효과를 내는 방식에 있어 좀 더 한결같다. 바고타마에 있는 흉성은 파괴적으로 되지 않는다. 여 전히 어려움들을 주지만, 그러나 일반적으로 성공을 가져다주며, 그들이 합치하거나 라 시 어스펙트를 하는 영역들을 성취하게 해준다. 뿐만 아니라 바고타마 행성의 다샤는 아주 훌륭하며, 만약 그러한 행성이 취약의 품위를 얻었거나 컴바스트를 하였으면 다샤의 효과는 좋고 나쁨이 섞이게 된다.

저명한 고서에서는 바고타마의 행성이 가진 길조적 효과를 다음과 같이 말한다.

"라그나 혹은 달이 바고타마 일 때 태어난 차트 주인은 행복하며 전 삶을 통해 아주 잘 살게 될 것이다."

"바고타마 라그나에 태어난 차트 주인은 그의 집안에서 으뜸이 될 것이다."

18. 디스포지터(Dispositors)들

어느 행성이 위치하고 있는 라시의 로드는 그 행성의 디스포지터로 알려져 있다(예: 쌍둥이 라시에 있는 토성의 디스피지터는 수성). 디스포지터는 다스리는 행성에게 중요한 영향을 미치고 있다. 하우스의 세입자는 오직 하우스 로드가 부유한 만큼 자신도 혜택을 누릴 수 있는 법이다. 이미 우리는 디스포지터의 중요성을 니챠방가 라자 요가(취약의 품위가 취소되는 요가)를 통해 살펴보았다. 같은 방식으로, 만약 고양의 품위를 얻은 행성이, 비록 자신은 훌륭하게 자리를 잡았지만 디스포지터 행성이 형편없는 품위에 있으면, 기대하는 만큼 좋은 결과를 낼 수가 없다.

디스포지터가 가진 역할은 어떤 행성이 길성이냐 흉성이냐 하는 사실을 판단하는 데도 중요하게 작용한다. 만약 화성과 같은 흉성이 수성이나 금성과 같은 두 길성의 디스포지터가 되면, 화성이 가진 흉성적 성격은 많이 수그러진다. 그리고 화성이 다스리는 두 행성들에 의해 그의 성격은 어느 정도 조정을 받게 된다. 비슷한 경우로, 만약 화성처럼 흉성이 토성이나 라후 같은 다른 흉성들의 디스포지터가 되면, 화성의 흉성적 성격은 더 강해지게 된다. 사람이란 옆에 두는 사람들을 보면 알 수 있듯이, 만약 같은 집에 악한 사람들이 살고 있다면 그 사람 또한 비슷한 성질을 지니고 있는 법이다.

마지막으로 행성의 디스포지터는 행성이 가진 동기와 임시적 품위에 다음과 같은 방식으로 영향을 미친다.

1. 임시적 길성의 마지막 디스포지터가 임시적 흉성이면, 임시적 길성은 그의 주관 아래 놓이게 된다. 그러므로 동기는 임시적 흉성의 뜻을 따른다.

2. 임시적 흉성의 마지막 디스포지터가 임시적 길성이면, 임시적 흉성은 그의 주관 아래 놓이게 된다. 그러므로 동기는 임시적 길성의 뜻을 따른다.

마지막 디스포지터에 대한 예 : 만약 태양은 수성이 다스리는 쌍둥이 라시에 있으며, 수성은 금성이 다스리는 황소 라시에 있으며, 그리고 금성은 오운 라시인 천칭 라시에 있는 경우, 금성은 태양과 수성의 마지막 디스포지터가 된다. 그리고 두 행성은 금성의 주관 아래 작용하게 된다.

차트에서 마지막 디스포지터가 되는 행성들은 차트 주인이 어떤 충동적 동기로 움직이는지를 결정하는데 아주 중요한 역할을 한다. 차트 주인이 사적인 의도를 가졌는지, 다르마를 위해서인지, 자기 의지나 지혜를 얻기 위해 움직이는지 등을 파악할 수 있다.

디스포지터의 예에 대한 네 가지 가능성이 존재하고 있다.

1. 어떤 때는 차트에 오직 한 개만의 마지막 디스포지터가 있는 경우가 있다. 그러한 행성은 진정한 디스포지터가 된다. 이런 경우에 차트 주인이 가지는 충동적 동기는 그러한 행성을 분석하면 쉽게 파악할 수 있다.

2. 보다 보편적으로 두 개 혹은 세 개의 마지막 디스포지터가 있는 경우가 있다. 이러한 경우 더 많은 행성들을 다스리는 행성이 가장 두드러지는 충동적 동기를 나타내게 된다. 좀더 정확히 말하자면 자신을 포함한 다른 행성 중에서 샽발라 (Sat Bala) 총점이 제일 큰 행성이 가장 파워풀한 충동적 동기를 나타내게 된다.

3. 때로는 두 개 혹은 그 이상의 행성들이 서로 계속 엮이는 방식으로 디스포지터를 하는 경우가 있다. 예를 들면 화성은 수성의 하우스에 있으며, 수성은 금성의 하우스에 있으며, 금성은 화성의 하우스에 있는 경우가 있다. 그런데 화성은 이미 수성의 하우스에 있다고 했다. 이러한 경우에는, 임시적 길성들의 샽발라 총점과 임시적 흉성들의 샽발라 총점을 모두 같이 비교해야 한다. 가장 높은 총점을 가진

행성이 충동적 동기를 나타낸다.

4. 자주 있는 경우로 중립적 행성이 마지막 디스포지터가 되게 된다. 임시적 중립이 되는 행성들은 앵글하우스 로드들, 두 번째, 여덟 번째, 열두 번째 로드들로서, 만약 그들이 이러한 하우스에 있게 되면 마지막 중립 디스포지터가 된다. 이러한 경우에는, 임시적 중립 행성에 의해 디스포저(dispose)가 된 모든 임시적 길성들의 샽발라 총점과 임시적 중립 행성에 의해 디스포저가 된 모든 임시적 흉성들의 샽발라 총점을 서로 같이 비교해야 한다. 가장 높은 총점을 가진 행성이 충동적 동기를 나타낸다.

5. 가장 중요한 점은 마지막 디스포지터 혹은 디스포지터들은 어떠한 경우이든지, 그들이 위치하고 있는 하우스들에 따라 인생에서 가장 중요한 테마 혹은 테마들을 나타내게 된다.

▨ 디스포지터들과 다샤 효과들

행성은 세 가지 형태로 디스포지터가 된다.

1. 라시 차트에 있는 행성을 다스림으로 인한 경우 그는 라시 차트의 디스포지터가 된다.

2. 나밤샤 차트에 있는 행성을 다스림으로 인한 경우 그는 나밤사 차트의 디스포지터가 된다.

3. 행성의 낙샤트라를 다스림으로 인한 경우 그는 낙샤트라의 디스포지터가 된다.

이러한 모든 경우에 행성은 자신의 다샤 기간동안 자신이 디스포지터인 행성들의 영향을 주게 된다. 만약 다샤 로드가 잘 위치하고 있다면, 그러한 로드가 디스포저 하고 있는 행성들은 활짝 피게 한다. 만약 다샤 로드가 형편없이 위치하고 있다면 그러한 로드가 디스포저 하고 있는 행성들은 괴로움을 겪게 된다. 이러한 규율은 다샤 로드의 효과들을 완전히 판단하는 데 필요한 중요한 원칙이다.

▨ 차트를 해석할 때 디스포지터들을 적용하는 법

어느 행성의 라시 차트, 나밤샤 차트, 그리고 낙샤트라의 디스포지터들은 그러한 행성의 전반적인 안녕 상태들을 보다 정확하게 판단하는 데 있어 중요한 고려사항들이다.

독일의 위대한 천문학자인 조한즈 케플러(Johannes Kepler)가 직접 그린 차트로 증명된 서양 점성 차트(1864년 5월에 밝혀졌음). 서양에서는 동양과도 마찬가지로 천문학자들이 점성학자들이기도 했다. 위의 차트는 오스트리아의 귀족이었던 한스 하니발(Hans Hannibal Hutter)의 출생 차트였다(1586년 9월 10일 오후 5시 출생). 차트는 캘리포니아 대학의 도서관에 소장되어 있었다. 산타크루즈(Santa Cruz, USA)에 있는 대학인데, 중세시대 천문학에 관련된 기록들을 약간 보유하고 있다.

위의 차트는 북인도 스타일의 점성 차트와 비슷하다. 한 가지 다른 점은, 라그나가 왼쪽에 있다는 것이다. 북인도 스타일은 라그나가 맨 위의 중간에 있다. 최근까지만 해도 서양 점성학자들은 이러한 형식의 차트를 사용하고 있었다.

19. 샅발라(Shad Bala)

샅발라(Shad Bala)는 행성의 "타고난 저력"을 결정하기 위해 사용하는 정교한 계산 방법이다. "타고난 힘"은 행성이 가진 원래의 힘을 순수하게 잰 것이다. 길조적인 힘을 재는 것과는 완전히 다르다. 샅발라의 뜻은 간단하게 행성이 운반할 수 있는 무게의 양을 측정한다는 의미이다. 납을 운반 할지 금을 운반 할지, 하는 사항은 다른 변수들과 함께 고려해 본 후에 결정할 수 있다. "샅"의 뜻은 "여섯"이며 "발라"의 뜻은 "힘"이다. 샅발라는 행성이 여섯 가지 특정한 요소들로부터 힘을 받게 되는 것을 뜻한다. 다음은 샅발라를 구성하는 여섯 요소들에 대한 간단한 설명들이다.

▨ 스타나 발라(Sthana Bala) - 위치의 힘

1. **우챠 발라(Uccha Bala) - 고양의 힘** : 정확한 각도의 고양 자리에 있는 행성은 60비루파(비중)의 힘을 얻게 된다. 정확한 각도의 취약 자리에 있는 행성은 제로 비루파를 얻는다. 이 구간 내 어디에 있는 행성은 60비루파의 분수들을 얻는다.

2. **삽타바가 발라(Saptavarga Bala)** - 7개 부속 차트들(라시, 호라, 드레카나, 삽탐샤, 나밤샤, 드와다삼샤, 트림삼샤 차트)로 부터 얻는 힘들이다. 행성들이 물라트리코나 라시에 있으면 45비루파, 오운 라시 30비루파, 좋은 친구의 라시

20비루파, 친구의 라시 15 비루파, 중립의 라시 10 비루파, 적의 라시 4비루파, 나쁜 친구의 라시 2비루파를 각각 얻는다.

3. 사마/비사마(Sama/Visama) – 양성 혹은 음성 라시의 힘이다 : 금성과 달은 음성 라시에서 15비루파를 얻는다. 다른 행성들은 양성 라시에서 15비루파를 얻는다.

4. 켄드라 발라(Kendra Bala) – 앵글의 힘 : 앵글에 있는 행성은 60비루파를 얻으며, 파나파라에서 30 비루파, 아포클리마에서 15비루파를 얻는다.

5. 드레카나 발라(Drekkana Bala) – 첫 번째 드레카나 라시에 있는 남성적 행성은 15 비루파를 얻는다. 두 번째 드레카나 라시에 있는 여성적 행성은 15비루파를 얻는다. 세 번째 드레카나 라시에 있는 중성적 행성은 15비루파를 얻는다. 드레카나는 라시의 삼분의 일을 말한다.

행성이 가진 스타나 발라는 다음과 같은 경우에 특히 강해진다. 스타나발라 비중 (비루파)이 다음에 주어진 비중(비루파)보다 적지 않아야 한다.

태양 : 165비루파, 달 : 133비루파, 화성 : 96비루파, 수성 : 165비루파, 목성 : 165비루파, 금성 : 133비루파, 토성 : 96비루파

"스타나발라가 강한 행성은 넘치는 행운, 명예, 부, 재능, 에너지, 그리고 적들을 파괴할 수 있는 능력을 가지고 있다."

▨ 딕 발라(Dig Bala) - 방향의 힘

태양과 화성은 열 번째 하우스에서 강하다. 달과 금성은 네 번째 하우스에서 강하다. 목성과 수성은 첫 번째 하우스에서 강하다. 토성은 일곱 번째 하우스에서 강하다. 딕 발라 하우스의 커스프(Cusp, 경계)에 있는 행성은 60비루파를 얻는다. 정 반대편 하우스 커스프에 있는 행성은 제로 비루파를 얻는다. 이들 중간 어디에 있는 행성들은 60비루파의 분수를 얻는다.

행성이 가진 딕 발라는 다음과 같은 경우에 특히 강해진다. 딕 발라 비루파가 다음에 주어진 비루파보다 적지 않아야 한다.

태양 : 35비루파, **달** : 50비루파, **화성** : 30비루파, **수성** : 35비루파, **목성** : 35비루파, **금성** : 50비루파, **토성** : 30비루파

"행성이 딕 발라를 얻고 있는 라시인은 그들의 다샤 기간동안 그들이 나타내는 방향에서 명예와 이득, 행복을 얻게 된다."

▨ 칼라 발라(Kala Bala) - 시간의 힘

1. 나토나타 발라(Nathonnatha Bala, 밤/낮의 힘) : 달, 화성, 토성은 자정에 60비루파를 얻으며 정오에 제로 비루파를 얻는다. 태양, 목성, 금성은 정오에 60비루파를 얻으며 자정에 제로 비루파를 얻는다. 수성은 언제든지 완전한 비루파를 얻는다.

2. 팍샤 발라(Paksha Bala, 달의 사이즈 힘) : 보름달에 길성들은 60비루파를 얻으며, 흉성들은 제로 비루파를 얻는다. 그믐달에는 흉성들은 60비루파를 얻으며 길성들은 제로 비루파를 얻는다. 중간 사이에서는 해당되는 퍼센트의 비루파를 얻는다.

3. 트리바가 발라(Tribhaga Bala, 세 개로 분할한 힘) : 수성은 낮 시간의 처음1/3에서 60비루파를 얻는다. 태양은 낮 시간의 두번째1/3에서 60비루파를 얻는다. 토성은 낮 시간의 마지막1/3에서 60비루파를 얻는다. 달은 밤 시간의 처음1/3에서 60비루파를 얻는다. 금성은 밤 시간의 두 번째 1/3에서 60비루파를 얻는다. 화성은 밤 시간의 마지막 1/3에서 60비루파를 얻는다. 목성은 언제든지 60비루파를 얻는다.

4. 아브다 발라(Abda Bala, 년(year)의 힘) : 그 해의 로드는 15 비루파를 얻는다.

5. 마사 발라(Masa Bala, 달(month)의 힘) : 그 달의 로드는 30 비루파를 얻는다.

6. 바라 발라(Vara Bala, 날(day)의 힘) : 그 날의 로드는 45비루파를 얻는다.

7. 호라 발라(Hora Bala, 시(time)의 힘) : 그 시간의 로드는 60비루파를 얻는다.

8. 아야나 발라(Ayana Bala, 행성의 적도의 북쪽 혹은 남쪽에 있을 때 얻는 힘) :
아야나 발라는 계산이 복잡하다. 달과 토성은 남쪽에서 60비루파를 얻고 북쪽에서 0비루파를 얻는다. 수성을 제외한 다른 행성들은 북쪽에서 60비루파를 얻고 남쪽에서 0비루파를 얻는다. 수성은 북쪽에서 60비루파를 얻고, 남쪽에서 60비루파를 얻으며, 정확한 중간에서 30비루파를 얻는다. 행성들은 아야나 발라가 다음에 주어진 비루파보다 적지 않을 때 특히 강하게 된다.

태양 : 30비루파, **달** : 40비루파, **화성** : 20비루파, **수성** : 30비루파, **목성** : 30비루파, **금성** : 40비루파, **토성** : 20비루파

행성들은 **칼라발라**가 다음에 주어진 비루파보다 적지 않을 때 특히 강하게 된다.
태양 : 112비루파, **달** : 100비루파, **화성** : 67비루파, **수성** : 112비루파, **목성** : 112비루파, **금성** : 100비루파, **토성** : 67비루파
"칼라발라를 가진 행성은 적들을 파괴하고 재산, 땅, 코끼리, 말들이 늘어난다. 라시인은 보석들, 고급 옷들, 명성, 쾌락 등을 누리며, 부유해진다."

⬚ 체스타 발라(Cheshta Bala) - 운행의 힘

행성들의 평균경도, 실제 경도, 천문원지점을 이용한 복잡한 계산을 통해 산출해 내는 행성들의 힘이다. 간단히 말하자면, 운행을 하고 있는 행성들이 지구에 가장 근접해 있게 되면, 즉, 역행(R, retrogression)을 할 때 60비루파를 얻는다. 태양의 뒤에 있게 되면 0비루파를 얻는다. 태양의 체스타 발라는 태양이 가진 아야나 발라와 같다. 달의 체스타 발라는 달의 팍샤발라와 같게 된다.

행성들은 체스타 발라가 다음에 주어지는 비루파보다 적지 않을 때 특히 강해지게 된다.

태양 : 50비루파, **달** : 30비루파, **화성** : 40비루파, **수성** : 50비루파, **목성** : 50비루파, **금성** : 30비루파, **토성** : 40비루파

"체스타 발라를 가진 행성은 때로는 왕의 지위를, 때로는 헌신을, 때로는 부를, 때로는 영광을 준다."

◪ 나이사르기카 발라(Naisargika Bala) - 자연적인 힘

행성들이 가진 자연적인 빛으로 재는 힘이다. 태양, 달, 금성, 목성, 수성, 화성 그리고 토성의 순서대로 가장 강한 힘에서 가장 약한 힘으로 된다. 60을 7로 나눈 뒤, 태양에게 7을 곱하고, 달에서 6을 곱하고, 금성에게 5를 곱하고, 목성에게 4를 곱하고, 수성에게 3을 곱하고, 화성에게 2를 곱하고, 토성에게 1을 곱한다.

◪ 드릭 발라(Drik Bala) - 어스펙트의 힘

길성들이 어스펙트를 하면 힘을 증가시켜 주고, 흉성들이 어스펙트하면 힘이 줄어든다. 행성들의 어스펙트 총 비중에서 흉성의 1/4 어스펙트를 마이너스하고, 길성의 1/4 어스펙트를 플러스한다. 수성과 목성의 경우는 예외로서 풀 어스펙트(full aspect)를 더한다.

◪ 유다 발라(Yuddha Bala) - 행성 간 전쟁의 힘

두 개의 행성 간에 전쟁이 붙게 되는 경우, 승리를 하는 행성은 힘을 얻고 패배를 하는 행성은 힘을 잃는다. 두 개의 행성 중에 높은 점수에서 낮은 점수를 마이너스하여 차이점을 위너 행성이 갖게 되면, 루저 행성은 그만큼 잃게 된다.

이렇게 살펴본 결과, 샬발라는 행성이 가진 힘을 아주 포괄적인 방법을 통해서 산출한다는 것을 알 수 있다. 샬발라는 여러 용도로 사용할 수 있는데, 그 중 몇 가지만 여기서 간단하게 설명하기로 한다. 샬발라 총점이 가장 강한 행성은 삼스카라(Samskara, 정신적 성향)를 대변하는데, 차트 주인의 의식 속에 가장 깊숙이 골이 배인 성향이다. 이러한 사실을 가지고 개인이 가진 캐릭터에 상당한 예측을 할 수 있다. 그리하여 샬발라는 아주 효과적인 카운셀링이 가능하도록 해준다.

앞에서 디스포지터 장을 통해 우리는 라시인의 내면을 다스리고 있는 충동적 동기를 어떻게 결정할 것인가 하는 사항들을 검토해보았다. 일반적으로 가장 강한 샬발라를 가지고 있는 행성과 디스포지터들이 결정한 충동적 동기성을 나타내는 주도행성이 서로 똑같지가 않다. 이러한 경우에 디스포지터들에 의해 결정된 충동적 동기성을 주도하는 행성이 높은 샬발라를 가진 다른 행성이 보이는 성향과 동기들을 여전히 압도하게 될 것이다. 이는 마치, 왕이 수상보다 강하며 더 많은 능력을 가지고 있지만, 신하의 힘을 사용해 자신에게 봉사하도록 하는 것과 마찬가지이다.

샬발라는 라후와 케투의 힘을 계산하지 않는다. 그들은 여전히 한정 지을 수 없는 채로 남아 있다. 그러나 라후와 케투는 그들이 위치하고 있는 라시의 로드의 샬발라를 효과적으로 사용할 수도 있다.

▨ 다샤를 분석할 때 샬발라를 이용하는 법

만약에 다샤 로드와 북티(bukti) 로드가 차트에서 서로 상반되는 자질들을 나타내고 있는 경우, 샬발라가 강한 행성이 나타내고 있는 자질들이 결과로 나타나게 될 것이다. 예를 들면 다샤 로드가 결혼에 적절한 시기임을 나타내는데, 그러나 북티로드가 부적절함을 나타내는 경우가 있다. 그럴 때 만약 북티 로드가 다샤 로드보다 샬발라에서 강하면, 결혼은 성사되지만 심각한 장애가 있으며 헤어지게 될 수도 있다. 만약에 북티 로드가 다샤 로드보다 약한 경우에는 결혼이 약간 불안정할 수도 있다. 그러나 다샤 로드가 가진 힘 때문에 결혼생활은 계속 유지될 것이다.

태양의 길인 황도대(ecliptic)는 천구의 적도(Celestial Equator)와 앵글에 있다. 천구의 적도는 지구의 적도를 하늘로 향해 팽창시킨 것이다. 천구의 적도를 기준으로 행성들이 남쪽이나 북쪽으로 얼마만큼 거리에 있는가를 재는 것이 아야나 발라 (Ayana Bala)이다.

20. 빔쇼타리 다샤(Vimshottari Dasa)

베딕 점성학이 가진 가장 독특한 점은 삶에서 발생하는 사건들의 시기를 다샤(Dasas) 시스템들을 이용해 예측할 수 있다는 것이다. 다샤(Dasas)는 행성들이 차트에 잠재해있는 결과들을 자신이 주관하는 기간 동안 밖으로 표출시키는 것을 나타낸다.

이러한 다샤 시스템에는 종류가 다양하게 많은데 각 시스템 나름대로 용도나 목적들을 모두 가지고 있다. 그러나 그중에서도 가장 잘 알려진 다샤 시스템은 "빔쇼타리 다샤(Vimshottari Dasa)"이다. "빔쇼타리"는 다샤 시스템이 가지고 있는 120년이라는 기간을 의미한다. 많은 점성학 고서들이 빔쇼타리 다샤를 극찬하고 있다.

"다샤에는 많은 종류가 있다. 그중에서도 빔쇼타리가 일반 사람들에게 가장 적합하다."

"그들이 실패하지 않을 거라는 사실을 확신하게 되었기에, 나는 파라샤라의 유명한 말씀을 담고 있는 신성한 점성학 고서에서 본질만을 빼내어 유명한 빔쇼타리 마하다샤로 출격시킨다."

빔쇼타리 다샤는 출생 시에 달이 있는 위치를 기본으로 계산한다. 세상의 모든 것은 의식에서부터 먼저 나오게 된다. 달은 바로 그러한 의식을 나타내고 있다. 우리는 삶을 우리의 의식 안에서 마나스(Manas, 감각적 마음)라는 매체를 통해 경험하게 된다. 달은 그러한 의식과 마음을 대변하고 있다.

빔쇼타리 다샤가 특히 중요한 이유는 다샤의 순서가 낙샤트라 로드들에 기준을 하고 있기 때문이다. 출생 시 달이 위치하는 낙샤트라의 로드가 첫 번째 마하 다샤의 로드가 된다. 이어지는 다샤는 낙샤트라 로드들의 순서대로 계속 전개된다. 빔쇼타리 다샤는 낙샤트라들의 원래 순서들대로 펼쳐지기 때문에 가장 중요하면서도 널리 적용될 수 있다.

▨ 빔쇼타리 다샤를 계산하는 법

다음은 빔쇼타리 다샤에서 각 행성들이 다스리는 기간들을 나타낸다.

1. 태양－6년
2. 달－10년
3. 화성－7년
4. 라후－18년
5. 목성－16년
6. 토성－19년
7. 수성－17년
8. 케투－7년
9. 금성－20년

마하 다샤를 계산하기 위해서는 출생 시에 달이 위치하고 있는 낙샤트라의 로드 행성을 결정한다. 그러면 출생 시에 다스리고 있는 행성들의 기간을 결정할 수 있게 된다. 좀 더 자세한 사항은 앞장에서 주어진 낙샤트라 테이블을 참조하면 된다.

다음으로 이러한 첫 번째 다샤에 대한 기간을 계산한다. 그러기 위해선, 현재 달이 있는 낙샤트라 경도에서, 아직 남은 낙샤트라 경도까지 얼마나 남았는지, 그 나머지를 "분(minute)"으로 전환하여 산출해 낸다. 이렇게 얻은 나머지를 800으로 나눈다(1개의 낙샤트라 경도는 13도 20분, 총 800분이기 때문에). 여기서 얻은 분수 점을 해당 행성이 다스리는 기간에 곱하면 된다.

그 다음에 이어지는 다샤 기간들은 위에서 주어진 행성들의 순서대로 전개된다.

이러한 기간들은 **마하다샤(Maha Dasa)**, 간단하게는 "**다샤(Dasa)**"로 알려져 있다. 각 다샤들은 또 다시 9개 부차적인 다샤로 나뉘어진다. 남인도에서는 이를 "**북티(Bukti)**"라 하며, 북인도에서는 "**안타르다샤(Antardasa)**"라고 부른다.

안타르다샤 기간들을 계산하기 위해선,

1. 마하다샤 기간들을 위에서 표기된 행성들의 부차 기간(sub-period)대로 곱하기를 한다.

2. 여기서 얻은 숫자를 120으로 나눈다(120은 빔쇼타리 다샤의 전체적 년 수이다). 그리하면 다샤 기간의 년 수(years)와 개월 수(months)를 얻을 수 있게 된다.

3. 그리고 남은 나머지에다 365 ¼ 를 곱하면 날(days)을 얻을 수 있게 된다.

혹은

1. 마하다샤 로드의 기간을 안타르다샤 로드 기간 수로 곱하기를 한다.

2. 맨 마지막 나머지는 3으로 곱하면 "날(days)"을 얻을 수 있다. 앞에서의 숫자는 "달(months)"를 나타낸다.

여기서 더욱 세분화를 시킨 다샤는

1. 각 안타르 다샤는 다시 한 단계 더 세분화를 시켜 총 9개의 세 번째 레벨들로 나뉘어진다. 이는 북인도에서는 프라트 얀타르 다샤로 알려져 있으며, 남인도에서는 그냥 "안타르 다샤"라고 부른다.

2. 각 안타르 다샤는 다시 9개의 네 번째 레벨로 나뉘어진다. 이러한 마이너 다샤 기간은 "숙시마 다샤(Sookshma Dasas)"라고 부른다.

3. 각 숙시마 다샤는 다시 9개의 다섯 번째 레벨로 나뉘어진다. 이러한 마이너 다샤기간은 "프라나 다샤(Prana Dasas)"라고 부른다.

▨ 다샤, 안타르다샤, 그리고 프라트얀타르 다샤의 로드들

1. 마하다샤 로드는 일반적 트렌드와 장기적 관심집중 영역을 나타낸다.

2. 안타르다샤 로드는 구체적인 트렌드와 관심영역을 나타낸다. 이러한 트렌드는 마하다샤와 조화로울 수도 혹은, 조화롭지 않을 수도 있다.

3. 프라트얀타르 로드는 사건들의 열매를 거두게 하며, 안타르다샤가 가진 특정한 트렌드에 굴곡을 나타낸다.

보다 실질적이기 위해 베딕 점성학자들은 세 번째 레벨의 프라트얀타르 다샤까지만 산출해낸다. 더 세분화된 레벨은 아주 짧은 기간이 되기 때문에 출생시간이 칼같이 정확하지 않은 이상, 잘못된 예측정보를 줄 수도 있기 때문이다. 기간이 긴 다샤들은 네 번째 레벨인 "숙시마" 다샤까지 계산한다 하더라도 비교적 정확하게 될 것이다.

빔쇼타리 다샤를 해석하고자 할 때 사용되는 몇 가지 주요법칙이 있다. 다음에 이어지는 법칙들은 차트 주인의 성장, 진화, 심리, 삶에서의 사건들에 미친 영향들을 이해하는데 가장 두드러지게 나타나는 점들이다.

▨ 삼스카라(Samskaras) - 영혼 속 깊숙이 배여 있는 성향

"길조적 행성이 다스리는 다샤 기간에는 사람의 내면적 마음이 덕스러운 캐릭터를 취하여 많은 행복과 부를 얻을 수 있게끔 라시인들을 인도하게 된다. 여러 다샤들이 기약하는 효과들로 미루어 보아, 현재 라시인의 삶에서 일어나는 사건들을 통해서 그가 지금 어떠한 행성이 다스리는 다샤를 지나고 있는지 쉽게 추측할 수 있다. 만약 행성들이 가진 힘이 약하게 되면 기약된 효과들이 단지 꿈이나 상념 레벨에서만 머물게 된다."

차트(Horoscope)는 차트 주인의 삼스카라(Samskaras)들이 그려진 지도와 같다. 삼스카라는 전생들을 통해 전해져 내려온 영혼 속 깊숙이 배인 정신적 성향으로서, 우리를 행동하게 하는 동기가 되며, 그리하여 우리들 삶에 어떤 사건들을 만들어 간다. 삼스카라는 지금 생과 전생에서 반복되는 행동들과 생각들로 형성되진 것이다. 행성들은 우리들의 이러한 삼스카라를 나타내고 있다. 빔쇼타리 다샤는 점성학자들에게 차트 주인이 주어진 삶의 시간 내에 어떤 삼스카라가 일어나는지를 볼 수 있게 해준다. 그리하여 차트 주인의 성격과 욕망들이 미래에는 어떻게 펼쳐질지 예측할 수 있게 해준다. 차트 주인은 차트에서 예측된 대로 현재의 자신이 미래에 어떤 행성의 특정한 매너들로 행동할 모습을 도저히 상상하기도 힘들지만, 그러나 막상 다샤가 바뀌게 되면 그러한 삼스카라가 일어나는 것을 막을 수 없는 경우가 자주 일어난다.

▨ 다샤가 가진 성향 - 로히니 등등

1. 고양의 자리로 깊숙하게 접근하고 있는 행성의 다샤는 "로히니(Rohini, 자라고 있는)"라고 한다. 이러한 다샤의 영향 아래에서는 무엇을 시작하던 라시인의 삶에서 점점 자라고 늘어나게 된다. 만약 행성이 나밤샤에서 취약의 자리나 적의 자리에 있게 되면, 그러한 다샤는 아주 적은 길조적 효과를 주게 된다. 만약 행성이 역행(R, retrograde)을 하게 되면 로히니의 방향은 반대쪽으로 된다.

2. 취약의 자리로 깊숙하게 접근하고 있는 행성의 다샤는 "아바로히니(Avarohini, 줄어들고 있는)"라고 한다. 이러한 다샤의 영향 아래에서는 무엇을 시작하던 라시인의 삶에서 점점 줄어들게 된다. 만약 행성이 나밤샤에서 친구의 자리, 고양의 자리, 오운 라시, 혹은 마디야(Madhya, 아래 조항 참조)에 있게 되면, 그러한 다샤는 예시된 효과들이 어느 정도 열매를 거두거나 조정될 수 있다. 만약 행성이 역행하게 되면, 아바 로히니의 방향은 반대쪽으로 된다.

아주 깊숙한 취약의 자리에 있는 행성의 다샤는 "릭타(Rikta, 비었음)"라고 한다. 이러한 다샤는 줄 수 있는 것이 아무것도 없다.

라시에서 취약의 자리에 있고 나밤샤에서 적의 자리 사이에 있는 행성의 다샤는 "아다마(Adhama, 가장 나쁨)"라고 한다. 이러한 경우가 흔하지는 않지만, 그러나 만약 있게 되면 아주 어려운 다샤가 될 것이다.

오운 라시나 친구의 라시에 있는 행성의 다샤는 "마디야(Madhya, 중간 정도)"라고 한다. 이러한 다샤는 좋고 나쁨이 섞인 결과를 가져다준다.

아주 깊숙한 취약의 자리에 있거나, 취약의 자리에 있거나 혹은 나밤샤에서 적의 자리에 있는 행성의 다샤는 "아니쉬타(Anishta, 운이 좋지 않은)"라고 한다. 이러한 다샤는 건강과 부 등을 잃게 한다.

▨ 하나의 다샤에서 다른 다샤로 옮겨가고 있을 때

"모든 행성들은 본성에 따른 좋고 나쁜 효과들을 자신의 다샤와 같은 안타르 다샤 중에는 주지 않는다. 다샤의 로드는 기약하는 효과들을 옆에 있는 행성들의 안타르 다샤 또는 비슷한 성격이나 비슷한 효과들을 가진 행성의 안타르 다샤 중에 준다."

위의 수트라가 뜻하는 바는 어느 행성이 자연적 길성이던 요가를 만들어 낼 잠재력을 가지고 있든 혹은 길조적 효과들을 주도록 차트에서 비록 예시하고 있더라도, 자신이 다스리는 안타르 다샤 즉, 다샤의 초창기 동안에는 그러한 대부분의 길조적인 효과들을 주지 않는다는 것이다. 그보다는 어떤 식으로든 자신과 연관이 되어 있거나 비슷한 길조적인 본성을 가진 다른 행성들의 안타르 다샤 중에 자신이 기약하는 효과들을 주게 된다. 이러한 경우는 흉조적인 효과를 나타내고 있는 행성의 다샤에도 마찬가지이다. 자연적 흉성이든 어떤 다른 흉조적인 조합에 의해서든 그가 나타내고 있는 나쁜 효과들은 자신이 다스리는 안타르 다샤에는 주지 않는다. 그러나 어떤 식으로든지 자신과 연관이 있거나 비슷한 흉조적 본성을 가진 다른 행성들의 안타르 다샤에 주게 된다. 이러한 규율은 어떤 사건을 예측하려 할 때 아주 실질적으로 적용된다. 만약 마하다샤 로드가 어떤 사건을 기약하고 있으면, 그러한 행성은 자신의 안타르 다샤가 아니라 그러한 사건들을 기약하고 있는 다른 행성의 안타르 다샤에 주게 된다.

"다샤로드는 오운 북티(Own Bukti)에는 기약한 결과들을 주지 않는다. 이전의 북티 결과들을 자신의 성격에 맞게 조정하여 주게 된다. 이전 북티의 효과들이 계속되게 된다."

이렇게 되는 이유는 하나의 다샤에서 다른 다샤로 전환을 하고 있는 효과 때문이다. 새롭게 전환한 다샤의 로드가 힘을 얻기까지, 그리고 새로운 로드가 아직도 남아있는 이전 다샤의 효과들을 털어버리고 정말 자신의 효과들을 발휘할 수 있기까지는 어느 정도 적응할 시간이 걸리기 때문이다.

어느 다샤의 마지막 안타르 다샤, 특히 마지막 해에는, 엄청난 전환의 힘을 차트 주인은 경험하기 시작할 것이다. 이러한 시기는 보통, 혼란스러움, 환경적인 저항, 파괴, 자유에 대한 갈망, 그리고 불만족 등의 요소들이 뒤섞여 있게 된다. 보통 이러한 전환은 다음 다샤의 첫 안타르 다샤가 끝날 때까지는 충분히 완전할 수가 없다.

"다샤 로드가 자신의 안타르 다샤에 효과들을 주고 다른 행성들의 안타르 다샤에는 주지 않는 경우도 있다. 그러나 이러한 경우는 오직 다샤 로드가 아주 강하고 다른 행성들은 상대적으로 약할 경우에만 생겨난다."

만약 다샤 로드가 모든 행성 중에서 가장 강한 행성이면서 어떤 특정한 사건들이 일어날 것을 예시하고 있다면, 그러면 이러한 일들이 다샤 로드의 오운 안타르 다샤에 생겨날 것이다. 이러한 힘을 결정하려면 샅발라를 참조해야 한다. 만약 아주 강한 다샤 로드의 오운 안타르 다샤에 얻어진 것이 나중에 다른 행성들 안타르 다샤 동안에 잃었다면, 그러한 다샤가 끝나는 동안 차트 주인은 다시 좋은 효과들을 얻게 될 가능성은 아주 희박하다.

▨ 자연적 캐릭터들에 따른 결과들

행성들은 자신이 다스리는 다샤 동안 타고난 자연적 자질과 특성들에 따른 결과를 준다. 이 뜻은 차트에서 얻고 있는 지위에 따라 자신들이 가지고 있는 특성들이 더 강해질 수도 혹은 더 잃게 될 수도 있다는 말이기도 하다. 아주 일반적이면서 그러나 무시할 수 없는 행성들의 자연적 캐릭터들이 다음과 같은 형태로 그들의 다샤 동안 펼쳐지게 된다.

- **태양**

자존감이나 개인성, 지위, 존경심 등이 높아지거나 낮아지거나 할 수 있다. 아버지를 둘러싼 이슈들. 성취를 향한 욕구. 건강과 생동력이 좋아지거나 약해지거나 할 수 있다. 남성적 에너지가 계발된다. 자아를 찾을 기회 그리고 세상에서 자신의 위치를 세울 수 있게 된다. 자신을 가장 훌륭한 상태로 표출할 수 있는 기회가 주어진다.

- **달**

자아나 주변에서의 행복, 편안함이나 괴로움, 불만족, 우울증, 정신적 질환 등을 경험할 수 있다. 어머니를 둘러싼 이슈들. 여성적 에너지가 계발된다. 즐거움을 경험할 기회들이 주어진다. 사회적으로 된다.

- **화성**

어려움이나 시련들을 통한 이득이나 손실을 경험할 수 있다. 형제들이나 동료들을 둘러싼 고민들. 의지와 힘을 이롭게 사용하거나 남용할 수 있다. 물질적 정신적 삶을 증진시키기 위해 자신을 의지적으로 단련시키는 행위들에 적극적인 참가를 할 수도 있다. 사고나 다툼들이 일어나기도 한다.

- **라후**

온갖 이국적이고 낯선 것들에 대한 관심. 강력한 욕구들과 충동성. 방향성이나 도덕심 등을 잃게 된다. 불만족스럽고 강한 열망을 느끼게 된다. 질병과 정신적 무질서 등을 경험한다. 낯선 장소들에서 헤매거나 잡을 수 없는 것들을 찾게 된다. 차트 주인은 카르마의 기초가 약한 영역들에서 진화적인 레슨들을 배우게 된다. 삶에서 조화를 창조할 수 있는 기회가 주어진다.

· **목성**

순수한 마음과 선의의 높은 가치와 영성을 추구한다. 종교적이거나 철학적인 내용을 배우거나 경청한다. 영적인 활동들을 펼친다. 의미 있는 믿음제도를 찾으려 노력한다. 자녀들을 둘러싼 염려들이 있다. 지혜와 지식을 계발할 기회가 있게 된다.

· **토성**

두려움과 불안정감 등과 정면으로 마주치게 된다. 제한적인 심리적 기본구조나 콤플렉스 등을 극복한다. 고립이나 관성. 열심히 노력하여 얻은 편안함과 안정성에 대한 욕구가 있다. 카르마적이고 억눌리는 삶의 무게를 지고 다닌다.

· **수성**

만족함. 좋은 일을 하고자 하는 욕구. 좋은 친구들. 원하는 것이 쉽게 얻어진다. 조화로운 삶을 살고자 하는 새로운 각오와 욕구. 늘어나는 재능들과 지성의 힘으로 안전성이나 성취도가 높아진다.

· **케투**

파괴적인 성향들. 이상한 질병들에 걸림. 강력한 불만족감. 영적인 열망, 깊은 자각, 그리고 영적인 노력의 결실들이 가능해진다. 과거의 생에서 전이된 파워풀한 카르마들로 인해 즐거움이나 괴로움 등을 겪게 된다. 삶의 목적의 완성이나 자유를 얻을 수도 있음

· **금성**

편안함과 사치스러운 것들, 사랑에 대한 열정과 욕구가 일어난다. 인간적 관계들을 바라고 나누고 싶어 하는 욕구. 세상에서의 기쁨들을 성공적으로 얻거나 혹은 얻을 수 없는 능력. 세상을 즐길 수 있는 기회. 음악과 아트에 대한 지대한 관심을 보인다.

▨ 체질적 그리고 요소적 효과들

마하다샤 로드는 차트 주인의 체질적인 성향들에 영향을 미치게 된다. 다샤 로드가 가진 도샤(Dosha, 휴머)는 자신이 다스리는 다샤 동안 차트 주인의 신진대사작용에 나타나게 된다. 그래서 사람들이 살아가는 동안, 몇 가지 약간 다른 형태의 신진대사 작용을 가지게 되는 연유이다. 행성들이 다스리는 도샤(Doshas)는 '제2장 행성들의 의미와 특성'에서 이미 설명하였다. 마하다샤 로드는 5개 원소의 균형에도 영향을 미쳐서 자신이 다스리는 원소가 두드러지게 할 것이다. 이처럼 다샤 로드의 원소들이 표면으로 올라오면서 나타나게 될 결과들은 브리핱 파라샤라 호라 샤스트라(BPHS)에서 다음과 같이 기술하고 있다.

"불(화성, 태양)의 원소가 올라오게 되면, 라시인은 마치 금처럼 빛나며, 눈동자엔 순수함이 넘치며, 하는 일마다 성공을 거두며, 장애를 이겨내며, 상당한 부를 획득할 수 있게 된다."

"흙(수성)의 원소가 올라오게 되면, 라시인의 몸에선 좋은 향기가 날 것이며 손톱, 발톱, 머리카락, 이빨 등이 단정하다. 종교적이며 부와 행복이 주어진다."

"에테르(목성)의 원소가 올라오게 되면, 라시인은 아름다운 목소리를 내며, 뛰어난 언변, 그리고 그의 달콤한 목소리를 듣는 사람은 위안을 얻게 된다."

"물(금성, 달)의 원소가 올라오게 되면, 라시인은 우아하고 건강할 것이다. 입에 잘 맞는 음식들을 취하며 내내 아주 행복하다."

"공기(토성)의 원소가 올라오게 되면, 라시인은 더럽고 어리석으며 가난에 빠지고 풍이 깃든 질병에 걸리게 되며, 슬픔과 괴로움을 겪게 된다."

▨ 특정한 징후들에 따른 결과들

행성들은 자신의 다샤 동안 그들이 가진 로드십이나, 위치, 어스펙트 그리고 요가의 조합들 등에 따라 특정한 결과들을 가져오기도 한다. 이것은 바로 베딕 점성학이 가지고 있는 본질이다. 베딕 점성학은 전체 내용이 엄청나게 방대해서 지금껏 이 책에서 커버한 내용 외에도 아직 훨씬 많이 남아있다. 행성들이 가진 많은 특징은 자신들의 다샤 동안 깨어나게 되고 그에 상응하는 효과들을 주게 된다. 몇 가지 더 중요한 특성과 효과들에 대해서 마저 정리해보면 다음과 같다.

▨ 하우스 로드십으로 인해 생겨나는 결과들

이어지는 내용들은 BPHS에서 주어진 대로 각자 다른 하우스 로드십으로 인해 생기게 되는 특정한 효과들을 약간의 주석과 함께 덧붙인 것이다.

"라그나 로드의 다샤 동안 라시인은 건강과 높은 명성을 떨치게 된다."

라그나 로드 다샤 동안 차트 주인은 세상에서 자신의 자리와 삶의 목적을 찾기 위한 노력을 하게 된다. 일반적으로 좋은 다샤 기간이 될 것이다. 라그나 로드가 흉조적 상태에 있지 않는 한 차트 주인은 삶에서 그런대로 잘 풀리게 된다.

"두 번째 하우스 로드의 다샤 동안 마찰과 죽음에 대한 두려움이 생겨나게 될 것이다."

두 번째 로드의 다샤 동안 차트 주인은 다음과 같은 여건에서 결정되는 특성들을 취하려 하고 덕을 보게 될 것이다.

1. 두 번째 로드가 위치하고 있는 하우스
2. 두 번째 로드와 합치하거나 어스펙트 하는 행성들
3. 두 번째 하우스에 위치하고 있는 행성들

"세 번째 하우스 로드의 다샤 동안 순조롭지 않은 결과들이 기대 되게 될 것이다."

세 번째 로드의 다샤 동안 차트 주인은 다음과 같은 여건에서 결정되는 욕구들을 보통 자기의지적 관심을 가지고 추구하고자 할 것이다.

1. 세 번째 로드가 위치하고 있는 하우스

2. 세 번째 하우스에 있는 행성들

3. 세 번째 로드와 합치하거나 어스펙트 하는 행성들

"네 번째 하우스의 다샤 동안 고급스러운 저택과 땅을 가지게 될 것이다."

네 번째 로드의 다샤 동안 차트 주인은 내외적인 행복과 안정성을 찾으려 노력하게 될 것이다.

"다섯 번째 하우스의 다샤 동안 교육이 늘어나고 자녀들로 인한 즐거움이 생겨나게 될 것이다."

다섯 번째 로드의 다샤 동안 차트 주인이 가진 창조적 지성이 표출되게 된다. 이것은 그의 창조성을 고무시켜주는 교육, 자녀들, 그리고 영적인 수행 등으로 나타나게 된다.

"여섯 번째 하우스의 다샤 동안 육체적 고통과 적들로부터 위험이 있게 될 것이다."

여섯 번째 로드의 다샤 동안 차트 주인을 강압시키는 장애물들이 오게 된다. 현재의 물질적 삶의 수준, 건강, 인간관계, 그리고 전체적 삶의 방향 등과 연관하여 스스로를 증진시키도록 하기 위함이다. 이러한 장애물들은 경제적인 어려움들, 질병, 사고, 적들, 그리고 이혼 등의 형태로 오게 된다. 이러한 어려움은 카르마 요가 원칙들을 가르치기 위해서 오기도 한다. 이러한 원칙들을 이번 기회에 잘 익히게 되면 예시된 결과들이 보통 표면화되지 않는다.

"일곱 번째 하우스의 다샤 동안 배우자에게 위험과 죽음에 대한 두려움이 있을 것이다."

일곱 번째 로드의 다샤 동안 이성 관계와 대중에게 인정을 받고 싶은 욕구가 생겨나게 될 것이다.

"여덟 번째 하우스의 다샤 동안 재물의 손실과 생명의 위험이 있을 것이다."

여덟 번째 로드의 다샤 동안 차트 주인은 삶의 방향을 전적으로 바꾸는 큰 변화를 겪게 될 것이다. 이러한 변화들은 여덟 번째 로드가 손상시키는 영역들에서 중대한 전환이 일어나면서 생기는 결과들 때문이다. 여덟 번째 로드는 감정적으로나 영적으로 좀 더 안정된 공간에 자신을 세우고 싶어 한다. 그러기 위해서는 오래된 구조를 파괴해야 새로운 것이 들어올 수 있는 법이다. 어떤 위기상황을 통해 오래 묵은 습관들이 더 이상 효과가 없다는 것을 자가 증명하게 된다. 그래서 차트 주인이 과거에 저지른 어떤 잘못에 대해 정화과정을 거치게 만드는 경우가 허다하다. 이러한 정화과정은 보통 엄청난 육체적 혹은 정신적 위기로 나타나게 된다.

"아홉 번째 하우스의 다샤 동안 엄청난 부를 얻게 되고 명성이 따라온다."

그는 아마도 어떤 종교적 혹은 철학적 추구에서 연유된 삶의 의미와 목적을 가지게 될 것이다.

"열 번째 하우스의 다샤 동안 정부나 권위단체로부터 인정을 받게 될 것이다."

열 번째 로드의 다샤 동안 차트 주인은 세상에서 자신의 마크를 찍고 지위를 얻으려고 노력할 것이다.

"열한 번째 하우스의 다샤 동안 이득이 늘어나며, 장애물과 질병의 두려움이 일어날 것이다."

열한 번째 로드의 다샤 동안 차트 주인은 다음과 같은 여건에서 나타내는 특성들을 대단한 욕구를 가지고 추구하게 될 것이다.

    1. 열한 번째 하우스에 있는 행성들
    2. 열한 번째 로드와 합치하거나 어스펙트를 하고 있는 행성들
    3. 열한 번째 로드가 위치하고 있는 하우스들

"열두 번째 하우스의 다샤 동안 라시인은 상당한 좌절감과 대면하게 될 것이다."

열두 번째 로드의 다샤 동안 차트 주인은 열두 번째가 영향을 미치고 있는 영역들에서 손실을 겪게 될 것이다. 돈에 대한 손실일 수도 있고, 열두 번째 로드가 영향을 미치는 하우스나 행성들이 나타내고 있는 특성들에 대한 손실일 수도 있다. 열두 번째 로드는 자신이 다스리는 다샤 동안 탈출하고 싶은 욕망을 일깨우기도 한다. 이러한 욕구가 건설적 성질의 것일지, 영적인 채널을 통해서 일어날지, 혹은 파괴적인 방식으로 하게 될지, 하는 세부사항들은 열두 번째 로드가 가진 조합과 위치, 그리고 차트가 내포하고 있는 전체적인 영적 성향에 달려있다.

▨ 다샤 로드로부터의 안타르 다샤 로드가 있는 위치

다샤 로드로부터 안타르 다샤 로드가 자리하고 있는 위치가 아주 중요하다. 안타르 다샤가 평온할 것인지 아닌지를 결정하기 때문이다.

· 다샤 로드와 안타르 다샤 로드가 2/12의 위치

다샤 로드와 안타르 다샤 로드가 서로에게서 두 번째/열두 번째 위치하고 있으면 어느 정도 한계성, 제한적, 실망, 관성 등을 경험하게 될 기간을 나타낸다. 서로 두 번째와 열두 번째 있는 행성들은 각자의 에너지들은 융합하여 파워풀하고 창조적인 방식으로 흐를 수 있도록 허락해 주지 않는다. 이러한 부조합은 보통, 제한성, 지연, 실망 등으로 나타나게 된다. 그래서 이러한 안타르 다샤들은 답답하게 느껴질 수도 있지만, 그러나 차트 주인에게 삶의 어느 영역들이 자신에게 특히 중요한지를 깨닫게 함으로서 삶에 뭔가 중요한 일들을 하게 만든다. 우리는 어떤 형식으로든 제약이나 한계성을 통해 진정한 자유의 가치를 알 수 있게 되는 법이다.

안타르 다샤 로드가 다샤 로드로부터 두 번째에 있으면, 차트 주인은 다샤 로드가 나타내고 있는 특성들을 향해 진보해 나갈 수 있다. 하지만 보통 천천히, 자신이 원하는 정도보다 더 제한적인 속도로 진행될 것이다. 어느 정도 안타르 다샤 로드가 하는 일들에 제약을 가할 것이다. 두 번째에 위치한 안타르 다샤 로드는 차트 주인을 안정되게 하거나 제한적이게 만드는 어떤 소유물을 얻게 된다는 것을 나타내기도 한다.

안타르 다샤 로드가 다샤 로드로부터 열두 번째에 있으면, 다샤 로드와 안타르 다샤 로드가 나타내는 특성들과 연관하여 보통 상당한 손실과 실망들을 경험하게 되는 좀더 어려운 시기이다. 이러한 기간들은 제한을 가하고 있는 어떤 내면적(심리적) 혹은 외면적 프레임 워크를 놓게 하는 데 도움이 될 수도 있다.

서로 두 번째/열두 번째 위치한 행성들이 나타내는 성향이나 특징은 차트 주인이 창조적이고 목표중심적인 매너로 의식을 집중하는데 어려움을 겪고 있음을 나타낸다. 샅발라에서 더 강한 행성이, 결국에는 차트 주인이 주로 의지하고 선호하는 행성(성향)이 될 것이다. 그러한 행성이 대부분의 결과들을 가져 오게 된다.

· 다샤 로드와 안타르 다샤 로드가 6/8의 위치

"다샤와 안타르 다샤 로드가 서로 여섯 번째와 여덟 번째로 위치하는 행성들의 기간 동안 라시인은 사는 장소나 생명을 잃게 된다."

다샤와 안타르 다샤 로드가 서로 여섯 번째와 여덟 번째 있게 되면, 위기, 전격적인 변화, 갈등 혹은 장애물들 등의 시간이 된다. 이렇게 여섯 번째/여덟 번째 있는 행성들이 나타내는 성향들은 차트 주인의 내면에서 갈등을 만들어 내는 성향들이다. 서로 여섯 번째/여덟 번째 있는 행성들의 기간은 차트 주인이 어떤 내면적 갈등으로 인해 동시에 즐기거나 유지하기가 어려운 사건들을 가져오게 된다. 샅발라가 더 강한 행성이 나타내는 성향들은 차트 주인이 위기의 시간 동안 사용하게 될 성향들을 나타낸다. 이러한 기간들은 언제나 차트 주인이 평화를 얻기 위해선, 먼저 이와 연관된 내면적 갈등을 해소할 것을 요구하게 된다. 이러한 기간들은 그러한 행성들이나 영향을 받고 있는 하우스들이 나타내는 삶의 영역에서 언제나 어떤 주요한 변화들을 겪게끔 만든다.

⊠ 친구 관계나 적 관계에 의한 다샤 효과들

"다샤 로드에게 적 관계이거나, 라그나 로드에게 적 관계에 있는 행성의 안타르 다샤 동안에는 라시인은 적으로부터 위험, 지위를 잃는 어려움을 겪으며, 친구였던 사람들로 부터 적대감을 받게 될 것이다."

다샤 로드와 안타르 다샤 로드가 서로 친구인 경우에

1. 안타르 다샤 로드는 다샤 로드가 추구하는 일들을 지지하고 도와줄 것이다.

2. 안타르 다샤 로드가 나타내는 성향들, 욕구들, 그리고 사건들은 다샤 로드가 나타 내는 것들과 조화를 이루게 될 것이다.

위의 두 상황들이 일반적으로 보다 조화로운 기간을 누리는데 보탬이 될 것이다.

다샤 로드와 안타르 다샤 로드가 서로 적인 경우에는

1. 안타르 다샤 로드는 다샤로드가 하는 일들을 침해할 것이다.

2. 안타르 다샤 로드가 나타내는 성향들, 욕구, 그리고 사건들은 다샤 로드가 나타 내는 것들과 갈등을 일으키게 될 것이다.

3. 위의 두 상황은 상당한 어려움과 내면적 갈등으로 인해 일반적으로 훨씬 덜 조화 로운 기간으로 만드는데 기여를 하게 된다.

4. 샽발라에서 더 높은 점수의 행성이 나타내는 특성들이나 성향들은 차트 주인이 이러한 기간 동안 약한 행성이 나타내는 행성보다 더 선호하게 될 자질들이다.

안타르 다샤 로드가 라그나 로드에게 적인 경우에는

1. 안타르 다샤 로드가 나타내는 특정한 어려움들이, 차트 주인에게 삶의 목적이나 주의를 유지하거나 표출하는 것을 막고 있게 된다.

⊠ 특정한 어스펙트와 합치에 따른 효과들

특정한 행성들이 서로 영향을 미치고 있을 때, 그들 중 한 개의 행성이 더 성공과 부유함을 내리는 능력을 가지게 된다. 다른 행성은 그저 중간 정도의 결과를 주거나, 간혹 흉조적인 결과들을 가져다줄 수도 있다. 그들 중 한 개의 행성(A)이 어떤 길조적 효과를 낼 수 있는 능력을 모두 다른 행성(B)에게 전가해 주었기 때문이다. 전가를 받은 행성(B)은 더욱 거대한 성공을 가져다줄 수 있게 된다. 이러한 조합들은 다샤들이 가져올 성공의 정도를 정확하게 판단하는데 아주 중요한 포인트이다.

⊠ 행성들

1. 만약 태양과 수성이 합치를 하게 되면, 수성의 다샤는 아주 유리한 결과들을 주는 반면, 태양의 다샤는 평범할 것이다.

2. 만약 태양과 다른 행성들(수성은 제외)이 합치를 하게 되면, 태양의 다샤는 명성과 부를 주는 반면, 다른 행성들의 다샤는 평범할 것이다.

3. 만약 달과 화성이 합치를 하거나 서로 어스펙트를 하게 되면, 달의 다샤는 길조적인 효과들을 가져오는 반면, 화성의 다샤는 평범할 것이다.

4. 만약 목성과 달이 합치를 하게 되면, 달의 다샤는 아주 부유하게 되는 반면, 목성의 다샤는 평범할 것이다.

5. 만약 목성과 화성이 합치를 하거나 서로 어스펙트를 하게 되면, 달의 다샤는 아주 행운이 가득하게 되는 반면, 목성의 다샤는 평범할 것이다.

6. 만약 목성과 토성이 합치를 하거나 서로 어스펙트를 하게 되면, 토성의 다샤는 아주 행운이 가득하게 되는 반면, 목성의 다샤는 평범할 것이다.

7. 만약 금성이 수성이나 목성과 합치를 하거나 서로 어스펙트를 하게 되면, 차트 주인은 금성의 다샤에 부를 얻게 된다. 그러나 목성의 다샤에는 부가 소멸되며, 수성의 다샤에는 뒤섞인 결과들이 있을 것이다.

⊠ 하우스 로드들

1. 만약 열 번째와 열한 번째 하우스 로드가 합치를 하거나 서로 어스펙트를 하게 되면, 라자요가 효과가 열한 번째 하우스 로드 다샤에 나타날 것이다. 길조적이거나 흉조적인 효과들이 열 번째 하우스 로드 다샤 동안에 같이 일어날 것이다.

2. 만약 열 번째와 세 번째 하우스 로드가 합치를 하거나 서로 어스펙트를 하게 되면, 차트 주인은 열 번째 하우스 로드 다샤에 행운을 빼앗기게 될 것이며, 세 번째 하우스 로드 다샤에 길조적인 결과들을 누리게 될 것이다.

3. 만약 여덟 번째와 아홉 번째 하우스 로드가 합치를 하거나 서로 어스펙트를 하게 되면, 명성과 파워가 여덟 번째 하우스 로드 다샤에 주어지게 될 것이다. 또한 명성과 파워가 아홉 번째 하우스 로드가 아닌, 다른 하우스 로드들의 다샤 중에 여덟 번째 안타르 다샤 로드에게 주어질 것이다.

⊠ 특정한 다샤와 안타르 다샤 로드들

삶에서 어떤 특정한 기간 동안 잠재적으로 아주 어렵고 절망적인 시기들이 있다. 어떤 특정한 다샤를 지나고 있는 사람들은 많은 어려움과 혼란으로 어려움을 겪게 될 것이다. 이처럼 잠재적으로 어려운 시기들은 다음과 같이 다루어지고 있다.

⊠ 토성/라후 그리고 라후/토성의 기간들

"라후의 다샤 중에 토성 안타르 다샤를 지나는 라시인에게 일어날 수 있는 효과들은, 배우자와 아들들 그리고 형제들과 언쟁, 지위를 잃고, 하인들이 파괴되고, 몸에 상처를 입게 되고, 지나친 풍이나 담으로 인한 질병 등으로 고전하게 되는 것이다."

"토성의 다샤 중에 라후 안타르 다샤에서 주로 일어날 수 있는 흉조적인 효과들은, 정도에서 이탈하는 것, 생명을 잃음, 당뇨병의 위험, 비장의 확대, 계속되는 고열, 혹은 상처를 입는 것 등이다."

토성과 라후는 가장 타마식하며 또 괴로움을 초래하는 두 개의 행성들이다. 이 둘의 상호적인 기간은 거의 항상 고전하게 되고, 불만스러우며, 관성과 부정적인 감정들로 얼룩지게 된다. 만약 이러한 행성들이 좋은 결과들과 삶의 증진을 가져올 수 있는 위치에 있다면, 두 행성은 충분히 그렇게 만들어 줄 것이다. 하지만 차트 주인은 여전히 보편적으로 어려움, 괴로움 그리고 부정성 등과 대면하게 될 것이다. 만약 차트에 질병과 연관된 어떤 징후들이 있다면 이러한 기간들은 특히 건강에 좋지 않은 시기일수도 있다. 특히 게 라시는 이러한 기간들에 주목해야 한다.

▩ 금성/라후 그리고 라후/금성의 기간들

금성과 라후의 상호적 기간은 언제나 아주 중요한 시기로서 상당히 주의 깊은 판단을 요한다. 이러한 기간들 동안 생성되어 나오는 기운은 아주 파워풀해서 완전히 삶을 바꾸는 많은 사건이 거의 항상 나타나게 된다. 그래서 라시인을 완전히 탈바꿈시키거나 아니면 파괴시키거나 하곤 한다.

두 행성 라후와 금성은 직접적으로 욕구와 열정에 관련되어 있다. 금성은 의식적인 욕구와 소망들을, 라후는 파워풀하게 충동적인 욕구와 기질들을 나타낸다. 라후의 다샤 중에 금성의 안타르 다샤는 라후가 가진 파워풀하게 충동적인 기질들이, 금성이 가진 다른 의식적인 욕구적 본성을 통해, 어떤 안타르 다샤보다 더욱 거대한 출구를 갖게 된다. 이러한 행성들이 만약 안 좋게 자리하고 있으면 결과는 아주 재난적일 수도 있다.

금성의 다샤 중에 라후의 안타르 다샤는 의식적으로 잘 정돈된 욕구들이 혼란스럽고 왜곡되게 된다. 그리하여 차트 주인에게 자신이 정말로 원하는 것들을 위해 심각한 변화를 일으키도록 하거나, 아니면 정상궤도에서 완전히 이탈하게 할 수도 있다.

이러한 기간에는, 차트 주인이 자신의 욕망적 에너지들을 잘 사용하거나 잘못 사용한 결과들이 아주 파워풀한 수준으로 표출되게 된다. 이러한 기간들은 언제나, 차트 주인이 정말로 인생에서 원하는 것들과 가치를 두는 것들이 무엇인지를 이해할 수 있는 기회들을 어느 정도 주게 된다.

이러한 기간들이 가진 독특한 점 중의 하나는, 정말로 중요한 일들이 전혀 기대치 않았던 방식으로 일어날 수 있다는 것이다. 사실상 가장 기대하지 않았던 일들이 이러한 기간들 중에 생기게 된다. 애정 관계들, 결혼 등등 보통 엄청난 변화와 전환들이 이러한 기간 동안 일어나게 된다. 이러한 기간들 중에 애정 관계들에서 행복을 찾는 경우는 흔하지 않다.

▨ 목성/금성 그리고 금성/목성의 기간들

금성과 목성의 상호적 기간은 예측뿐만 아니라 발전적인 관점에서 중요한 시기이다. 두 개의 행성은 브라민(Brahmins)계층이다. 금성은 아수라(Asuras)들의 스승이고 목성은 데바(Devas)들의 스승이다. 둘 다 스승이다 보니 그들의 상호기간은 언제나 지식과 영적 발전에 증진하게 된다. 그리고 가장 길성인 두 개의 행성이기에, 그들의 상호기간은 물질적으로도 운이 따른다. 점성학 고서들은 다음과 같이 말하고 있다.

"목성과 금성은 서로 상호적 다샤와 북티에 왕의 지위를 주거나 수상의 지위를 주며, 그리고 많은 부, 배우자와 자녀들과의 행복을 준다. 두 개 행성들이 강한 힘을 가지고 있고, 좋은 하우스들에 위치하고 있으며, 길성들에 의해 어스펙트를 받고 있으면 이러한 기간 동안 라시인은 자신의 에너지들을 헌신의식에 바칠 것이며, 자녀들의 출생, 혼인축제, 그리고 비슷한 길조적인 행운들을 얻게 된다."

바마나 아바타(Vamana Avatar)의 신화를 기억하기 바란다. 바마나는 목성과 관련된 아바타였다. 스토리에서 금성은 발리(Bali)에게 바마나(목성과 관련된 인물)와 한 약속을 지키지 말라고 했다. 둘은 상반된 입장에 있었다. 결과는 발리가 왕국을 완전히 잃게 되는 것이었다. 그러나 위대한 영적 성장을 얻었다. 금성과 목성도 마찬가지로 만약 서로가 상반된 입장에 있게 되면 그러한 일이 두 행성의 상호기간에 일어난다. 점성학 고서들을 다음과 같이 말하고 있다:

"만약 목성과 금성이 서로 여섯/여덟 번째 혹은 두/열두 번째 있거나 여섯 번째, 여덟 번째, 혹은 열두 번째 하우스 로드들과 합치나 어스펙트를 받고 있거나 그들이 이러한 하우스들의 오너이거나 그들이 흉성들과 합치나 어스펙트를 받고 있거나 그들이 나약한 하우스 위치에 있거나 등등, 하게 되면 그들의 상호기간에 배우자와 자녀들로부터 격리를 당하며, 높은 브라민 수장으로부터 외면을 당하며, 여성들과 음모로 인해 곤경에 처하며, 정부 고위층으로부터 외면을 당하며, 간질병 발작의 위험을 겪게 된다."

만약 목성과 금성이 정말 괴로운 처지에 있다면, 둘의 상호기간에 상당한 손실을 입고 사랑하는 사람들도 잃게 될 수 있다. 하지만 이러한 고난들은 라시인의 삶을 전환시키는 데 도움이 될 수 있다. 어쨌든 목성과 금성의 상호기간에는, 좋은 일이든 어려운 일이든 상관없이 두 행성은 언제나 가르쳐 줄 것들을 많이 가지고 있다. 나쁜 사건들을 통해서 주는 레슨들은 더욱 그러하다.

▨ 토성/금성 그리고 금성/토성 기간들

금성과 토성의 상호기간들은 예측하기가 아주 어려운 시간들이다. 정상적이지 않은 가이드라인들을 많이 가지고 있기 때문이다. 이러한 기간들이 가진 보편적 테마는 충족의 결여, 불행한 느낌, 애정의 결핍 등이다. 차트 주인이 원하는 것들에 상당한 제한이 가해지며, 원하는 것들이 쉽게 닿을 수 없는 거리에 있게 된다. 일반적으로 결혼이나 로맨스를 위해 애를 쓰지만 이러한 기간 동안 애정의 영역들에선 충족을 찾을 수 없을 것이다. 이러한 기간들을 분석하고자 할 때는, 다음과 같은 가이드라인들을 잘 숙고하도록 점성학 고서들이 제시하고 있다.

"금성의 다샤 중에 토성의 북티는 금성의 결과들을 강화시키며, 반대의 경우도 마찬가지다. 북티 로드는 다샤 로드처럼 행동한다."

위의 수트라는 이러한 기간들을 분석하는데 가장 중요한 포인트이다. 금성/토성 다샤는 완전히 금성의 결과들을 가져다준다. 그러므로 금성이 나타내고 있는 것들을 살펴보고, 그러한 일들이 특히 금성/토성 기간 중에 일어나게 될 것이다. 토성/금성 다샤는 완전히 토성의 결과들을 가져다준다. 그러므로 토성이 나타내고 있는 것들을 살펴보고, 그러한 일들이 특히 토성/금성 기간 중에 일어나게 될 것이다.

"만약 금성과 토성이 고양의 품위에 있거나, 오운 라시, 혹은 바고타마(vargottama)이며, 그리고 강하고 같이 파워풀한 요가를 형성하고 있다면, 그러면 그들은 상호 다샤와 북티 중에, 설사 라시인이 왕이나 쿠베라(Kubera)로 태어났더라도 구걸하는 거지나 형편없는 인간으로 만든다. 그러나 만약 둘 중에 하나가 강하고 다른 하나는 약하게 되면, 강한 행성이 요가(출세와 성공을 줌)를 형성하게 된다."

"만약 둘 다 약하고, 그리고 서로에게서 열두 번째, 여덟 번째, 혹은 여섯 번째에 있거나, 혹은 그러한 하우스에 있거나, 혹은 그러한 하우스들의 로드와 연관되어 있으면, 그러면 그들은 길조적인 경향이 있으며 부를 얻고 원하는 사람들과 행복을 나누게 된다. 그중 하나는 길조적인 하우스의 로드이며, 다른 하나는 흉조적인 하우스의 로드인 경우에도, 둘 다 좋은 결과들을 만들어 낼 것이다. 만약 그들이 임시적 흉성들이면 라시인에게 정말로 훌륭한 행운을 주게 될 것이다."

비록 위의 두 원칙은 어느 정도 변질이 되었을 가능성이 있지만, 여기서 중요한 포인트는 이러한 기간들을 분석하는데 있어 이미 주어진 첫 번째 원칙이다. 토성/금성은 완전히 토성의 결과들을 주며 금성/토성은 완전히 금성의 결과들을 준다는 점이다.

"라시인은 토성 다샤/금성 북티, 혹은, 금성 다샤/토성 북티에 불운해진다. 금성과 토성은 인마 라그나와 물고기 라그나를 가진 라시인에게 토성 다샤와 금성 북티 또는 반대의 기간에 요가(삶에서 지위를 올려주는)를 가져다주게 된다."

비록 이러한 기간들은 인마 라그나와 물고기 라그나를 가진 차트 주인에게는 좀 더 낙관적일 수도 있지만, 정말로 어떤 일이 일어날 것인가는 앞에서 이미 주어졌던 첫 번째 원칙에 달려있다.

🔲 금성/금성 그리고 토성/토성 기간들

"금성/금성의 기간은 금성/토성의 효과를 주며, 토성/토성의 기간은 토성/금성의 효과들을 주게 된다."

이러한 기간들은 통상적으로 마하 다샤가 전환할 때 겪는 적응 기간이 없이, 언제나 다샤 초반부에 모든 것들이 재빨리 움직이는 결과들을 꾸준하게 보여주고 있는 다샤이다. 금성/토성이 차트에서 무엇을 나타내는지를 살펴보고, 이러한 것들이 금성/금성의 기간에 일어나게 될 것이다. 토성/금성이 차트에서 무엇을 나타내는지를 살펴보고, 이러한 것들이 토성/토성의 기간에 일어나게 될 것이다.

🔲 라후/케투 그리고 케투/라후 기간들

"약탈, 부와 명예의 손실, 자녀를 잃음, 소들의 죽음, 그리고 온갖 불운한 일들이 라후 다샤의 케투 북티에 있는 라시인을 기다리고 있다

"왕과 도둑들에 대한 두려움, 슬픔, 모든 사업이 망함, 그리고 나쁜 사람들과의 언쟁 등이 케투 다샤의 라후 북티에 경험 되어질 것이다

차트 주인은 라후 다샤 동안에 라후가 위치한 영역에서 나타내는 약한 카르마적 자질들을 개발하는데 필요한 진화적인 레슨들을 배우게 된다. 케투의 안타르 다샤중에 보통 라후가 나타내는 특성들의 실패를 경험하게 되는데, 다음과 같은 두 가지의 연유에서 비롯된다. 차트 주인은 케투가 나타내고 있는 영역으로 돌아가 안주하면서 차라리 좀 더 편안하기를 선호하기 때문이다. 다르게는 장애물들이 나타나는 것은 아직까지 남은 과거의 카르마와 레슨들의 잔재들 때문이다. 라후가 나타내는 영역들로 진보하

기 이전에 반드시 결단을 보아야만 하는 영역이다.

케투는 과거에 이룩한 발전과 안정성을 의미한다. 차트 주인은 케투의 다샤 중에 케투가 위치하고 있는 영역에서 아직까지 남아있는 파워풀한 카르마들을 즐기거나 혹은 괴로움을 겪을 수도 있다. 약한 카르마를 나타내는 라후는 자신의 안타르 다샤 중에 라후가 가진 진화적 목표를 향해 나아가고자 하는 욕구들을 불러일으키게 된다. 하지만 케투가 나타내는 영역에 대한 미련과 충분한 완성이 이번 생에 라후가 가진 목적들을 완전히 마치는 것을 막을 수도 있다. 이러한 방해는 상당한 불만족과 열망을 만들어 내는 효과들을 가지고 있다. 케투가 나타내는 과거의 만족들은 더 이상 충분하거나 원하지 않거나, 라후가 나타내는 것처럼, 충분히 가능하지도 않게 된다.

이러한 기간들은 차트 주인이 어디에 자신의 에너지들을 집중시켜야 할지, 자신의 삶이 어디를 향하고 있는지를 잘 알지 못한 채, 혼란에 빠지게 되는 효과들을 주입시킨다. 일반적으로 샅발라가 강한 로드의 하우스에서 그러한 혼란이 일어나게 되며, 차트 주인이 좀 더 강조를 하게 되는 영역이다.

Note ✦
위에 주어진 가이드라인들에 대한 모든 판단은 마하, 안타르, 프라티얀타르, 숙시마 그리고 프라나 다샤에도 모두 사실로 적용되어질 것이다.

21. 슈바, 아슈바, 미스라 요가
(Subha, Ashua, Misra Yogas)들

　행성들은 어느 하우스에 있든지 좋거나 나쁜 효과들을 줄 수 있다. 행성이 나쁜 효과들을 더 주게 될 것인지, 좋은 효과들을 더 주게 될 것인지 하는 점들은 행성에게 미치는 영향들에 달려있다. 하우스 자체는 행성들의 효과가 어떤 매체를 통해 어떠한 방식들로 나타날 것인지를 나타내고 있다. 점성학 고서 샅티야 자타캄(Satya Jatakam)에 나오는 세 종류의 요가들은 어느 특정한 행성이 길조적인 영향들을 더 많이 줄 것인지, 흉조적인 영향들이 더 많이 줄 것인지를 판단하는데 도움이 된다.

⊠ 슈바(Subha, 길조적인) 요가

　행성이 위치하고 있는 하우스에 관련하여 좋은 효과들이 나타나는 요가이다.

　슈바요가는 행성들이 다음과 같은 여건에 있을 때 형성된다.
　1. 길성들에 의해 어스펙트를 받고 있을 때
　2. 길성들과 같이 있을 때(하지만 합치한 길성이 취약의 품위에 있으면, 고려하는
　　 행성이 가져올 결과들에 해롭게 된다)
　3. 길성들 사이에서 헴잉(hemming)을 하고 있을 때

4. 길조적인 타라(Tara)에 있을 때 : 잔마(Janma) 낙샤트라로부터 첫 번째, 두 번째, 네 번째, 여섯 번째, 여덟 번째, 혹은 아홉 번째 낙샤트라들에 있을 때. 여기서 달은 간주하지 않는다.

5. 길성의 라시나 나밤샤에 있을 때(만약 행성이 길성의 라시나 나밤샤에 있지만, 취약의 품위를 얻는 라시가 되는 경우에는, 도움을 줄 수 있는 라시나 나밤샤로서의 자격이 없다. 그래도 길성의 라시이기 때문에, 여전히 어느 정도 약하나마 좋은 결과들을 준다)

⊠ 아슈바(Ashubha, 흉조적인) 요가

행성이 위치하고 있는 하우스에 관련하여 나쁜 효과들이 나타나는 요가이다.

아슈바 요가는 행성들이 다음과 같은 여건에 있을 때 형성된다.

1. 흉성들에 의해 어스펙트를 받고 있을 때

2. 흉성들과 같이 있을 때(하지만 흉성이 오운 라시에 있거나 바고타마이면, 나중에 나올 결과들에게 해를 끼치지 않는다. 만약 흉성이 물라트리코나 혹은 고양의 품위에 있으면, 오히려 나중에 나올 결과들에게 도움이 된다)

3. 흉성들 사이에서 헴밍(hemming)을 하고 있을 때

4. 흉조적인 타라(Tara)에 있을 때 : 잔마(Janma) 낙샤트라로부터 세 번째, 다섯 번째, 혹은 일곱 번째 낙샤트라에 있을 때. 여기서 달은 간주하지 않는다.

5. 흉성의 라시나 나밤샤에 있을 때(만약 행성이 흉성의 라시나 나밤샤에 있지만 오운 라시이거나, 고양의 라시 혹은 나밤샤 혹은 바고타마이게 되면, 그러면 흉성의 라시로 여기지 않는다. 흉성의 라시이기 때문에 고생을 시키겠지만 그러나 좋은 결과들을 내는 것을 막지는 않는다. 특히 고양이나 물라트리코나 라시인 경우에는 오히려 마지막에 좋은 결과들을 가져올 가능성을 증가시키게 될 것이다)

⊠ 미스라(Misra, 섞인) 요가

슈바와 아슈바 요가가 섞여서 형성되는 요가이다. 좋고 나쁜 효과들이 섞여서 나타날 것을 나타낸다. 대부분의 행성들이 이러한 요가에 속하게 된다. 그러므로, 행성이 좀더 길조적이거나, 아니면, 흉조적인 영향하에 있는지를 잘 판단하는 것이 중요하다. 차트 주인이 그러한 행성에 관련하여 더 많은 혹은 적은 행복을 경험하게 될지를 결정할수 있기 때문이다.

1. 모든 요가의 경우에, 행성들이 길성인지 흉성인지를 판단할 때 임시적 본성이 아니라 자연적 본성만을 가지고 판단해야 한다. 달은 팍샤 발라(paksha bala)가 40 혹은 이상일 때(태양으로부터 120-240각도 사이에 있을때) 길성으로 간주되며, 팍샤발라가 20 혹은 이하일 때(태양으로부터 300-60각도사이에 있을때) 흉성으로 간주한다. 이외의 경우에 달은 중립으로 간주되어야 한다. 길조적이든 흉조적이든 효과를 내기에 충분하기 않기 때문이다.

2. 타라(Tara)에 대한 고려는, 길성이나 흉성과의 합치에 대한 고려만큼이나 중요한 사항이다.

3. 라시나 나밤샤에 대한 고려는, 길성이나 흉성과의 합치에 대한 고려의 대충 절반 정도만큼 중요하다.

4. 길성들이나 흉성들 사이 헤밍(hemming)에 대한 고려는, 길성이나 흉성과의 합치에 대한 고려만큼이나 중요한 사항이다.

5. 행성이 만약 여섯 번째, 여덟 번째 혹은 열두 번째 로드와 여섯 번째, 여덟 번째 혹은 열두 번째 하우스에서 합치를 하게 되면, 그러한 행성이 역시 두스타나(dusthana)로드이지 않은 이상, 해를 입게 될 것이다.

6. 이러한 요가들은 행성 간 어스펙트들로서 고려한다.

일반적으로 미스라 요가를 내는 행성은 약간 더 길조적이거나 혹은 약간 더 흉조적이거나 하게 된다. 이러한 경우 다샤가 받는 영향들에 대한 명확한 분석을 해야 한다. 언제 행성의 좋은 효과들이 나타날 것인지, 언제 행성의 나쁜 효과들이 나타날 것인지 등을 결정하는데 아주 중요하기 때문이다. 슈바 영향들을 받고 있는 다샤 기간은 더 좋은 효과들을 가져올 것이며, 아슈바 영향들을 받고 있는 다샤 기간은 더 나쁜 효과들을 가져올 것이다.

강력하게 슈바나 아슈바의 영향 하에 있는 행성들은, 차트 주인의 삶에서 아주 양극적인 양상들을 나타낸다. 차트 주인이 더 많은 기쁨 혹은 비극들을 경험하게 될지를 결정하는데 같이 고려해야 하는 사항들이다.

두스타나(여섯 번째, 여덟 번째, 열두 번째 하우스들)는 문제투성이의 하우스들임에 틀림없다. 그러나 이러한 하우스들에 있는 행성들이 만약, 길조적인 영향들만 주로 받고 있다면 좋은 효과들을 줄 수 있다. 만약 흉조적인 영향들만 주로 받고 있다면 많은 슬픔과 비극들을 나타낸다.

아래의 테이블은 슈바와 아슈바 요가의 자질을 수적으로 결정하는데 도움이 될 것이다.

슈바/아슈바 요가	태양	달	화성	수성	목성	금성	토성	라후	케투
길성/흉성의 라시 ± 30:									
라시에서의 품위 *									
길성/흉성의 나밤샤: ± 30:									
나밤샤에서의 품위*									
바고타마: + 60									
타라, ± 60:		N/A							
길성들 합치[1]									
흉성들 합치[2]									
길성 어스펙트, + 비중:									

흉성 어스펙트, – 비중:							
길성들 사이에 헴잉, +60:							
흉성들 사이에 헴잉, –60:							
합계							

이러한 수학적 방법은 저자가 점성학도들을 위해서 만든 것이다. 비록 고서들에서 발췌한 방법은 아니지만, 행성의 안녕상태를 나타내는 간단하면서도 신뢰할 수 있는 방법임이 증명되었다.

▨ 다른 요가들을 판단하는데 슈바/아슈바 요가들을 고려함

슈바 와 아슈바 요가는 어느 하우스에 있는 행성, 어떤 다른 요가들을 형성하고 있는 행성 등의 안녕 상태를 판단하는데 특히 도움이 된다. 어떤 요가들이 주는 효과들, 혹은 어느 행성이 주는 영향들 등등 을 결정한 후에, 그러한 요가들의 자질들을 결정하는데 슈바/아슈바 요가들을 고려하면 많은 도움이 된다.

---

1. 행성이 길성 혹은 흉성의 라시나 나밤샤에 있는지를 판단할 때는 행성이 가진 품위로 고려해야 한다. 만약 행성이 길성의 라시에 있으면 30을 더한다. 흉성의 라시에 있으면 30를 마이너스 한다. 그런 다음 품위를 가지고 조정해야 한다. 만약 행성이 고양의 품위에 있으면 60을 더한다, 물라트리코나이면 45를 더한다. 오운 라시에 있으면 30을 더한다, 만약 취약의 라시에 있으면 60을 마이너스한다.
2. 행성의 합지로 인한 길조적 혹은 흉조적 효과들을 판단할 때, 행성의 품위는 바고타마인 경우에도 마찬가지로 합지하는 행성의 품위도 함께 고려해야 한다.
3. 합지하는 행성이 고양의 품위에 있는 흉성이면 30점을 더한다.
4. 합지하는 행성이 물라트리코나 품위에 있는 흉성이면 15점을 더한다.
5. 합지하는 행성이 오운 라시나 바고타마 라시이면, 아무런 점수도 더하지 않는다.
6. 합지하는 행성이 흉성이면서 위에 언급한 품위에 있지 않으면 60점을 마이너스한다.
7. 합지하는 행성이 길성이면서 취약의 품위에 있지 않으면 60점을 더한다.
8. 합지하는 행성이 길성이면서 취약의 품위에 있으면, 아무런 점수도 더하지 않는다.

22. 하우스 로드들이 위치한 하우스에서 내는 효과들

하우스 로드는 자신이 다스리는 하우스의 특성들에 대한 책임을 가지고 있다. 하우스의 로드는 자신이 위치하고 있는 하우스에 관련하여, 슈바 혹은 아슈바 요가를 형성하고 있는지에 따라 좀더 길조적인 효과들을 주거나 혹은 흉조적인 효과들을 주게 될 것이다.

▨ 하우스 로드들의 특성들

다음은 하우스의 로드들이 가진 좀 더 중요한 특질들로서, 슈바 혹은 아슈바 요가를 형성하는지에 따르는 결과들이다.

· 라그나 로드

차트 주인이 삶에서 자신만의 니치(Niche)를 찾기 위해 에너지를 쏟는 영역은 라그나 로드가 위치하고 있는 하우스를 통해서 알 수 있다. 슈바 요가가 있는 경우에는, 하우스가 나타내는 영역에서 개인적인 성공과 행복을 누릴 수 있을 것이다. 아슈바 요가가 있는 경우에는, 하우스가 나타내고 있는 영역에서 좌절, 괴로움, 그리고 라그나 로드가 위치한 하우스의 나쁜 효과들을 겪게 될 것이다. 라그나 로드는 또한 건강을 관장한다.

슈바 요가의 경우에는 건강함을 누릴 수 있다. 만약 아슈바 요가가 있게 되면 라그나 로드가 위치한 하우스의 특성들로 인해 몸이 많이 쇠약해지거나 상하게 될 것이다.

· 두 번째 로드

자원들을 만들어 내고 유지할 수 있는 능력, 그리고 위치한 하우스를 통해 생산적으로 사용할 수 있는 능력을 나타낸다. 만약 슈바 요가가 있으면 두 번째 로드가 위치한 하우스를 통해 부와 자원을 효과적으로 관리할 수 있게 된다. 만약 아슈바 요가가 있으면, 두 번째 로드가 위치한 하우스를 통해 부를 잘못 분배하거나 손실, 빚 등에 빠질 수도 있다.

· 세 번째 로드

세 번째 로드가 위치한 하우스가 나타내는 특성들을 계발하려는 선두적 자세, 관심, 재능들, 재주들, 의지력 등을 보이게 된다. 만약 슈바 요가가 있으면 용기, 공평함, 타협하는 능력, 열린 마음, 객관성 등을 보이게 된다. 만약 아슈바 요가가 있으면, 무기력함, 자기중심, 주관적, 좁은 마음 등을 보이게 된다.

· 네 번째 로드

네 번째 로드가 위치한 하우스의 특성들을 통해서 편안함과 행복을 얻게 된다. 만약 슈바 요가가 있으면 네 번째 로드가 위치한 하우스의 특성들과 관련하여 행복과 만족함을 얻게 될 것이다. 만약 아슈바 요가가 있으면, 네 번째 로드가 위치한 하우스의 특성들과 관련하여 괴로움, 우울증. 정신적 불안함, 열망, 울적함 등을 겪게 된다.

· 다섯 번째 로드

다섯 번째 로드가 위치한 하우스의 특성들을 향한 창조성, 배움, 식별력 등을 집중하게 된다. 만약 슈바 요가가 있으면, 다섯 번째 로드가 위치한 하우스의 특성들과 연관하여 즐거움, 행운, 자연스럽고 조화로운 성공들이 있게 된다. 만약 아슈바 요가가 있게 되면, 다섯 번째 로드가 위치한 하우스의 특성들과 연관하여 환상, 상상, 짝사랑, 그리고 정신적 조화의 결여 등을 보이게 될 것이다.

· 여섯 번째 로드

여섯 번째 로드가 위치한 하우스와 관련하여 몸부림치고, 많이 애를 쓰고, 빚, 질병, 적의, 그리고 장애물 등을 경험하게 될 것이다. 만약 슈바 요가가 있으면, 장애물을 이겨내고, 좋은 빚을 지게 되며, 재생할 수 있는 능력, 평화를 위해 일을 하며, 적들을 패배시키며, 노력의 대가를 받게 된다. 만약 아슈바 요가가 있게 되면, 나쁜 빚을 지게 되며, 적들로 인한 손실, 장애물들과 질병 때문에 벅차게 된다.

· 일곱 번째 로드

일곱 번째 로드가 위치한 하우스가 나타내는 특성들을 나누고 파트너십을 가지고 싶어 하게 된다. 만약 슈바 요가가 있으면, 너그럽고, 다른 사람들과 선의와 조화를 이룰 수 있게 된다. 아슈바 요가가 있으면, 조화가 부족하며 인간관계에서 주고받음의 불균형을 겪게 된다.

· 여덟 번째 로드

여덟 번째 로드가 위치한 하우스가 나타내는 영역에서 단절, 기대치 않던 갑작스러운 이벤트들, 전환들, 그리고 감정적인 정직함을 계발하게 된다. 만약 슈바 요가가 있게 되면, 이러한 단절 등의 경험들은 더 높은 수준의 충족이나, 성공의 증진, 감정적인 저력을 갖게 된다. 만약 아슈바 요가가 있게 되면, 충동적인 느낌들이 이벤트를 만들어내며, 단절, 추락, 감정적 위기 등을 여덟 번째 로드가 위치한 하우스가 나타내는 특성들과 관련하여 경험하게 된다.

· 아홉 번째 로드

아홉 번째 로드가 위치한 하우스가 나타내는 특성들을 통해 행운을 추구하고, 삶의 의미와 목적을 찾게 된다. 만약 슈바 요가가 있으면, 아홉 번째 로드가 있는 하우스의 특성들을 지혜와 덕으로서 다루어 행운과 축복을 얻게 된다. 아슈바 요가가 있으면,

이해력이 부족하고, 불경스럽고, 행운과 축복이 부족하게 된다.

- **열 번째 로드**

열 번째 로드가 위치한 하우스가 나타내는 특성들에 영향을 받아 직업적 성공, 지위, 물질적 안녕 등을 이루기 위한 행동들을 하게 된다. 만약 슈바 요가가 있으면 선행을 행하고 직위향상, 승진, 지도력 등을 얻게 된다. 아슈바 요가가 있게 되면, 옳지 못한 행동들, 지위의 잃음, 커리어의 좌절 등을 경험하게 된다.

- **열한 번째 로드**

열한 번째 로드가 위치한 하우스가 나타내는 특성들을 얻거나 취하려고 노력을 쏟게 된다. 만약 슈바 요가가 있으면, 열한 번째 로드가 위치한 하우스들의 특성들을 정당한 방법을 통해 성공을 거두고 이득을 얻을 수도 있게 된다. 만약 아슈바 요가가 있게 되면, 의문스럽거나 가혹하며 자기위주적인 방법들을 통해 성공을 얻으려 하며, 좌절, 답답함을 경험하며 원하는 것들이 손상당하게 된다.

- **열두 번째 로드**

열두 번째 로드가 위치한 하우스의 특성들로 인한 비용이나 손실을 겪게 될 것이다. 만약 슈바 요가가 있으면, 좋은 일로 인한 비용들, 장기 투자, 그리고 의탁하는 자세로 손실을 겪게 된다. 만약 아슈바 요가가 있으면, 안 좋은 일로 인한 비용들, 불안함과 격정 등에서 오는 후유증을 겪게 된다.

23. 차트(Horoscope)를 해석하는 법

점성학의 다양한 기본원칙들이 서로 얽혀 있는 것을 읽음으로 차트는 생명을 갖게 되고 점성학자가 예측을 할 수도 있게 된다. 삶의 모든 영역에는 적용될 수 있는 어떤 기본적인 예시적 원칙들이 있다. 이러한 원칙들은 차트 주인의 삶에 일어나는 사건들을 결정하는데 상당한 정확성을 제공해줄 수 있다. 이렇게 삶의 모든 영역마다 각자 해당되는 특정한 원칙들과 요가들이 있을 뿐만 아니라, 이러한 원칙들을 잘 익히게 되면 점성학적 예측을 내리는데 높은 정확도를 제공해 줄 수 있다. 이 장에서는 차트를 읽는 법의 기반을 빠르게 마련해 줄 수 있는 기본적인 예시원칙들을 다루기로 한다.

삶의 어떤 영역을 판단하고자 할 때 다음 4가지가 반드시 고려되어야 한다

  1. 해당 하우스

  2. 해당 하우스 로드

  3. 해당 하우스 카라카 : 고려하고 있는 대상을 만들어 내는 행성

  4. 카라카 행성으로부터 쌍으로 적용되는 하우스 : 예를 들면, 자녀들을 고려하고자
     할 때, 카라카 행성은 목성이다. 그러므로 목성으로부터 다섯 번째 하우스 역시
     같이 고려되어야 한다. 다섯 번째 하우스는 자녀들의 하우스이기 때문이다.

카라카는 고려하고 있는 대상을 초래하거나 만들어 내는 행성이다. 행성은 자신이 관련된 하우스가 그러한 대상을 탄생시키게 만든다. 그리고 하우스의 로드가 현재 고려하고 있는 그러한 대상의 행동들로 나타나게 되는데

1. 만약 카라카 행성과 카라카로부터 적용되는 하우스가 심하게 손상되었을 경우, 현재 고려하고 있는 대상이 차트 주인의 삶에 생겨날 가능성이 희박하다. 카라카 행성은 자신이 카라카를 하는 대상을 만들어 낼 수 없기 때문이다. 하지만 만약 카라카 행성이나 카라카로부터 적용되는 하우스가 좋은 여건하에 있으면, 현재 고려하고 있는 대상이 차트 주인의 삶에서 만들어 질 수도 있다.

2. 만약 하우스가 손상 되어있는 경우, 그러한 대상을 구체적으로 형상화 시키는데 어려움이 있을 것이다. 고려하고 있는 대상에 이미 취약성이 내재되어 있기 때문이다. 이렇게 내재된 취약성은 해당되는 다사들의 기간 중에 표면화될 것이다. 만약 이러한 하우스들이 좋은 여건하에 있으면, 현재 고려하고 있는 대상을 구체적으로 형상화시키기가 쉬울 것이다. 그리고 그러한 대상은 내성이 강할 것이다.

3. 만약 로드가 손상되어있는 경우, 그러한 대상은 이미 어떤 행동에 개입이 되어 가중된 압박감에 시달리고 있을 것이다. 그리하여 전체적 건강상태나 수명에 생산적이지 못하게 된다. 만약 로드가 좋은 여건하에 있다면, 고려하고 있는 대상은 자신의 안녕 상태나 성장, 수명 등에 생산적인 행동들에 개입 되게 될 것이다.

▨ 카라카 행성들

삶의 어떤 영역을 판단하려 할 때 가장 중요한 고려사항은 해당되는 카라카이다. 만약 카라카 행성과 적용되는 하우스가 흉조적 영향들만 받고 있다면, 고려하는 삶의 영역을 차트 주인이 즐길 수 있을 가능성은 적다. 다음은 각 하우스들이 가지고 있는 가장 중요한 카라카 행성들이다.

- **첫 번째 하우스**

    태양-신체, 신체의 건강과 외모, 자아와 개성

- **두 번째 하우스**

    목성-부

    수성-스피치

    달-얼굴

- **세 번째 하우스**

    화성-손아래 형제들, 용기

    수성-짧은 여행들

    금성-아버지의 배우자

- **네 번째 하우스**

    달-어머니

    금성-운송수단들

    토성-땅이 있는 재산

    화성-건물

- **다섯 번째 하우스**

    목성-자녀들, 지식, 교육, 영적 수행

    수성-투기

    라후-친조부

- **여섯 번째 하우스**

    토성-질병

    화성-사고, 적들

    수성-외숙모들과 외삼촌들

- **일곱 번째 하우스**

  금성 – 아내, 결혼, 그리고 전반적인 애정관계들

  목성 – 남편

  수성 – 사업 파트너들

  라후 – 외조모

- **여덟 번째 하우스**

  토성 – 수명, 고질병

- **아홉 번째 하우스**

  태양 – 아버지

  목성 – 스승, 철학, 영적 삶, 법률, 그리고 행운

- **열 번째 하우스**

  태양 – 직업에서 얻는 지위

  수성 – 사업

  금성 – 배우자의 어머니

- **열한 번째 하우스**

  목성 – 수입, 경제적인 이득, 손위 형제들

  토성 – 어떤 이들에 따르면 손위 형제들

- **열두 번째 하우스**

  토성 – 손실, 비용, 헤어짐

  라후 – 이국적 물건들, 외국 여행들

  케투 – 깨달음, 외조부, 친조모.

✖ 삶의 질을 예측하기

첫째로, 차트 주인이 어떤 삶의 영역에서 어느 정도까지 행복을 누릴 수 있을지를 판단해야 한다. 그러기 위해서는 다음 사항들을 검토해야 한다.

1. 카라카들

1) 라시 차트에서 해당 카라카에게 미치고 있는 자연적 길성이나 흉성들과의 합치, 혹은, 라시 어스펙트들을 고려한다.

2) 나밤샤 차트에서 해당 카라카에게 미치고 있는 자연적 길성이나 흉성들과의 합치 혹은, 라시 어스펙트들을 고려한다.

3) 해당 카라카가 위치하고 있는 하우스, 그리고 슈바, 아슈바 혹은 미스라 요가들이 있는지를 고려한다.

만약 해당 카라카에게 최소한 하나의 길조적인 라시 어스펙트나 합치도 없이, 오직 흉조적 영향들만 있다면, 카라카 행성은 자신이 카라카 하는 것들을 만들어 낼 수 있는 능력이 없을 것이다. 그리하여 차트 주인은 그러한 삶의 영역에서 행복을 즐길 수 없을 것이다.

2. 카라카 행성으로부터 쌍으로 적용되는 하우스

1) 현재 고려하고 있는 카라카 행성이 다스리는 하우스에 다른 행성들의 합치나 라시 어스펙트가 있는지, 만약 있다면 그들이 자연적 길성인지 혹은 흉성인지 등을 고려한다.

2) 그러한 하우스가 길성들이나 흉성들 사이에서 헴밍(Hemming)을 하고 있는지를 고려한다.

3) 라시 차트에서 그러한 하우스의 로드가 다른 길성 혹은 흉성들과 합치나 라시 어스펙트가 있는지를 고려한다. 그런 다음, 그러한 로드가 위치하는 하우스를 고려하고, 슈바, 아슈바, 미스라 요가가 있는지를 살펴본다.

4) 나밤샤 차트에서 카라카 행성에게 쌍으로 적용되는 하우스에 다른 행성들의 합치나 라시 어스펙트가 있는지, 그들이 자연적 길성인지 흉성인지 고

려한다. 그리고는 이러한 하우스의 로드에게 다른 행성들과의 합치나 라시 어스펙트가 있는지, 그들이 자연적 길성인지 흉성인지 고려한다.

5) 현재 고려하는 카라카 행성이 다스리는 하우스의 삶의 영역에 미치고 있는 자연적 길성 혹은 흉성 간의 어스펙트 가치를 고려한다. 이러한 경우에 하우스의 커스프는 카라카 행성이 가지고 있는 경도와 같다.

만약 이러한 하우스에 최소한 하나의 길조적 라시 어스펙트나 합치도 없이 오직 흉조적 영향만 미치고 있다면, 카라카 행성은 카라카를 하고 있는 하우스에 관련된 것들을 만들어 낼 수 있는 능력이 없을 것이다. 그리하여 차트 주인은 그러한 삶의 영역에서 전혀 행복을 가질 수 없을 것이다.

3. 하우스

1) 현재 고려하고 있는 삶의 영역을 다스리는 하우스에 어떤 다른 자연적 길성 혹은 흉성들의 합치나 라시 어스펙트가 있는지를 고려한다.

2) 그러한 하우스가 길성들과 흉성들 사이에 헴잉(hemming)을 하였는지를 고려한다.

3) 현재 고려하고 있는 삶의 영역을 다스리는 하우스에 어떤 다른 자연적 길성 혹은 흉성들의 행성간 어스펙트 가치를 고려한다.

4) 현재 고려하고 있는 하우스의 커스프(cusp)가 있는 라시가 길조적인지 흉조적인지를 고려한다. 하지만 그러한 하우스가 가리키는 삶의 영역에서 차트 주인이 얼마만큼 행복을 누릴 수 있을지 하는 사실에는 아주 적은 영향을 미칠 것이다.

만약 이러한 하우스가 흉조적 여건에 있으면, 고려하고 있는 대상이 구체적으로 형상화되기가 어려울 것이다. 어떤 흉조적 여건이든 내성을 약하게 만들 것이며, 어떤 길조적 영향들이든 강한 내성을 만들어 줄 것이다.

4. 하우스 로드

1) 라시 차트에서 하우스 로드에게 자연적 길성 혹은 흉성과의 합치나 라시 어

스펙트가 있는지를 고려한다.

2) 하우스로드가 위치하고 있는 하우스를 고려하고 슈바, 아슈바, 미스라 요가가

있는지를 살펴본다.

하우스 로드가 좋게 위치하고 있을수록, 현재 고려하고 있는 대상의 삶이나 행동들에 더 좋은 효과들을 볼 수 있게 된다. 길조적인 요소들이 많을수록 차트 주인은 현재 고려하고 있는 영역을 더 많이 즐길 수 있게 될 것이다. 만약 그러한 영역을 다스리는 요소들에게 흉조적 영향만 미치고 있다면 차트 주인은 현재 고려하고 있는 영역을 즐길 수 있을 가능성이 희박하다.

차트 주인이 삶에서 무엇을 가질 것인지, 그리고 어떤 특정한 것들을 가질 수 있을지 없을지를 결정하는 데 있어, 라시 어스펙트나 행성 간의 합치가 어스펙트보다 훨씬 더 큰 중요성을 가지고 있다. 최소한 하나라도 도움이 되는 라시 어스펙트나 합치가 없는 한, 비록 행성 간의 어스펙트가 있더라도 현재 고려하고 있는 하우스의 영역을 구체적으로 형상화시키는 것이 어렵게 된다. 행성 간의 어스펙트나 슈바/아슈바 요가의 영향은 현재 고려하고 있는 대상에게 미치는 이득, 어려움, 행복 등등을 결정하는데 좀 더 유용하다.

모든 경우의 라시 어스펙트나 합치는 취약의 품위에 있는 행성은 해롭다. 바고타마, 오운라시에 있는 흉성은 해롭지 않다. 고양의 품위나 물라트리코나에서는 비록 흉성일지라도 뭔가를 주는데 도움이 된다. 그러나 흉성은 언제나 어려움들과 연관되어 있음을 기억해야 한다. 라후는 물병 라시에서 도움이 된다. 케투는 전갈 라시에서 도움이 된다. 그러나 그들은 절대 쉽지는 않다.

"행성들의 품위" 장에서 고양, 취약, 친구의 라시 등등 행성의 품위에 따라 얻게 되는 길조적인 결과들의 퍼센트를 이미 설명하였다. 이것은 합치가 주는 길조적인 효과, 길성의 라시 어스펙트, 그리고 합치가 주는 흉조적인 효과, 흉성의 라시 어스펙트 등을 재는 데 효과적으로 사용될 수 있다.

◪ 지연시키는 요소들

토성, 라후 그리고 여섯 번째 로드는 지연시키는 요소들이다. 그들과의 합치나 어스펙트는 그들이 영향을 미치고 있는 영역에서의 충족이 지연됨을 나타낸다. 만약 토성과 라후가 좋은 품위에 있더라도, 그리하여 그들이 영향을 미치는 영역에서의 성공을 나타내고 있더라도, 그러한 성공은 삶의 나중 부분에 오게 된다. 그리고 길조적인 효과들과 지연시키는 요소들이 섞여 있더라도, 그러한 결과들 역시도 지연될 것이다.

◪ 분리시키는 요소들

태양, 토성, 라후 그리고 열두 번째 로드는 분리를 시키는 요소들이다. 그래서 그들이 영향을 미치고 있는 것들로부터 차트 주인을 분리시키는 역할을 하게 된다. 만약 그러한 하우스, 하우스 로드, 카라카에게 분리를 시키는 요소들만 영향을 미치고 있다면, 그러면, 분리는 영구적이게 된다. 만약 어떤 행성이나 하우스에게 4가지 요소 중에 3가지 분리시키는 요소들이 영향을 미치고 있다면, 그런 경우 역시, 분리는 보통 영구적이게 된다.

토성이나 라후가 가지고 있는 품위가 분리, 혹은, 지연을 시키는 요소로 작용할지를 결정하게 된다. 그들이 가진 품위가 안 좋을수록 더욱 더 분리를 시키는 요소로 된다. 만약 토성이 오운 라시나 고양의 품위에 있다면, 혹은, 라후가 물병 라시나 황소 라시에 있다면, 그러면 그들은 좀 더 지연시키는 요소들로 작용하게 된다. 다른 라시들에서는 분리를 시키는 요소들로 더 크게 작용을 하게 된다. 그렇지만 토성이 좋은 친구의 라시, 친구의 라시에 있고, 그리고 라후가 수성의 라시에 있으면, 완전히 분리를 시키는 요소들은 아니게 된다. 일단 분리를 시키지만 그러나 결과적으로는 어떤 좋은 것을 가져다 주게 된다.

마찬가지로 만약 열두 번째 로드가 오운라시 혹은 고양의 라시에 있다면, 그가 영향을 미치고 있는 것들을 제공하는 데 도움이 될 것이다. 그렇지만 열두 번째 하우스 수단들(비싸거나, 이국적 자원들, 비밀스럽게 등등)을 통해서 주게 된다. 다른 품위에 있게 되면, 특히 적이나 취약의 라시에 있게 되면, 분리를 일으킬 성향이 짙다. 친구나 좋은 친구들의 라시에 있다면, 평생 동안 분리를 시키는 요인이 되지는 않을 것이다.

태양의 품위가 나쁠수록, 그가 가지고 있는 분리시키는 영향은 더욱 더 커지게 된다.

▨ 카라카의 영향

어떤 하우스의 카라카가 비록 자연적 흉성일지라도, 해당 하우스 로드와 합치를 하거나 어스펙트를 하는 것이 언제나 생산적이게 된다. 단지 카라카가 취약의 품위에 있을 때만 비생산적이게 된다.

만약 어느 하우스의 카라카가 해당 하우스에 위치하고 있을 경우, 비생물적인 것들에겐 이득이 되지만 생물적인 것들에겐 이롭지 못하게 된다. 예를 들어 "형제들"의 카라카인 화성이 세 번째 하우스에 있게 되면, 손아래 형제들에겐 해롭게 되지만, 용기를 주는 데는 생산적이게 된다. 화성은 "용기"의 카라카이기도 하기 때문이다. "자녀들"의 카라카인 목성은 다섯 번째 하우스에 있게 되면, "자녀들"과 연관해서는 해롭지만 또 다른 카라카인 "지성"에는 생산적이게 된다. "배우자"의 카라카인 금성은 일곱 번째 하우스에 있으면 해롭다. 그러나 "성관계들"에는 이롭게 된다. 달은 네 번째 하우스에 있게 되면 "어머니"에겐 해로우며, 태양은 아홉 번째 하우스에 있으면 "아버지"에겐 해롭다. 또한 태양은 라그나에 있게 되면 "본인"에게 해롭다. 태양은 "본인의 몸과 신체적 안녕"의 카라카이기 때문이다.

각 라시마다 행성들이 약해지는 특정한 각도들이 있다. 이것은 "므리투바가(Mrityub-haga, 치명적 각도들)"이라고 알려져 있다. 행성이 이러한 치명적인 각도에 위치하게 되면, 본인의 건강은 물론이고 차트에서 그러한 위치가 다스리거나 영향을 미치고 있는 사람들의 건강에도 해롭게 된다. 이처럼 신체적 안녕에 좋지 않은 영향을 주는 외에도, 행성이 치명적인 각도에 있으면 좋은 효과들을 가져다주기에는 약하게 된다. 그리고 이러한 치명적인 각도에 떨어지는 행성은 심각한 오점을 가지게 된다. 치명적인 각도에 있는 행성에게 미치는 나쁜 영향들은 최소한 흉성과 합치를 한 것과 마찬가지로 중요하게 다루어야 한다.

달은 또한 길조적인 각도를 가지고 있다. 달이 이러한 각도에 있게 되면 좀 더 행운이 깃들게 되며, 차트 주인의 안녕을 보호 해 주게 된다.

▨ 행성들의 치명적인 각도들

라시 행성	산양	황소	쌍둥이	게	사자	처녀	천칭	전갈	인마	악어	물병	물고기
태양	20	9	12	6	8	24	16	17	22	2	3	23
달	26	12	13	25	24	11	26	14	13	25	5	12
화성	19	28	25	23	29	28	14	21	2	15	11	6
수성	15	14	13	12	8	18	20	10	21	22	7	5
목성	19	29	12	27	6	4	13	10	17	11	15	28
금성	28	15	11	17	10	13	4	6	27	12	29	19
토성	10	4	7	9	12	16	3	18	28	14	13	15
라후	14	13	12	11	24	23	22	21	10	20	18	8
케투	8	18	20	10	21	22	23	24	11	12	13	14
라그나	8	9	22	22	25	14	4	23	18	20	21	10
굴리카	23	24	11	12	13	14	8	18	20	10	21	22

⊠ 달의 길조로운 각도들

	산양	황소	쌍둥이	게	사자	처녀	천칭	전갈	인마	악어	물병	물고기
달	21	14	18	8	19	9	24	11	23	14	19	9

⊠ 하우스와 하우스 로드들이 가진 영향들

삶의 어떤 영역과 그것을 둘러싼 주변 상황들에 대해 좀 더 분명한 분석을 하기 위해선, 영향을 미치고 있는 하우스들과 하우스 로드들을 다음과 같이 고려해야 한다:

1. 현재 고려하고 있는 대상의 하우스 로드와 카라카 행성이 있는 하우스를 고려한다.

2. 현재 고려하고 있는 하우스나, 하우스 로드 그리고 카라카 행성과 합치를 하거나 어스펙트(라시 어스펙트나 행성들간 어스펙트)를 하고 있는 하우스 로드들을 고려한다.

⊠ 하우스 위치

1. 만약 하우스 로드나 카라카가 트라인 하우스에 있게 되면, 일반적으로 그러한 삶의 영역은 더욱 행운이 깃들며 쉽고 운이 좋은 방식으로 구체화 된다.

2. 만약 하우스 로드나 카라카가 앵글 하우스에 있게 되면, 그러한 삶의 영역은 일반적으로 차트 주인의 삶에서 더욱 중요해지게 되며, 그러한 효과는 보통 후반부보다는 전반부에 나타나게 된다.

3. 만약 하우스 로드나 카라카가 세 번째나 열한 번째 하우스에 있게 되면, 차트 주인은 그러한 삶의 영역을 더욱 강렬히 원하게 되며, 보편적으로 실현, 관리 혹은 유지하기 위해 더욱 더 많은 노력을 쏟아야 하는 곳이다. 만약 열한 번째에 있게 되면 차트 주인의 욕구는 희망과 충족에 기반을 두고 있으며, 만약 세 번째에 있게 되면, 본인이 생각하기에 좋거나 가질 권리가 있는 것들에 기반을 두게 된다. 하우스 로드나 카라카가 열한 번째에 있는 것보다 세 번째에 있는 것이 더욱 많은

노력을 요하게 된다. 또한 열한 번째에 있는 행성들은 차트 주인에게 잠재적인 이득의 요인이 되기도 한다.

4. 만약 하우스 로드나 카라카가 두스타나(여섯 번째, 여덟 번째, 혹은 열두 번째)에 있게 되면, 현재 고려하고 있는 삶의 영역을 실현시키는 데 더욱 큰 어려움이 있을 것이다. 그리고 유지하는데 더욱 많은 어려움이나 고생을 겪어야 할 것이다. 이러한 상황들은 고려하고 있는 두스타나 하우스가 가진 본성과 상통하고 있다. 노력, 어려움들, 장애물, 적들, 그리고 빚 등이 여섯 번째 하우스에 있는 행성에게 영향을 미칠 수 있다. 위기, 금기나 법을 깨뜨리기, 기대치 않았던 일 등이 여덟 번째 하우스에 있는 행성에게 영향을 미칠 수 있다. 비용과 손실이 열두 번째 하우스에 있는 행성에 영향을 미칠 수 있다. 가장 안 좋은 경우는 두스타나에 있는 행성이 동시에 심각한 흉조적 영향을 받고 있을 때이다. 이러한 경우에는 행성이 가진 특성들이 심각한 피해를 입게 될 것이다.

✖ 하우스 로드의 영향

1. 만약 트라인 로드가 자연적 길성이면서, 현재 고려하는 하우스, 하우스 로드 혹은 카라카에게 영향을 미치고 있으면 그러한 하우스가 나타내는 삶의 영역이 가장 쉽게 발전할 수 있게 된다.

2. 만약 앵글 로드가 자연적 길성이면서, 현재 고려하는 하우스, 하우스 로드 혹은 카라카에게 영향을 미치고 있으면 그러한 하우스가 나타내는 삶의 영역이 좀 더 강력하게 추진되며, 상대적으로 쉽게 발전할 수 있게 된다.

3. 만약 트라인 로드가 자연적 흉성이면서, 현재 고려하는 하우스, 하우스 로드 혹은 카라카에게 영향을 미치고 있다면, 차트 주인이 트라인 로드가 다스리는 것들에 개입하고자 할 때 그러한 삶의 영역에서 어렵게 만들거나 그러한 하우스들로부터 분리를 가져올 것이다. 하지만 보통은 트라인 로드가 원하는 대로 따르는 것이 차트 주인을 위해 가장 좋은 방법일 것이다.

4. 만약 앵글 로드가 자연적 흉성이면서, 현재 고려하는 하우스, 하우스 로드, 혹은 카라카에게 영향을 미치고 있다면, 차트 주인이 앵글로드가 다스리는 것들에 개입하고자 할 때 그러한 삶의 영역에서 어려움을 만들어 내거나 분리를 시키게 된다. 이러한 어려움들은 차트 주인이 앵글로드가 나타내는 것들과 얼마나 개입을 하였는지 하는 정도에 달려있다.

5. 만약 두스타나 로드가 자연적 길성이면서, 현재 고려하는 하우스, 하우스 로드 혹은 카라카에게 영향을 미치고 있다면, 그러한 삶의 영역은 두스타나 로드의 특성에 따른 어려움들이나 시련들을 만들어 낼 것이다.

6. 만약 두스타나 로드가 자연적 흉성이면서, 현재 고려하는 하우스, 하우스 로드, 혹은 카라카에게 영향을 미치고 있다면, 그러한 삶의 영역은 두스타나 로드의 특성에 따른 어려움들을 엄청나게 겪게 될 것이다.

7. 만약 세 번째 혹은 열한 번째 로드가 자연적 길성이면서, 현재 고려하는 하우스, 하우스 로드 혹은 카라카에게 영향을 미치고 있다면, 차트 주인은 그러한 삶의 영역에 의지와 노력을 쏟게 될 것이다. 또한 그들이 현재 고려하는 삶의 영역에서 계속된 행복을 누리고자 한다면, 자신의 내면과 평화를 만들어야 할 것이다. 그렇지 않으면 욕구적 속성이 어떤 새로운 것이 주는 흥분을 원하게 하거나, 아니면, 자신이 가진 의견들이 행복을 얻을 수 있는 가능성과 충돌을 일으키게 될 것이다.

8. 만약 세 번째 혹은 열한 번째 로드가 자연적 흉성이면서, 현재 고려하는 하우스, 하우스 로드 혹은 카라카에게 영향을 미치고 있다면, 차트 주인의 이기심, 편견들, 의지력 등이 그러한 삶의 영역에 해를 끼치게 될 수 있다.

9. 어떤 하우스 로드이든지 자연적 흉성이게 되면, 하우스 로드가 다스리는 사람 혹은 대상이, 현재 영향을 미치고 있는 삶의 영역에서 실현되는데 어려움을 가져오는 요인이 될 수도 있다. 그러므로 흉성인 두 번째 로드는 가족으로부터 오는 어려움들을 줄 수 있다. 흉성인 세 번째 혹은 열한 번째 로드는 손아래 혹은 손위 형제들로부터 오는 어려움들을 줄 수 있다. 마찬가지로 다른 하우스 로드들도 비슷하다.

⊠ 세부사항들을 예측하는 법

차트 주인이 즐기게 될 어떤 삶의 영역을 결정한 후에, 행성들, 라시들, 낙샤트라들 그리고 하우스들이 가진 자질들을 자세하게 고려해서 색깔, 구체성, 그리고 다른 기타 세부사항들을 가미한 예측을 할 수가 있다. 현재 고려하고 있는 어떤 대상의 길이, 색깔, 사이즈, 성격, 방향 등을 예측하는 것이 가능하다는 의미이다. 이처럼 세부사항들을 예측하기 위해선 다음과 같은 사항들을 고려해야 한다.

· **하우스 로드와 카라카**

1. 하우스 로드와 카라카가 위치한 라시들의 자질들을 고려한다.
2. 하우스 로드와 카라카가 위치한 나밤샤 라시들의 자질들을 고려한다.
3. 하우스 로드와 카라카와 합치하거나 어스펙트(행성 간 혹은 라시 어스펙트)를 하는 행성들의 자질들을 고려한다.)
4. 하우스 로드와 카라카가 위치한 낙샤트라의 자질들을 고려한다.

· **하우스와 카라카로부터 적용되는 하우스**

1. 현재 고려하는 대상을 다스리는 하우스, 카라카로부터 적용되는 하우스의 라시들이 가진 자질들을 고려한다.
2. 이러한 하우스 커스프(cusp)들의 나밤샤 라시 자질들을 고려한다(카라카로부터 적용되는 하우스 커스프의 각도는 라시 차트에서 카라카 행성이 가진 각도와 같다).
3. 이러한 하우스들과 합치하거나 어스펙트(행성간 혹은 라시 어스펙트)를 하고 있는 행성들의 자질들을 고려한다.
4. 이러한 하우스 커스프들의 낙샤트라 자질들을 고려한다.

위의 고려사항들이 현재 고려하는 대상들의 세부사항들을 나타내고 있다. 그들이 영향을 미치고 있는 다샤 또는 안타르 다샤에 열매를 맺게 될 것이다. 이처럼 세부사항들을 예측하고자 할 때, 다샤가 미치는 영향들이 모든 것을 결정하게 된다.

▨ 나밤샤 차트를 사용하는 법

앞에서 설명한 테크닉들을 잘 응용하는 방법을 터득한 뒤에, 나밤샤 차트를 독립적으로 읽게 되면 좀 더 상세한 세부사항들을 알 수 있을 것이다. 위에서 주어진 가이드라인들을 나밤샤 차트에서 고려할 때, 나밤샤 차트를 마치 라시 차트처럼 읽으면 되는 것이다. 한 가지 예외사항은 나밤샤 차트에서는 행성 간 어스펙트를 적용하지 말고, 단지 라시 어스펙트만 고려해야 한다는 사실이다.

▨ 나밤샤와 라시차트를 같이 사용하는 법

나밤샤 차트를 좀 더 고단수로 사용하는 법은, 라시 차트에서 적용되는 하우스로드를 나밤샤 차트에서 고려하는 것이다. 라시 차트에서 카라카가 있는 라시를 나밤샤 차트에서 고려하고, 나밤샤 차트에서 카라카가 있는 라시를 라시 차트에서 고려하는 것이다. 뿐만 아니라 라시 차트에 있는 하우스의 라시를 나밤샤 차트에서도 고려할 수 있으며, 나밤샤 차트에 있는 하우스의 라시를 라시 차트에서도 고려할 수 있다. 카라카와 라그나 모두로부터 하우스나 하우스로드를 이런 식으로 고려할 수 있다. 라시와 나밤샤 차트를 함께 이런 식으로 읽음으로써 처음에는 분명하지 않던 어떤 내용들이 나중에 설명되는 경우가 자주 있을 것이다. 그러나 이렇게 하는 것이 벅차게 느껴질 수도 있다. 그래서 처음에는 우선 위에 주어진 가이드라인으로 뭔가 확실하게 이해되지 않는 것들이 있을 때 이러한 테크닉을 사용하는 것이 최상의 방법이다.

▨ 다샤의 영향이 가지는 중요성

차트를 읽는 법에 대해서 위에 설명한 가이드라인들은 차트가 가지고 있는 정적인 (static) 약속을 드러낸다. 차트 주인이 삶에서 무엇을 가질 것인지 아닌지, 그리고 가지게 될 어떤 것에 대한 온갖 다양한 잠재성까지 모두 총체적으로 보여주고 있다. 그리하여 차트를 읽으려고 함에 있어, 너무 고려해야 할 사항들이 많다 보니 처음에는 아주 벅차게 느껴질 수도 있다. 하지만 다샤는 어떤 영향들이 지금 활성화되고 있는지를 드러내기 때문에, 현재 처한 삶의 시점에서 어떤 것들이 차트 주인에게 주어졌는지 정확하게 알 수 있다. 그러므로 다샤 로드나, 안타르 다샤 로드 등에 특별한 주의를 주어야 한다. 점성학적 예측에 능숙해지기 위해선, 행성들이 예시하고 있는 굴곡을 정확하게 판단할 수 있는 능력에 달려있다. 그리고 다샤 로드가 숙성함에 따라 차트에서 예시하고 있는 것들 중에 어떤 것들을 주고받게 될 것인지를 읽어낼 수 있어야 한다.

▣ 디스포지터들의 중요성

현재 고려하는 하우스 로드나 카라카의 디스포지터가 지금 지나고 있는 다샤의 행성인 경우, 위에서 나열한 가이드라인들을 적용하여 하우스 로드나 카라카 행성이 위치한 라시, 나밤샤 혹은 낙샤트라의 디스포지터들에게 미치는 길성이나 흉성들의 영향을 비슷한 방식으로 판단할 수 있다. 그리하면 다샤가 가져올 영향에 맞추어 훨씬 더 정확한 리딩하게 해줄 수 있을 것이다.

자주 일어나는 일이지만, 하우스 로드나 카라카가 위치하고 있는 라시, 나밤샤 혹은 낙샤트라를 다스리는 디스포지터 행성의 다샤 기간에 기약된 어떤 것이 열매를 거두게 된다. 그리고 현재 열매를 거둔 것에 대한 자질이나 세부사항들을 알기 위해선 디스포지터 행성에게 미치는 영향들을 판단할 필요가 있다. 예를 들면, 만약 네 번째 로드가 사자 라시에 있다면, 사자 라시는 "산"을 나타내기 때문에, "산에 있는 집"을 의미하게 될 것이다. 만약 태양이 물고기 라시에 있는데, 태양의 다샤(네 번째 로드의 디스포지터)에 차트 주인이 주거지를 옮기려 한다면 장소는 대양 쪽으로 가게 될 것이다(물고기 라시는 "바다"를 의미함). 그리고 태양에게 어떤 해로운 영향이 미치고 있다면 그들이 주거지를 옮긴 새집에 흉조적 효과가 나타나게 될 것이다.

▨ 달의 라그나(챤드라 라그나)

베딕 점성학에서 차트는 달에서부터 읽을 수도 있다. 이것은 "달의 라그나"라고 부른다. 라그나에 연관된 모든 원칙들이 달의 라그나에도 그대로 적용된다. 그러므로 삶의 어떤 영역을 판단하는 데 있어 라그나에서부터 적용되는 하우스와 달의 라그나에서부터 적용되는 하우스들을 모두 같이 고려해야 한다.

차트를 달의 라그나에서부터 읽는 것은 빔쇼타리 다샤를 이용해 사건들의 시기를 예측하는데도 아주 중요하다. 예를 들면, 달로부터 다섯 번째 로드는 라그나로부터 다섯 번째 로드 못지않게 자신의 다샤에 쉽게 자녀들을 갖게 해줄 수 있다. 점성학자들이 차트를 라그나 뿐만 아니라 달의 라그나에서도 읽는 것은, 그저 라그나 하나만 고려할 때보다 어떤 특정한 행성의 기간에 일어날 사건들을 더 많이 예측할 수 있도록 해주기 때문이다.

▨ 다른 하우스들을 라그나처럼 사용하는 법

차트를 정확하게 읽을 수 있는 또 다른 중요한 방법은, 질문에 연관된 하우스에서부터 차트를 읽는 것이다. 예를 들면, 어머니를 고려하는 경우, 차트를 네 번째 하우스에서부터 읽는 것이다. 만약 네 번째 로드가 아홉 번째 하우스에 있다면, 네 번째 하우스로부터 여섯 번째 질병의 하우스에 있게 되는 것이다. 그 하우스가 흉조적 영향 하에 있다면 어머니의 건강을 해치게 될 것이다. 차트 주인의 삶에 관련된 모든 영역을 이런 식으로 읽을 수 있다. 이러한 방법은 특히 차트 주인에 연관된 다른 사람들을 읽는 데 아주 효과적이다.

또 다른 중요한 고려사항은 차트에서 두 개의 하우스를 다스리는 행성을 읽으려 하는 경우이다. 두 개 하우스의 로드가 같은 행성이므로, 그 둘은 같은 영향 하에 있게 된다. 하지만 로드 행성은 자신이 다스리는 두 개의 하우스들로부터 각자 다른 위치에 있게 된다. 이러한 점이 바로 로드가 같은 두 개의 다른 하우스가 서로 다른 효과들을 가지게 되는 이유이다. 예를 들면 처녀 라시 라그나에게 목성은 네 번째와 일곱 번째 하우스를 다스린다. 그런데 목성이 열한 번째 하우스에 있는 경우에, 두 개의 하우스는 길조적과 흉조적인 영향을 모두 받게 된다. 네 번째 하우스로부터 목성은 여덟 번째 파괴적 하우스에 있게 된다. 일곱 번째 하우스로부터 목성은 다섯 번째 행운의 하우스에 있게 된다. 그러므로 네 번째 하우스 특성들은 일곱 번째 하우스 특성들보다 더 괴로움을 겪게 될 것이다. 목성에게 미치는 흉조적인 영향은 네 번째 하우스에서 더 느끼게 될 것이며, 길조적인 영향은 일곱 번째 하우스에서 더 느끼게 될 것이다. 그렇지만 만약, 목성이 오직 길조적인 영향들만 받고 있다면, 두 개의 하우스는 당연히 같이 흥하게 될 것이다.

물고기 라시

·

"두 마리의 물고기가 서로 반대 방향으로 헤엄치고 있다."

24. 행성들의 개발적인 자질들

행성들의 자연적인 순서는 1 태양, 2 달, 3 화성, 4 수성, 5 목성, 6 금성, 7 토성, 8 라후, 9 케투이다. 이렇게 행성들이 가진 숫자의 순서는 그들이 가진 목적과 인간의식에 미치는 효과들에 대한 숨은 의미를 드러낸다.

▧ 태양 1

태양은 첫 번째 행성으로서 창조적인 면을 상징한다. "하나"이기에, 차별화가 되지 않았으며, 그리하여 물질적 표출에는 그다지 도움이 되지 못한다. 물질적 표출은 차별화를 필요로 하기 때문이다. 이런 이유로 인해 차트에서 태양이 영향을 미치고 있는 것들로부터 우리를 분리시킨다. 사실상 태양은 아그니(Agni, 불을 다스리는 신)가 주관하는 행성이다. 이미 알고 있듯이 아그니는 뭐든지 태워버린다. 한편으로 아그니는 신(God, 절대 주)께 데려다주는 운반자이기도 하다. 태양이 차트 주인에게 분리시키는 것은 아그니에 의해 신께로 운반이 된다. 다르게 표현한다면, 희생을 통해 사람은 영성화 될 수 있게 된다. 태양이 첫 번째 행성이라는 사실이 가지고 있는 다른 영향은 차트 주인을 "제1인자"로 만들 수 있으며 지위를 준다는 것이다. 그래서 태양은 왕이 되는 것이다.

▨ 달 2

달은 두 번째 행성으로서 첫 번째 행성인 태양의 반영이다. 달은 바루나(Varuna, 물의 신, 의식의 신)에 의해 다스려진다. 바루나는 최고지위를 가진 신으로 여겨지고 있다. 모든 것들은 오직 의식 내에서만 일어난다. "둘"은 차별화의 시작이며, 반영적 의식에서 일어나게 된다. 차별화는 창조적인 면인 태양과 그의 반영인 달 사이에서 일어난다. 둘은 다르다. 서로 반대이기 때문이다. 달은 자신의 창조적 면인 태양에게 스스로를 볼 수 있는 반영을 제공한다. 자신을 봄으로써 그는 자신을 인식하게 된다. 자기 자신을 인식하게 됨으로써 그는 자신을 어떤 특정한 표출로 보기 시작한다. 이러한 표출을 즐길 수 있을 것인지 아닌지는 달이 가진 자질에 달려있다. 만약 달이 괴로움을 당하는 상태에 있다면, 태양의 표출로 나타난, 자아는, 뒤틀려 있게 되며, 불행과 우울함, 좌절감 등을 겪게 된다. 자아가 얼마나 자신을 즐길 수 있을지는 달이 가진 크기에 달려있다. 만약 달이 그믐달이면, 자아가 세상에서 즐길 수 있는 양은 적어진다.

달은 수용적이고, 반영적인 행성이다. 그러므로 달에게 미치고 있는 영향들이 아주 중요하다. 이것이 세상에 대해 사람이 가지는 자세를 대부분 조건 지우게 된다. 다른 행성들이 달에게 어스펙트나 합치를 하는 것은 두 번째로 중요하다. 이것은 사람이 가진 의식의 결과로 성장할 수 있는 것들을 나타낸다. 만약 그믐달이 아니라 줄어들고 있다면, 달이 차트에서 영향을 미치는 영역에서 필요로 하는 것들이 채워지지 않음을 나타낸다.

▨ 화성 3

화성은 세 번째 행성으로서 태양이 달의 반영을 통해 자신의 모습을 비추면서 뒤에 이어지는 것을 나타낸다. 처음 두 행성, 창조적인 태양과 그의 반영인 달 사이에 상호교환이 일어나게 만든다. 자아의 반영인 태양이 의식을 나타내는 달을 통해 반영되었을 때, 생각이 일어나게 된다. 이러한 생각들은 개념들을 낳아 무엇인가에 대한 결정을 하게 된다. 무엇인가에 대해 결정을 한 것이 좋고 싫음이다. 좋아하는 것은 에너지

를 다해 추구하며, 싫어하는 것과는 속상해하거나 파괴시키려 든다. 이러한 개념들은
세 개 구나스(gunas)가 어떻게 섞여 있느냐에 달려있다. 깨달음을 얻기 위해선 구나스로
부터 자유로워질 수 있어야 한다.

화성은 사람이 가지고 있는, 해야 하는 것, 하지 말아야 하는 것 등 싸워서라도
자신이 지키거나 파괴시키고자 하는 개념들을 나타낸다. 이러한 개념들은 우리를 자신
들 밖으로 끌어내어 마음의 평화를 망치게 만든다. 정신적 자유와 마음의 평화는 우리
가 가진 개념이 평화나 불안을 만들어 내는 효과가 있다는 사실을 이해하는 데서 오게
된다. 그래서 화성은 카르티케야(Kartikeya, 데바들의 장군)에 의해 다스려 지고 있는 것
이다. 카르티케야는 데바들이 아수라들과 싸울 때 승리로 이끈 장본인이다(데바들은 마
음이 가슴에 뿌리를 내릴 때 얻게 되는 평화를 상징하며, 아수라는 마음이 가슴 밖으로 내몰렸
을 때 오게 되는 평화의 상실을 의미한다). 우리에게 평화를 앗아가는 아수라들을 파괴시킬
수 있는 힘은 정신적 개념을 몰입할 수 있을 때 생기게 된다. 차트에서 화성이 영향을
미치는 영역은 정신적 개념을 이용해서 무엇인가에 대해 어떤 특정한 방식으로 생각하
게 만드는 곳들을 나타낸다. 우리는 생각함으로 인해 어떤 것을 바꾸기 위해 노력한다.
혹은, 우리가 가진 개념대로 잘되지 않을 때 좌절감을 느끼게 된다. 사실 무엇이 우선인
가 하면, 우리가 가진 정신적 개념들, 화성이 영향을 미치고 있는 것들, 평화나 조화를
부족하게 만드는 것들에 대한 올바른 이해부터 해야 하는 것이다. 정신적 개념들이란
올바른 것도, 잘못된 것도 아니다. 그러나 뭔가 "이다"라는 사실에 대해 좌절감을 느낀
다는 것은 그러한 뭔가 "이다"라는 것이 우리가 가진 생각과 잘 맞지 않고 있다는 사실
을 나타낸다. 그래서 우리의 행복은 조건적이게 되는 것이다. 흉성인 화성은 우리가 성
장할 수 있고 행복을 늘릴 수 있는 잠재력을 가진 곳을 나타낸다.

▧ 수성 4

수성은 네 번째 행성으로서 "흙"의 원소를 통솔한다. 창조적 면의 반영은 어떤 구체
적인 형상으로 만들어졌다. 수성은 달의 아들이다. 그러므로 차트에서 수성이 영향을

미치는 영역은 달이 상징하고 있는 의식을 통해 구체적인 형상으로 나타난 어떤 것을 가리킨다. 달의 숫자인 2를 제곱하면 4, 수성의 숫자가 나온다. 어떤 숫자든지 제곱을 해서 얻은 숫자는 그러한 숫자가 가져올 결과를 나타낸다.

만약 수성이 흉성과 합치를 하게 되면 자신도 흉성이 된다. 그래서 차트에서 수성이 만들어 내는 것들도 역시 고통의 원인이 되게 된다.

▧ 목성 5

목성은 다섯 번째 행성이다. 5는 아홉 숫자의 중간점으로서, 선과 악이라는 창조주의 창조세계 반영을 나타낸다. 그러므로 목성은 선과 악에 대한 지식을 준다. 길성으로서 선을 선택할 수 있는 축복을 내린다. 차트에서 목성은 언제나 복, 지혜 혹은 행운을 주며 차트 주인이 어느 상황에서건 파괴적이거나 부정적인 쪽 보다는 좋은 쪽을 선택하도록 하게 해준다. 목성은 차트에서 가장 훌륭한 수호성이기 때문이다. 또한 목성은 차트 주인에게 다양하고 복잡한 세상에서 자신들만의 길을 보여 줄 책임을 가지고 있다.

▧ 금성 6

금성은 여섯 번째 행성이다. 숫자 6은 중간인 숫자 5를 지나고 있다. 선과 악은 5에 포함되어 있다. 이것을 가지고 어떻게 할 것인지는 금성이 나타내고 있다. 금성은 선과 악이 있는 세상에서 어떻게 성공적으로 작용할 수 있을지에 관한 실용적인 지식을 준다. 금성은 대인술을 부여해 준다. 그래서 어려움이나 갈등 등을 서로 존중하는 방식으로 다루어 보다 훌륭하게 조화를 유지할 수 있도록 하는 재능을 주는 행성인 것이다.

또한 금성은 가장 가치 있는 것을 선택할 수 있는 능력을 주기도 한다. 모든 결정에는 찬반이 있으며, 좋고 나쁜 면들이 있다. 어떤 행동을 하던 반드시 지불해야 할 가격이 있기 마련이다. 그러한 대가를 지불할 용의가 있는 한 어떤 일에도 아무런 문제가 없다. 금성이 잘 위치를 하고 있는 차트 주인은 자신들의 행동이나 욕구에 대한 대가를 현실적으로 볼 수 있는 성향을 가지고 있다. 금성이 잘못 위치를 하고 있는 경우, 차트 주인은 감당할 수 있는 정도보다 더 크게 깨물도록 만들거나, 어떤 욕구를 충족시키려 함에 있어 배보다 배꼽이 더 큰 카르마를 치르게 만드는 경우가 자주 일어나게 된다. 특히 취약의 품위에 있는 금성은, 궁극적으로 어떤 가치나 값어치도 없는 외도에 빠지게 하는 아주 높은 악명을 가지고 있다.

토성 7

토성은 일곱 번째 행성이다. 숫자 7은 창조적 면의 효과가 물질세계에 형상화된 것을 나타낸다. 그러한 효과는 본질적으로 "분리"에 대한 아이디어이다. 창조적인 면은 물질세계에서 쉽게 눈에 뜨이지 않는다. 토성은 브라마(Brahma, 창조주)에 의해 관장되는데 신경계를 다스리고 있다. 생명의 기는 척추를 통해 신경계 속으로 침투해 세상을 향해 형태를 드러내는데, "분리" 의식에 대한 책임을 가지고 있다. 우리는 하루 종일 신경계라는 매체를 통해 우리들 자신에게 말하고 있다. 이것은 마리(Mary)이며, 이것은 내 집이며, 이것은 벽 등이다. 본질적으로 우리는 종일 우리들 자신에게 "이것은 자아(Self)가 아니다"라고 말하고 있는 것이다. 이러한 분리는 자신이 뭔가를 완성해야 할 필요를 느끼게 만든다. 그러나 불완전한 느낌과 함께 불안함을 가져다준다. 이러한 느낌은 분리된 의식을 보상하기 위해 대신 채워놓은 것들을 완전히 즐기지 못하도록 막고 있다. 그러므로 토성은 차트 주인이 심각하게 격리와 부족함을 느끼기에 채우고 싶어 하는 영역들을 나타낸다. 그러나 상응하는 불안정감이나 심리적 콤플렉스 때문에 그러한 영역들에서 행복을 느끼는 것을 막고 있기도 하다. 차트 주인이 먼저 해야 하는 일은, 자신이 느끼는 분리의식을 외부적인 것들로 극복하려 하기보다는 내적인 충족을 통해 스스로를 인정할 수 있어야 하는 것이다. 이렇게 할 수 있게 되면 차트 주인은 토성이 영향을 미치고 있는 삶의 영역들에서 좀 더 행복을 누릴 수 있게 된다. 그러므로 토성은 차트에서 지연을 시키는 요소인 것이다. 또한 토성은 분리를 시키는 요소이기도 하다. 가치 있게 느끼는 것들로부터 격리시키며, 마음이 분리에 대한 생각을 가지고 고통을 경험하게 만든다. 토성은 흉성들 중의 하나로서 우리가 성장을 할 수 있고 행복을 늘릴 수 있는 잠재력을 가진 곳을 나타낸다.

일반적으로, 이러한 분리 의식이 주는 효과는 차트 주인이 물질적으로 뭔가 분명한 것을 형상화시켜서 이렇게 분리된 것을 보상받게 만든다. 토성의 숫자인 7을 제곱하면 49를 얻게 된다. 이 숫자를 줄이면 (4+9=13=1+3=4) 수성의 숫자인 4를 얻게 된다. 물질적 형상화를 나타내는 숫자이다. 이것은 토성이 가져오는 종래적 결과는 새로운 물질적 형상화라는 걸 나타낸다. 또 다시, 수성의 숫자4를 제곱하면 어떻게 되는지를 보라. 4의 제곱은 16이 되며, 이 숫자를 줄이면 (1+6=7) 토성의 숫자인 7이 된다. 물질적 형상화의 결과는 다시 분리의식, 행복하지 않은 상태가 된다. 이것은 수성이 관장하고 있는 폐와 피부, 바로 신경계가 끝나는 곳에서 비슷하게 나타나고 있다. 폐가 활발하게 작동하고 있는 이상, 생명의 기는 신경계에 흘러들어가고 있다. 그래서 요기들이 호흡이 멈추는 상태(breathless state)를 얻고자 수행을 하는 이유이기도 하다. 그러니 차트에서 토성이 나타내는 괴로움과 불행이 정말 얼마나 극복하기 어려운지 잘 알 수 있다. 토성은 수성을 통해 우리를 항상 다시 데리고 온다. 수성은 세상에 존재하는 온갖 것들의 화신인 절대주, 로드 비슈누(Lord Vishnu)에 의해 관장되고 있다. 모든 것을 신의 일부분으로 보는 법을 배움으로써 우리는 토성이 나타내고 있는 분리의식을 극복할 수 있게 된다.

▨ 라후 8, 케투 9

라후는 여덟 번째 행성이다. 8은 카르마의 조화를 이루어야 할 필요를 나타낸다. 이러한 조화를 계발함으로써, 아홉 번째 행성인 케투가 상징하고 있는, 완성과 깨달음을 얻게 된다. 이러한 이유로 인해 라후와 케투는 같은 창조물의 다른 반쪽인 것이다. 사실상, 라후의 숫자 8을 더하게 되면 케투의 숫자 9를 얻게 된다 (1+2+3+4+5+6+7+8=36=3+6=9).

케투는 아홉 번째 행성이다. 9는 완성을 대변한다. 그러므로 반드시 완성되어야 하는 것을 주거나, 이미 완성된 것을 빼앗아 간다. 카르마의 완성은 깨달음을 준다. 그러므로 케투는 깨달음를 상징하는 행성이다.

라후와 케투에 관한 좀 더 자세한 내용들은 다음 장에서 상세하게 설명하였다.

☒ 행성이 가진 개발적인 자질이 낳는 효과들

행성이 개발적인 관점에서 미치는 핵심적 영향은 아래와 같은 개발적인 자질들로 나타나게 된다. 행성이 가진 개발적인 효과는 그가 위치한 하우스, 그리고 어스펙트를 하거나 합치를 하는 행성에게 경험되게 될 것이다.

다음은 행성이 가진 개발적인 효과들이 영향을 미치는 하우스나 행성들에게 나타날 수 있는 경험들이다. 간결성을 위해 키워드만 기술하였다.

태양 : 흉성으로서 자아를 찾기 위해 필요한 "분리"를 나타낸다.

달 : 의식 내에 있는 강력한 의지로 인한 성장을 제공하게 된다.

화성 : 흉성으로서 어떠한 것에 대해 해야 한다거나 말아야 한다는 식으로 정신적 관념들에 집착하게 만든다. 그래서 좌절감을 느끼도록 만든다.

수성 : 가지고 있는 재능이나 지성을 사용하여 의도하는 것을 형상화 시킨다.

목성 : 나쁜 것 보다는 좋은 것을 가지게 하는 축복과 지혜를 준다.

금성 : 어떤 것이 가진 가치를 정확하게 조합할 수 있는 능력을 준다. 그리하여 인과 법이 따르는 세상에서 균형 있는 선택들을 하게 만든다.

토성 : 대영혼(Spirit)으로부터 분리의식을 나타낸다. 그래서 부족함, 불행함, 심리적 콤플렉스 등을 가지게 만든다.

라후 : 과거에 충분히 계발하지 못한 탓으로 일어나는 "분리"를 나타내며, 취약한 영역들에 균형을 잡아야 할 필요를 나타낸다. 또한 라후는 토성과 비슷한 분리의식을 나타내기도 한다.

케투 : 완성을 나타낸다. 완성할 필요가 있는 것들을 주며, 이미 완성이 되었을 때는 빼앗아 간다. 또한 케투는 화성과 비슷하게 정신적 관념에 대한 강한 집착을

나타낸다. 하지만 이러한 정신적 관념들은 차트 주인이 자유로워지고 있는 것들이다.

▨ 토성이나 라후에 의해 손상되었을 때

만약 행성들이 토성이나 라후와 합치하거나 어스펙트를 받고 있다면, 그들이 가진 계발적인 자질들에 다음과 같은 결과들이 나타날 것이다.

태양 : 자아로부터 분리의식을 가지게 되어 낮은 자존감에 시달리게 된다.

달　　: 마음의 평화로부터 정신이 분리되어 부정적인 생각, 두려움, 걱정들에 시달리게 된다.

화성 : 개인적 의지와 신의 의지 사이에서 분리의식을 가지게 되어, 성급함과 좌절감에 시달리게 된다.

수성 : 주어진 일들을 완성시키고 대자아를 계속 발현시키게 만들어 주는 재능과 지성으로부터 분리의식을 느낀다. 그리하여 자신의 재능이나 지성이 주어진 임무를 완수시키기엔 너무 부족한 것처럼 보이게 만들며, 행정을 다루고 구체적인 결정들을 내리는 일에도 과도한 스트레스를 받게 만든다.

목성 : 자신이 걷고 있는 길로부터 분리의식을 가져다준다. 그리하여 목적성을 잃고 삶의 의미가 부족한 것 같은 느낌에 시달리게 만든다.

금성 : 어떤 욕구나 행동의 가치에 대해 현실적으로 판단할 수가 없다. 그리하여 시간, 에너지, 돈을 너무 많이 지불하거나 혹은 부정적인 카르마를 치르게끔 형편없는 선택들을 하게 만든다.

토성 : 엄청난 불안정감들, 그리고 훨씬 더 파워풀한 분리의식에 시달리게 된다.

라후 : 카르마의 균형을 이뤄야 할 필요를 더욱 절실하게 느끼게 된다.

케투 : 오직 자신만이 안정과 안녕을 제공할 능력이 있는 것처럼 자신이 가지고 있는 정신적 관념들에 지나칠 정도로 강하게 집착한다. 자신의 아이디어들이 권위적으로 되기를 원하는 경향이 있다. 케투가 있는 영역에서 상당한 어려움을

거쳐야 할 필요성이 있다.

이러한 결과들은 행성들이 취약의 품위를 얻었을 때에도 비슷하게 나타난다.

▨ 화성이나 케투에 의해 손상되었을 때

만약 화성이나 케투가 행성들을 손상시키고 있을 때, 그들이 가진 개발적 재질들에 다음과 같은 결과들이 따라오게 된다.

태양 : 어떻게 해야 한다 혹은 말아야 한다는 식으로, 자신의 생각이나 아이디어들에 자기 스스로가 일치하지 않는 데서 오는 좌절감을 느끼게 된다. 케투는 이러한 결과로 빚어지는 자기불신을 나타낸다.

달　 : 어떻게 해야 한다 혹은 말아야 한다는 식으로 자신의 생각이나 아이디어들에 자기 스스로가 강하게 조건화된 것처럼 보인다. 그리하여 평화를 잃게 하고 정신적 좌절감을 가져다준다.

화성 : 어떻게 해야 한다 혹은 말아야 한다는 식으로, 자신의 생각이나 아이디어들에 더욱 강하게 집착한다. 그렇지만 그러한 태도는 내향화되어 있어 더 이상 쓸모가 없는 것처럼 나타난다. 그리하여 더욱 자유로워질 수 있는 능력을 가지고 있다.

수성 : 어떻게 해야 한다 혹은 말아야 한다는 식으로, 자신의 생각이나 아이디어들 때문에 균형적인 관리를 하거나 소통할 수 있는 능력이 저하되게 된다. 그리하여 좌절감과 언쟁들을 가져온다.

목성 : 어떻게 해야 한다 혹은 말아야 한다는 식으로, 자신의 생각이나 아이디어들이 너무 강한 이상주의나 믿음들에 사로잡혀서 유동성이나 수용성이 부족할 수도 있다. 신념에 대한 능력도 줄어들게 된다. 왜냐하면 신념이란 직관적인 지식에서 오는 것이지, 과거의 지식에서 오는 것이 아니기 때문이다. 아무리 과거에는 통했더라도 언젠가 미래에는 반드시 실패하게 되어 있는 법이다. 그래도 케투의 영향은 그가 가진 믿음이나 신념을 깊게 만든다. 하지만

어떤 때는 차트 주인이 자신의 이상들을 지키지 못해 그에 따르는 고통을 받기도 한다.

금성 : 더 이상 가치가 없거나, 노력을 할 가치가 없는 것들을 강요하게 만든다. 다른 사람들의 아이디어들을 존중하지 않는 외교술의 부족을 가져온다. 특히 화성이 손상되었을 때 이러한 결과들이 나타나게 된다. 케투는 좀 더 성숙한 영향을 나타낸다. 자신의 욕구들을 바깥으로 표출하는 것을 꺼리며, 자신의 강한 의견을 밀어붙이기보다는 감출 수 있는 외교술을 가져다준다.

토성 : 안전하게 느낄 수 있기 위해서는 자신의 아이디어나 개념들이 권위적으로 받아들여져야만 한다는 조건을 달고 있다.

라후 : 어떻게 해야 한다 혹은 말아야 한다는 식으로 자신의 생각이나 아이디어들을 자신도 잘 모르는 낯선 영역들에 강요하는 경향이 있다. 그런데 정작 자신도 어떻게 해야 되는지, 어떻게 조화로운 방식으로 다루어야 하는지 잘 모르고 있기에 이러한 경향은 상당한 갈등이나 폭력으로 나타날 수도 있다.

케투 : 어떻게 해야 한다 혹은 말아야 한다는 식으로 자신의 생각이나 아이디어들에 아주 강력하게 집착함을 나타낸다. 그렇게 주장하여 비록 원하는 대로 되었더라도 차트 주인은 좌절하거나 만족하지 않게 된다. 기대했던 만큼 행복을 가져다주지 않기 때문이다.

▨ 길성들의 영향

만약 길성들이 영향을 미치고 있다면, 행성이 가진 개발적 자질들에 다음과 같은 결과들이 나타날 것이다.

태양 : 자신감과 한결 같은 자세

달 : 삶에 대한 긍정적 태도와 좋은 자세

화성 : 유동성, 수용성, 차트 주인이 가진 어떻게 해야 한다, 말아야 한다는 식의 생각과 아이디어를 존중할 수 있는 외교술, 그리하여 다른 이들과 좌절감을 적

게 겪고 반감이 없다. 의지와 에너지를 조화롭게 사용한다.

수성 : 재능과 지성을 현실적으로 사용하여 좋고 평안한 삶을 이루어 낸다.

목성 : 열린 마음의 철학, 조화로운 신념, 판단력의 유동성을 가져다준다.

금성 : 어떤 것에 대한 적절한 가치를 균형 있게 매길 수 있는 능력을 준다. 그리하여 실제 가치보다 절대로 더 이상 지불하지 않는다. 외교술과 매너를 가지게 하여 삶에서 진보할 수 있게 해준다.

토성 : 분리 의식의 정도가 약하고 보다 큰 내적인 안정성을 가지고 있기 때문에 삶의 고통을 적게 받는다.

라후 : 차트 주인이 약하고 미계발된 영역들에서 필요한 레슨들을 배울 수 있는 재능을 더 크게 가지게 된다. 만약 목성이 라후에 영향을 미치고 있으면, 특히 어스펙트를 하고 있으면 가장 큰 도움이 된다. 수성도 도움이 되지만, 그러나 목성만큼은 되지 않는다. 왜냐하면 지혜나 축복만이 라후를 완전히 향상시킬 수 있기 때문이다.

케투 : 더 크게 만족할 수 있으며, 깊은 내적 안정성을 얻기 위해 애쓸 필요를 적게 느낀다. 내향적이고 묵상할 수 있는 능력이 조화를 이루고 있다. 그래서 좌절감이나 혼란으로부터 자유롭게 만든다.

이러한 결과들은 행성이 고양의 품위를 얻었을 때도 비슷하게 나타난다.

25. 토성

토성은 차트 주인이 개체 의식과 영적 의식 사이에서 분리의식을 경험하고 있는 영역을 나타낸다. 이러한 분리의식은 부족함, 우울함, 공허함, 좌절감, 거부감, 필요성 등에서 나오는 온갖 불행한 느낌들로 나타나게 된다. 만약 어떤 사람이 자신의 삶에서 일어나는 어떤 것들에 대해 분리의식을 가지고 접근한다면, 절대 자신이 바라는 대로 평화와 행복을 얻을 수 없을 것이다. 예를 들어, 분리된 영적 주체의식으로 인해 낮은 자존감을 가지고 있는 사람은, 얼마만큼 많은 파워를 얻는다 하더라도 여전히 자신을 약하게만 느끼게 될 것이다. 토성이 위치하고 있는 라시는 차트 주인이 의식 안에서 어떠한 형태의 분리를 느끼고 있는지를 나타낸다.

분리된 의식은 뭔가 부족하거나 약한 태도로 경험된다. 그리하여 차트 주인이 이러한 부족하거나 약한 느낌을 보상시키기 위한 노력을 하게끔 부추긴다. 그는 노력을 통해 그러한 느낌들을 극복할 수 있기를 바라지만, 그러나 결과는 불행하게도 원하는 대로 잘 나오지 않는다. 무의식적으로 보상심리가 바깥을 향해 돌아가기 때문에 절대로 기대했던 대로 되거나 원했던 행복으로 오지 않기 때문이다. 부족함을 보상시키려는 차트 주인의 행동은 분리된 의식을 기반으로 하고 있기에 결코 충족이 얻어질 수 없는 것이다. 그러므로 차트 주인은 먼저 분리된 의식을 극복할 수 있어야 자신이 추구하던 행복과 안녕을 찾을 수 있게 된다.

보상적인 방법들은 절대로 행복을 제공해줄 수 없다. 대신에 다음과 같은 둘 중의 하나, 혹은 양쪽 모두의 결과를 얻게 된다. 첫째, 차트 주인은 그러한 분리 의식을 극복할 수 있는 행동들을 시작할 수도 있다. 명상을 한다거나 영적 서적들을 읽는다거나 또는 자아향상을 위한 다른 방법들을 시도하게 되는 것이다. 물론 차트에서 그러한 성향들이 내재하고 있는 경우에 한해서다. 두 번째로, 분리의식을 극복하는 데 도움이 되는 깨달음을 어떻게든 어느 정도 얻기 전까지 계속 노이로제 상태에 빠져 있을 수도 있다. 이러한 노이로제 상태는 보통 토성의 다샤 기간들에 일어난다.

노이로제 상태는 심각한 우울증, 좌절감에 시달리거나, 혹은, 행복을 추구하는 과정에서 부닥치는 힘든 장애들 때문에 포기하게 될 때 나타난다. 그러한 장애들은 극복하기가 거의 불가능하다. 내면에서 느끼는 부족함을 외적인 행동으로 보상하고자 하게 되면 반드시 실패가 따르기 마련이다.

토성이 위치하는 라시에 따라 차트 주인은 특정한 타입의 분리의식에 시달리게 된다. 그래서 어떤 특정한 보상적인 태도나 행동을 하게 만든다. 하지만 이러한 보상적 태도나 행동은, 행복이 아니라 노이로제 상태로 귀결되어 아무런 생산적인 행동을 시도하거나 행하지도 않게 된다. 정반대 편에 있는 라시들도 같은 노이로제 상태를 가지고 있다. 약한 것으로부터 가장 먼 거리에 있는 반대편은 사실상 같다고 할 수 있기 때문이다 (다르게 말하자면, 건강한 것으로부터 가장 먼 거리에 있는 반대편은 또한 같다고 할 수 있다).

다음은 토성의 위치에 따른 분리의식의 결과들로 나타나는 태도, 혹은 콤플렉스들을 설명한 것이다. 그리고 노이로제 상태에서 나타나는 보상심리나 건강하지 못한 행동들도 같이 덧붙였다.

⊠ 산양 라시

태도/콤플렉스 : 개인적으로 하는 행동들이나 성공에 대해 불안하다.

보상 : 지나치게 의무적이거나, 성공이나 행동을 할 수 있는 능력을 증명해 보이고 싶어 한다.

⊠ 천칭 라시

태도/콤플렉스 : 사랑 받지 못했거나 버림받은 것처럼 느낀다.

보상 : 아무도 필요 없는 것처럼, 내성적이거나 차갑거나 거만하게 된다.

산양 라시/천칭 라시 노이로제 상태 : 비판적이고 참을성이 부족해진다. 차트 주인은 자신에 대해 좋게 느끼지 않으며, 이러한 감정은 다른 사람들에게 떨어지게 된다. 다른 사람들을 비난하는 것은 무의식적으로 자신의 기분을 낮게 만들려는 시도이다.

⊠ 황소 라시

태도/콤플렉스 : 개인적인 안전성이나 자기가치가 부족하다. 자신에게 내재하고 있는 가치를 인식할 수 없으며, 무엇이든 받는 것에 대한 죄의식을 느끼게 된다.

보상 : 자신의 가치를 느끼고 싶은 무의식적인 희망 때문에 외적인 가치를 가진 것들에 집착하거나, 혹은, 비싼 것들은 아무런 의미도 없다는 점을 강조하기 위해 외적인 가치가 있는 것들을 버리게 된다.

⊠ 전갈 라시

태도/콤플렉스 : 감정적인 안정이 부족하여 모르는 것을 두려워하거나 근거 없는 걱정들을 하게 된다.

보상 : 아픔과 스트레스를 감추며, 육체적 관계를 어려워하며, 감정적으로 닫혀 있으며, 중독증에 빠질 수 있다.

황소 라시/전갈 라시 노이로제 상태 : 원망을 품게 되며, 다른 이들이 가진 안정성을 질투하며, 자신의 불행한 운명에 냉담해 지거나 포기를 하게 된다.

⊠ 쌍둥이 라시

태도/콤플렉스 : 자신의 지성, 지식과 소통 능력에 대한 내적 확신이 부족하여 지적인 불안정성, 우유부단함, 그리고 이해를 받지 못하고 있는 듯한 느낌 등을 가지게 된다.

보상 : 지나칠 정도로 분석적이거나 공부하거나 설명 들을 하려 든다. 모두 머리를 너무 쓰려고 들거나 진정시키는데 어려움을 겪게 만든다.

⊠ 인마 라시

태도/콤플렉스 : 삶에서 목적이나 의미가 부족함을 경험하게 된다.

보상 : 삶에 의미를 줄 거라고 믿는 어떤 것에 대해 지나치게 열광하거나 미치듯이 반응하게 된다. 자신이 해야 할 어떤 거창한 일을 찾았다는 믿음에서 비롯된다.

쌍둥이 라시/인마 라시 노이로제 상태 : 계획을 짜거나, 어떤 결정을 내리거나 혹은 삶을 사는 것을 포기해 버린다. 대신에 행복하거나 잘나가던 과거에만 사로잡혀 살게 된다.

⊠ 게 라시

태도/콤플렉스 : 공허함, 가슴에서 찾을 수 있는 기쁨으로부터 마음이 분리되어 있다. 그래서 감정적 굴곡이나 우울증을 겪게 된다.

보상 : 자신의 필요나 가진 걱정들을 다른 사람들에게 전입시키게 된다.

⊠ 악어 라시

태도/콤플렉스 : 삶이나, 많은 알려진 어려움들이나, 언제 떨어질지도 모르는 고통 등에 대해 두려워하게 된다.

보상 : 그들이 가진 두려움들이 실체화 되는 것을 막기 위해 자기중심적인 컨트롤에 빠지게 된다.

게 라시/악어 라시 노이로제 상태 : 극적인 거부감과 불행함에 빠진다.

⊠ 사자 라시

태도/콤플렉스 : 자기 존중심이 결여되어 있다.

보상: 거만하게 전시적이거나, 존경을 요구하며, 자신이 아주 중요한 듯 굴게 된다.

⊠ 물병 라시

태도/콤플렉스 : 개인성에 대해 불안해한다.

보상 : "그룹"들을 쫓아다니거나, 아니면 동기들로부터 반항을 하게 된다. 자신을 괜찮게 만들기 위한 극적인 노력으로 개인적으로 자주 경직이 되어 있거나 자아 부인을 하게 된다.

사자 라시/물병라시 노이로제 상태 : 미움, 사랑을 느낄 수 없음, 고립적으로 만들 수 있다.

⊠ 처녀 라시

태도/콤플렉스 : 타성에 갇혀 꼼짝도 할 수 없는 것처럼 느끼게 된다.

보상 : 요구되는 노력을 하지만 피곤에 절어있거나, 에너지가 없으며, 비열정적이다.

⊠ 물고기 라시

태도/콤플렉스 : 삶에 대한 확신이 없으며, 무엇을 쥐고 무엇을 놓아야 할지, 어떻게 앞으로 나아가고 무엇을 버려야 할지 등 결정을 내리지 못하고 변덕스러운 우유부단함에 시달리게 된다.

보상 : 도피주의, 해야 하는 일들을 거부하게 된다.

처녀 라시/물고기 라시 노이로제 상태 : 상황이 나아질 수 있다는 믿음이 부족하여 무기력함에 빠지게 된다.

처녀 라시와 물고기 라시의 경우에는 보상하는 자세가 다른 라시들처럼 검증을 얻으려 하는 것과는 다르다는 사실이 주목하기 바란다.

차트 주인의 성숙도에 따라 그들이 보이는 보상이나 노이로제적 반응의 상태가 다를 것이다. 아주 성숙한 개인은 태도/콤플렉스 상태를 단지 가끔씩만 느끼게 될 것이며, 어떤 이들은 아예 보상이나 노이로제 상태에 빠지지 않을 수도 있다. 하지만 보통 그러한 개인들이 토성 시간에 있게 되면 노이로제 상태에 있거나 최소한 보상적 모드에 있는 것을 보게 된다. 오직 아주 성숙한 개인들만 토성 시간에 있더라도 자신들이 보상적 모드에 빠지지 않는 것을 보게 된다.

나밤샤 차트에서 토성이 위치한 결과들도 비슷하지만, 그러나 라시 차트처럼 뚜렷하지는 않게 된다.

▨ 토성이 있는 하우스들에서의 영향

토성이 라시들에서 주는 효과들은 토성이 하우스들에 있는 효과들과도 완전히 사실적으로 같게 된다. 산양 라시에 있는 결과들은 토성이 첫 번째 하우스에 있는 효과와 같다. 황소 라시에 있는 결과들은 토성이 두 번째 하우스에 있는 것에 적용 된다 등. 하지만 토성이 하우스들에서 내는 특성들은 토성이 라시들에서 주는 효과들만큼 두드러지지 않게 된다. 토성의 하우스 위치에 의해서 경험되는 분리의식은 토성이 라시들에서 주는 효과들보다 좀 더 피상적이게 된다. 성숙한 개인들의 경우에는 토성의 하우스 위치에 따른 위의 효과들을 아예 겪지 않는 것을 알 수 있다. 그렇지만 여전히 라시의 위치에 따른 효과들을 겪게 될 것이다. 토성의 하우스 위치에 따른 효과들은 토성의 라시 위치에 따른 효과들을 다루기 이전에 이미 다룬 바 있다.

▨ 토성이 주는 어려움을 극복하기

토성이 위치한 라시에서 토성이 다스리는 하우스들을 센 뒤에, 그러한 하우스들을 개발하는 것이 토성이 주는 어려움들을 극복하게 하고 토성을 가장 유용하게 사용할 수 있는 방법이다. 예를 들면, 황소 라시에 있는 토성은 목적과 의미(토성의 현 위치에서 **아홉 번째 하우스**, 악어 라시)를 행동들(**열 번째 하우스**, 물병 라시)에서 계발해야만 한다. 그래야만 황소 라시(두 번째 하우스)에서 토성이 나타내는 자기가치의 부족함을 극복할 수 있게 된다. 이처럼 같은 원칙이 어떤 다른 라시에 있는 다른 행성들을 가장 최상으로 사용할 수 있는 방법을 알려준다. 간단하게 어느 행성이 있는 위치에서 그 행성이 다스리는 하우스를 살펴보면 된다. 이런 특별한 원칙은 라시들에 위치하고 있는 행성들의 의미를 드러내게 된다.

▨ 토성이 다른 행성들에게 미치는 영향

토성이 다른 행성에게 미치는 영향은 그러한 행성이 다스리는 라시에 있는 경우와 비슷하다. 토성이 달을 어스펙트하거나 합치를 하는 경우는 토성이 게 라시에 있는 경우와 비슷하다. 목성에게는 인마 라시에 있는 경우와 비슷하다 등. 그렇지만 어떤 다른 행성들의 경우에는 몇 가지 부차적으로 주목할 만한 효과들이 있다.

- **달** : 정신적인 걱정들, 부정적인 생각 등, 마음이 가슴으로부터 분리된 결과로 나타나게 된다.
- **화성** : 개인적 의지와 신의 의지 사이에서 분리의식을 느끼기 때문에 인내심이 부족하게 된다. 그래서 어떤 일을 제시간에 마칠 수 없을 것 같은 자세를 가지게 만든다.
- **수성** : 의무나 주어진 일들을 우선순위로 정리하거나 관리할 수 있는 능력이 부족하다. 그래서 심한 스트레스를 겪게 된다. 취약의 품위에 있는 수성도 비슷한 효과를 가져 온다.
- **금성** : 변화에 적응하거나 더 이상 쓸모가 없는 것들을 놓지 못하는 어려움을 겪게 된다.

▨ 라후는 토성의 효과들을 준다

라후는 토성과 비슷하게 분리의식을 나타내는 또 다른 행성이다. 앞에서 언급한대로, 토성이 라시들이나 하우스들에 있는 효과들, 그리고 영향을 미치는 행성들에게 주는 효과들이 라후에게도 모두 비슷하게 적용된다.

▨ 달의 컴버스트

달이 컴버스트를 한 경우에는, 그가 위치한 라시나 하우스 그리고 영향을 미치고 있는 행성들에게 분리의식이 나타내는 효과와 비슷한 결과들을 가져온다.

26. 라후와 케투(Rahu and Ketu)

　라후와 케투는 태양주위를 도는 지구의 길과 지구주위를 도는 달의 길이 서로 교차하는 포인트 들이다. 태양은 영혼이며 달은 마음, 그리고 지구는 창조된 세계이다. 라후와 케투는 의식이 창조세계에 표출될 때 마음과 영혼에 미치는 영향을 나타낸다. 영혼은 영원히 순수한 상태로 있다. 그러나 영혼의 반영인 마음은 불만족스럽거나 흐트러져 있으며, 열망이 올라오며, 두려움이 침입한다. 보통 좀 더 깊숙이 숨겨진 모든 욕구는 세상에서 충족을 얻지 못한 채 남아있다. 차트 주인은 라후나 케투가 영향을 미치고 있는 영역에서 절대로 만족을 할 수가 없다. 항상 뭔가 빠진 게 있을 것이며, 이러한 뭔가는 반드시 영적인 수단들을 통해서 찾아야 한다. 라후와 케투는 영혼의 어둠인식(蝕, eclipses)들을 일으킨다. 이러한 어둠을 들여다보며 어둠 속에서 헤매기 보다는 대영혼(빛)을 찾게 되면 원하는 평화와 기쁨을 주게 된다.

　라후와 케투는 복잡하게 얽힌 의식을 나타내는 요소들이다. 복잡하게 얽힌 의식은 개인적 의식이 원래 하나인 의식으로 되돌아가려는 것을 나타내고 있다. 그러기 위해서는 모든 외향적, 진화적 세력들의 완성이 일어나야 한다. 라후와 케투, 두 행성은 이렇게 완성이 필요한 뒤얽힌 상태를 목표로 하고 있다. 두 행성은 비록 같은 목적을 가지고 있지만 그러나 행동은 서로 반대되는 것처럼 보인다. 케투는 아주 내향적인 세력으로서 완성과 깨달음을 준다. 케투가 영향을 미치는 것들의 카르마는 현재 삶에서 완성이 되고 있는 것들이다. 어떤 것이든 케투가 영향을 미치는 것은 완성과 결말의 뉘앙스를 가지고 있다.

반대로 라후는 우리를 새로운 것들에게 끌고 간다. 그래서 라후는 케투와 반대로 행동하고 있는 것처럼 보인다. 하지만 라후가 우리를 새로운 것들로 끌고 가는 이유는, 부조화가 있는 곳들에 조화를 이루게 하기 위해서이다. 부조화가 남아 있는 한 완성은 있을 수 없기 때문이다. 비록 라후가 삶에서 새로운 것들을 시작하게 만들지만 부조화가 있는 곳에 조화를 이루기 위해 그러는 것일 뿐, 다른 아무런 의도들은 없다.

라후가 조화를 이루게끔 강요하는 영역들은 과거에 케투의 영역들을 계발하는데 집중하느라 미처 계발되지 못한 곳들이다. 라후가 손상시키는 영역들은 조화를 잃었으며 아직 덜 계발되었는지라, 일반적으로 삶에서 라후가 가져오는 것들을 유지하기 위해 필요한 카르마는 아주 많이 부족하다. 그래서 분열이 일어나게 된다. 또한 지식이 부족한 면도 있어서, 차트 주인은 "순진"하거나 경험이 부족해, 이 또한 분열이 일어나게끔 가중 시키는 요소가 된다.

라후와 케투는 항상 서로 반대편에 있다. 반대의 법칙을 기억하는가? 서로 반대 되는 것들을 최극단으로 밀어 부치게 되면 결국 둘은 똑같다는 법칙이다. 그러므로 라후와 케투는 서로 같다. 브리핱 파라샤라 호라 샤스트라(BPHS)에서는 "케투는 라후와 동족이다"라고 말하고 있다. 라후가 영향을 미치는 영역이 미계발되어 있다면, 케투가 영향을 미치는 영역도 조화를 이루지 못한 채 단지 한쪽 면만 개발이 되어 있다는 말과도 같다. 조화롭게 계발이 되지 못하면, 충족을 얻을 수도, 진정한 영적 의식도 있을 수 없다.

케투가 지나치게 사전에 사색적이거나, 때로는 폭발 직전까지 갈 정도로 자기컨트롤을 하는 반면, 라후는 분별력이 부족하며, 혼란스럽고, 어떤 컨트롤도 결여되어 있다. 라후는 혼란을 일으켜서 케투가 컨트롤 하기를 포기하고, 대신에 유동성, 의탁, 비 집착을 계발하도록 강요한다. 케투가 컨트롤하려 할수록 라후는 더욱 혼란스럽게 만들 것이다. 케투는 의심하게 하고, 라후의 영역이 계발될 때까지 어떤 행동이든 하지 않으려 하게 만든다.

또한 케투의 위치는 차트 주인이, 어떻게 해야 한다거나 말아야 한다는 식의 아이디어들, 그리고 그에 맞추어 살 수 있는 강한 능력을 가진 영역을 나타내기도 한다. 라후가 위치하는 영역은 차트 주인이 불분명하거나 비현실적인 아이디어들을 가진, 그리고 어떤 선입견들에 맞추어 살 수 있는 능력이 부족한 영역들을 나타낸다. 그러므로 라후는 차트 주인을 케투의 강한 아이디어들로부터 자유롭게 하기 위해 혼란과 불안정성을 유발시키는 역할을 한다. 미개발된 영역들을 발전시키기 위해 그들이 가진 어떻게 해야 한다나 말아야 한다 식의 아이디어들에 맞추어 사는 것이 불가능하도록 만든다.

라후와 케투는 모두 영적인 편안함에 대한 필요를 느끼게 한다. 그리고 다음 세 가지 중 하나를 만들어 내 우리를 앞으로 진전시킨다.

1. 충동성
2. 불만족
3. 급진적이고 조정 불가능한 변화들

그리고 이러한 세 가지는 다음 네 번째 것으로 나타나게 된다.

4. 영적인 사람에게는 변환, 비영적인 사람에게는 파괴

충동성은 조화를 이루어야 할 필요가 있는 것들에게 차트 주인을 당기게 된다. 불만족은 찾기 위해 나서도록 부추긴다. 급진적인 변화는 차트 주인이 가진 진정한 개인성을 표면으로 가져오며, 그리고 구속시킬 수 있는 집착들로부터 자유롭게 해준다.

좀 더 구체적으로 말하자면, 케투는 파괴를 하거나 어떤 것으로부터 자유롭게 하기 위한 충동성을 일으킨다. 라후는 지식이나 재능이 아주 부족한 것들에게 끌어당겨, 반드시 어려움을 겪게 만드는 충동성을 일으킨다. 케투는 오래되고 익숙한 것에 대한 불만족을 만들어 낸다. 라후는 어떤 것도 원하는 만큼 좋아질 수 없다는 불만족을 일으킨다. 꿈은 언제나 현실보다 나은 법이다. 물론 온 세상이 하나의 꿈으로 보일 때까지만이다. 라후는 차트 주인이 어떤 익숙하지 않은 것들에 의지하거나 받아들이도록 하기 위해 급진적인 변화를 일으킨다. 케투는 차트 주인이 집착하는 것들이나 이미 완성되어 더 이상 아무런 계발할 필요가 없는 것들로부터 자유롭게 하기 위해 급진적인 변화를 일으킨다.

변환은 어떤 불가능하게 보이는 것들에 대한 자세를 바꾸게 만든다. 좀 더 높은 관점

에서 보면 불가능한 것이 가능해지는 것을 알게 된다. 가장 중요한 점은 이러한 변환을 하는 데 있다. 라후는 차트 주인에게 획기적인 발전을 하도록 강요한다. 그래서 혼란스럽던 것들에 대한 이해를 할 수 있게 된다. 케투는 변환을 통해 에고 집착하는 것들을 놓아버리도록 강요한다. 그리하여 모든 것을 좀 더 높은 관점에서 볼 수 있게 된다.

라후와 케투가 가진 세 가지 세력(충동성, 불만족, 급진적인 변화)들은 사람이면 누구나 겪게 되어 있다. 만약 개인이 이러한 세 가지 세력을 성장과 팽창이라는 영적인 의식을 가지고 대처한다면, 그러면 변환이 일어나게 된다. 만약 그렇게 할 수가 없다면, 자신의 삶에서 행복을 파괴하게 만든다.

단지 라후와 케투만 보고 그들이 나타내는 어려움들을 어떻게 개인이 대처할 것인지 간단명료하게 알 수 있는 방법은 없다. 차트에 있는 영성과 태도를 결정하는 요소들이 이러한 점들을 결정하는데 더욱 중요하다. 그렇지만 수성의, 특히 목성의 어스펙트는 아주 많은 도움이 된다. 라후와 케투가 나타내는 괴로운 영향들은 영적으로 아주 진보한 사람의 차트에서나, 무지에 쌓인 평범한 사람의 차트에서나 모두 똑같다.

▨ 라후와 케투가 있는 라시들과 하우스들

케투가 위치하는 하우스와 라시는 차트 주인이 가까운 과거 생에 안정성을 확보하기 위해 사용하였던 삶의 영역들이나 매너들을 나타낸다. 그래서 차트 주인은 이러한 영역들에서 자신이 가진 아이디어들에 대한 집착을 하고 있을 것이다. 하지만 이번 생에서는 이러한 개념들이 재점검되어야 할 필요가 있다. 차트 주인은 이제 이러한 개념들로부터 스스로 자유롭게 만들 필요가 있다. 이러한 영역들이 바로 차트 주인이 가진 전생의 카르마의 효과들을 가장 뚜렷하게 완성시키고 있는 곳이다. 이러한 영역들은, 비록 과거에 아주 잘 계발이 되었지만, 현재에는 불만족을 초래하거나 더 이상 진보할 수 있는 모멘텀(momentum)이 결여되어 있다.

반대편 하우스와 라시에 있는 라후는 차트 주인이 아직 개발을 못했고 약한 삶의 영역들을 나타낸다. 차트 주인은 케투의 위치에서 이러한 영역들의 안정성을 이루려는 것이 그다지 전적으로 효과적이지 않다는 사실을 주목하게 된다. 라후의 위치가 나타내는 영역들은 계발해야 할 필요를 가지고 있다. 계발을 통해 부조화가 있는 곳에 조화를 이루는 것이다. 일단 이러한 조화가 이루어지면 차트 주인은 케투가 나타내는 카르마의 효과들로부터 완전히 자유로울 수 있게 된다.

라후나 케투가 라시에 있는 효과들은 그들이 하우스에 있는 효과들과 연결되어 있다. 그 뜻은 산양 라시에 있는 라후의 효과들은 라후가 첫 번째 하우스에 있는 것과 비슷하게 된다. 그러나 하우스 위치는 라후나 케투가 어떤 영역에 자신들의 진화적 효과들을 가지고 있는지를 나타내며, 라시의 위치는 어떤 매너로 그들이 행동하는지를 더 나타내고 있다. 그렇지만 하우스의 영향은 차트 주인이 좀 더 즉각적으로 느끼게 되는 것이며 라시의 영향은 좀 더 본질적인 영향을 나타낸다. 예를 들면 만약 케투가 쌍둥이 라시에 있으면, 차트 주인은 어떤 일이든 좀 더 이지적인 매너로 하는 본질적인 자질을 가지고 있다. 이러한 케투가 두 번째 하우스에 있다면, 그들은 이러한 이지적인 기질을 특히 재산이나 자원들을 관리하는 매너에서 보이게 될 것이다. 이번 생에서 그들이 가진 즉각적인 관심은 부에 관련된 것이기 때문이다. 라후와 케투가 있는 하우스들에서 계발해야 할 필요가 있는 것들은, 그들이 있는 라시가 필요로 하는 계발들이 완성되기 이전에 완성되게 된다. 라시들은 보다 깊은 영향들을 나타내고 있다.

▧ 라후와 케투가 있는 하우스들

라후와 케투가 있는 하우스들에서 일반적으로 다음과 같은 효과들을 기대할 수 있다.

1. 케투가 다르마 하우스들(자아의 하우스들, 첫 번째, 다섯 번째, 아홉 번째)에 있을 때 라후는 카마 하우스들(사회성의 하우스들, 일곱 번째, 열한 번째, 세 번째)에 있게 된다. 이러한 위치는 좀 더 자기계발이 된 카르마 배경에서 왔음을 나타낸다. 현재 생에서는 사회성의 계발을 할 필요가 있다. 사회성의 계발은 다른 사람들의 반영을 통해서 일어나는 자아계발이다.

2. 케투가 아타(물질적 안녕의 하우스들, 두 번째, 여섯 번째, 열 번째)에 있을 때 라

후는 목샤 하우스들(감정적, 영적 충족의 하우스들, 여덟 번째, 네 번째, 열두 번째)에 있게 된다. 이러한 위치는 현실적인 관심들을 통해서 안정성을 계발하려는 카르마 배경에서 왔음을 나타낸다. 현재 생에서는 좀 더 내적인 힘을 계발해야 할 필요가 있다. 일반적으로 라후가 목샤 하우스에 있을 때, 특히 네 번째나 여덟 번째에 있을 때, 감정 위주의 중독증에 걸리는 경향이 있다.

3. 케투가 카마 하우스들(사회성의 하우스들, 일곱 번째, 열한 번째, 세 번째)에 있을 때 라후는 다르마 하우스들(자아의 하우스들, 첫 번째, 다섯 번째, 아홉 번째)에 있게 된다. 이러한 위치는 사회성이 개발된 카르마 배경에서 왔음을 나타낸다. 현재 생에서는 자아계발을 해야 할 필요가 있다. 라후가 다르마 하우스에 있는 차트 주인은 자신이 성취하고 싶어 하는 것을 시각화시킬 수 없을 때 우울증을 겪게 된다.

4. 케투가 목샤 하우스들(감정적, 영성적 충족의 하우스들, 여덟 번째, 네 번째, 열두 번째)에 있을 때 라후는 아타 하우스들(물질적 안녕의 하우스들, 두 번째, 여섯 번째, 열 번째)에 있게 된다. 이러한 위치는 안정성을 계발하려던 노력이 어떤 구체적인 행동으로 기반을 다지지 못했던 카르마 배경으로부터 오는 것을 나타낸다. 이번에는 구체적인 일들을 해야 할 필요가 있다. 네 번째와 여덟 번째 하우스들은 가족에 의지하고 안정성을 얻는 것을 나타낸다. 여덟 번째는 가족에게 얻는 안정성, 여덟 번째는 배우자에게 얻는 안정성이다. 케투가 목샤 하우스에 있다고 해서 차트 주인이 영적인 깨달음을 위해 노력했다는 뜻은 아니다. 단지 그들은 물질적인 염려들로부터 자유로웠다는 것을 의미한다. 이렇게 될 수 있는 방법들은 여러 가지가 있다. 그런데 모든 방법이 다 건전한 것은 아니다.

5. 언제든 라후와 케투가 앵글 하우스들에 있게 되면 차트 주인은 그들이 가진 남성적 여성적 본성들 사이에서 적절한 균형을 계발해야 할 필요가 있다. 남자는 자신의 남성적 본성에 어떤 허약함을 가지고 있을 것이며, 여자는 자신의 여성적 본성에 어떤 허약함을 가지고 있을 것이다. 이러한 약점들을 보상하고자 차트 주인은 어떤 폭력적 힘들을 시도하는 것으로 나타날 수도 있다. 이러한 기질은 특히 이성

관계에 바람직하지 못한 영향을 미치게 된다. 그래서 라후와 케투가 앵글에 있는 사람들은 남성적, 여성적 본성들을 적절하게 잘 사용하는 법을 배울 수 있을 때까지, 일반적으로 행복하지 않은 결혼생활을 하게 된다.

▨ 케투가 첫 번째 하우스, 라후가 일곱 번째 하우스에 있는 경우

케투가 첫 번째 하우스에 있는 차트 주인은 가까운 과거 생에 혼자서 모든 일을 다 처리해 내었다는 것을 나타낸다. 그래서 어떤 상황에서건 자신의 힘으로 감당해낼 수 있다는 것을 알기에 든든하게 느끼고 있는 사람이다. 일곱 번째 하우스에 있는 라후는 이번 생에서는 차트 주인이 파트너십에서도 그만큼 효과적이고 능력 있을지 배워야 할 필요를 나타낸다. 이러한 차트 인들은 보편적으로 혼자서는 아주 자신만만하고 능력이 있다. 그러나 어떤 형태의 파트너십에서도 많은 의혹이나 불안정함을 느끼는 경향이 있다. 다른 사람들 주변에 있으면 그들은 아주 불안하고 위협을 받고 있는 듯 느끼게 된다. 마치 자신들의 모든 행동이 감시되고 분석 당하고 있는 것처럼 자주 느낀다. 사실상 그들 자신이 스스로를 감시하고 있으며, 다른 사람들의 모든 행동을 케투가 가진 집중적인 분석적 성향으로 분석하고 있는 것이다. 이러한 느낌은 어떨 땐 꼭 발가벗은 것처럼 어색하게도 만든다. 마치 외계인이 자신의 니치(niche)를 찾고자 하는데 자기가 환영을 받을지 아닌지 확신이 없는 것과 마찬가지이다. 이러한 모든 염려는 너무 자신에게 집중하기 때문에 생겨난다. 차트 주인은 자신의 모든 면에 대해서 지나치게 자각하거나 예민할 뿐만 아니라, 모든 행동이 완벽해야 한다는 엄청난 요구를 스스로에게 하고 있는 것이다. 이처럼 완벽해야 할 필요는 어떻게 처신하고 행동해야 할지 불확실하게 만들며, 자기비판적인 성향을 가지게 된다. 자신이 얼마나 잘하는지 보다는, 자신이 하는 행동들이 얼마나 완벽과는 거리가 먼가 하는 것만 알고 있다. 아무리 다른 사람들이 자신의 업적들에 대해 축하나 인정을 해주어도 별 도움이 되지 않는다. 차트 주인이 자신의 개성으로부터 객체화시키지 못하는 한, 이러한 자기불신은 계속해서 그를 괴롭히게 될 것이다. 그런데 "완벽함"이란 자신의 카르마, 쌓은 덕과 받은 축복, 그리고 다른 사람들의 카르마, 쌓은 덕과 받은 축복 등의 사이에서 완전한 조화를 이루는 것을 의미한다. 그래서 단지 그것만이 자신이 할 수 있는 전부이며, 궁극적으로는 결코 더 좋을 것도 나쁠 것도 없다는 사실을 배우게 된다면, 그는 비로소 자신이 하는 행동들이나 스스로에 대해 만족할 수 있게 된다.

케투의 위치는 차트 주인이 과거 생에 사회성의 계발보다는 자아계발에 더 많은 시간을 소모했다는 것을 나타낸다. 이번 생에서는 라후가 파트너십을 더욱 어렵고 힘들게 만든다. 일반적으로 차트 주인은 파트너를 통해 무엇이 자신에게 옳을지, 그리고 파트너십을 유지하기 위해선 어떻게 해야 하는지 등을 배우도록 되어 있다. 그렇지만 보통 파트너십은 차트 주인이 원하는 정도보다 훨씬 더 자신을 힘들게 만든다. 이유는 바로 파트너십에서 차트 주인이 자신답기에는 어려움을 겪는 반면, 파트너의 짐을 대신 들어주려 하기 때문이다. 더 큰 관점에서 본다면 파트너가 바로 자신의 일부분이라는 사실을 배워야 할 필요가 있기 때문이다. 그래서 그들의 파트너는 정반대로 나가는 성향이 있다. 라후가 나타내는 것처럼 조정이 아주 불가능하거나 더욱 혼란에 빠진 사람들일 수도 있다. 그래서 그들 자신이 지나치게 컨트롤하거나 참모습을 감추려 하는 이상, 반대로 파트너들은 아주 불균형적이거나 너무 표현하려 할 거라는 사실을 배워야 한다. 차트 주인이 다른 사람들 주변에서 좀 더 자신감 있을 수 있을 때, 그의 파트너들은 좀 더 균형 있게 될 것이며 보다 생산적인 관계들도 가질 수 있을 것이다.

▨ 케투가 두 번째 하우스, 라후가 여덟 번째 하우스에 있는 경우

두 번째 하우스에 케투가 있는 차트 주인은, 본인의 자원이나 능력으로 필요한 안정성을 이룰 수 있는 한, 자신은 안전하고 안정될 것이라고 굳게 믿는 사람이다. 그에게는 자급자족을 유지하려는 강한 성향이 있다. 자급자족의 능력은 가진 돈에서 올 수도 있고, 가진 지식이나 재능에서 올 수도 있다. 만약 지식에서 온다면, 차트 주인은 자신이 개입된 것들에 관련된 모든 지식을 알려고 할 것이다. 그러면 어떤 일이 일어나더라도 자신이 감당할 수 있다고 생각하고 안전함도 느낄 수 있게 된다. 하지만 여덟 번째 하우스에 있는 라후는 그들의 삶에서 위기를 만들어 내며 다른 사람들의 자원 혜택을 받도록 강요하게 된다. 자원이란 비단 돈 뿐만 아니라, 재능이나 지식일 수도 있다. 그들은 위기가 찾아올 때 다른 사람들의 자원 혜택을 받기를 아주 망설이거나 두려워하게 된다. 그렇지만 이러한 사건들은 그들이 가진 자급자족 능력에 대한 집착을 떨쳐버리고 자유로워질 수 있게 해준다. 또한 다른 사람들로부터 자원 혜택을 자유롭게 받을 수 없다면 오히려 자급자족 능력을 제한시킬 뿐만 아니라, 다른 이들의 자원이 사실상 자신이 가진 능력의 확대라는 사실도 깨닫게 된다.

두 번째 하우스에 있는 케투가 나타내는 또 다른 현상은, 보통 차트 주인은 아주많은 재주를 가지고 있다. 그러나 여덟 번째 하우스에 있는 라후는 그가 다른 사람들의 재능이나 능력을 계발하는 것을 어렵게 만든다. 만약 차트 주인이 가진 어떤 재능이나자원으로 다른 이들에게 도움이 된다면 기꺼이 다른 이들의 고민을 해결하려고 할 것이다. 그러나 보다 중요한 사실은 다른 사람들이 능력을 계발하도록 가르쳐 줄 수 있어야 하는 것이다. 그러므로 차트 주인이 자신의 능력으로 해결해 주려 들기보다는, 다른이들에게 어떻게 해야 하는지를 보여 줄 필요가 있다. 이러한 과정은 차트 주인에게 몹시 답답하게 느껴질 수도 있다. 다른 이들에게 어떻게 하느냐를 보여주기 보다는 자신이 하는 것이 훨씬 쉽고 더 효과적이기 때문이다.

이러한 라후와 케투의 위치는 인간관계에서 좀 더 중요하게 계발이 필요한 영역을나타낸다. 바로 신뢰의 영역이다. 여덟 번째 하우스에 있는 라후는 인간관계에서 가까워지는 것을 어쩐지 두렵게 만든다. 차트 주인에겐 다른 사람들을 신뢰할 수 있는 능력이 그다지 잘 계발이 되지 않았기 때문이다. 사실상 과거의 어떤 아픈 경험들로 인해 오히려 신뢰하지 말도록 스스로를 고무시키고 있다. 하지만 다른 사람들을 신뢰할 수 없다면, 오히려 모든 것을 감당할 수 있는 자신의 능력에 대한 자신감이 부족한 때문이라는 사실을 알아야 한다. 일단 다른 사람들을 신뢰할 수 있게 되면, 비로소 그는 자신에게 정말로 감당할 수 있는 능력이 있다는 사실을 알고 안심할 수 있게 된다. 이처럼라후가 여덟 번째 하우스에 있을 때는 내적인 안정성을 강화시키는 것이 요구된다.

여덟 번째 하우스에 위치한 라후는 인간관계의 가치를 가늠할 수 있는 능력이 필요함을 나타내기도 한다. 이 것을 깨닫지 못하면, 인간관계에서 필요한 상호관심은 결여된 채, 그저 무의미한 인간관계만 유지할 수도 있다. 인간관계가 지닌 값어치나 가치를 알아보는 것이 그러한 인간관계를 유지할 수 있는데 중요하다. 그렇지 못한 경우에 라후는 인간관계를 끝내게 만든다.

▨ 케투가 세 번째 하우스, 라후가 아홉 번째 하우스에 있는 경우

세 번째 하우스에 케투가 있는 차트 주인은, 가까운 과거 생에 논리적인 마음을 이용해 안전성을 이루었다는 것을 나타낸다. 많은 시험이나 시도, 연구, 사고력 등으로 삶이 안전하고 편안한 방식으로 돌아갈 수 있는 어떤 패러다임(paradigm)을 형성시킬 수 있었던 것이다. 이번 생에서 케투는 과연 자신이 무엇을 정확하게 알고 있는지 의심을 하게 만든다. 자신이 알던 것과는 전혀 다른 어떤 정보와 부딪혔을 때, 처음에는 저항을 하게 된다. 새로운 정보가 안정성을 지탱해주는 자신의 패러다임을 위협하기 때문이다. 하지만 얼마 후, 자신이 가진 지식이나 이해하던 것들에 대해 의혹을 품기 시작한다. 이러한 의혹은 자신이 알던 것을 둘러싸고 정체성의 위기를 일으키게 된다. 결과적으로는 지식이 깊어지게 된다. 그리고 자신이 얼마나 많이 배웠는지, 한 가지 분명한 사실은 자신은 아무것도 모른다는 사실을 이해하게 된다.

아홉 번째 하우스에 있는 라후는 차트 주인이 이해할 수 없거나 설명할 수 없는 영역들을 납득시켜 줄만한 어떤 믿음제도나 철학을 반드시 성립시켜야 함을 나타낸다. 자신이 가진 정보를 의심하게 하는 케투는 라후를 통해 신념과 직관을 계발하도록 강요한다. 또한 세 번째 하우스 케투가 나타내는 자신의 정보에 대한 의혹은, 아홉 번째 하우스 라후가 가져오는 다른 사람들이나 스승들의 정보를 그대로 받아들이도록 만든다. 그렇지만 자신이 가진 정보를 의심하는 한, 다른 사람들이 가진 정보도 마찬가지로 의심하게 될 것이다. 핵심은 어떠한 시점에서건 비록 자신이 절대로 모든 것을 다 알 수는 없지만, 필요할 때 주어진 역할을 완수할 수 있을 정도로 알고 있다는 신념과 믿음을 계발하는 것이다.

세 번째 하우스에 있는 케투는 또한 우유부단함으로 시달리게 만든다. 그들은 어떤 일을 끝내기 위해서 필요한 마지막 한 개의 정보를 기다리고 있기 때문이다. 그러나 마지막 한 개의 유용한 정보란 절대로 없다. 항상 의혹의 여지는 남아있으며, 사실상, 이지적인 마음의 본성이 의혹하는 것이다. 결국 차트 주인은 아홉 번째 하우스에 있는 라후가 나타내는 것처럼 신념으로 행동하는 법을 배워야만 한다.

그리고 세 번째 하우스에 있는 케투는 차트 주인이 의지와 힘을 이용해 어떤 일들을 일어나게 만드는 것을 나타낸다. 케투는 모험하고 싶고 충동적이고 싶은 어떤 느낌을 한 곁에 가지고 있다. 하지만 이제 어떻게 의지를 집중할 것인지, 무엇에 집중해야 할 것인지 등등 확신이 서지 않게 된다. 아홉 번째에 있는 라후는 차트 주인이 어떤 목표를 향해 에너지를 집중할 필요가 있음을 나타낸다. 만약 목적의식이 없다면 그들이 가진 에너지나 재능들을 가장 유용하게 사용할 수가 없기 때문이다.

▧ 케투가 네 번째 하우스, 라후가 열 번째 하우스에 있는 경우

네 번째 하우스의 케투는, 가까운 과거 생에서 차트 주인이 삶에 일어나는 사건들에 대한 감정이나 반응을 진정시키거나 컨트롤하는 방법으로 안정성을 이루었음을 나타낸다. 그래서 차트 주인은 내면적으로 강한 것처럼 보인다. 이러한 차트 주인은 보통 어떤 문제들을 외부적인 방법들보다는 내적인 힘으로 해결하면 더 성공적으로 안전성을 확보할 수 있을 것이다. 그들은 감정이나 반응들을 지나치게 컨트롤 하려는 경향이 있다. 그러다가 만약 더 이상 감당할 수 없는 어떤 시점에 이르게 되면, 갑자기 폭발하거나 심한 감정적 기복을 경험할 수도 있다. 왜냐하면 느낌들이 일어날 때 집착하는 마음 없이 단순히 즐기기 보다는 감정적 반응들을 오히려 컨트롤하려 들기 때문이다. 차트 주인은 이러한 감정들에 따라 올 수도 있는 어떤 아픔에 대한 두려움 없이, 무엇을 느끼고 어떻게 되든지 단순히 자유롭게 흐르도록 그냥 내버려 두어야 한다. 자신의 생각기준에 맞추어 어떤 특정한 식으로 느끼도록 감성과 반응들을 컨트롤하려 할수록, 그들 외부적 환경은 더욱 컨트롤하기 힘들고 혼란스럽게 될 것이다.

열 번째 하우스의 라후는, 이러한 외부적 환경이 가진 혼란과 불안정성을 나타낸다. 열 번째 하우스의 라후를 통해 차트 주인은 외적인 활동들에 균형을 이루는 법을 배우게 된다. 그러한 외적인 균형은 내면적으로 조화를 이루고 있는 삶을 반영하게 된다. 컨트롤된 내면적 삶은 네 번째 하우스의 케투가 보여주는 안정성이다. 그러나 컨트롤된 내면적 삶에는 진정한 균형이 일어날 수가 없다. 그러한 불균형은 열 번째 하우스에서 불안한 라후가 보여주는 외부적 환경에 의해 드러나게 될 것이다.

또한 네 번째 하우스의 케투는, 차트 주인이 자신에게 중요한 것들에 대해 가지는 강력한 감정들을 나타낸다. 열 번째 하우스의 라후는, 그러한 강력한 느낌을 가지는 것들을 이루고자 하는 야심을 주며, 잘해낼 수 있는 출구를 만들어 준다.

▨ 케투가 다섯 번째 하우스, 라후가 열한 번째 하우스에 있는 경우

다섯 번째 하우스의 케투는, 차트 주인이 가까운 과거 생에 자신의 운명을 창조적으로 이루어 내었고, 자신의 이상을 따르며 살았다는 것을 나타낸다. 그리하여 총명하며, 성숙하고, 재능 있는 마음을 가지고 있다. 이번 생에서 다섯 번째 하우스의 케투는 자신을 위해서만 창조하는 것에 대한 불만족스러움을 경험한다. 그리고 라후를 통해 자신의 동료들에게 인정받을 수 있는 어떤 것들을 창조하고 싶은 욕구가 생기게 된다.

열한 번째에 있는 라후는 차트 주인이 가진 개인성이 동료들 앞에서는 불안함을 느끼는 것을 나타낸다. 다른 이들에게 제대로 인정을 받지 못하고 있기 때문이다. 이것은 다섯 번째 있는 케투가 나타내는 것처럼 차트 주인 자신과 지성, 자신이 하는 창조적 표현에 대해 의구심을 가지게 만든다. 라후는 차트 주인이 처한 환경에서 마음을 놓을 필요가 있음을 나타낸다. 다른 사람들도 마찬가지로 서로 비슷한 점들이나 각자 다른 점들을 가지고 있기 때문이다. 하지만 이들은 먼저 자기 자신에 대해 완전히 안심할 수 있어야 다른 사람들과도 원만해질 수 있다.

다섯 번째 하우스의 케투는, 자신의 영감대로 창조를 할 수 있는 즐거움으로 인해 여태껏 자신의 이상을 따르는 것에만 관심이 더 많았음을 나타낸다. 열한 번째 하우스의 라후는 이러한 창조과정을 통해 나오는 것들을 가져다준다. 크리슈나는 우리가 스바다르마(svadharma, 각자 타고난 다르마)를 따르게 되면 잘 살수 있다고 하였다. 다섯 번째 하우스가 주는 이상을 통해 우리는 자신이 따라야 하는 스바다르마를 찾을 수 있게 된다. 그리고 열한 번째에 있는 라후는 우리가 그렇게 함으로서 얻어지는 것들을 가져다 준다.

▨ 케투가 여섯 번째 하우스, 라후가 열두 번째 하우스에 있는 경우

여섯 번째 하우스에 있는 케투는, 세상이 주는 어려움들을 노력이나 이지를 통해 극복함으로서 행복과 안정성을 얻을 수 있다고 믿는, 그리고 가치 있는 성공은 적절한 노력들을 쏟아야 올 수 있다고 믿는 사람을 나타낸다. 열두 번째 하우스에 있는 라후는 모든 세상사에 대한 불만족을 키우며, 의무나 일들로부터 해방되고 싶어 하게 만든다. 이것은 케투의 위치에서 하는 노력들이 기대했던 행복을 가져다주지 않기 때문이다.

라후는 차트 주인이 모든 일이나 물질적 염려들로부터 자유로워지고 있으며 세상과 해야 하는 치열한 싸움으로부터 해방되고 싶어 함을 나타낸다. 그러기 위해서는 여섯 번째 하우스의 케투가 나타내는 것들을 완성시킬 수 있어야 한다. 그리고 자신들의 노력이 삶의 질을 어떻게 향상시켜줄지 집착하는 마음을 떨쳐 버릴 수 있어야 한다. 이러한 위치는 이상적인 카르마 요기를 만들어 낸다. 차트 주인은 초연한 마음으로, 결과에 대한 아무런 기대도 없이 그저 묵묵히 해야 할 일들만 할 수 있어야 한다. 그러면 원하는 대로 자유로워질 수도 있을 것이다. 이정도 비슷한 식으로 해야 할 일들을 완수할 수 없다면, 결국에는 불만족함을 느낄 것이며 탈피하려는 행동들도 시도하게 될 것이다. 이렇게 탈피하려는 행동들은 지나친 섹스나 과잉소비 등, 중독성의 성향을 가진 것들을 통해서 이루어진다.

⊠ 케투가 일곱 번째 하우스, 라후가 첫 번째 하우스에 있는 경우

일곱 번째 하우스에 케투가 있는 차트 주인은 가까운 과거 생에 애정 관계나 대인관계들 같은 여건에서 안정성을 얻었다는 것을 나타낸다. 보통 이런 사람은 다른 사람들에게 의지하려 들거나 배우자에게 자신의 정체성을 감싸버리려는 경향이 있다. 첫 번째 하우스에 있는 라후는 이번 생에서 배우자나 대중들의 영향이 없이 한 개인의 주체로서 성장해야 할 필요가 있음을 나타낸다. 보편적으로 그들은 외롭고 고립된 것처럼 느끼고 있다. 차트 주인이 자신에 대한 확신감이 없는 한, 보통 다른 사람들 주변에 있을 때 어떤 불안한 느낌들을 가지게 된다. 그래서 보다 강인한 자아의식을 계발하지 않는 한 계속 그렇게 불안정하게 남아있을 것이다.

첫 번째 하우스에 있는 라후는 차트 주인이 자신의 진정한 개인성을 찾아야 할 필요가 있음을 나타낸다. 일반적으로 이러한 것은 기대하지 않았거나 흔치 않은 사례들을 통해 일어난다. 차트 주인은 거의 정상적인 삶이라고 할 수 없는 방식으로 살고 있다. 라후가 미치는 영향은 아웃카스트(outcastes)이기 때문이다. 차트 주인이 하는 행동들은 보통 충동적이며, 균형 있게 보인다고는 할 수 없다. 그러나 그들은 이러한 행동들을 할 필요가 있다. 결과적으로 스스로 찾게 해 주기 때문이다. 그들은 자신에게 잃어버린 부분들을 찾아 헤매기 때문에, 자신이 동일시하는 사람들이나 물건들에게 강력하게 끌리게 된다. 자신이 끌리는 것들은 뭐든지 죄다 완전하게 흡수하려 든다. 그러나 언젠가는 이러한 것들이 자신을 충족시켜주지 못한다는 사실을 깨닫는 때가 오게 된다. 그러면 보통 어느 정도 정체성의 위기를 겪게 된다. 이러한 위기의 결과는 자신이 충동적으로 추구할 수 있는 어떤 다른 것을 찾거나, 혹은, 어느 정도 현명한 사람이라면 본인 스스로 자신을 충족시켜야 한다는 사실을 깨닫게 된다.

라후가 첫 번째 하우스에 있는 사람들은 일반적으로 인간관계에서 기대하거나 원하는 정도보다 자신이 훨씬 외로움을 많이 타는 것을 알게 된다. 하지만 이것 역시 그들이 스스로에 대해 깨달을 수 있도록 강요하는 또 다른 요소에 지나지 않는다. 궁극적으로 이러한 차트 주인들은 자신이 추구하거나 열망하는 모든 것들은 사실 스스로 보고 싶은 요소들이 다른 사람들을 통해 반영되고 있을 뿐이라는 사실을 이해해야 한다.

일곱 번째 하우스에 있는 케투는 차트 주인이 파트너나 대인관계들에서 어떤 중요한 일들을 완성해야 한다는 사실을 나타낸다. 그러나 이러한 파트너십이나 대인관계들은 차트 주인이 찾고 있는 안정성이나 행복을 어느 특정한 한도 이상은 제공해 줄 수가 없다. 그러한 시점에 달했을 때 차트 주인이 균형된 자아감각을 아직 계발하지 못했다면, 그러면, 그러한 인간관계는 끝이 나게 될 것이다. 어쨌든 케투가 일곱 번째 하우스에 있는 경우에는, 인간관계의 완성이라는 테마(theme)를 가지고 있다. 그러한 완성이 아름다울 것인지 혹은 형편없을 것인지, 시간이 길게 혹은 짧게 걸릴 것인지, 하는 사실들은 다른 영향들에 달려 있다.

▨ 케투가 여덟 번째 하우스, 라후가 두 번째 하우스에 있는 경우

여덟 번째 하우스에 케투가 있는 차트 주인은 가까운 과거 생에 다른 사람들 자원의 덕을 많이 보았다는 것을 나타낸다. 보통 배우자들에게 받은 경우가 대부분이지만, 간혹 사업적 파트너들의 덕을 보았을 수도 있다. 이제 두 번째 하우스에 있는 라후는 차트 주인이 자신의 힘으로 자원을 개발해야 한다는 것을 나타낸다. 이러한 라후와 케투의 위치는 차트 주인이 자신의 경제적 잠재성에 대해 불안해하며 보편적으로 어떤 저축을 가질 수 있을 때까지 오랜 시간이 걸리게 된다.

다른 사람들의 자원에 의지하고 살았던 결과로 이제는 스스로 내면의 가치부터 찾아야 할 강한 필요를 가지게 되는 것이다. 다른 사람들에게 의지하고 살면서 자신들의 물질적 생산성은 그다지 높지 못했을 것이기 때문에 스스로에 대한 가치도 제대로 계발할 수 없었을 것이다. 그러므로 두 번째 하우스의 라후가 필요로 하는 계발은 차트 주인이 타고난 자신의 가치를 인식하는 것이다. 보통 이러한 필요성은 소유하고 있는 물질들이나 가족 등, 외적인 것을 향해 표출되는데, 그럴수록 외부적인 것들은 차트 주인을 버리거나 잃게 되거나 또는 문제가 생기게 된다. 그러한 외부적인 사항들이 모두 실패한 뒤에 남은 유일한 방법은, 차트 주인이 자신의 내면을 들여다보고 자신이 타고난 가치를 찾아야만 하는 것이다. 아주 드문 경우지만, 이러한 차트 주인의 물질적인 추구가 열매를 거둘 수도 있다. 이처럼 물질적 결실을 거두게 된 경우들은 그들이 스스로 타고난 가치를 인식하고 있음을 반영한다.

두 번째 하우스는 가족의 하우스이다. 우리가 타고난 가치(가족들, 가문의 이름 등)에서 오는 가치들을 나타내는 하우스이다. 이러한 것들이 좋으면 차트 주인에게 높은 자기가치, 좋은 품성 등을 주게 된다. 만약 좋지 못하다면 그는 스스로 가치를 높일 수 있도록 많은 노력을 해야 한다. 하지만 이러한 라후와 케투의 위치는 차트 주인이 자라는 동안 가족들과 어려움을 겪도록 하기 때문에 스스로 가치가 없는 것처럼 느끼는 결과가 자주 나타난다. 또한 차트 주인은 자신의 가치를 인정받고자 힘든 노력을 기울여 이루어 낸 가족들에 대해 너무 광적으로 될 수도 있다. 그러면 결과적으로 라후는 가족들로부터 그를 분리시키게 될 것이다.

▨ 케투가 아홉 번째, 라후가 세 번째 하우스에 있는 경우

아홉 번째 하우스의 케투는 차트 주인이 가까운 과거 생에 자신의 믿음제도에 대한 신념을 통해 안정성을 이루었다는 것을 나타낸다. 또한 보통 자신이 믿고 있는 것을 가르치는데 집중하였다는 뜻이기도 하다. 이제 세 번째 하우스의 라후는 자신이 가진 믿음이 정말로 효험이 있는지 없는지 시험과 에러를 통해 검증해야만 하도록 만든다. 이러한 라후는 보통 재능이 있는 사람을 나타내는데, 집중력이 아주 강하며 자신의 재능들, 힘, 에너지를 사용하는데 뚜렷한 방향성을 가지고 있다.

또한 아홉 번째 하우스의 케투는 차트 주인이 삶에 대한 접근방식과 그에 대한 이해가 상당히 넓었다는 것을 나타내기도 한다. 세 번째 하우스의 라후는 가장 중요한 관심거리에 집중해야 할 필요, 접근방식을 좁힐 필요가 있음을 나타내는데, 그래야만 효과적으로 자신들에게 가장 중요한 것을 완성시킬 수 있기 때문이다.

▨ 케투가 열 번째, 라후가 네 번째 하우스에 있는 경우

열 번째 하우스의 케투는 차트 주인이 가까운 과거 생에 외부적인 여건들을 관리하는 능력, 혹은, 얻은 직위 같은 것들을 통해 안정성을 계발하였다는 것을 나타낸다. 이번 생에서는 외부적인 형태의 안정성은 그다지 충족을 주지 못할 뿐 아니라, 그렇게 외적인 안정성을 제공해주는 것들을 그다지 오래가지도 못한다.

네 번째 하우스의 라후는 삶에서의 굴곡과 불안정성을 만들어내며 차트 주인의 영혼에 상처를 남긴다. 상당한 정도의 두려움, 불안정성, 그리고 감정적 나약함을 가지고 있다. 이제 차트 주인은 자신의 내면적 안정성을 계발해야 할 필요가 있다.

또한 열 번째 하우스의 케투는 차트 주인이 자신의 카르마, 자신이 하는 행동들에 대한 집착을 나타내기도 한다. 과거 생에는 이러한 행동들이 어느 정도의 안정성을 가져다주었다. 그러나 이번 생에는 완전히 실패하여 네 번째 하우스의 라후가 나타내는 내면적 안정성을 계발하는 방법 이외에는 더 이상 아무런 선택권이 없게 된다.

▨ 케투가 열한 번째 하우스, 라후가 다섯 번째 하우스에 있는 경우

열한 번째 하우스의 케투는 가까운 과거 생에 차트 주인이 목적한 바를 성사시키고 원하는 것들을 얻어서 행복을 경험하였다는 것을 나타낸다. 일반적으로 지나친 사치를 하며 살았거나, 마음이 통하는 동료들이 제공해주는 안정성에 너무 의지를 하며 살았던 경향이 있다. 이번 생에서 케투는 이러한 것들이 점점 불충분하게 느껴지도록 만든다. 기대했던 행복을 가져다주지 않는 그룹들과 어울리게 해서 개입하는 자체가 덜 흥분되게 느껴지는 경향이 있다.

다섯 번째 하우스의 라후는 생각을 복잡하게 만든다. 차트 주인은 영감을 느끼는 어떤 것을 향해 집중할 필요가 있음을 나타낸다. 일반적으로 차트 주인은 자신이 어떤 것에 영감을 느끼는지 약간 혼란스러워 하고 있다. 그래서 보통 불만족스러운 정신적 자세를 가지고 있다. 만약 라후가 라자요가(Raja Yoga)를 형성하고 있다면 차트 주인은 놀라울 정도로 집중적이고 창조적일 수도 있다. 특히 자신의 행동들을 통해 스스로를 인정해야 할 필요를 가지고 있다. 다른 사람들에게 수용되거나 인정받기 위해서가 아니라, 자신이 과연 무엇을 표현하고 싶어 하는지 본인 스스로 확인하기 위해서이다. 자주 다섯 번째 라후는 차트 주인의 품위를 잃게 만들어서 이러한 시나리오를 강요하게 된다.

⊠ 케투가 열두 번째, 라후가 여섯 번째 하우스에 있는 경우

열두 번째 하우스의 케투는 차트 주인이 가까운 과거 생에 바깥 세상사들에 많이 관여하지 않았다는 것을 나타낸다. 영적이나 초월적 수행들을 통해 그랬을 수도 있고, 좀 덜 건강한 방법들이나, 행동들, 도피주의, 또는 감옥살이 등과 같은 방법들을 통해 그리하였을 수도 있다. 케투에게 영향을 미치는 다른 행성들이나 케투의 로드 위치가 이러한 양상을 설명해 줄 것이다. 어쨌든, 무지하거나, 일을 하지 않았거나, 혹은 영적인 수행 등을 하느라, 세상에서 짓는 카르마들로부터 해방되려던 관심이 지대했다는 것을 나타낸다.

여섯 번째 하우스의 라후는 모든 일로부터 자유로워지려면 먼저 필요한 일들을 해야 함을 나타내고 있다. 차트 주인은 물질적 삶을 영위하는데 필요한 모든 것을 향상시키고 관리하는 행동들을 반드시 해내야만 한다. 이러한 행동들은 케투가 원하는 것들을 완성시켜주기 위해서 필요하다. 차트 주인은 카르마 요기의 정신으로 일을 하는 것이 아주 중요하다. 인간의 권리는 행동하는 자체이지, 행동이 가져오는 결과들이 아니기 때문이다. 그렇지 않으면 구속시키는 집착들 때문에 고통을 받게 되어 케투가 목적으로 하는 완성, 결의, 초월 등이 실현되는 것이 어려워질 것이다.

⊠ 케투와 라후가 있는 라시들

· 케투가 산양 라시에 라후가 천칭 라시에 있을 때

산양 라시에 있는 케투는 차트 주인이 가까운 과거 생에 자신의 주도력, 힘, 의지를 이용해 안정성을 이루었다는 것을 나타낸다. 이러한 행동의 대부분은 눈앞에 있는 목표들만 위해서였지, 그에 따르는 결과나 가격은 보통 염두에 두지 않았다. 이번 생에서 차트 주인은 의혹심이 일어나 자신이 느끼는 충동성들을 돌리는 역할을 하게 될 것이다. 또한, 어떤 목표를 달성하는데 자신이 지불할 용의가 있는 수준보다 더 높은 가격을 치러야 하는 사건들에 빠지게 될 것이다. 그러한 상황들을 적절히 다루기 위해선 용기와 힘이 요구될 것이다. 이것은 보통 이전에 결과에 대한 어떤 생각도 없이 충동적이거나 강제적으로 목표를 추구했기 때문에 생겨난 카르마들이다.

천칭 라시에 있는 라후는 차트 주인이 모든 행동에는 치러야 하는 가격이 있다는 사실을 알게 하고, 그러한 가격을 흔쾌히 지불할 수 있는 능력을 계발하도록 만든다. 행복한 삶을 위한 핵심은 가진 욕구와 그에 필요한 행동들에 대한 가격을 재어보고, 자신이 무엇에 빠져들고 있는지를 정확하게 알고, 만약 알면서도 정말 그러한 행동들을 추구하고 싶은 건지 아닌지를 깨닫는 것이다.

산양 라시에 있는 케투는 차트 주인이 자신의 주도력, 힘, 의지를 이용해서 행동했다는 것을 나타낸다. 이러한 영향으로 인해 그들은 삶에서 일어난 많은 일이 혹은 다른 이들에게 피해를 입히는 일들이, 자기 잘못이거나 자신 탓인 것처럼 여길 수도 있다. 천칭 라시에 있는 라후는 모든 행동에는 똑같이 반대되는 반응이 있다는 사실, 카르마의 법칙을 그들에게 가르쳐야 한다. 일어나는 일들의 대부분은 그들 때문이거나 혹은 잘못이 아니라, 단지 카르마의 법칙이 자연적으로 일어나는 것에 지나지 않기 때문이다. 그래서 모든 사람이 자신의 행동들에 대한 열매를 거둘 수 있도록 해준다.

· 케투가 황소 라시에, 라후가 전갈 라시에 있을 때

황소 라시에 있는 케투는 차트 주인이 가까운 과거 생에 물질적인 수단을 통해 안전성을 이루려 했다는 것을 나타낸다. 보통 부나 실리적인 자원 등을 통해 안정성을 확보하려 하였던 것이다. 완전히 물질적은 아닌 세상에서 이루어 낸 이러한 것들은 그에게 안전함과 안정성을 마련해 주었다. 이번 생에서 케투는, 이러한 물질적인 것에 대한 불만족스러움이 점점 커지도록 만든다. 그리고 안전하게 해주는 어떤 물질적 구조체계도 깨뜨리려 하는 성향이 있다. 황소 라시의 케투가 가진 진화적 목적은 차트 주인을 이미 성취해낸 물질적 집착으로부터 자유롭게 하기 위한 것이다. 또한 황소 라시의 케투는 안정성을 주던 물질적인 것들에 대하여 차트 주인이 가진 카르마들을 완성시키고 있음을 나타낸다. 이러한 것들은 케투의 하우스 위치뿐만 아니라 케투가 영향을 미치는 다른 행성들에 의해 나타나게 된다.

전갈 라시에 있는 라후는 놀라울 만큼 강한 욕구들을 나타내는데, 물질적 세상이 줄 수 있는 어떤 것들로도 채워질 수 없는 그런 욕구들이다. 이처럼 강렬한 욕구는 차트 주인이 충동적으로 자신의 필요를 채워줄 어떤 것을 취하게 만들 수도 있다. 그래도 채워지지 않는 것을 볼 때, 또 다른 어떤 것으로 채우려 들 것이다. 하지만 자신이 느끼는 필요를 어떤 물질적 형태로 채우려 드는 이상, 더욱 공허하고 충족되지 못한 자신을 발견하게 될 것이다. 그들은 내면적인 안정성을 얻을수록, 더욱 큰 행복을 경험할 수 있게 될 것이다.

황소 라시에 있는 케투는 또한, 가까운 과거 생에 이룩한 물질적인 것들에 대한 강한 집착을 보여주기도 한다. 동시에 전갈 라시에 있는 라후는 이러한 것들로부터 얻을 수 있는 안정성의 결여로 그런 집착들을 승화시키는 것을 나타낸다.

· 케투가 쌍둥이 라시에, 라후가 인마 라시에 있을 때

쌍둥이 라시에 있는 케투는 차트 주인이 가까운 과거 생에 자신의 이지를 사용하여 안정성을 이루었다는 것을 나타낸다. 차트 주인은 시험과 공부, 연구를 통해 삶이 안전하고 안정된 매너로 자리 잡을 수 있는 패러다임을 만드는데 성공하였다. 이번 생에서 케투는 차트 주인에게 자신이 정말 무엇을 알고 있는지 의심하게 만든다. 자신이 안다고 믿었던 어떤 것에 상반되는 정보를 접하게 되면, 먼저 저항감을 느끼게 된다. 새로운 정보는 자신을 안전하게 해주던 패러다임에 위협을 느끼도록 하기 때문이다. 그러나 얼마간 생각을 해본 후에, 그들은 자신이 가진 지식이나 이해하던 것들에 대한 의구심을 품게 되고, 자신이 알고 있던 것과 연관하여 정체성의 위기를 겪게 된다. 결과적으로는 자신의 지식을 깊게 만든다. 또한, 그동안 그렇게 많이 배웠음에도 불구하고 분명하게 알고 있는 것은 자신이 아무것도 모른다는 사실임을 이해하게 된다.

인마 라시에 있는 라후는 차트 주인이 이해할 수 없거나 논리적으로 설명하기 어려운 영역들을 감당해주는 어떤 믿음, 제도나 철학의 성립임을 나타낸다. 쌍둥이 라시의 케투를 통해 품게 되는 자신의 정보에 대한 의혹은 인마 라시의 라후가 나타내는 다른 사람들, 스승들이 주는 정보를 받아들일 것을 강요하기도 한다. 하지만 자신이 가진 정보를 의심하는 한, 다른 사람들의 정보들도 마찬가지로 의심하게 될 것이다. 핵심은 신념과 이해를 계발하는 것이다. 그래서 자신이 결코 모든 것을 다 알 수 없다는 사실, 그렇지만 주어진 시점에서 역할을 수행하는데 필요한 정보는 알고 있을 거라는 사실을 믿고 안심할 수 있게 해준다.

쌍둥이 라시에 있는 케투는 보통 우유부단함에 시달린다. 이것은 케투가 문제를 해결하는데 필요한 마지막 한 개의 정보를 기다리고 있기 때문이다. 하지만, 마지막으로 유용한 정보란 절대 없다. 언제나 의혹의 여지가 남아있기 마련인데, 사실상 이지적 마음의 본성이 바로 의심이기 때문이다. 그리하여 마침내 그들은 인마 라시의 라후가 나타내는 것처럼 신념에 기반을 두고 행동하는 법을 배울 수밖에 없다.

· 케투가 게 라시에, 라후가 악어 라시에 있을 때

게 라시의 케투는, 가까운 과거 생에서 차트 주인이 삶에 대해 일어나는 감정이나 반응을 진정시키거나 컨트롤하는 방식으로 안정성을 이루었음을 나타낸다. 이러한 위치는 좀 더 내성적인 성격을 만든다. 안정을 얻을 필요가 있을 때, 밖으로 나가 해결하려 들기보다는 내면으로 들어가는 방법을 통해 위안을 찾도록 만든다. 차트 주인은 감정과 반응들을 지나치게 컨트롤 하려는 경향이 있다. 그러나 더 이상 참을 수 없을 때는 폭발하거나 심한 감정적 기복을 일으킬 수도 있다. 왜냐하면 이렇게 감정들이 일어날 때 집착하지 않는 자세로 단순히 즐기기 보다는 오히려 감정들을 컨트롤하고 있기 때문이다. 차트 주인은 감정들이 자유롭게 흐르도록 내 버려둘 수 있어야 한다. 어떤 양상으로 되든, 감정적 개입을 하면 마음이 아파질지도 모른다는 두려움이 없이, 그저 단순히 감정들이 느껴지도록 내버려 두는 것이다. 외적 환경이 가져오는 상황들에 대해서 감정이나 반응들을 심하게 컨트롤하려 할수록 더욱 조정 불가능하고 혼란스럽게 될 것이다. 악어 라시에 있는 라후는 이러한 조정 불가능하고 혼란스러운 외적 환경과 불안정을 나타낸다. 컨트롤된 내면적 안정성, 게 라시의 케투가 나타내는 안정성은, 진정으로 균형된 안정성이 아니다. 그러한 불균형은 악어 라시의 라후를 통해 불안해지는 외적 요소들로서 드러나게 될 것이다.

또한 악어 라시의 라후는 세상에서 일어날 수 있는 많은 어려운 일들, 자연스러운 삶의 일부분인 현상들이 일어날까 두려워하는 경향을 나타낸다. 이러한 두려움들을 극복하고자 어떤 환경적인 요소들이 일어나면 너무 컨트롤 하려는 경향이 있다. 그럴수록 스트레스만 더 심해지는 외에는 아무것도 얻어지는 것이 없다. 차트 주인이 내면에서부터 진정한 안전함을 느낄 수 있으면 이러한 두려움들은 사라지게 된다.

• 케투가 사자 라시에, 라후가 물병 라시에 있을 때

사자 라시에 있는 케투는 가까운 과거 생에 차트 주인이 고상하고 품위 있는 개성을 이용해 안정성을 얻으려 하였음을 나타낸다. 그는 아마도 어떤 고상한 개성을 표출해야 하는 그런 위치에 있었을 수도 있다. 결과적으로 자신의 가장 자연스러운 모습에 맞는 개성을 완전히 표현하지는 못하고, 대신에 당시로 보아 최상이며, 가장 순수하고 고상한 모습만 전시할 수 있었다. 이번 생에서 사자 라시의 케투는 상당한 자기 의혹을 가지게 만든다. 차트 주인은 자신이 가진 개성 중에서 어떤 부분을 표현하고 어떤 부분을 감추어야 할지 확실하지가 않다. 비록 겉으로는 아주 당당하게 보일지라도 안으로는 매우 불안하다. 이리한 의혹들이 생기게 하는 이유는, 차트 주인이 자신이 하는 역할에 대한 어떤 집착도 극복하게 하기 위해서이다. 그리하여 물병 라시의 라후가 나타내는 대로 완전히 개인화를 이룰 수 있게 된다.

물병 라시에 있는 라후는 차트 주인이 빠른 속도로 개인화가 되고 있음을 나타낸다. 개인화가 된다는 것은 정직한 안정성을 얻는 것을 말한다. 자신이 가진 어떤 약점보다 더 이상이 되려고 할 필요가 없으며, 혹은 어떤 약점 때문에 뒷좌석에 앉아 있거나 더 이상 감추어야 할 필요도 없다. 그저 자신을 모든 장점과 약점을 가진 그대로 보고 동등하게 받아들이는 것이다. 이러한 라후의 위치는 차트 주인이 심리적으로 건강하고, 자신이나 자신의 개성에 대해 쉽게 여길 수 있는 기회를 만들어 준다.

사자 라시의 케투가 주는 의혹은 차트 주인이 어떤 그룹이나 마음이 잘 맞는 동료들과 동일함에 따라 점차적으로 줄어들게 된다. 물병 라시의 라후가 나타내는 그룹들과의 개입을 통해 자신이 다른 사람들과 비슷하면서도 독특하고 또 다르다는 것을 보게해준다. 이리하여 차트 주인은 자신의 개인성에 대해 좀 더 안전하게 느낄 수 있게 된다.

· 케투가 처녀 라시에, 라후가 물고기 라시에 있을 때

처녀 라시의 케투는 차트 주인이 가까운 과거 생에 자신의 자원, 재능, 지성 등을 실용적으로 적용해서 삶을 향상시키려 했다는 것을 나타낸다. 그들은 또한, 어떤 일이 잘되면 그만큼 자신이 쏟은 노력의 결과라고 굳게 믿고 있다. 일이 잘 된 것은 노력의 보상이며, 덜 마친 일이나 형편없이 마친 일은 괴로움이나 가치의 저하 등을 가져왔다. 그러므로 이번 생에 차트 주인은 재능 있고 부지런한 일꾼이다.

물고기 라시의 라후는 차트 주인이 자신이 한 일에 대한 결실을 의탁할 수 있도록 배워야 함을 나타낸다. 라후는 그들이 하는 노력에도 불구하고 현재 별다른 결실이 없는 것처럼 보이는 영역들에 주목을 시킨다. 차트 주인이 하는 일들이 결과에는 별다른 영향이 없을 것이다. 보통 이러한 어려움들에 부닥쳤을 때 상황이 절대 나아지지 않을 것 같은 절망스런 기분을 느끼도록 만든다. 자신이 무엇을 하든 아무런 보탬도 되지 못하는 것처럼 느끼게 된다. 이러한 시점에서 그는 무력해지거나 아니면 보다 나은 미래를 꿈꿀 수도 있다. 하지만 중요한 점은 필요한 행동들을 계속하는 것이다. 물고기 라시의 라후가 나타내는 것처럼 자신의 카르마를 완성해야 한다는 사실을 깨닫는 것이다. 라후는 항상 우리가 물질적 세상에서만 경험할 수 있고 해결할 수 있는 것들을 나타낸다. 라후가 물고기 라시에 있을 때는 그러한 것들이 완성과 해결의 단계에 있는 것이다.

· 케투가 천칭 라시에, 라후가 산양 라시에 있을 때

천칭 라시에 있는 케투는 가까운 과거 생에 차트 주인이 아주 조심스럽게 자신의 행동과 욕구의 결과들을 고려했다는 것을 나타낸다. 그는 자신이 하는 행동과 욕구들에는 대가가 따른다는 사실을 아주 잘 알고 있었다. 그래서 자신이 감당할 수 있는 이상은 개입하지 않으려 하였다. 일반적으로 그는 아주 실용적인 삶을 살 수 있었다. 산양 라시에 있는 라후는 엄청난 열정으로 차트 주인을 뒤흔들며, 자신이 실질적으로 감당할 수 있는 정도보다 더 많은 일을 벌려서 자신의 의지와 주도력을 쏟을 것을 강요한다. 이렇게 함으로서 차트 주인은 카르마의 균형을 이룰 수 있으며 이전 생에서 한 행동들의 결과로부터 자유로울 수 있다.

· **케투가 전갈 라시에, 라후가 황소 라시에 있을 때**

전갈 라시의 케투는 차트 주인이 가까운 과거 생에 필요한 것을 충족시킬 수 없게 하는 외부적 장애에 부닥쳤을 때 내면적 힘을 계발하여 안정성을 얻으려 하였음을 나타낸다. 반대편의 황소 라시에 있는 라후는 실질적인 안정성을 이루어 줄 수 있는 어떠한 외부적 요소도 환영해야 할 필요를 나타낸다. 그러나 그는 어떤 외적인 형태의 안정성에 의지하는데 대해 막연한 두려움들을 가지고 있다. 왜냐하면 내적인 형태의 안정성에 의지해온 전갈 라시의 케투를 통해 그렇게 행동하지 않는 패러다임을 형성시켰기 때문이다. 이처럼 외적인 형태의 안정성에 의지하는데 대한 두려움은 아직까지 남아있는 내적인 두려움과 약점을 반영하고 있다. 라후는 이전에는 그에게 필요치 않았거나 필요하다는 어떤 인식이 없어서 상대하지 않던 물질적인 것들을 제공하여 이러한 두려움들을 일깨우게 된다. 이러한 것들은 자신이 정말로 얼마나 안전한지 보게 만들며 필요로 하는 모든 것들에 대한 변환을 완성할 수 있도록 도와준다. 이러한 차트 주인들은 어떤 욕구나 필요함도 없이 접근할 수 있을 때 라후가 제공해주는 것들을 즐길 수 있게 된다.

· **케투가 인마 라시에, 라후가 쌍둥이 라시에 있을 때**

인마 라시의 케투는 차트 주인이 가까운 과거 생에 자신의 믿음제도를 계발하고, 신념이나 직관적인 이해를 통해 안정성을 얻으려 했음을 나타낸다. 쌍둥이 라시의 라후는 이제 시험과 에러를 통해 자신의 믿음들이 정말로 효험이 있는지 없는지 알아보는 테스트를 해야 함을 나타낸다. 이러한 챌린지는, 경험이 부족해서 잘해낼 자신이 없는 어떤 새로운 이벤트와 관련하여 결정을 내리지 못하고 갈팡질팡하는 우유부단함으로 자주 나타난다. 또한 쌍둥이 라시에 있는 라후는 차트 주인이 자신의 생각과 직관들을 분명하게 설명할 수 있는 방식으로 잘 정립하고 집중할 수 있는 법을 배워야 함을 나타낸다.

· **케투가 악어 라시에, 라후가 게 라시에 있을 때**

악어 라시의 케투는, 차트 주인이 가까운 과거 생에 외적인 여건들을 관리함으로써 안정성을 얻으려 했다는 것을 나타낸다. 이번 생에는 외적인 형태들의 안정성은 만족스럽지 못할 것이다. 혹은 외적인 안정성을 제공해주는 것들과는 어떤 단락을 이루게 된다. 이것은 두려움과 불안정성을 만들어 내서 반대편에 있는 게 라시의 라후, 외적인 요소들에 의지하지 않는 내적 안정성을 계발하도록 부추기게 된다.

일반적으로 게 라시의 라후는, 뿌리가 약한 떡갈나무처럼 차트 주인의 내면이 바깥으로 드러난 것보다 내적으로 훨씬 약한 것을 나타낸다. 또한 라후는 공허한 느낌과 내적인 행복을 계발해야 할 필요를 나타내기도 한다. 이러한 라후와 케투의 위치는 차트 주인의 외적인 안정성이 내적인 안정성과 상응할 수 있을 때까지, 외적인 안정성은 오래가지 못하거나 만족스럽지 못하게 된다.

· **케투가 물병 라시에, 라후가 사자 라시에 있을 때**

물병 라시의 케투는 차트 주인이 가까운 과거 생에 비슷한 생각을 가진 사람들로 이루어진 작거나 큰 그룹들과 동일시함으로써 안정성을 계발하였다는 것을 나타낸다. 이러한 행위는 비록 세상에서의 안정성은 얻게 해주었지만 이제는 한 개인으로서 자기 자신에 대해 덜 안정적으로 느끼도록 만든다. 차트 주인의 안정성이나 자기존중심은 동료들이 자신을 어떻게 생각하느냐, 혹은 그들이 자신에 대해 어떻게 말하느냐 하는 것에 좌우되게 된다. 이러한 불안정성은 자신에게 불만족감을 느끼게 하며, 자신이 가진 개인적 이상을 계발할 필요가 있게 만든다.

반대편에 있는 사자 라시의 라후는 차트 주인이 다른 사람들의 관점에서가 아니라, 자신의 본성에 맞는 자기 이상과 자기 존중심을 계발하도록 부추긴다. 이러한 자기 이상의 필요성이 너무나 강력하여 자신의 생각 외에 다른 어떤 목표도 볼 수 없게 만들 수도 있다. 혹은, 다른 사람들도 자신과 똑같이 생각해야 한다고 고집하게 만들 수도 있다. 불안정성의 극지가 표현되는 경우이다.

결국에 라후는 자신이 가진 개인적 불안정성에 주의를 돌리게 만든다. 그리하여 자신이 그룹들 속에서 완전한 자신감을 느끼지 못하고 있다는 사실을 깨닫게 한다. 그렇지 않고서야 개인적인 불안정성을 가질 이유가 애초에 없는 것이다. 궁극적으로 이들은 그룹들 속에서, 자신이 가진 개성이나 비슷한 점들을 모두 인정하고, 안정적으로 느낄 수 있을 때, 다른 사람들이 나름대로 이상을 추구하는 것을 인정할 수 있는 동시에 자신만의 이상도 추구할 수 있게 된다.

· 케투가 물고기 라시에, 라후가 처녀 라시에 있을 때

물고기 라시의 케투는 차트 주인이 가까운 과거 생에 의탁, 신념, 수용 등을 통해 안정성을 계발하였다는 것을 나타낸다. 카르마를 풀거나 완결 지으려 애를 썼으며, 현실적인 안정감을 가지기 위한 어떤 필요도 느끼지 않으려 하거나, 최소한 특정한 수준까지는 계발하여 그러한 필요를 극복하려고 노력하였다.

처녀 라시의 라후는, 그러한 특정한 수준의 계발을 완성시키기 위해 해야 하는 일들을 나타낸다. 비록 내키지 않더라도, 미처 마치지 못한 실질적 수준의 일들을 반드시 계속해야만 한다. 그러나 그렇지 못한 경우가 태반이다. 차트 주인은 자신이 해야 할 의무들을 열정이 부족한 상태로 행하게 된다. 그러면서도 여전히 어떻게든 일을 마치게 된다.

처녀 라시의 라후는 완성을 거두기 위해 반드시 해야만 하는 일, 자주 불가능해 보이는 것들을 향상시키고 증진시키는데 필요한 일들을 나타낸다. 그러나 어려움이나 시련에 부닥치게 되면 상황이 나아질 아무런 희망도 없는 것처럼 느끼게 만들 수도 있다. 차트 주인이 하는 일은 케투의 위치가 나타내는 것들을 완성시키고 해결하는데 필요한 것들을 주게 된다. 주어진 일들을 카르마 요기의 정신으로 행하면 아무런 희망도 없는 것 같은 느낌들을 극복하게 해주고, 더욱 집착하게 될 수도 있는 경향을 막아준다. 그렇지 않으면 케투의 목표인 결의와 초월을 달성하는데 방해가 만들 수도 있기 때문이다.

▨ 라후와 케투의 로드들

라후와 케투는 특히 그들의 로드들을 통해 자신이 갖고 있는 효과들을 준다:

1. 케투의 로드가 위치하는 하우스는 케투가 위치하는 하우스들이 나타내는 영역들을 어떤 방법이나 행동들로 계발하고 성립시켜왔는지를 나타낸다. 케투의 라시는 어떤 매너로 이러한 일들을 하였는가를 나타낸다. 케투의 낙샤트라 로드도 비슷하지만, 그러나 라시의 로드만큼 중요하지 않다.

2. 라후의 로드가 위치하는 하우스는 라후가 위치하는 하우스들이 나타내는 영역들을 어떤 방법이나 행동들을 통해 계발하고 성립시키려 할 것인지를 나타낸다. 라후의 라시는 어떤 매너로 이러한 일들을 할 것인가를 나타낸다. 라후의 낙샤트라 로드도 비슷하지만, 그러나 라시의 로드만큼 중요하지 않다.

일반적으로 케투의 위치는 차트 주인이 카르마를 완성시키고 있는 영역들을 나타내며, 라후는 현재 계발되고 있는 영역들을 나타낸다. 케투의 위치가 나타내는 카르마들이 완성되면서, 차트 주인은 라후가 있는 하우스와 라시를 계발하게 된다. 그리하여 케투의 위치가 나타내는 영역들에게 완성을 가져다준다. 하지만 반드시 그렇지만 않은 경우도 있다.

다음의 사례들은 라후의 위치가 나타내는 영역들을 계발하기보다는 케투의 위치가 나타내는 카르마들을 완성시키는데 더욱 강력한 집중을 하게 되는 경우들이다:

1. 케투의 로드가 케투와 같이 있을 때

2. 케투의 낙샤트라 로드가 케투와 같이 있거나, 케투 자신이 낙샤트라 로드일 때. 이 포인트는 첫 번째 포인트만큼 중요하지 않다.

3. 라후의 로드가 케투와 함께 있을 때. 이런 경우에는 반대편에 있는 라후의 자질들이 이미 잘 계발이 되어있으며, 라후를 통해 일어난 많은 카르마가 이제는 케투를 통해 완성되고 있음을 나타낸다.

4. 라후의 낙샤트라 로드가 케투와 함께 있을 때, 혹은, 케투 자신이 라후의 낙샤트

라 로드일 때. 효과들은 포인트 3과 비슷하다. 그렇지만 포인트 3만큼 중요하지는 않다.

다음의 사례들은 케투의 위치가 나타내는 영역들을 완성하기 보다는, 라후의 위치가 나타내는 영역들을 계발하는데 더욱 강력한 집중을 하게 되는 경우들이다:

1. 라후의 로드가 라후와 함께 있을 때

2. 라후의 낙샤트라 로드가 라후와 함께 있거나, 라후 자신이 낙샤트라 로드일 때. 이 포인트는 첫 번째 포인트만큼 중요하지 않다.

3. 케투의 로드가 라후와 함께 있을 때. 이러한 경우에 라후의 위치가 나타내는 영역들이 케투의 위치가 나타내는 카르마(행동)들을 통해 이미 계발되고 있었음을 나타낸다. 케투의 위치가 나타내는 카르마들의 완성은 라후의 위치가 나타내는 영역들을 통해서 일어나게 된다.

4. 케투의 낙샤트라 로드가 라후와 함께 있을 때. 혹은 라후 자신이 낙샤트라 로드일 때. 효과들은 포인트3과 비슷하나 그만큼 중요하지는 않다.

⊠ 라후와 케투가 로드들에게 어스펙트를 하고 있을 때

라후나 케투가 그들의 로드 중 어느 하나를 어스펙트 하는 경우도 중요하다:

1. 라후의 로드 혹은 라후의 낙샤트라 로드가 라후에게 어스펙트를 받고 있을 때. 그러면 라후의 위치가 나타내는 효과들이 더욱 강력해 진다.

2. 케투의 로드, 혹은 케투의 낙샤트라 로드가 케투에게 어스펙트를 받고 있을 때. 그러면 케투의 위치가 나타내는 효과들이 더욱 강력해진다.

3. 라후의 로드, 혹은 라후의 낙샤트라 로드가 케투에게 어스펙트를 받고 있는 경우, 차트 주인은 라후가 나타내는 삶의 영역에서 어떤 카르마를 완성시키고 있는 것이다(이러한 완성은 케투를 통해 일어나게 된다). 그렇지만 라후의 위치가 나타내는 영역들을 어느 정도 새로운 매너로 계발을 하고 있기도 하다.

4. 케투의 로드, 혹은 케투의 낙샤트라 로드가 라후에게 어스펙트를 받고 있는 경우, 차트 주인은 케투의 위치가 나타내는 어떤 영역들을 새로이 계발하고 있는 것이다. 동시에 케투의 위치가 나타내는 영역들에서 어떤 카르마들을 완성시키고 있기도 하다. 이 뜻은 케투의 위치가 나타내는 삶의 영역에서 어떤 새로운 영향들도 있을 것이며, 오래 된 것을 완성시키고도 있다는 것이다.

위의 모든 사례들에서 낙샤트라 로드의 영향들 라시 로드의 영향들보다 적게 된다.

❀Note ✦✦✦
라후의 영역에서 필요로 하는 계발은, 언제나 차트 주인이 케투의 위치가 나타내는 카르마들로부터 자유로워지는데 필요한 균형을 만들기 위해서이다.

▨ 라후와 케투의 합치와 어스펙트들

라후와 케투가 행성과 합치를 하거나 어스펙트를 하는 효과들은 거의 비슷하다. 그러나 합치를 하는 경우에 효과들이 훨씬 더 파워풀하다.

· 케투/태양

케투가 태양에게 미치는 영향은 차트 주인이 에고(Ego)와 동일시하는 것으로부터 자유롭게 하기 위해서이다. 케투는 강력한 자기의심을 하게 만들어 차트 주인은 하는 일마다 모두 부족함을 느끼게 된다. 자신의 행동들이 모두 완벽해야 한다는 강력한 욕구를 가지고 있다. 그러나 이러한 완벽함은 결코 얻어질 수 없다. 케투는 절대적인 신의 화신에 의해 관장되고 있기 때문이다. 차트 주인이 만족할만한 충족은 물질적인 것에서는 찾을 수가 없다. 어떤 다른 성취를 하든지 끈질긴 의혹의 여지가 항상 따라다니게 된다. 차트 주인은 계속해서 눈길을 자신이 하지 않은 것, 성취하지 못한 완벽함으로 돌리게 된다. 이렇게 자신을 행동의 주체로 여기고 집착하는 마음을 놓지 않는 한, 고통스러운 자기의심은 계속 될 것이다. 완벽한 성취란 타고난 카르마의 결과들로 인해 이루어지는 것이다. 그래서 차트 주인이 이러한 사실을 일단 이해할 수 있게 되면, 공덕과 비공덕을 더하기 빼기 하고, 어느 정도로 받은 축복을 더하고 빼면서, 비로소 자기의심들로부터 자유로워질 수 있게 된다. 그러한 자기의심은 단지 자신이 하는 역할에 집착하고 자신을 행동의 주체자로 여긴 결과들에 지나지 않았던 것을 알게 된다.

케투가 태양에게 영향을 미치는 것은 차트 주인이 가까운 과거 생에 어느 정도 중요한 인물이었거나 영향력을 가지고 있었다는 것을 나타내기도 한다. 그리고 제법 성공적으로 자신의 운명을 만들어 낼 수도 있었다. 그러나 케투가 주는 의심들은 차트 주인을 가려버리거나 불안하도록 느끼게 만든다. 중요한 지위, 파워, 영향력 등이 주는 제한된 안정성으로부터 그들을 자유롭게 하기 위해서다.

· 케투/달

케투가 달에게 미치는 영향은, 일반적으로 바깥세상에서 불만족감에 시달리고 있으며, 좀 더 깊이 있고 증명하고자 하는 정신적 자세를 가진 것을 나타낸다. 케투가 달에게 영향을 미치고 있을 때, 그의 정신적 자세는 세상이 주는 쾌락들을 그저 단순하게 즐길 수 있을 만큼 피상적이지 않다. 항상 마음은 더 깊게, 표면의 밑을 보고 있다. 그래서 언제나 끈질긴 불만족감과 의문을 가지게 된다. 이러한 케투는 내향적인 정신적 태도를 만들며 영적인 성향을 가진 차트 주인은 영적 수행들을 하는데 적합한 기질이다. 보통 케투가 달에 영향을 미치고 있는 차트 주인들은 심리학에 관심을 가지고 있다.

케투가 달에게 영향을 미치고 있을 때 나타나는 또 다른 중요한 기질은, 감정적으로 차트 주인이 아주 컨트롤적이고 뻣뻣하다는 것이다. 그들이 부정적인 모드에 있을 때면, 아무도 그들을 기쁘게 해줄 수가 없다. 그들 스스로 그러한 감정적 기복에 시달려야만 한다. 그러다가 일정한 시간이 지나면 그냥 그대로 괜찮아질 수 있게 된다. 사실상 그들이 겪는 감정기복은 무엇이 그렇게 느끼도록 만들었냐 하는 사실과는 전혀 무관하다. 그보다는 무의식적이며 과거생의 어떤 느낌들이 무드를 자극하는 요소들에 의해 흔들려 일어나게 된 것이다. 그러한 무드가 지나고 나면, 차트 주인은 다시 균형 잡히고 컨트롤된 평상시의 자신으로 되돌아오게 된다. 그러나 이처럼 감정기복이 심한 이유 중의 하나는, 차트 주인이 자신의 감정들을 흐르게 하거나 내보이지 않기 때문이다. 그래서 감정적인 응어리가 쌓이고 깊숙하게 침체되는 것이다. 또한 이러한 차트 주인들은 어떤 사람이든 우울하면 가볍게 털어버릴 수 있게 하는 능력을 가지고 있다. 이것은 어떤 감정도 자신이 내보이기를 원하는 감정 외에는 표면으로 나오지 않게 하는 능력을 가지고 있기 때문이다.

케투가 달에게 영향을 미치는 차트 주인들은 가까운 과거 생에, 삶에서 일어나는 많은 고통스러운 일들에 대한 반응들을 컨트롤함으로서, 세상에서 어느 정도 안정성을 이루었다. 그러나 컨트롤 하는 것과 느끼는 것은 다르다. 그래서 차트 주인은 보통 억압된 아픔을 가슴속에 쥐고 있는데 무드(mood)가 자극되면 터져 나오게 되는 것이다. 이들의 목표는 마음을 잠재적 아픔이나 자책, 후회 등으로부터 잘라내고, 대신에 영적인 정신 자세를 계발하는 것이다. 그러면 더 이상 감정과 반응들을 컨트롤하려 하기보다는, 삶의 다양한 조건들과 반응들 속에서도 진정으로 평화를 느낄 수 있게 된다.

· 케투/화성

케투가 화성에게 영향을 미치고 있는 차트 주인은 가까운 과거 생에 자신의 힘과 의지를 기반으로 안정성을 이루었다는 것을 나타낸다. 이번 생에는 자신의 의지력을 사용하는데 있어 어떤 불안과 의혹을 느끼게 된다. 그래서 의지력이 어느 정도 누그러지게 된다. 그들은 보통 평화를 선호하지만 사실 스스로 놀랄 정도로 폭력적인 생각들을 가지고 있을 수도 있다. 보편적으로 자신이 원하는 대로 의지력이 잘 다스려지지 않는 어려움이 있다. 그래서 상당한 좌절감과 고약한 성질을 부리게 할 수도 있다. 종종 어떤 위대한 모험이나 영웅심에 대한 상상에 빠져들지만, 그러나 정말 행동으로 옮겨야 하는 시점이 되면, 어떤 의구심 때문에 모험에서 후퇴하거나, 아니면 비록 모험에서 이긴다 하더라도 불충분한 것 같은 어떤 느낌을 가질 수도 있다.

화성과 케투는 둘 다 폭력적인 행성들이기 때문에 어떤 것들을 부수거나 상처를 입히는 경향이 있다. 그래서 케투와 화성 모두의 영향하에 있는 삶의 영역들은 어떤 상처나 손상을 겪게 되는 경향이 있다. 그리하여 그들은 부수거나 싸우는 것 등, 과거 생들로부터 가져 온 카르마들을 완성시키게 된다.

· 케투/수성

케투가 수성에게 영향을 미치는 차트 주인은, 가까운 과거 생에 사물이나 세상에 대한 이치를 이지적으로 이해를 함으로써 삶의 안정성을 확보하였음을 나타낸다. 이번 생에서는 자신이 논리적으로 이해하고 있는 것들에 대해 상당한 의혹을 품고 있다. 항상 어떤 사례를 마치기 위해선 마지막 한 개의 정보가 필요한 것 같은 느낌을 가지고 있다. 이것은 그들이 말초신경에 나오는 느낌이나, 직관, 도박 수 등에 의지하도록 만든다. 간단히 말한다면 이지를 사용할 필요를 넘어서게 만든다는 뜻이다.

이지는 과거 생에 안정성을 마련해 주었기에, 자신의 패러다임이나 이해에 변수를 제기하는 어떤 아이디어나 개념들에 부닥치면 굳어지게 된다. 새로운 아이디어들은 안정성을 위협하는 것처럼 느껴지기 때문이다. 이것은 초기에 저항감을 일으키며, 심지어는 새로운 아이디어나 개념들을 제기하는 사람들과 논쟁을 할 수도 있다. 케투와 수성의 조합을 가진 차트 주인은 이지적 논쟁에서 언제나 이길 수 있을 것이다. 그러나 나중에 혼자되었을 때, 그는 의혹을 품게 되고 다시 한 번 자신이 이해하고 있는 어떤 것들로부터 벗어나도록 강요당하게 된다.

최악의 경우에 이러한 조합은, 차트 주인을 우유부단하게 만들거나 불안함을 느끼게 만든다. 직관대로 귀를 기울 수 없거나 자신의 이지를 안내해 주는 어떤 더 큰 힘에 대한 신념이 없기 때문이다.

보탬이 되는 경우에는, 이러한 조합은 상당히 연구에 적합한 성격을 주며 깊이 생각할 수 있는 능력이 있다.

· 케투/목성

목성에게 케투가 영향을 미치는 차트 주인은 어떤 깊은 수준의 영적인 집착, 이상, 헌신 등을 가진 것을 나타낸다. 과거 생에 이상적이고 영적인 삶을 살았기 때문에 현재 생에서는 높은 레벨의 안정성을 경험하는 에고를 가지게 되었다. 케투는 해방자(liberator)로서 이제 이상적 삶을 살고자 하는 어떤 집착으로부터도 에고를 자유롭게 할 임무를 가지고 있다. 이것은 삶의 어느 시점에서, 이상에 맞게 살 수 없는 어떤 상황들 속에 처한 자신을 발견하는 것으로 거의 나타난다. 이러한 경우에 보통 죄책감, 자기 자책, 자기 비난 등을 일으키게 되는데, 다른 사람들로부터의 비난이나 비판 등이 더욱 부채질할 수도 있다. 이러한 사건들은 차트 주인이 어떤 좋은 일을 하려는 집착으로부터 자유롭게 만드는 역할을 한다. 그렇지 않으면 그에게 필요한 영적 성장에 가해를 입힐 수도 있기 때문이다. 목성이 합치하는 경우에 이러한 효과들은 훨씬 더 파워풀하게 나타날 것이다.

목성에게 케투가 영향을 미치는 차트 주인은 가까운 과거 생에 자신의 믿음제도로 안정성을 얻으려 했다는 것을 나타낸다. 이것은 또한 이번 생에서도 그들의 믿음이 완전히 표현될 수 있기를 바라는 강력한 욕구를 일으킨다. 이러한 욕구는 결코 이루어질 수 없기에, 차트 주인이 가진 믿음에 대한 의문을 품게 만든다. 이것은 이해의 폭을 넓힐 수 있는 기회를 만들어 준다. 그러나 보통은 어쩔 수 없는 상황이 아니고서는 그들은 이해를 넓히지 않으려는 경향이 있다.

케투는 비록 흉성이지만, 영적인 삶에 도움이 된다. 그러므로 목성이 영향을 미치는 케투는 내면적 깨달음, 지식, 영적 헌신들을 깊게 한다. 그리고 일반적으로 어떤 영적이나 철학적 기질을 가진 사람을 나타낸다.

· 케투/금성

케투가 금성에게 영향을 미치는 차트 주인은 세상일들을 다루는데 훌륭한 재치와 외교술을 계발하였을 뿐만 아니라, 세상에서 주는 많은 즐거운 일들을 한껏 누렸음을 나타낸다. 이번 생에서는 세상의 기쁨들에 대해 처음에는 충족이 가능할 거라는 기대가 있었더라도 일반적으로 불만족을 느끼게 된다. 영적인 차트의 주인에게는 이러한 영향은 영적 헌신을 개발하는데 도움이 될 수도 있다.

금성은 자부심의 행성이다. 케투의 영향하에 있게 되면 인간적인 겸허함이 계발되었으며 자부심은 절대로 과하지 않게 된다.

· 케투/토성

토성이 케투의 영향을 받고 있는 차트 주인은 어떤 형식이나 매너로던 권위적인 위치에서 안정성을 경험하였음을 나타낸다. 이번 생에서 케투의 목적은 어떤 권위적인 위치를 통해 안전함을 느낄 필요로부터 자유롭게 하는 것이다. 케투는 그러한 상황들과 대면시켜 어떤 권위적인 존재로서의 자기 능력을 의심하게 함으로써 목적을 달성시키려 한다. 이러한 의혹은 행복하고 안전한 느낌을 위해 굳이 어떤 권위적인 존재일 필요는 없다는 사실을 오직 배우는 수밖에 없도록 만든다.

· 라후/태양

라후가 태양에게 영향을 미치고 있으면 개성, 개인성, 창조적 의지와 표현을 계발하고자 하는 진화적 충동을 가졌음을 나타낸다. 이러한 차트 주인은 일반적으로 자신만만하고, 대단하며, 파워풀하고, 자신감 있게 보인다. 하지만 정말로 그가 느끼는 것은 전혀 다르다. 그는 보통 아주 불안하고 안정되지 않았으며 자신의 내면에 뿌리를 내리지 못하고 있다. 자신감과 파워 있는 표현은 그가 그렇게 되기를 원하는 모습이다. 그러나 자신의 개인성에 안정될 수 있어야만 가능해진다. 차트 주인은 비록 내면에는 의혹과 자신감의 부족을 느끼지만 그러한 약점을 보상하기 위해 힘과 파워를 표현한다. 그렇지만 이러한 행동은 진정한 자신감을 느끼도록 해주지 않는다. 그리하여 자기계발을 위해 중요하게 여기던 모든 시도가 무너지는 결과를 가져오게 된다. 달리 표현하면 정체성의 위기를 겪게 된다.

창조적 의지를 개발하고자 하는 충동은 일어나는 모든 일을 그가 가진 목표나 욕구들을 실현시키는 기회로 볼 수 있도록 만든다. 자기중심적 성향을 가진 차트 주인에게 이러한 조합은, 다른 사람들이 모두 자신을 위해서만 있는 것처럼 믿는 성격을 만들 수도 있다.

일반적으로 차트 주인은 자신의 남성적인 면이 본인의 진정한 모습, 스바다르마(svadharma)에 맞는 자질들로 인정을 받지 못했다. 이것은 삶에서 무엇에 집중해야 할지, 삶의 목적에 관련된 내면적 좌절감과 격동을 일으킨다. 스바다르마에 자신감을 못 느끼고 불안해하는 것은 자신이 가진 최상의 자질을 계발하는데 침체하도록 만든다. 차트 주인은 자신의 참 본성에서 우러난 것이 아닌, 다른 사람들의 기대에 부응하는 이상적 역할을 하는 경우가 자주 있게 된다. 이러한 이상은 자신이 가진 어떤 개념이 다른 사람보다 더 낫고 특별한 경우도 자주 포함된다. 이처럼 자신의 이상보다 열악한 역할은, 불안정한 자아와 개인성에서 우러나오는 모습보다, 자신감과 힘이 넘치는 모습으로 표현할 수 있도록 재강조해 주기 때문이다.

시간이 지남에 따라 차트 주인은 타고난 자연스러운 기질들과 개성을 개발할 수 있는 기회들을 얻게 된다. 그는 자신이 다른 사람들과 다르지 않다는 사실, 더 낫지도 못하지도 않으며, 단지 모두 하는 역할이 다를 뿐이라는 사실을 배우게 된다. 보통 그들이 스스로에 대해, 그리고 자신이 세상에서 있는 위치에 대해 안전하고 편안하게 느낄 수 있기까지는 아주 오랜 시간이 걸린다.

· 라후/달

라후가 달에게 영향을 미치고 있으면 강화시켜야 할 어떤 약점이 있는 마음을 가지게 된다. 이것은 보통 마음이 가슴에 뿌리를 내리지 못하고, 대신 어떤 외적인 것에 집중력이 흩어져 있는 정신 상태로 나타난다. 마음이 외적인 것에 자리를 잡고 있으면, 세상에서 얻을 수 있는 충족의 결여 때문에 불만족과 우울증에 시달리게 된다. 마음이 흩어진 상태가 계속되면, 높은 강도의 정신적 분열이나 혹은 명확성, 집중력의 부족 현상이 나타난다. 달에게 영향을 미치는 라후는 강도 높은 사이킥 예민성을 줄 수도 있다. 그러나 보통 차트 주인을 정신 분열증세 등에 더욱 예민하게 만드는 약점도 함께 따라오게 된다.

이러한 라후가 일으키는 또 다른 약점은 다양한 타입의 정신적 혼란이 올 수도 있다는 것이다. 그러나, 보다 심각한 어려움들로 나타나려면 다른 흉성들이 함께 영향을 미치고 있어야 한다. 강한 영적인 성향들이 있는 차트의 주인에게는, 이렇게 달에게 영향을 미치는 라후가 강력한 조율을 하게 해줄 수도 있다.

또한 라후가 달에게 영향을 미치고 있을 때 오는 불만족은 중독을 불러오는 요소이기도 하다. 중독은 마음이 흩어 진 채로 남아있게 만들며, 그러면 또다시 심리적 분열 증을 일으키는 결과를 가져온다. 라후는 상상이나 환상, 바램, 희망 등의 영역에서 살게 하는 경향이 있는데, 궁극적으로 불만족이나 우울증에 빠지게 만든다. 왜냐하면 결국 에 그는 여전히 실제 세상에 살고 있기 때문이다.

출생차트에서 라후와 달이 함께 있는 여성들은, 남자들이 끌리게 만드는 강력한 여성적 매력, 강력한 감정적 투명함을 가지게 된다. 그렇지만 이러한 여성 본인들은 뿌리가 약하고 불안정한 것처럼 느끼며, 일반적으로 이성 관계를 충분히 즐길 수 있을 만큼 감정적으로 건강하지가 않다.

라후가 달에게 영향을 미치는 차트 주인은 마음을 가슴에 단단히 고정시키는 법을 배워야 한다. 마음만이 진정한 만족을 얻을 수 있는 유일한 장소이기 때문이다. 영적인 성향들을 가진 차트 주인에게는 이렇게 하는 것이 결국에는 가능해지게 된다.

· 라후/화성

라후가 화성에게 영향을 미치는 차트 주인은 자신의 의지와 파워를 건강하게 사용하는 법을 배울 필요가 있음을 나타낸다. 보통 차트 주인은 사람들과 폭발적으로 터지거나 파워 투쟁을 많이 겪을 잠재성을 가지고 있다. 그는 자신의 의지를 사용하는데 자신감이 부족할 수도 있다. 이것은 괴롭힘을 당하는 삶의 상황에 처하게 만들거나, 의지가 꺾이거나 첼린지를 당했을 때마다 울분과 좌절감을 느끼도록 만들 수도 있다. 자신의 의지를 사용할 때 느끼는 불안감은 자기 존중심이 위협당한 것처럼 느끼는 상황에 처하게 만든다. 그리하여 공격적이거나 폭력적인 행동들을 하게 만들 수도 있다. 차트 주인은 어느 경우에 의지를 사용하고 어느 경우에는 사용하지 말아야 할지 등, 의지를 적절하게 사용하는 법을 배워야 한다.

화성에게 영향을 미치는 라후는 차트 주인이 마음먹은 어떤 것들을 무슨 수단을 써서라도 가져야 하며, 가지지 않거나 이기지 않는 것 등의 옵션은 생각할 수도 없는 성향을 나타낸다. 이것은 너무 공격적이거나 지나친 충동성을 낳을 수도 있다.

· 라후/수성

수성에게 영향을 미치는 라후는 시험이나, 경험, 실수 등을 통해 분별력을 계발하고 있는 이성을 나타낸다. 차트 주인이 삶에서 가장 이로운 선택들을 할 수 있도록 도와주는 역할을 하고 있다. 그에게 필요한 계발은 삶을 이해하는데 기반이 되는 사실과 정보들을 수집하는 법을 배우는 것이다. 이러한 실험적인 성향은 오리지널하고 창의적인 정신을 가지고 있음을 나타내기도 한다. 일반적으로 어떤 중요한 결정을 내릴 때 우유부단해지는 성향이 있는데, 아무리 많은 조언이나 정보를 수집했더라도 항상 준비가 덜 된 것처럼 느끼게 만든다. 이유는, 그들이 알고 있는 것들을 정말로 이해하는데 어려움을 겪기 때문이다. 진정한 이해가 없이는, 더 많은 정보를 수집할수록 더욱 심한 우유부단함을 가져올 뿐이다.

· 라후/목성

목성에게 영향을 미치는 라후는 자신의 믿음제도와 목표를 정해야 할 필요가 있는 차트 주인을 나타낸다. 그는 보통 불만족, 행복하지 못함, 종교적인 밑받침이 부족한 여건에서 자라났기 때문에 비종교적이거나 어떤 영적인 가치들에 대한 관심이 부족하게 만든다. 만약 차트에 강한 영적인 성향들이 나타나 있다면 목성에게 영향을 미치는 라후는 영적인 야심을 가진 개성을 만들 수도 있다. 그러나 보통 다른 사람들에게 설교하거나 가르치는 쪽으로 관심이 더 많다. 자신들의 부족한 이해를 보상하려는 심리적 동기에서 비롯된 것이다. 본질적으로 그들은 스스로에게 설교하고 가르치고 있는 것이다.

또한 목성에 영향을 미치는 라후는 삶에서 의미와 목적을 찾고자 하는 강한 욕구를 나타내기도 한다. 그렇게 되기 전까지 차트 주인은 보통 어떤 불만이나 분명한 방향을 찾지 못한 채 괴로워하게 된다. 모험하는 것에 대해 지나칠 정도로 열광하는 경향도 있는데 그러나 잠시동안 그럴 뿐, 이내 불만이나 목적 없는 느낌들에 빠지게 된다. 이러한 불만족감을 극복하기 위해선 삶에 의미를 주는 어떤 내면적 목적을 찾아야 할 필요가 있다.

라후가 목성과 합치를 한 경우에는 이러한 효과들이 훨씬 더 심하다. 만약 화성이나 토성의 영향 하에 같이 있게 되면 구루찬달라 요가(Guruchandala yoga)를 만드는데, 비종교적이며 위선자로 만들고, 자녀들로 인한 고통을 받게 된다. 여자들의 경우, 부차적으로 이러한 조합은 적절한 결혼 상대를 찾는 어려움 때문에 겪는 괴로움을 나타낸다. 어스펙트를 하고 있는 경우에는 그러한 부정성이 그다지 심각하지 않다. 사실상 목성이 라후에게 강한 어스펙트를 하고 있으면 차트 주인이 결국에는 라후가 영향을 미치는 영역들을 잘 이해할 수 있게 됨을 나타낸다. 그리고 행복을 유지하기 위해 무엇이 필요한지를 배우게 된다.

· **라후/금성**

라후가 금성에게 영향을 미치는 차트 주인은 아주 강력한 욕망적 본성을 가지고 있어, 자신이 원하는 것들과 단절을 시킬 수도 있다. 특히 애정 관계들에 관련하여 더욱 심하게 나타난다. 보통 이러한 조합을 가진 차트 주인은 이성들에게 파워풀할 정도로 최면적인 끌림 들을 느끼는 경향이 있다. 이러한 끌림 들은 그 사람이 가진 단면만 보고 마치 전부를 보는 양 매력을 느끼는 데서 생기는 결과들이다. 이러한 단면은 그러한 매력에 끌리게 되는 시점에서 차트 주인이 스스로에게 개발하고 싶어 하는 어떤 자질이다. 그래서 빚어지는 결과는 그 사람의 진면을 완전히 보기도 전에 "사랑에 빠지게" 되는 경향으로서 나중에 실망이나 불만족스러움을 느끼게 된다. 이러한 차트 주인들은 이성 관계에서 균형이나 조화를 이루는 것이 어렵다. 그들은 자신이 어떤 사람들과 사랑에 빠지는지 어느 정도 분별력을 계발해야 할 필요가 있다. 그들이 사랑에 빠지는 사람들은 자신의 사랑을 인정해주거나 욕구를 충족시켜주는 예가 아주 드물기 때문이다.

금성은 의식적인 욕망들을 대변한다. 라후는 잠재의식적인 욕망들, 원초적 욕망들, 희망, 바램, 환상, 강력한 그리움 등을 대변한다. 이러한 것과 같이 조합하게 되면, 충족될 가능성이 희박하며 아주 충동적인 욕망적 본성으로 나타날 수도 있다. 그리하여 오는 불만족은 결국 어떤 영적 충족을 얻는 쪽으로 동기부여를 할 수도 있다. 물론 차트에 강한 영적 조합이 있는 경우에 한한다.

· 라후/토성

　토성에 영향을 미치는 라후는 차트 주인이 안전성과 안정성을 계발하고 유지하는데 어려움을 겪고 있음을 나타낸다. 차트 주인이 집착하고 있는 것들은, 혹은 안정성을 얻고자 하는 것들은 자주 빼앗기게 된다. 외면적 불안정성은 보통 신경쇠약적인 여건들로 나타나는데, 일반적으로 어느 정도 내면적 불안정성과 긴장을 가지고 있기 때문에 삶의 경험들이 별로 즐겁지가 못하다. 이러한 차트 주인이 할 수 있는 유일한 방법은 비열정적이고 집착하지 않는 정신자세를 계발하는 것이다. 그렇지만 이것이 그들에게 가장 어려운 일이다.

　토성에게 영향을 미치는 라후는 보통 삶에서 어떤 꾸준하고 장기적인 집중이 부족함을 나타낸다. 차트 주인은 일단 자신이 걷고 있는 삶의 길에 집중하고 안전하게 느낄 수 있을 때, 좀 더 행복한 삶을 누릴 수 있게 된다.

　라후와 토성은 모두 분리를 시키는 요소들이다. 그들이 영향을 미치는 하우스들은 보통 차트 주인이 완전하게 혹은 긴 시간 동안 분리를 당하고 있는 영역을 나타낸다.

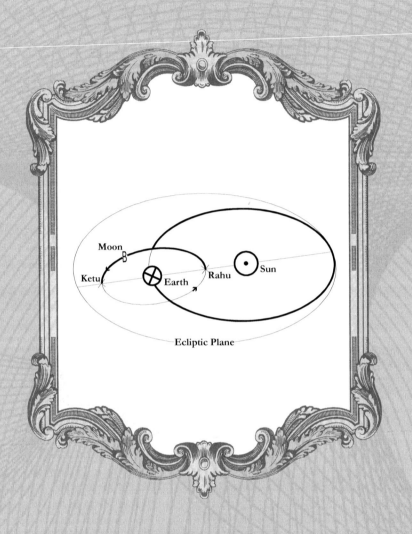

라후와 케투

·

라후는 상향하고 있는 달의 노드이며, 케투는 하향하고 있는 달의 노드이다. 라후와 케투는 천문학상으로 지구의 길과 달의 길이 서로 교차하는 점들이다. 이 교차점들에서 일식이나 월식이 일어나게 된다.

27. 타지카 어스펙트(Tajika Aspects)들

타지카 점성학(Tajika astrology)이라고 하는 베딕 점성학의 부속 학문이 있다. 원래는 페르시아에서 유래된 점성학으로서, "타지카(Tajika)"의 뜻은 **페르시안**(Persian)이다. 타지카 점성학에서 사용되는 테크닉들은 **솔라 리턴**(Solar Return, 해마다 태양이 출생시의 원각도로 되돌아오는 시점을 기준으로 산출하는 차트), 그리고 **프라샤나**(Prashna, 질문자가 질문하는 당시에 차트를 산출해서 답을 구하는 점성학)에서 사용되고 있는데, 아주 통합적인 방법을 사용하여 점성학적 예측을 내린다. 프라샤나 점성학에서 사용하는 타지카 테크닉들은 서양점성학자들이 전통적으로 사용하는 호라리(horary)테크닉들과 유사하다. 타지카 점성학에서 사용하는 어스펙트들은 서양점성학에서 사용하는 어스펙트들과 동일하다. 인도에서는 타지카 어스펙트를 솔라리턴과 프라샤나 점성학에서만 사용하고, 일반적으로 나탈(natal, 출생)점성학에서는 사용하지 않는다. 그러나 타지카 어스펙트는 차트를 분석하는데, 특히 서양 점성학의 어스펙트에 익숙하면서도 베딕 점성학 쪽으로 옮겨가고 있는 서양 점성학자들에게 아주 도움이 된다.

다음은 타지카 어스펙트들이다.

- **60도 각도 혹은 120도 각도로 있는 행성들은 서로 친구 관계로서 어스펙트를 한다.**

  - 60도 각도에 있는 행성들은 비밀리에 서로에게 친구로서 어스펙트를 한다.
  - 120도 각도에 있는 행성들은 공개적으로 서로에게 친구로서 어스펙트를 한다.

- 합치하거나, 90도 각도, 혹은 180도 각도로 있는 행성들은 서로에게 적관계로서 어스펙트를 한다.
  - 합치한 행성들이나, 180도 각도로 있는 행성들은 공개적으로 서로에게 적으로서 어스펙트를 한다.
  - 90도 각도로 있는 행성들은 비밀리에 서로에게 적으로서 어스펙트를 한다.

모든 행성은 특정한 각도 범위 내에서 어스펙트의 힘을 가지게 된다. 이것은 **딥탐샤**(deeptamsa) 혹은 "영향을 미치는 궤도"라고 한다.

태양	달	화성	수성	목성	금성	토성
15도	12도	8도	7도	9도	7도	9도

타지카 점성학에서 "영향을 미치는 궤도"는 전통적으로 서양 점성학에서 사용하는 "영향의 궤도"와 정확하게 일치한다. 그러나 최근 서양 점성학자들 사이에는 각자 서로 다른 영향의 궤도를 계발하는 것이 유행되기 시작했다.

서로 어스펙트 각도 내에 있는 두 행성간의 영향의 궤도는 평균을 내어서 고려한다. 만약 정확한 어스펙트 포인트에서 행성들이 평균적 범위 내에 있으면, 서로 어스펙트를 하고 있다고 간주하는 것이다. 예를 들면 만약 태양/토성의 어스펙트를 간주하는 경우에, 태양이 가진 영향의 궤도는 15도, 토성은 9도이다(15 + 9= 24). 평균은 12도이다. 그러므로 만약 태양과 토성이 정확한 어스펙트 포인트에서 12도 각도 내에 있는 한, 서로 어스펙트를 하고 있다고 간주된다. 이러한 경우에, 만약 90도 각도 어스펙트를 고려하고 있다면, 태양과 토성이 78-102 각도 사이에 있는 한, 두 행성 사이에 어스펙트가 일어나고 있는 것이다. 이러한 정상적 영향의 궤도 외에도, 행성들이 서로에게 영향을 미치는 타지카 요가(Tajika Yoga)라고 하는 특정한 조합이 있다. 그러나 이러한 요가들은 특별한 사례들로서 이 책의 범주를 넘어서기에 여기서는 밝히지 않는다.

서로 친구 관계에 있는 행성들은 그들의 성향, 재능, 기질, 인간관계, 행동 등의 특성들이 차트 주인에게 조화롭게 계발되었다는 것을 나타낸다. 이러한 행성들은 평화,

자신감, 행복을 가져다준다. 공개적 친구로서의 어스펙트들은 성향들 등을 차트 주인이 의식적으로 깨닫고 이득을 얻고 있음을 나타낸다. 비밀리에 하는 친구의 어스펙트들은, 성향들 등에 관해 차트 주인이 깨닫지 못하고 있으며, 의외로 행복을 가져다주는 요소였음을 알게 되며, 그리고 삶의 어떤 시점에서 우연히 이득을 보게 됨을 나타낸다.

서로 적 관계에 있는 행성들은 그들이 가진 성향, 재능, 기질, 인간관계, 행동 등이 그들의 상호적 특성들과 관련하여 차트 주인의 내면이나 주변에서 갈등을 일으키고 있음을 나타낸다. 공개적인 적으로서 서로에게 하는 어스펙트들은 성향들 등에 관해 차트 주인이 아주 잘 지각하고 있으며, 바로 자신에게 불행을 느끼게 하는 요소임을 알고 있다. 비밀리에 적으로 하는 어스펙트들은 성향들 등등이 차트 주인의 내면이나 주변에 갈등을 일으키고 있지만, 보통 어떤 위기의 절정 상황에 이를 때까지 잘 깨닫지 못하고 있다.

▨ 타지카 어스펙트들의 효과들이 나타나는 시간을 예측하기

1. 정확한 어스펙트 포인트에서 행성이 떨어진 각도를 산출한 것이, 차트 주인에게 그러한 성향들 등등이 처음으로 계발되는 햇수의 나이를 나타낸다. 친구 관계의 어스펙트를 하는 경우에는, 어떤 재능이나 행동을 처음으로 하는 나이로서 차트 주인은 그러한 활동들이 자신에게 이득이 되고 행복하게 해 주는 것임을 알게 된다. 적 관계로서 어스펙트를 하는 경우에는, 위기, 괴로움, 학대, 충격 등, 어스펙트를 하는 행성들과 관련된 어려움들이 차트 주인의 삶에 일어나는데, 불행의 요인이 되는 어떤 정신적 자세나 태도로 나타나게 된다. 차트 주인이 충분히 성숙하여 이러한 정신적 자세나 태도로 스스로 벗어날 수 있을 때까지 그러한 불행한 느낌으로부터 벗어나기는 어렵다.

2. 정확한 어스펙트 포인트에서 행성이 떨어진 각도를 산출하여, 12로 곱하면, 차트 주인이 이러한 성향들 등등 어스펙트를 하는 두 행성의 효과를 깨닫게 되는 햇수의 나이를 나타낸다. 친구관계로 어스펙트를 하는 경우에는 행성들이 나타내는 특질들이 길조로운 열매를 맺거나 잘 시작하게 됨을 나타낸다. 적관계의 어스펙트를 하는 경우에

는 행성들이 나타내는 특질들이 위기와 상당한 어려움들을 겪게 될 것이다. 그렇지만 이러한 어려움들은 어떤 유익한 것들로 성숙하거나 형상화될 수 있다.

타이밍을 하는 테크닉들은 "브리구 진행(Bhrigu Progressions)"이라고 알려져 있다. 1도 는 1년과 동일한 데 서양 점성학자들이 사용하는 "프로그레션(progressions, 진행)"과 비슷하다.

▨ 어스펙트들의 요점정리

점성학에는 세 가지 타입의 어스펙트가 있다. 라시 어스펙트, 행성 간 어스펙트, 타지 카 어스펙트 이러한 어스펙트들은 각자 모두 중요하다.

라시 어스펙트는 구체적으로 형상화 되는 어떤 것들을 나타내는 데 가장 중요하다. 라시 어스펙트는 항상 행성들 사이에 상호적으로 일어난다. 이것은 앞에서 설명한 라자 요가(Raja Yoga) 같은 특정한 요가들을 형성하는데 가장 중요한 어스펙트들로 간주되고 있다. 다른 중요한 요가들로는, 챠마라 요가(Chamara Yoga), 칼라 요가(Kahala Yoga) 등 이 있다.

행성 간 어스펙트는 어스펙트를 하는 행성이 가진 자질들이 어스펙트를 받는 행성 들에게 넘겨지고 있음을 나타내는데 특히 중요하다. 예를 들면 토성은 검은색이며 고 립되어 있다. 어떤 것이든 토성이 어스펙트를 하는 것은 검은색을 띠게 되며 차트 주인 으로부터 고립된다. 행성 간의 어스펙트는 정확한 어스펙트 비중을 수적으로 계산하면 아주 정확하게 얼마만큼 영향을 미치는지 알 수 있다. 행성 간 어스펙트는 서로 상호적 이지 않다. 행성(A)는 행성(B)를 아주 강력하게 어스펙트를 하는 반면 행성(B)는 행성(A) 에게 그만큼 강한 어스펙트를 되돌려 주지 않을 수도 있다. 강력하게 행성들간의 어스 펙트를 하는 행성들은 또한 위에서 언급한 요가들을 형성할 수도 있다.

타지카 어스펙트는 특히 두 행성 간의 관계를 나타내고 있다. 친구이고 조화로운 관 계에 있는지, 아니면 적이고 긴장된 관계에 있는지, 아닌지 등등을 알 수 있다. 타지카 어스펙트로 형성되는 행성들의 관계는 분명한 효과들을 가져온다. 그래서 이러한 어스펙트 정보가 점성학적 예측에 사용되고 있는 것이다. 하지만 위에서 언급한 요가들에는 사용되지 않으며, 단지 프라샤나 점성학 혹은 솔라 리턴에서 특별한 타지카 요가들만 사용되고 있다.

28. 원거리 행성들

원거리 행성인 천왕성, 해왕성, 명왕성은 전통적으로 베딕 점성학자들 사이에서 사용되지 않는다. 그렇지만 고대 성인들은 원거리 행성들의 존재를 알고 있었다. 원거리 행성들이 발견된 이후, 서양 점성학자들은 이들을 중대한 비중으로 다루기 시작했다. 서양에서 베딕 점성학에 관한 관심이 점점 커짐에 따라, 이러한 원거리 행성들을 베딕 점성학에 접목시키고자 하는 관심도 점점 높아지고 있다.

원거리 행성들은 육안으로 볼 수가 없다. 그러나 다른 일곱 개의 행성들(태양-토성)은 볼 수가 있다. 일곱 개의 행성들, 태양-토성은 육안으로 볼 수 있기에, 구체적으로 나타나는 것들을 가리킨다. 그러므로 그들은 구체적인 사건들이나 행동들, 그리고 실제적인 캐릭터 특성들을 결정하는데 상당한 중대성을 가지고 있다. 원거리 행성들은 육안으로 볼 수가 없기에, 사람이 가진 내면적 본성과 연관이 있다. 좀 더 구체적으로, 그들은 타고난 영적 의식을 되찾기 위해 급작스레 일어나게 되는 충동성을 나타낸다. 그렇지만 영적 행동들을 나타내지는 않는다. 다른 일곱 개의 행성들, 태양-토성들은 위치와 상호관계에 따라 일어나는 모든 행동을 나타낸다. 그들이 가진 어떤 특정한 조합들은 영적 수행들을 나타내는 반면, 다른 경우에는 그렇지 못하다. 차트 주인이 원거리 행성들이 나타내는 급작스러운 충동성의 경향을 어떻게 다룰지는 육안으로 보이는 행성들, 태양-토성 들에 의해 결정되는 캐릭터와 행동들에 달려있다.

육안으로 보이는 행성 중 토성이 가장 먼 거리에 있다. 근본적으로 토성은 분리를 나타낸다. 토성은 사람의 의식이 영적 의식으로부터 분리되면서 오게 되는 "고난"을 나타낸다. 원거리 행성들은 토성의 궤도 밖에 있기 때문에, 이렇게 토성의 분리로 인해 잃어버리게 된 것을 되찾으려는 충동을 나타낸다.

라후와 케투는 원거리 행성들처럼, 육안으로 보이는 행성들이 아니다. 그렇지만 라후와 케투는 시각적인 효과들을 만들어 낸다. 그들은 식(蝕, eclipses)들을 일으킨다. 그러므로 그들은 사람의 행동에 구체적인 사건들과 효과들을 일으킨다. 원거리 행성들은 어떤 방식으로든 절대 눈으로 볼 수가 없기에, 절대로 차트 주인의 삶에 일어나는 어떤 구체적인 사건이나 행동들을 나타낼 수가 없다. 그래서 이들을 구체적인 사건이나 캐릭터를 예측하는데 사용하기에는 신빙성이 없다. 여기에서 캐릭터란 개인이 어떤 특정한 상황에 처했을 때 어떤 구체적인 행동을 할 것인지를 말한다. 그러나 원거리 행성들은 사람의 내면 안에 가지고 있는 어떤 "중력"같은 힘을 드러낸다. 라후와 케투는 일반적으로 육안으로는 볼 수 없기에, 이들 또한 사람의 내면 안에 있는 어떤 "중력"같은 힘을 드러낸다. 그러나, 이들은 식(eclipses)들이 일어나는 동안은 모습을 드러낸다. 그러므로 이들은 사람 내면에 있는 어떤 힘이 어떤 구체적인 사건이나 행동으로 표면화되는 것을 나타낸다.

원거리 행성들은 사실상 라후와 케투가 가진 영향들과 아주 비슷하다. 라후와 케투는 둘 다 천왕성처럼 갑작스런 변화들과 독립, 해왕성과 같은 불만족스러움, 명왕성과 같은 충동성이나 파괴성을 나타낸다. 이러한 힘들 중 라후와 케투가 어떤 힘으로 다른 행성들에게 혹은 자신들이 영향을 미치는 포인트에 효과를 주게 될 것인지 결정하기는 어렵다. 라후와 케투가 미치는 영향 외에도, 현재 고려하는 행성이나 하우스에게 영향을 미치는 구나스(Gunas)도 세밀하게 고려해야 한다. 라자스는 갑작스런 변화와 독립을 나타내며, 사트바는 불만족스러움을 나타내며, 타마스는 파괴를 나타낸다. 그러나 원거리 행성들을 이러한 것들을 아주 쉽게 나타낸다. 천왕성의 영향은 갑작스런 변화, 독립, 그리고 개인성의 성장을 나타낸다. 해왕성의 영향은 불만족스러움과 열망들을 나타낸다. 명왕성의 영향은 파괴와 변환을 나타낸다.

요약을 하자면

1. 원거리 행성들은 차트 주인 내면에 있는 급작스런 충동적 힘을 나타낸다.

2. 원거리 행성들이 영향을 미치는 하우스들과 행성들은 물질적 세상에서 경험하는 다양한 형태의 불행한 원인들을 나타낸다.

3. 원거리 행성들이 영향을 미치는 하우스들이나 행성들은, 그들이 가진 급작스런 충동성의 영향 하에 들어 있다는 것을 나타내며, 그러므로 뚜렷한 내면적 계발이 일어나야 하는 영역들을 나타낸다.

4. 원거리 행성들이 나타내는 힘들이 차트 주인에게 성장을 하도록 부추길지, 혹은, 파괴나 도피의 행락을 하도록 부추길지, 하는 것은 태양-토성, 라후와 케투, 사람의 행동들을 나타내는 아홉 개의 행성들에게 달려 있다.

5. 원거리 행성들은 점성학자가 차트에 있는 급작스런 충동적 세력을 구체적으로 이해하게 해준다. 이것을 라후와 케투와 조합하여 사용하면 아마도 원거리 행성들을 가장 잘 사용할 수 있는 방법일 것이다.

6. 원거리 행성들의 세력이 실제 나타나는 것은 라후와 케투에 의해서다. 그래서 베딕 점성학자들이 원거리 행성들을 사용하지 않고도 뛰어나고 정확한 차트 리딩을 할 수 있는 것이다. 그러나 어떤 때는 라후와 케투가 행성이나 하우스에 미치는 영향이 애매모호한 경우도 있을 수 있다. 그들의 영향은 어스펙트나 합치를 통해서뿐만 아니라, 디스포지터, 낙샤트라 로드들, 혹은 나밤샤 차트를 통해서 일어날 수도 있다.

7. 원거리 행성들의 영향은 개인이 가진 집착, 열망 등에 효과를 미칠 것이다. 그러나 원거리 행성들은 차트 주인이 그러한 감정들에 대해 어떤 행동을 취할 것인지는 나타내지 않는다. 오직 일곱 개의 행성들(태양-토성)만이 차트 주인이 어떻게 할 것인지를 드러내게 된다. 부차적으로 라후와 케투는 차트 주인의 의지에도 불구하고 결국엔 어떻게 될 것인지를 나타내어 준다.

8. 저자의 의견으로는, 현대 서양 점성학자들이 지대한 실수를 저지르고 있다. 원거리 행성들이 차트 주인의 캐릭터나 행동들, 삶에서 일어나는 사건들을 나타낸

다고 가정하기 때문이다. 원거리 행성들은 차트 주인이 내면에 가진 중대한 충동 성들을 나타낸다. 이러한 충동성들을 분석하는 것은 중요하고 이득이 될 수도 있다. 그러나, 충동성은 많은 다른 방식들로도 충족시킬 수 있다. 아홉 개의 정통적 행성들만이 차트 주인에게 미치는 어떤 영향들의 결과들로 인해 정확하게 무슨 일들이 일어날지 나타내고 있다.

▨ 원거리 행성들의 급작스러운 충동들

세 개의 원거리 행성들은 각각 하나의 중대한 급작스러운 충동성을 나타낸다.

· 천왕성

개인성을 찾고 싶은 충동, 자신의 원래 모습보다 더 이상인 것처럼 위장하지 않으며, 혹은 만족스럽지 못한 자신의 목을 죄는 듯한 등의 어떤 불안함도 없이, 있는 모습 그대로 자신을 받아들이는 데서 오는 심리적 자유로움을 나타낸다(특히 토성이 이러한 불안함과 심리적 콤플렉스들을 나타낸다). 이러한 성향은 반항적인 행동들, 무책임하고 불안정하게 나타날 수도 있다. 또는, 스스로를 인정하기 위해 가지고 있던 집착들로부터 자유로워지거나, 개인성의 성장, 자신의 스바다르마(svadharma, 타고난 본성)를 인식하게 될 수도 있다. 이는 모두 정통적인 행성들이 차트 주인의 캐릭터에 미치는 영향에 달려 있다.

· 해왕성

뭔가 어떤 훨씬 위대한 힘과 합치하고자 하는 충동을 가진다. 이러한 합치를 하지 못함에 따라, 해왕성은 열망에 들끓게 하며, 그에 영향을 미치는 것들에 대해 불만족스럽게 만든다. 이러한 불만족스러움과 열망들은 영적 추구, 도피주의적 성향, 혹은 게으르고 몽상에 빠지게 만들 수도 있다. 이는 모두 정통적인 행성들이 차트 주인의 캐릭터에 미치는 영향에 달려 있다.

- **명왕성**

에고 의식을 파괴하고자 하는 충동을 가진다. 에고는 파괴될 수 없다. 단지 "내 것"이라고 매달리고 있는 것들만 파괴될 수 있다. 이러한 것은 우리가 "나"라는 의식을 의탁할 수 있을 때만 가능하다. 바마나 아바타(Vamana Avatar)의 스토리를 기억하는가? 발리는 로드 비슈누가 자신이 가진 모든 "내 것"을 빼앗고, 당연하게 "나"를 로드에게 의탁하게 만들었다는 것을 깨달았다. 또한 마하바라타(Mahabharata) 스토리에 나오는 비쉬마(Bhishma)는 오래된 에고를 대변한다. 그는 자신의 의지가 스스로 허락할 때만 죽을 수 있는 분(Boon)을 가지고 있었다. 이러한 두 스토리들은 우리가 가진 진정한 파워는 "나"라는 의식을 의탁할 수 있는 힘이라는 것을 나타낸다.

명왕성이 영향을 미치는 영역들은 에고 위주의 "나"라는 구조와 집착들을 나타낸다. 에고가 안전성을 느끼는 수단이었던 구조들과 집착들을 파괴시켜서, 에고 위주의 "나"라는 아이디어를 의탁할 수 있는 기회를 제공하는 것이다. 또한 명왕성의 영향으로 나타나는 욕구나 성향들은 개인이 원하는 것들을 가질 수 없게 한다. 역시 그들이 에고에 대한 어떤 동일시 감정들을 놓아 버리도록 강요하고 있는 것이다. 명왕성이 가진 이러한 파괴적인 세력들은 강제적이고, 충동적이며, 자기 파괴를 하는 행동들로 나타나거나, 혹은, 에고 위주의 집착이나 행동들을 변환하게 만든다.

▧ 트리 - 무르티와 원거리 행성들

세 개의 원거리 행성들은 트리 - 무르티(Tri - Murthi)와 연관되어 있다. 천왕성은 브라마(Brahma)에게 연관되는데, "나"를 창조하고 우리가 가진 개인성을 받아들일 수 있게 한다. 해왕성은 비슈누(Vishnu)에게 연관되는데, 모든 것들의 합치를 이루게 하고 모두가 로드 자신(Him)의 일부분 임을 깨닫게 한다. 그리하여 모든 불만족과 열망들을 극복하게 한다. 명왕성은 쉬바(Shiva)에 연관되는데, 에고가 쥐고 있는 모든 것들을 파괴시킨다. 우리를 더 높은 의식단계로 끌어올리기 위한 목적에서다.

⊠ 원거리 행성들을 사용하는 법

원거리 행성들을 사용하는데 중요한 고려사항은 그들의 어스펙트를 어떻게 간주하느냐 하는 것이다. 라시 어스펙트는 특히 무엇이 형상화되느냐를 나타낸다. 원거리 행성들은 형상화를 시키는 행성들이 아니라 급작스러운 충동을 일으키는 행성들이다. 그러므로 원거리 행성들의 라시 어스펙트를 간주하는 것은 적절하지 않게 보인다. 우리는 원거리 행성 간의 어스펙트에 대한 가이드라인들도 가지고 있지 않다. 게다가 원거리 행성들은 다른 정통적 행성들처럼 미치는 영향의 특성들을 가지고 있지 않다. 그러므로 행성 간 어스펙트의 비중을 계산하려는 것도 적절하지 않게 보인다. 타지카 어스펙트는 두 개의 행성들 사이에 일어나는 개발적 긴장이나 조화를 나타낸다. 그래서 원거리 행성들의 영향을 판단하는데 가장 적절한 어스펙트로 보인다. 원거리 행성들이 발견된 이후로 서양 점성학자들도 이러한 타입의 어스펙트가 아주 효과적인 것으로 증명하였다. 그래서 점성학도들은 개인적으로 원거리 행성들을 사용하기로 결정한다면 타지카 어스펙트를 확실하게 사용할 수 있다. 원거리 행성들이 영향을 미치는 어스펙트 궤도는 토성처럼 9도 각도로 할 것을 추천한다.

· 원거리 행성들을 사용하기 위해서는

1. 원거리 행성들의 하우스 위치를 고려한다. 이러한 영역은 원거리 행성이 주는 급작스러운 충동성을 관련된 행복의 결여와 함께 특히 경험하게 될 영역일 것이다. "라후와 케투" 장에서, 케투가 위치하는 하우스에서 나타나는 효과들이 원거리 행성들이 위치한 하우스에 미치는 영향들에 대한 아이디어들을 대략 제공해 줄 것이다. 이것을 앞에서 언급한 원거리 행성들이 가진 급작스런 충동성들과 조합하게 되면, 원거리 행성들의 영향에 대한 본질을 드러내게 될 것이다.

2. 원거리 행성이 있는 반대편 하우스는 언제나 그 행성의 공개적인 적 관계 어스펙트를 받고 있다. 그러므로 언제나 해당 원거리 행성과 같이 고려하는 것이 중요하다. 이러한 하우스는 차트 주인이 효과적으로 사용하기가 힘들 것이다. 왜냐하면 원거리 행성이 있는 하우스 자체에 너무 집중하게 되기 때문이다. 반대편 하우스

에 대한 올바른 이해와 사용은, 차트 주인이 그러한 원거리 행성이 있는 하우스가 나타내는 급작스런 충동성을 통해 성장하게 됨에 따라 일어나게 된다. "라후와 케투"장에서 라후가 있는 하우스가 주는 효과들을 참조하면, 원거리 행성들 반대편 하우스의 영향에 대한 아이디어들을 대략 얻을 수 있을 것이다.

3. 원거리 행성들의 라시 위치도 하우스 위치와 비슷한 방식으로 고려하면 된다. 케투가 있는 라시에 대한 효과들을 참조하면 원거리 행성들이 있는 라시에서 내는 효과들을 대략 파악할 수 있을 것이다. 그리고 라후가 있는 라시에 대한 효과들은 원거리 행성들의 반대편에 있는 라시의 효과들을 대략 파악할 수 있을 것이다.

4. 현재 고려하는 원거리 행성들에 상응하여 행복의 정도가 상당히 결여될 것이며, 성장에 대한 동기는 더욱 높을 것이다. 어느 정도일지는 어스펙트들의 비중에 달렸는데, 특히 원거리 행성들이 개입된 적 관계 어스펙트들이 중요한 고려사항이다.

5. 원거리 행성들에게 어스펙트를 받는 다른 행성들 또한 원거리 행성들이 가진 급작스러운 충동성의 영향 하에 있게 될 것이다. 적 관계 어스펙트에 있는 행성들은 차트 주인의 내면에 있는 심한 긴장과 불행한 느낌을 나타낸다. 어스펙트를 받는 행성들이 나타내는 것들로부터 어떤 행복을 경험하기 위해선 원거리 행성들이 나타내는 급작스런 충동성을 통해 성장해야 할 강력한 필요가 있다. 원거리 행성과 친구관계 어스펙트에 있는 행성은 차트 주인이 편안하게 감당할 수 있는 수준의 급작스러운 충동성 영향 아래에 있음을 나타낸다. 비록 가끔씩 이러한 행성들이 불행의 요소가 될 수도 있지만, 이러한 행성들이 나타내는 욕구나 성향들은 보통 조화롭게 변환되게 된다. 이러한 어스펙트의 영향들이 나타나게 될 시간대는

1) 정확한 어스펙트 각도에서 떨어진 거리까지의 각도가, 원거리 행성들이 가진 급작스런 세력을 통해 성장해야 할 필요성에 대해 처음으로 차트 주인이 주목하게 되는 나이의 햇수를 나타낸다. 만약 적 관계의 어스펙트이면 보통 이러한 필요가 삶에 어떤 충격적인 사건을 통해서 성장할 필요를 주목하게 된다. 만약 친구 관계의 어스펙트이면, 이러한 필요는 보통 단순히 삶을 지켜보는 와중에 마음에서 일어나게 된다.

2) 정확한 어스펙트 각도에서 떨어진 거리까지의 각도에 12를 곱하면, 그러한 급작스러운 세력이 강하게 자라는 나이를 나타낸다. 차트 주인이 그러한 급작스런 목표를 실현할 수 있는 기회를 만들어 주거나, 아니면, 그러한 목표를 향해 상당한 성장을 할 수 있도록 해준다.

▨ 원거리 행성들의 운행(Transit)

원거리 행성들의 운행은 차트 주인에게 중대한 개발적인 세력이 올라오는 것을 나타낸다. 이러한 운행들은 삶에서 성장을 하도록 하는 사건들의 연유를 그대로 제공한다. 그렇지만 이러한 운행들은 무슨 일들이 일어날지를 나타내지는 않는다. 행성이나, 혹은 차트에서 어떤 포인트가, 운행 중인 원거리 행성과 합치를 하거나 어스펙트(타지카 어스펙트)를 받게 될 때, 행성이 가진 급작스러운 세력 아래에 들어가게 되며, 그에 상응하는 성장을 요하게 된다. 이러한 세력들은 운행 각도가 정확할 때 아주 파워풀하게 경험될 것이다. 만약 운행 중인 행성이 운행을 받는 행성과 같은 나밤샤에 있게 되면, 그처럼 정확하지는 않더라도, 어느 정도 영향력을 가지고 있을 것이다.

▨ 원거리 행성들과 라후, 그리고 케투

원거리 행성들이 위치하는 하우스들과 라시들에 미치는 영향들은 케투와 케투의 로드가 위치하는 하우스들과 라시들에 상응하는 행동들의 결과이다. 원거리 행성들이 있는 반대편 하우스와 라시들이 필요로 하는 개발적 특질들은, 라후와 라후의 로드가 위치한 하우스와 라시들이 나타내는 행동들을 통해 계발되고 실현되게 된다.

Uranus Neptune Pluto

29. 결론

이 책이 가진 목적은 여섯 가지이다.

첫째, 베딕 점성학을 심각하게 공부하는데 필요한 점성학의 원리원칙들(행성 간 관계들이나, 품위들, 라시들의 로드십, 어스펙트들, 카라카들, 빔쇼타리 다샤 등)을 분명하게 제시하고자 함이다.

둘째, 다양하게 모순되게 보이는 원리들로 인해 고충을 겪고 있는 초보 점성학도들의 혼란스러움(행성들이 가진 자연적 그리고 임시적 길성이나 흉성의 본성들) 등을 밝혀주기 위해서이다.

셋째, 행성들, 라시들, 낙샤트라들 등등 중대한 특질들에 대해 알 수 있는 참고 문헌을 제공해주기 위함이다.

넷째, 사람이 성장하는데 행성들이 미치는 영향들을 해석하여 베딕 점성학을 카운셀링 목적으로 이용할 수 있는 관점들을 제공하기 위해서이다. 특히 토성이나 라후, 케투의 영향들은 성장 여부에 중대한 비중을 차지한다.

다섯째, 서양 점성학에서 베딕 점성학으로 이전하고 있는 열성적 서양 점성학자들에게 도움이 되기 위해서이다. 그래서 타지카 어스펙트와 원거리 행성들에 대한 내용도 같이 포함하였다.

여섯째, 모든 삶의 영역에 보편적으로 적용되는 예측 테크닉들을 제시하기 위해서이다.

여기 수준에서 넘어가면, 방대한 점성학의 세계가 있다. 그래서 계속해서 깊이 있는 공부를 요하게 되며, 결국에는 각자의 기호에 가장 잘 맞는 영역들을 전문화하게 될 것이다. 차트를 정확하게 판단하기 위해서는 각자 다른 삶의 영역에 적용되는 구체적인 원칙들이 필요하다. 예를 들면, 길성들은 보편적으로 그들이 위치하는 하우스들을 지지하는 것으로 간주되고 있다. 그렇지만 만약 금성과 수성이 일곱 번째 하우스에 있게 되면, 난잡한 성관계나 결혼을 할 수 없게 하거나, 혹은 만약 결혼을 했더라도 배우자가 죽게 되는 것을 나타낸다. 목성이 어스펙트를 하고 있으면 늦게나마 결혼을 하게해 줄 수도 있다. 비슷한 원칙으로, 다섯 번째 로드는 보통 덕을 주는 행성이다. 그러나 길성일지라도 다섯 번째 로드가 일곱 번째 하우스에 있게 되면 애정관계들을 파괴시킨다. 단지 게 라시인들의 화성만이 이러한 경우에 예외가 된다. 또한 우리는 길성의 라시나 앵글 하우스에 있는 행성들은 저력을 잘 발휘할 수 있을 거라고 배웠다. 그렇지만 자녀들에 대한 것을 판단하고자 할 때, 목성 혹은 다섯 번째 로드가 황소 라시, 사자 라시, 전갈 라시에 있게 되면 자녀들을 가지는데 결코 도움이 되지 않는다. 왜냐하면 이들 라시는 자녀들이 없는 라시들이기 때문이다. 또한, 직위를 주는 행성들이 사자 라시에 있게 되면 아주 생산적이 된다. 사자 라시가 흉성의 라시인데도 말이다. 각자 삶의 영역에 이러한 식으로 적용되는 원칙들이 많이 있다.

추가적으로, 특정한 삶의 영역에서의 어떤 것을 나타내는 특정한 요가 조합들이 많이 있다. 그런데 정작 그러한 삶의 영역을 다스리는 하우스들이 가진 특질들과는 희미하게만 상관이 있는 경우가 자주 일어난다. 예를 들면, 라시차트의 두 번째 로드가 있는 나밤샤 차트의 로드가 만약 토성이나 화성이면서, 다른 흉성들과 앵글이나 트라인 하우스에서 합치를 하고 있다면, 그러한 차트 주인은 여섯 샤스트라(six sastras, 많이 배운 사람이라는 뜻)의 마스터가 될 것이다 라는 요가가 있다.

이러한 종류의 특별한 원칙들이나 요가들 중에 오직 몇 가지만 근대 점성학 교재들이나 수업들에서 발견되고 있다. 그러나 고전서들 중에는 이러한 요가들이 아주 많이 있다. 그러므로 점성학을 공부하는데 있어 다음 단계 중의 하나는 이러한 고서들을 공부하는 것이다. 저자가 본 바로는 점성학을 공부하는 대부분의 학도들이 이러한 고서들을 공부하고자 할 때 많은 혼란을 느끼게 된다. 그러므로 그러한 책들을 공부하는데 도움이 될 수 있는 다음과 같은 가이드라인을 제시한다.

첫째, 어떤 삶의 영역을 공부하고 싶은지를 먼저 결정한다. 그리고는 현재 찾을 수 있는 모든 고서들로부터 모든 관련된 자료들을 수집한다. 현재로서는 약 30권 정도의 고서들이 영어로 가능하다. 많은 특별한 원칙과 요가 조합들을 포함하고 있는 가장 중요한 책들은 자타카 타트바(Jataka Tattva), 사르바타 친타마니(Sarvartha Chintamani), 자타카 파리자타(Jataka Parijata), 브리핱 파라샤라 호라 샤스트라(Brihat Parashara Hora Sastra), 바바르타 라트나카라(Bhavartha Ratnakara), 브리핱 자타카(Brihat Jataka), 사라발리(Saravali), 그리고 팔라디피카(Phaladeepika)이다.

다음으로는 공부하고자 하는 삶의 영역에 관련된 자료들을 타이핑하거나 기록하는 것이다. 비록 이렇게 하는 것이 지루할 수도 있지만, 많은 원칙과 요가들을 암기하게 해줄 것이다. 그래서 차트를 읽을 때 바로 적용을 시작할 수 있게 될 것이다. 이렇게 관련된 모든 자료를 수집한 이후에, 그 것들을 잘 정리하여 언제든 쉽게 사용할 수 있게 한다. 그리고는 쌓아놓은 차트 데이터들을 일일이 체크하면서 이렇게 수집한 모든 자료원칙을 적용해보고 어떤 것들이 가장 효과적인지를 검토해 보는 것이다. 그리고는 특별한 원칙들과 요가들만을 뽑아내게 되면 정리한 자료들 분량을 줄일 수 있다. 이렇게 모든 자료들을 검토하고 나면 삶의 각 영역을 다스리는 특별한 원칙들에 대한 충분한 감각을 얻을 수 있게 될 것이다. 뿐만 아니라 수시로 필요할 때마다 참조할 수 있는 어떤 책들보다 더 나은 수집 자료를 소유하게 되는 것이다.

그러한 이유 때문에 이 책에서는 점성학 공부에 필요한 많은 중요한 영역들은 중점적으로 다루지 않았다. 나밤샤 차트외에 다른 바가(Vargas, 부수적 차트들)들도 있다. 각 바가들은 삶의 특정한 영역에 관련되어 있을 뿐만 아니라, 신들과 신화들에 대한 아주 풍부한 심볼들도 포함하고 있다. 바가 차트들은 라시 차트와 나밤샤 차트를 효과적으로 사용할 수 있게 된 이후에, 사용하는 것이 최상의 방법이다.

행성들이 얼마나 좋고 나쁜 효과들을 가져올 것인지 양적으로 판단할 수 있는 수학적 계산 방법들도 있다. 그렇지만 점성학도들은 수적으로 얼마나 될 것인가를 판단하기 전에 행성이 무엇을 가져올 것인지를 먼저 판단할 수 있어야 한다.

빔쇼타리 다샤외에도 다른 다샤들도 엄청 많은데 점성학도들이 사용할 수 있어야 한다. 다샤들은 차트에 나타나 있는 어떤 일들이 일어날 시간을 예측하게 해준다. 그러므로 점성학도들은 부수적인 다샤들로 '언제' 일어날지를 고려하기 이전에 먼저, 차트에 어떤 것들이 나타나져 있는지 판단하는 법을 배워야 한다.

또한 이성 관계에서 서로의 적합성을 판단하는 테크닉들도 있다. 고대 인도의 성인들이 사용하던 적합성 테크닉들은 남녀 사이에 사랑과 조화를 이루는 필요한 원칙들을 밝히고 있다.

차트에 나타나는 어떤 나쁜 조합들에 대해 대처를 하는 방법들도 제의할 수 있고 또는, 차트에 나타나는 어떤 좋은 조합들을 강화시키기 위한 방법들도 사용할 수 있다. 이러한 대처방법들(Remedials)은 자선을 베풀거나, 만트라(Mantras, 진언), 얀트라(Yantras), 보석들, 색깔이나 꽃들 등으로 하는 방법들이 있다.

무후르타(Muhurtha) 혹은 일렉션(Electional 택일) 점성학은 어떤 중요한 일을 시작하려 할 때 길조적인 시점을 선택하는 점성학으로서 인도에서 아주 뛰어나게 계발되어 있다. 점성학을 가장 실리적으로 사용하는 분야들 중에 하나이다.

트랜짓(Transit, 운행을 하는 행성들)의 영향 또한 중요하며 인도에서 아주 뛰어나게 계발된 점성학 분야다. 아쉬타카바가(Ashtakavarga)라고 하여, 트랜짓 효과들을 결정하는 구체적인 시스템을 사용해 어떤 일어날 사건에 대한 정확한 날짜를 예측할 수 있는 테크닉도 있다.

가장 두드러지는 분야는 재미니(Jaimini) 점성학이라고 하는 분야에서 사용되는 테크닉들이다. 이 분야는 아마도 가장 확실하며, 정확하고 간단한 테크닉들일 수도 있지만, 그러나, 어떤 것이 가장 정확한 재미니 테크닉이냐 하는 사실에 대해 가장 논쟁이 많은 분야이기도 하다.

이러한 각자 다른 점성학 분야들이 방대하며, 모두 별도로 전문적인 책이 필요할 만한 가치들을 가지고 있다. 그래서 이 책에서는 포함하지 않았다.

SUPPLEMENT

저자 언스트 윌헴(Ernst Wilhelm)에 대하여

그는 스무 살 되던 해에, 낸시(Nancy)라는 서양 점성 학자에게 난생처음으로 점성학 차트 리딩을 받게 되었다. 그녀는 언스트의 생에 대해 많은 것들을 알려준 뒤, 천문력 표들과 점성학 책들을 꺼내어 아무런 이유도 말해 주지 않은 채 언스트에게 점성학 차트들을 계산하는 법

을 가르치기 시작했다. 그리고는 책들을 언스트에게 선물로 준 뒤 집으로 돌려보냈다. 언스트는 속으로 "이렇게 두꺼운 책들을 가지고 날 더러 어쩌라고?"라는 의문이 들었지만 더 이상 아무것도 묻지 않았다. 그로부터 1년이 지난 후에, 연인과의 결별로 힘든 나날을 보내던 언스트는 문득 낸시가 가르쳐주었던 점성학을 기억해내고 책들을 꺼내어 자신의 차트를 산출하여 분석하기 시작했다. 왜 자신에게 그처럼 어려운 일들이 생겼는지, 모든 대답을 점성학에서 찾아낼 수 있었던 그는 탄복할 수밖에 없었다. 이후 남은 인생을 점성학을 마스터 하는데 바치기로 결심하였다.

그렇게 3년 동안 언스트는 서양 점성학을 정말 열심히 공부하고 수백 명에게 상담도 많이 해 주면서 활발한 활동을 하였다. 그러는 한편으로는 서양 점성학에 완전히 만족하거나 뭔가 미흡한 느낌을 내심 떨쳐 버릴 수가 없었다. 어느 날, 서양 점성학의 한계를 느낀 그는 모든 것을 포기하고 요가난다의 아쉬람에 들어가 당분간 지내면서 앞으로 어떡하면 좋을지 생각해보기로 했다. 그렇게 아쉬람에서 지낸 지 한 달 후에, 스물다섯 번째 생일이 되던 날, 꿈을 꾸게 되었는데, **브리핱 파라샤라 호라 샤스트라**(Brihat Parashara Hora Shastra, BPHS)를 구입하라는 게시가 담겨 있다. 단숨에 책을 주문하여 펼쳐보는 순간, 그는 숨을 제대로 쉴 수 없을 정도로 깊은 인상과 충격을 받게 되었다. 그리하여 하루 20시간 이상을 명상과 베딕 점성학공부에 파고들게 되었다. BPHS 뿐만 아니라, 산스크리트어, 그리고 인도에 숨겨져 있던 수많은 고서를 모두 섭렵함으로써 언스트는 베딕 점성학에 관한 원리들을 재빠르게 마스터 할 수 있었다. 아마도 낸시가 점성학 차트를 읽는 법 대신에, 차트를 계산하는 법을 가르쳐 준 이유는, 그의 이러한 타고난 재능을 감지하였기 때문일 것이다.

이후 그는 1995년 후반에 아쉬람을 떠난 뒤부터 지금까지 풀타임으로 베딕 점성학를 가르치고 상담하는 데 전념하고 있다. 현재 하늘의 금괴를 포함한 총 4권의 책과 수천 장에 달하는 베딕 점성학 매뉴얼을 집필하였으며, 그에게 온라인(www.vedic-astrology.net)으로 배우고 있는 학생들과 고객층들은 미국 전역뿐만 아니라 유럽 쪽으로 아주 광범위하게 퍼져 있다. 그가 2년 동안 인도에 머물면서 수행과 저술활동에 전념하던 중에 만나게 된 인도인 아내 쉬리스티(Srishti)는 점성학 소프트웨어 전문 프로그래머이다. 2001년에 아내와의 공동작업을 통해 **칼라 베딕 점성학 소프트웨어**(Kala Vedic Astrology Software)를 개발하였는데, 이는 영어, 독일어, 러시아어, 헝가리어, 이란어, 이스라엘어로 번역된 멀티랭귀지 프로그

램으로서 전세계적으로 베딕 점성학자들 사이에서 가장 인기가 높은 죠티쉬 프로그램이다.

'걸어 다니는 점성학백과사전'이라는 별명이 붙을 만큼 천재적인 머리를 자랑하는 언스트는, 가까운 친구들이 "아무리 언스트라도 하루에 24시간 씩 두뇌를 사용하기란 불가능하다"라고 말릴 정도로, 많은 시간을 점성학 연구에 바치며 지낸다. 점성학 생각을 하지 않고 있을 때는 달리기, 사이 클링, 무술연마, 웨이트 트레이닝, 정원 가꾸기, 그림 그리기 등에 시간을 보낸다. 혹은, 차와 자전거 고치기, 보석 가공, 시계 만들기 등의 취미를 즐기기도 한다. 언스트는 우리 모두가 좋은 식생활 습관, 꾸준한 운동, 손재주의 개발, 육체적 노동 등을 열심히 하는 것이 적절한 정신적, 신체적, 영적 균형을 유지하는 데 아주 필수적이라고 믿고 있다.